[제2판]

사회복지법제와 실천

박진화

KNOWLEDGE COMMUNITY 공동체

Preface

사회복지법제와 실천은 사회복지와 법학이 접목되어 있어 두 가지 모두의 지식이 필요하기 때문에 일반적으로 학생들에게 상당히 어렵고 부담스럽게 느껴지는 교과목이다. 그럼에도 불구하고 사회복지를 전공하는 학생은 물론 사회복지실천 현장에 종사하고 있는 사회복지전문가에게 있어 사회복지법제와 실천은 반드시 습득해야 할 중요한 분야의 교과목이라고 할 수 있다. 왜냐하면 사회복지법제는 복지국가를 지향하는 현대자본주의국가에서 국민의 생존권과 생활권을 보장하기 위한 사회보장 정책이나 제도의 근간이 되는 법제이고 이는 사회복지실천을 규정하는 법적 규범이기 때문이다. 따라서 사회복지법제와 실천에 대한 지식은 사회복지관련 문제를 해결하는 바탕이 되고 또한 사회복지를 실천하는 능력이 될 수 있다고 할 수 있다.

이에 본 저자는 학생들과 현장전문가들의 이해력을 높이기 위해 전반적으로 내용이 정리된 표와 그림, 그리고 보충설명을 위한 별도의 사각박스 등을 가능한 한 많이 활용하였다. 또한 사회복지관련 기본법들(사회보장기본법, 사회보장급여법, 사회복지사업법)을 비롯하여 사회보험, 공공부조, 사회서비스의 각 개별법과 시행령 및 시행규칙들을 모두 빠짐없이 조사하여 가장 최근에 개정된 정확한 법령을 개정판에 기술하기 위해 노력하였다.

이 책은 모두 3부 15장으로 구성되어 있다. 제1부는 제1장에서 제4장까지로 사회복지법의 개관과 역사를, 제2부는 제5장과 제6장으로 국제사회복지법과 사회복지관련 기본법을, 그리고 제3부는 제7장부터 제15장으로 사회보험법과 공공부조법, 그리고 사회서비스법을 다루었다.

첫째, 제1부의 제1장은 법과 사회복지법의 전반적인 이해를 위해 돕기 위해 법의 일반적 이해, 사회복지법의 개념과 이념, 사회복지의 주체를 정리하였고, 제2장은 사회복지법의 법적 영역, 법원, 해석, 분류를 다루었으며, 제3장은 사회복지수급권의 개념과 법적 성격, 규범적 구조, 보호 · 제한 및 소멸, 의무와 벌칙, 권리구제에 대해 다루었고, 그리고 제4장은 사회복지법의 역사 부분으로 외국 및 한국의 사회복지법 역사를 다루었다.

둘째, 제2부의 제5장은 국제사회복지법 부문으로, 국제사회복지 관련 기구, 국제사회복지선언 및 조약(규약, 협약, 협정)을 다루었으며, 제6장에서는 사회복지관련 기본법인 「사회보장기본법」과 「사회보장급여법」, 그리고 「사회복지사업법」에 대해 살펴보았다.

셋째, 제3부의 제7장에서 제11장까지는 사회보험의 개별법에 대한 내용으로, 「국민연금법」, 「국민건강보험법」, 「노인장기요양보험법」, 「산업재해보상보험법」, 「고용보험법」에 대해 정리하였으며, 제12장과 제13장은 공공부조의 개별법에 대한 내용으로, 「국민기초생활보장법」, 「의료급여법」, 「긴급복지지원법」, 「기초연금법」, 「장애인연금법」을 다루었다. 그리고 제14장과 제15장은 사회서비스법을 다루었는데, 사회복지사업을 통한 27개의 사회서비스법 중 사회복지사 1급 시험의 출제 빈도와 전체적인 분량을 고려하여 중요하다고 생각된 7가지의 사회서비스법을 2개의 파트로 나누어서 정리하였다. 파트(1)에서는 「아동복지법」, 「노인복지법」, 「장애인복지법」을, 파트(2)에서는 「한부모가족지원법」, 「다문화가족지원법」, 「정신건강복지법」, 「사회복지공동모금회법」을 다루었다.

이 책은 사회복지법제와 실천에 대한 전반적인 이론과 역사, 사회복지관련 기본법과 각 개별법들을 체계적으로 이해할 수 있도록 내용을 구성하였으며, 복잡한 내용은 이해하기 쉽도록 사각박스를 활용하여 일목요연하게 정리하였다. 그럼에도 불구하고 강의를 하시는 교수님들이나 국가자격시험을 준비하는 수험생들에게 부족하고 미흡한 부분이 많을 것으로 생각된다. 이러한 부분에 대해서는 지속적으로 수정 · 보완할 수 있도록 독자 여러분의 아낌없는 질책과 조언을 기대한다.

끝으로 이 책이 출판될 수 있도록 많은 도움을 주신 공동체 출판사 가족 여러분께 심심한 감사의 말씀을 드린다.

2025년 5월

저자 박진화

Contents

제1부
사회복지법의 개관과 역사

제1장 사회복지법의 이해

제2장 사회복지법의 법적 영역, 법원, 해석, 분류

제3장 사회복지수급권

제4장 사회복지법의 역사

제1장 : 사회복지법의 이해

1. 법의 일반적 이해

1) 법의 개념

법(law)은 특정 시대의 사회적 · 경제적 · 정치적 분위기를 반영하며 그 사회가 추구하는 가치와 이념 및 목적과 밀접한 관계를 갖는 것으로, 국가마다 특징적인 법문화를 만들어 내고 있다. 따라서 각 나라의 법체계는 동일하지 않고 서로 다르다.

법은 의미적으로는 법제의 영역에서 제도와 정책을 제외한 법률(legislation)의 개념에 해당하지만 구체적으로는 국가의 강제력이 따르는 사회규범을 말하며, 이에는 국가 및 공공기관이 제정한 법률, 명령, 규칙, 조례 등이 포함된다. 그런데 법의 개념을 한마디로 정의하기는 어렵다. 그것은 법의 이념이나 목적, 형식, 근거, 제정절차, 용도, 기능, 타당성을 바라보는 시각에 따라 그 정의가 달라질 수 있기 때문이다. 일반적인 법의 개념을 사회규범, 행위규범, 강제규범, 조직규범, 문화규범, 재판규범으로 규정해 보면 다음과 같다.[1)]

(1) 사회규범

사람들의 단체적 공동생활을 유지하기 위해서는 사회구성원들의 합의에 기초하여 분쟁을 해소할 수 있는 규범이 필요한데, 이러한 법의 성격을 사회규범으로서의 법이라고 정의할 수 있다. 즉, 인간은 혼자서는 살아갈 수 없고 반드시 다른 사람들과 함께 살아가는 사회적 존재로서 공동생활을 하기 마련이다. 공동생활을 하자면 서로

1) 고수현(2018). 사회복지법제론. 정민사, pp. 13-14 인용.
남기민 외(2016). 사회복지법제론. 공동체, pp. 23-26 인용.

이해의 충돌과 대립이 있을 수밖에 없는데 이러한 충돌과 대립을 해결하고 질서를 유지하기 위해서는 모종의 약속이 있어야 한다. 이 질서유지를 위한 약속이 사회규범으로서의 법이다. 이러한 사회규범에는 법 이외에도 도덕, 종교, 관습 등이 있다.

(2) 행위규범

한 사회 내에서 공동체적인 생활을 바람직하게 유지하기 위해서는 사회구성원들의 일탈행위를 막는 규범, 다시 말하여 '하여야 하거나 하여서는 안 되는' 행위들을 규제할 수 있는 행위규범을 법으로 정의할 수 있다. 즉, 행위규범이란 사람에게 어떠한 행위를 명하거나 금지하는 것에 관한 판단의 근거가 되는 준칙이다. 법이 행위규범이라는 것은 법의 대상이 되는 것은 행위라는 의미이다. 인간의 행위는 일반적으로 의사에 기인하여 발현하지만, 의사만 있고 그 의사가 외부행위로 표현되지 않는 이상 인간의 내심 · 심리적 작용은 원칙적으로 문제 삼지 않는다. 법이 사회생활의 질서인 이상 그 의사가 외부행위로 옮겨졌을 때 그 외부적인 행위를 규율하는 것이 법규범인 것이다.

(3) 강제규범

일단 행위규범으로 규정된 내용을 위반하는 행위에 대해서는 국가권력이 강제력을 가지고 일정한 제재를 가하게 된다. 이는 도덕, 종교, 관습 등과 같은 다른 사회규범과는 구별되는 강제규범으로서의 법의 정의다. 법은 정치적으로 조직된 사회인 국가 속에서 권력적 · 물리적 강제력을 발동할 수 있는데 이것이 법의 본질적 속성이다. 그러므로 법 이외의 사회적 규범을 위반하면 비난을 받을 뿐이지만, 법을 위반한 자는 강제적 제재를 받게 된다.

(4) 조직규범

국가가 강제력을 가지고 법 본연의 기능을 발휘할 수 있도록 하기 위해서는 일정한 조직들이 존재해야 한다. 즉, 법을 제정하는 조직, 집행하는 조직을 만들고 국가로부터 일정한 권한을 부여받게 되는 조직규범을 법으로 정의할 수 있다. 국가의 기본적인 조직규범은 「헌법」이지만, 「헌법」의 일반적인 조항을 위임받아서 다시 국가

기관의 조직과 권한을 규정하는 모든 법, 예컨대 「국회법」, 「법원조직법」, 「정부조직법」, 「지방자치법」 등이 이 범주에 속한다.

(5) 문화규범

법은 사람에 의해 만들어진 하나의 생활양식이며 문화라는 관점의 문화규범이다. 문화규범으로서의 정의는 보편적인 법이념을 지향하는 절대적이고도 다양성에 기초한 상대적 규범이라는 특성이 있다. 법은 그 사회가 지향하는 문화가치에 대한 그 사회의 합의의 산물이다. 어느 사회나 독특한 문화가 있듯이 법의 문화도 나라마다 그 나라의 특성을 반영하여 독특한 면을 가지고 있다.

(6) 재판규범

재판규범이라 함은 재판할 때 판결을 제시해 주는 규범이다. 법조항이 행위규범적 성격을 지닌 경우 대개는 동시에 재판규범적 성격을 띠고 있다. 즉, 행위규범과 재판규범은 원칙적으로 동일한 법규범을 다른 측면에서 본 것에 불과하다고 할 수 있다.

2) 법의 이념

법의 이념은 법의 목적, 정신, 취지 등을 의미하는데 법 해석을 위해서는 법의 이념을 잘 이해하는 것이 중요하다. 법이란 법이념의 실현을 위해 존재한다. 독일의 법학자 라드브루흐(Gustav Radbruch)는 법이념을 정의, 합목적성, 법적 안정성의 세 가지로 들고 있다.

(1) 정의

법은 정의(正義) 실현이라는 이념과 목적을 가지고 있다. 정의는 추상적인 개념으로 영구불변의 보편적 · 절대적인 정의는 있을 수 없다. 따라서 학자나 또는 시대, 민족, 문화, 정치형태 등에 따라 다르게 정의된다. 기본적으로 정의란 공동생활을 하는 사람들에게 권리, 의무, 포상, 제재 등에 있어 불평등한 취급을 금지하고 공평하고 합리적인 기준에 의하여 배분하고 부여하는 것을 의미한다고 할 수 있다. 그러므로 정의의 핵심사상은 평등이다.

현대 철학자 롤스(John Rawls)는 그의 저서 『정의론(Justice Theory)』에서 정의에 대해 두 가지 원칙을 내세웠다. 제1원칙은 '평등한 자유의 원칙'으로 모든 사람이 다른 사람의 자유와 양립할 수 있는 한에서 가장 광범한 자유에 대하여 동등한 권리를 가져야 한다는 것이고, 제2원칙은 사회적 · 경제적 불평등은 ① 최소 수혜자에게 최대의 이득이 되고, ② 공정한 기회 균등의 조건에서 모두에게 개방된 직위와 직책이 결부되도록 하여야 한다는 두 조건을 만족시키도록 배정되어야 한다는 것이다(황경식, 2010 : 105).

또한 고대 그리스의 철학자 아리스토텔레스(Aristoteles)는 정의의 본질을 평등으로 보고 '평균적 정의', '배분적 정의', '일반적 정의'로 구분하였다. 평균적 정의는 모든 사람에게 급부와 반대급부, 손해와 배상, 범죄와 형벌 등이 공정하게 균형을 이루도록 하는 절대적 · 산술적 평등을 의미하고, 배분적 정의는 개인의 능력과 공헌에 대응하여 재화와 명예, 기타 이익을 공정하게 나누어 주는 상대적 · 비례적 평등을 의미한다. 그리고 일반적 정의는 개인이 국가와 사회에 대해 공동생활의 일반원칙에 따라 의무를 다하는 법률적 평등을 의미한다. 라드브루흐(Radbruch)는 아리스토텔레스의 정의론을 원용하여 법 개념의 기본이 되는 정의의 궁극적인 이념은 배분적 정의에서 찾을 수 있다고 함으로써 사회구성원 각자에게 그의 몫을 귀속시키는 배분적 정의에 중요한 의미를 두었다(남기민 외, 2016 : 27).

(2) 합목적성

합목적성(合目的性)이란 법이 그 가치관이나 목적에 구체적으로 합치되는 것을 말한다. 즉, 법은 국가, 사회가 추구하려는 가치에 합치되어야 하며 어떠한 표준과 가치관에 의하여 구체적으로 제정되고 실시되어야 한다는 것이다. 그런데 무엇이 법의 목적이고 합목적적이냐 하는 것은 사회의 가치관에 따른 상대적인 개념으로 사회적 · 정치적 · 사상적 배경에 따라 구체적 내용이 결정된다. 목적에 맞도록 방향을 설정하기 위해 지켜야 할 가치는 자유, 평등, 질서, 번영 등이 있다. 즉, 개인의 가치를 중시하는 자유주의 이념하에서의 법의 합목적성은 개인의 자유와 이익을 보장하는 것이고, 집단의 가치와 평등을 추구하는 복지국가에서의 합목적성은 개인의 이익을 최대한 보장하면서 공공의 이익을 실현하는 것이라 할 수 있다.

(3) 법적 안정성

법적 안정성(法的 安定性)이란 법에 따라 사람들이 안심하고 생활을 할 수 있는 상태, 즉 법에 의하여 보호되는 사회생활의 질서와 안정을 말한다. 법이 정의, 합목적성의 이념을 추구하더라도 사람들이 사회생활에서 법에 의해 보호받기 위해서는 법적 안정성이 있어야 한다. 법적 안정성은 사회질서의 안정성을 의미하지만 또한 법 자체의 안정성을 요구한다. 법은 법의 일관성을 통하여 그 안정성이 보장될 때 사회질서의 안정성과 예측가능성이 보장된다. 왜냐하면 법은 행위규범인 동시에 재판규범이기 때문에 그것이 자주 변경되어서는 행동의 지침을 잃게 되고, 사회도 안정될 수 없기 때문이다. 따라서 법적 안정성을 유지하기 위해 요구되는 것은 첫째, 법의 존재 여부와 내용이 명확해야 한다는 것이고(명확성), 둘째, 법의 내용이 자주 변경되지 않아야 한다는 것이며(지속성), 셋째, 법이 실제로 실행 가능해야 하고(실행가능성), 넷째, 법이 시민의 법의식과 합치되고 모두에게 똑같이 적용되어야 한다는 것이다(일반성).

3) 법의 일반적 체계

일반적으로 법은 일정한 조직체계를 갖추고 있는데 이는 자연법과 실정법으로 대별된다. 실정법은 다시 국내법과 국제법으로 체계화되며 국내법은 공법과 사법 그리고 사회법으로 구분되고, 국제법은 국제조약과 국제관습법으로 이루어진다.

(1) 자연법과 실정법

① 자연법

자연법(natural law)이란 시간과 공간을 초월하는 영구불변의 초경험적이고 이상적인 법을 말한다. 즉, 자연현상에 의해 자연적으로 발생하며, 인간 본성에 근거한 당위의 법으로서 일정한 제정절차를 거치지 않는다.

② 실정법

실정법(positive law)은 경험적 · 역사적 사실에 의하여 성립되고, 현실적인 제도로서 시행되고 있는 법으로, 입법기관의 입법작용이나 사회적 관습 또는 법원의 판례 등에서 볼 수 있다. 즉, 실정법은 인간사회의 질서 유지를 목적으로 사회적 상황에 따라 생성되고 발전된 인위적인 법으로서 국가적 · 역사적 · 시대적 상황에 따라 다른 모습으로 변천해 왔다. 실정법은 다시 국내법과 국제법으로 체계화된다.

(2) 국내법과 국제법

① 국내법

국내법(municipal law)은 한 국가에 의하여 인정되어 한 국가에서만 적용되는 법으로 그 국가의 주권이 미치는 범위 내에서만 일정한 절차에 의해 효력을 가진다. 즉, 사인(私人)과 사인 간, 사인과 국가(공공단체) 간, 국가와 공공단체 간, 공공단체와 공공단체 간의 법률관계를 규율하게 된다. 여기에서 한 국가의 주권이 미치는 국내에서의 내국인과 외국인과의 생활관계는 국제사법(private international law)이 적용되는데 이는 국내법에 속한다. 국내법은 다시 공법, 사법, 사회법으로 구분된다.

첫째, 공법(public law)은 국가조직과 기능, 그리고 공익작용을 규율하는 법을 의미하며 실체법과 절차법이 있다. 공법으로서의 실체법(substantial law)은 법이 실현하고자 하는 상태 자체의 법을 말하며, 「헌법」, 「행정법」, 「형법」 등이 있다. 공법으로서의 절차법(procedural law)은 법을 실현시키는 절차, 수단의 법을 말하며, 「민사소송법」, 「형사소송법」, 「행정소송법」 등이 해당된다.

둘째, 사법(private law)은 개인 상호 간의 권리와 의무관계를 규율하는 법으로 「민법」, 「상법」 등이 있다. 사법은 국민 개인과 개인 간의 문제이므로 국민들 간의 수평적 관계를 규율하고 있다. 이는 수직적 관계를 다루는 공법과 차이가 있다.

셋째, 사회법(social law)은 기본적으로는 사법에 속해야 하는 성격이지만 사회적 약자를 보호하기 위해서 국가가 간섭하는 법으로, 공법과 사법의 성격이 혼합된 형태로 존재하며 노동법, 경제법, 사회복지법 등이 있다. 따라서 사회복지법은 일반 법체계 속에서 실정법 중 국내법에 해당되며, 공법도 아니고 사법도 아닌, 제3의 법 영역으로서의 사회법에 속한다.

② 국제법

국제법(international law)의 경우 국제단체에 의해 승인되어 국가 간에 이루어지는 법이기 때문에 국내법에 비하여 입법절차나 원칙이 불완전한 것이 특징이다. 국제법은 「헌법」에 의하여 체결된 국제조약(협정, 협약, 약정, 규약, 의정서 등)과 국제관습법으로 이루어진다. 우리나라 「헌법」 제6조 제1항에는 「헌법」에 의하여 체결·공포된 조약과 일반적으로 승인된 국제법규는 국내법과 동일한 효력을 가지는 것으로 규정하고 있다.

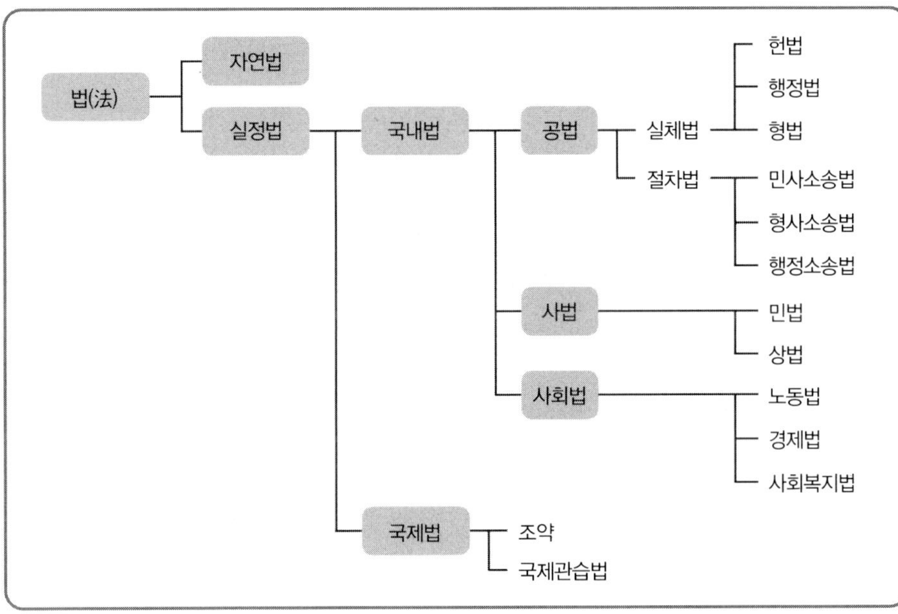

|그림 1-1| 법의 일반적 체계

4) 법률의 입법절차

(1) 법률안 세출

법률안은 국회의원과 정부가 국회에 제출할 수 있다(헌법 제52조). 국회의원은 의원 10인 이상의 찬성으로 의안을 발의하여 제출할 수 있으며, 정부는 국무회의의 심의를 거쳐 제출할 수 있다.

(2) 법률안 국회의결

제출된 법안은 그 내용에 따라 소관 상임위원회에 회부되고, 상임위원회에서 의결된 법안은 법제사법위원회(법사위)로 넘겨져서 체계(體系)·자구(字句) 등을 심사한다. 법사위의 심사를 통과하면 마지막 관문인 본회의에 상정된다. 본회의에 상정된 법률안은 질의와 토론을 거쳐 재적의원의 과반수 출석과 출석의원 과반수의 찬성을 얻으면 의결된다.

(3) 공포와 효력발생

의결된 법률안은 대통령이 거부권을 행사하지 않는 이상 정부로 이송되어 15일 이내에 공포되고, 공포된 법률은 특별한 규정이 없는 한 공포한 날부터 20일이 경과함으로써 효력이 발생한다.

(4) 대통령의 법률안 거부와 재의결

국회에서 의결된 법률안에 대해 이의가 있을 때에는 대통령은 이송된 날로부터 15일 이내에 환부하고 그 재의를 요구할 수 있는데, 이 경우에 국회가 재적의원 과반수의 출석과 출석의원 2/3 이상의 찬성으로 재의결을 하면 법률로서 확정된다.

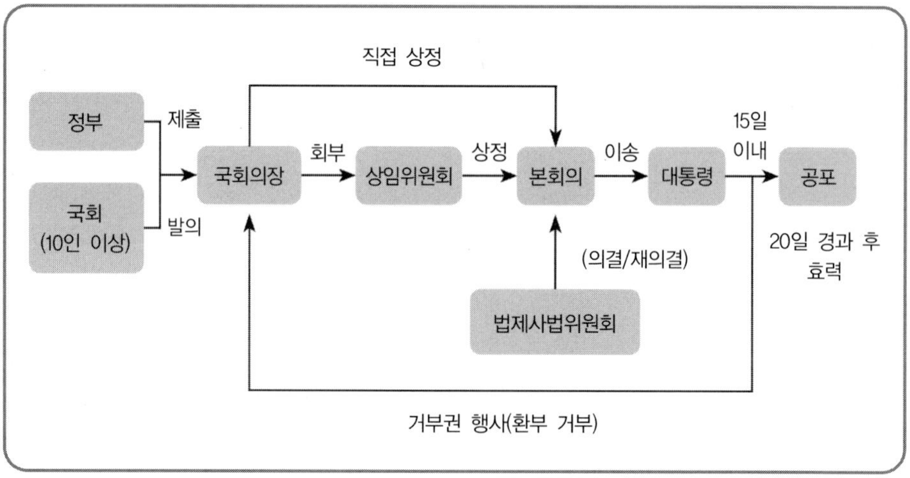

|그림 1-2| 법률의 입법절차

2. 사회복지법의 개념

사회복지법에 대한 개념 정의는 학자들에 따라 다소 차이가 있다. 이는 사회복지법의 제정이 다른 법과 달리 최근에 출현하여 빠른 속도로 변화하고 있고, 국가, 시대, 이념에 따라 사회복지법의 개념이 다양하게 나타나고 있기 때문이다. 일반적으로 사회복지법은 '사회복지'와 '법'이란 단어의 합성어이다. 사회복지란 어의상 만족스럽고 안락한 삶을 누리기 위한 사회구성원들의 집합적인 노력을 말하며, 법은 사회 속의 인간의 행위를 안내하는 행위규범이다. 따라서 사회복지법은 만족스럽고 안락한 삶을 누리기 위한 사회구성원들의 노력에 관한 행위규범이다. 또한 사회복지법은 '사회복지에 관한 법'으로서 법의 일반적인 성격과 틀을 지니고 있되 그 내용은 사회복지를 다루는 법 또는 사회복지를 그 대상으로 하는 공사의 제반 법규를 말한다고 정의할 수 있다(남기민, 2016 : 51-52). 이러한 사회복지법의 개념 정의는 법의 존재 형식에 따라 형식적 의미의 사회복지법과 실질적 의미의 사회복지법으로 나눌 수 있다.

1) 형식적 의미의 사회복지법

형식적 의미의 사회복지법이란 사회복지법이라는 외적 형식을 가진 제반 법규를 말하는데, 주로 각국의 실정법상 사회복지와 연관된 법규의 모든 법들이 이에 포함된다. 여기에서 외적 형식을 갖춘 제반 법규란 사회복지법이라는 이름으로 제정된 실정법률인 사회복지법전을 의미한다(강기갑 외, 2016 : 13). 독일의 경우 통일된 「사회법전」이 존재하고 있고, 일본도 「복지8법」이라는 사회복지법전을 가지고 있다. 우리나라의 경우 현재 6개의 법전(헌법전, 형법전, 형사소송법전, 민법전, 민사소송법전, 상법전)이 있지만 사회복지법전은 아직 존재하지 않는다. 즉, 우리나라의 사회복지법은 단일의 사회복지법전 형식으로 존재하지 않고 여러 개별 사회복지법으로 구성되어 있다.

이처럼 단일화된 사회복지법전은 존재하지 않아도 사회복지와 관련된 개별법들은 실정법으로서 우리나라 사회보장제도의 모법(母法) 역할을 하는 사회보장기본법상에 사회보장으로 정의된 사회보험, 공공부조, 사회서비스의 형태로 외적 형식을 갖추고 있다. 따라서 사회보험법(국민연금법, 국민건강보험법, 노인장기요양보험법, 산업재해보상보험법, 고용보험법 등), 공공부조법(국민기초생활보장법, 의료급여법, 긴급복지지원법 등), 사회서비스법(노인복지법, 아동복지법, 장애인복지법 등)에 따라 운영되고 있는 개별 사회복지법들은 형식적 의미의 사회복지법에 해당된다고 할 수 있다.

2) 실질적 의미의 사회복지법

실질적 의미의 사회복지법이란 법의 존재형식과 명칭에 관계없이 법규범의 내용, 목적, 기능들이 사회정의, 사회형평, 사회연대, 사회통합, 인간다운 생활, 행복권 등과 같이 사회복지법 규범에 내재하는 공통된 법 원리 내지 가치에 부합되어 실질적으로 법의 내용이 사회복지에 관한 사항을 규정하고 있으면 실질적 의미의 사회복지법이라고 한다. 실질적 의미의 사회복지법은 사회복지법의 포괄 범위에 따라 '협의의 사회복지법'과 '광의의 사회복지법'으로 나눌 수 있다.

협의의 사회복지법이란 사회적 · 경제적 약자나 국가 · 지방자치단체 및 민간 부문의 보호가 필요한 자를 위한 사회복지정책 및 사회정책과 관련되는 법규범을 말한다. 이때의 사회복지는 임시적이고 다른 사회제도의 기능을 보완하는 기능을 지니는 것으로 이해된다. 이에 대하여 광의의 사회복지법이란 전 국민의 물질적 · 정신적 · 사회적 기본 욕구를 해결함으로써 인간다운 생활을 영위하게 하는 공사의 모든 사회적 서비스와 관련된 법률을 의미한다. 즉, 널리 사회보장의 틀 속에서 전개되는 사회복지정책 또는 사회정책의 실현과 관련되는 모든 법 규범을 뜻한다. 이러한 구분은 윌렌스키와 르보(Wilensky & Leveaux, 1965)가 말한 잔여적 복지와 제도적 복지로도 설명을 할 수 있다. 즉, 잔여적 · 보충적(선별적) 복지의 범위에 관련된 법은 협의의 사회복지법이고, 제도적(보편적) 복지의 범위에 관련된 사회복지법은 광의의 사회복지법이라고 할 수 있다(현외성, 2017 : 38-39).

〈표 1-1〉 형식적 의미와 실질적 의미의 사회복지법 개념 규정

구 분	개 념
형식적 의미의 사회복지법	사회복지법이라는 외적 형식을 갖춘 제반법규로 우리나라의 경우 「사회보장기본법」상에 명시되어 있는 사회보험, 공공부조, 사회서비스 형태의 개별 사회복지법을 의미한다고 할 수 있음

<table>
<tr><td rowspan="3">실질적 의미의 사회복지법</td><td colspan="2">법의 존재형식과 명칭에 관계없이 법규범의 내용, 목적, 기능이 실질적으로 사회복지법 규범에 내재하는 공통된 법 원리 내지 가치에 부합되는 제반법규로 사회복지법의 포괄범위에 따라 협의와 광의의 사회복지법으로 나누어짐</td></tr>
<tr><td>협의의 사회복지법</td><td>선별적, 잔여적(공공부조, 저소득 대상 사회서비스 등)</td></tr>
<tr><td>광의의 사회복지법</td><td>보편적, 제도적(사회보장, 보건의료, 교육, 주택, 노동 등)</td></tr>
</table>

3. 사회복지법의 이념

사회복지법의 이념이란 사회복지법이 추구하고자 하는 가치의 총체 또는 사회복지법이 구현하고자 하는 궁극적인 목표를 말한다. 오늘날 복지국가들의 사회복지법 이념의 핵심은 생존권적 기본권의 보장에 있다.

1) 생존권적 기본권의 의미

먼저 기본권이란 「헌법」에 의해 보장되는 국민의 기본적 권리를 말한다.[2] 우리나라 「헌법」에서는 인간의 존엄과 가치 및 행복추구권 등의 포괄적 기본권과 국민이 생존을 유지하거나 생활을 향상시켜 인간다운 생활을 할 수 있도록 국가에 요구하는 사회권적 기본권을 보장하고 있다. 사회권적 기본권은 생존권적 기본권 또는 생활권적 기본권이라고 불리며, 단순하게 사회권, 생존권, 복지권, 생활권이라고도 한다. 생존권은 인간다운 생활을 위하여 필요한 제 조건이 국가권력의 적극적인 관여에 의하여 보호될 것을 요청할 수 있는 권리를 말한다. 따라서 자유권적 기본권이 국민의 자유를 확보하기 위하여 국가권력의 불간섭을 요구하는 소극적인 권리인 반면 생존권적 기본권은 국가에 대한 적극적인 권리로 현대 복지국가에서 강조되고 있다.

생존권이 최초로 「헌법」에 규정된 것은 1919년 제정된 독일의 바이마르 헌법에서이다. 동 「헌법」의 제151조 제1항 전단에서 "경제생활의 질서는 모든 사람들에게 인

2) 우리 「헌법」은 인간의 존엄과 가치 및 행복추구권을 포괄적 기본권으로 규정하고, 이를 구체적으로 실현할 수 있도록 개별적 기본권으로 자유권, 평등권, 사회권, 참정권, 청구권 등을 보장하고 있다.

간다운 생활을 보장하는 목적을 갖는 정의의 원칙에 적합하지 않으면 안 된다"는 규정을 두어 생존권을 보장하였다. 이후 바이마르 헌법의 생존권 규정은 제2차 세계대전 이후 각국의 「헌법」과 국제적 선언 등에 계승되었으며, 우리나라는 제헌 「헌법」에서 생존권 규정을 명문화한 이래 개정을 통해 생존권을 강화해 왔다.[3)]

2) 생존권적 기본권에 대한 헌법조항

사회복지법은 국민의 생존에 필요한 기본권, 즉 생존권을 법률에 의하여 구체적으로 실현하는 것을 보장하고 있다. 이를 위해 우리나라는 「헌법」 제10조에서 인간의 존엄과 가치 및 행복추구권을 규정하고 있다. 이는 인간이 태어나면서 가지는 자연적 권리, 「헌법」이 보장하고 있는 모든 기본권이 궁극적으로 지향하는 근본 가치이며, 다른 기본권을 포함하는 포괄적 기본권이다. 그리고 「헌법」 제34조 제1항에서는 "모든 국민은 인간다운 생활을 할 권리를 가진다"고 규정함으로써 「헌법」상 주된 기본권으로서의 생존권을 보장하고 있다. 그 외에도 제31조 교육을 받을 권리, 제32조 근로의 권리, 제33조 노동기본 3권, 제35조 환경권과 주거권, 제36조 혼인과 가족생활의 보호, 모성의 보호 및 보건권 등 구체적인 생존권을 보장하고 있다.

〈표 1-2〉 「헌법」에서 보장하는 생존권적 기본권

조 항	내 용
제10조	모든 국민은 인간으로서의 존엄과 가치를 지니며, 행복을 추구할 권리를 가진다. 국가는 개인이 가지는 불가침의 기본적 인권을 확인하고 이를 보장할 의무를 진다(포괄적 기본권, 생존권 기본권의 대원칙).
제31조	교육을 받을 권리
제32조	근로의 권리
제33조	노동기본 3권(단결권, 단체교섭권, 단체행동권)

3) 1948년 7월 17일 공포된 제헌 「헌법」 제19조에 "노령, 질병, 기타 근로능력의 상실로 인하여 생활유지의 능력이 없는 자는 법률이 정하는 바에 의하여 국가의 보호를 받는다"고 명시하여 생존권을 「헌법」에 명문화하였다.

第34條	① 모든 국민은 인간다운 생활을 할 권리를 가진다. ② 국가는 사회보장, 사회복지의 증진에 노력할 의무를 진다. ③ 국가는 여자의 복지와 권익의 향상을 위하여 노력하여야 한다. ④ 국가는 노인과 청소년의 복지 향상을 위한 정책을 실시할 의무를 진다. ⑤ 신체장애자 및 질병·노령 기타의 사유로 생활능력이 없는 국민은 법률이 정하는 바에 의하여 국가의 보호를 받는다. ⑥ 국가는 재해를 예방하고 그 위험으로부터 국민을 보호하기 위해 노력해야 한다.
第35條	쾌적한 환경에서 생활할 권리 및 주거권
第36條	혼인과 가족생활의 보호, 모성의 보호 및 보건권

3) 생존권적 기본권의 실천이념

(1) 인간다운 생활

인간다운 생활은 생존권의 구체적인 표현이며 핵심이라고 할 수 있다. 인간다운 생활의 보장이란 국가나 사회가 개입하여 개인이 직면하게 되는 사회적 위험으로부터 개인을 보호하여 건강하고 문화적인 생활을 영위하게 하는 것을 말한다. 우리나라에서는 제3공화국 「헌법」(제5차 개헌, 1962. 12. 17) 제30조(현행 「헌법」은 제34조)에서 처음으로 “모든 국민은 인간다운 생활을 할 권리를 가진다”고 명시하였다.

또한 「사회보장기본법」 제2조(기본 이념)에서도 “사회보장은 모든 국민이 다양한 사회적 위험으로부터 벗어나 행복하고 인간다운 생활을 향유할 수 있도록 자립을 지원하며, 사회참여·자아실현에 필요한 제도와 여건을 조성하여 사회통합과 행복한 복지사회를 실현하는 것을 기본 이념으로 한다”고 규정하고 있으며, 동법 제10조 제1항에서는 “국가와 지방자치단체는 모든 국민이 건강하고 문화적인 생활을 유지할 수 있도록 사회보장급여의 수준 향상을 위하여 노력하여야 한다”고 규정함으로써 국민의 권리로서 인간다운 생활을 보장하고 있다.

(2) 평등권

평등권은 인종, 성별, 종교, 신분, 장애 등에 의해 부당하게 차별받지 않고 동등하게 대우받을 권리이다. 평등권은 민주국가의 기본 가치이자 다른 기본권, 특히 생존권적 기본권을 실현하기 위한 전제 조건이다. 우리나라 「헌법」 제11조 제1항에서는

"모든 국민은 법 앞에 평등하다. 누구든지 성별 · 종교 또는 사회적 신분에 의하여 정치적 · 경제적 · 사회적 · 문화적 생활의 모든 영역에 있어서 차별을 받지 아니한다"고 규정함으로써 생존권적 기본권으로서의 평등권을 규정하고 있다.

4. 사회복지의 주체[4)]

사회복지의 주체는 주로 복지다원주의(welfare pluralism) 관점에서 설명이 된다. 즉, 사회복지 주체는 단일하지 않고 국가, 지방자치단체, 공공기관, 법인, 종교단체, 개인 등 다양하게 구성되어 있다. 사회복지법에서는 사회복지 주체를 크게 공적 사회복지 주체와 사적 사회복지 주체로 나누고 있다.

1) 공적 사회복지 주체

(1) 국가

국가란 일정한 영토와 국민, 주권을 기초로 통치권력에 의하여 통치권을 행사하는 공식적인 통치조직을 말한다. 협의로서의 국가는 통치조직을 의미하지만 미국이나 호주 등에서는 더 큰 단위의 연방제(federation)의 권위에 종속되어 주권이 없는 통치단위인 주(state) 단위를 나타내기도 한다. 국가는 법률상 하나의 인격을 가지는 것으로 간주되므로 법인으로서 법률관계의 주체가 된다. 국가가 행정주체가 되는 경우 그 권한은 대통령을 정점으로 하는 국가 행정조직인 행정기관에 의해 행사된다. 행정기관은 그 권한행사 방식에 따라 행정관청, 집행기관, 의결기관, 자문기관, 보조기관 등으로 분류된다.

(2) 공공단체

공공단체는 국가로부터 존립목적이 부여된 법인으로 공법인(公法人) 또는 자치단체라고도 한다. 자치행정의 주체로서 법인격(法人格)을 가지며, 행정목적을 수행하는

4) 고수현(2018). 사회복지법제론. 정민사, pp. 35-38 인용.

공법인이다. 공공적 성질을 가지므로 국가로부터 그 존립의 목적이 부여되고 그 목적은 대체로 법률에 의해 정해진다. 공공단체의 종류로는 지방자치단체, 공공조합, 영조물법인이 있으며, 그밖에 공법상의 재단(財團)과 무자본 특수법인이 있다.

① 지방자치단체

지방자치단체는 국가 영토의 일부를 자기구역으로 하여 그 구역 내의 모든 주민에 대하여 법률이 정하는 범위 내에서 지배권을 행사하는 단체이다. 우리나라는 지방자치단체를 광역자치단체(특별시 · 광역시 · 도)와 기초자치단체(시 · 군 · 구)로 구분하고 있다. 지방자치단체는 자치행정의 주체로서 국가로부터 행정권의 일부를 부여받은 공공단체이며 공법인(公法人)이다. 지방자치단체는 그의 지배권이 지방자치단체에 고유한 것이 아니고, 국가로부터 부여된다는 점에서 국가와 구별되고, 일정한 구역에 대한 지배권을 가지는 지역단체인 점에서 다른 공법인과 구별된다. 지방자치단체는 사회보험 업무가 아닌 공공부조나 사회서비스 업무를 주로 담당하는 주체가 된다.

② 공공조합

공공조합(公共組合)은 공법상의 사단법인(社團法人)이다. 상공회의소, 도시재개발조합, 중소기업협동조합, 건축사협회, 재향군인회 등이 이에 속한다.

③ 영조물법인

영조물(營造物, public institution)은 특정한 국가목적에 제공된 인적 · 물적 종합시설을 말하며, 영조물에 공법상 법인격이 부여된 공공단체를 영조물법인이라고 한다. 한국조폐공사, 한국은행, 서울대학교병원 등 국립대병원, 적십자병원 등이 이에 속한다.

④ 공법상 재단

공법상의 재단은 특정한 행정목적을 위해 출연된 재산으로 설립된 재단법인으로서 한국연구재단, 한국노동연구원, 한국학중앙연구원 등이 이에 속한다.

⑤ 무자본 특수법인

무자본 특수법인은 국가가 공익을 목적으로 특별법을 제정하여 무자본으로 설립하여 설립 이후에 관련법의 목적에 따라 기금을 조성하거나 자산을 취득하는 것이 일반적이다. 국민건강보험공단, 국민연금공단, 근로복지공단, 한국산업인력공단 등의 공법인이 여기에 속한다.

> ※ 법인(法人)
>
> • 법인이란 자연인이 아니면서 인격을 부여받아 법률상의 권리-의무의 주체가 되는 것을 말한다. 법인의 종류는 공법인(公法人)과 사법인(私法人)으로 구분되는데, 국가, 지방자치단체 등 공공의 목적을 위해 공법으로 설립된 법인은 공법인, 「민법」과 「상법」 등에 의하여 설립되는 회사, 사단법인, 재단법인, 사회복지법인 등은 사법인에 해당된다.
>
> • 법인은 권리와 의무의 주체가 될 수 있지만 자연인처럼 스스로 행동할 수는 없기 때문에 대표이사와 같은 기관을 설정하게 되고, 기관의 행위는 곧 법인의 행위로 간주한다. 법인은 특별한 규정이 없는 한 당해 법인을 규율하는 법률에 따라 정관(定款)의 작성을 비롯한 필요한 요건을 갖추고, 주된 사무소의 소재지에서 설립등기(設立登記)를 함으로써 성립한다.

2) 사적 사회복지 주체

사적 사회복지 주체는 공공단체와 같은 공법인(公法人)이 아닌 사법인(私法人)과 개인 등을 의미한다. 사법인은 영리법인과 비영리법인으로 분류된다. 영리법인으로는 상법상의 사단법인이 있고, 비영리법인으로는 민법상의 사단법인과 재단법인, 그리고 사회복지사업법상의 사회복지법인 등이 있다.

(1) 영리법인과 비영리법인

영리법인은 일반적으로 상법상의 합명회사, 합자회사, 유한책임회사, 주식회사, 유한회사 등으로 구성원(사원)들의 이익을 목적으로 설립된 사단법인을 말한다. 그러므로 구성원이 없는 재단법인은 영리법인이 될 수 없다. 영리법인의 설립은 법률에서 정한 일정 요건만 충족하면(준칙주의) 주된 사무소 소재지에서 설립등기를 함으로써 설립된다.

비영리법인은 영리를 목적으로 하지 않는 법인을 말한다. 비영리법인은 민법 제

32조에 따라 학술·종교·자선·기예·사교 기타의 영리 아닌 사업을 목적으로 설립된 민법상의 사단법인과 재단법인, 그리고 공익법인[5]과 각종 개별법(사립학교법, 사회복지사업법, 의료법, 변호사법 등)에 근거하여 설립된 특수법인을 말한다. 비영리법인의 설립은 주무관청의 허가를 얻어(허가주의) 주된 사무소 소재지에서 설립등기를 함으로써 설립된다.

(2) 사단법인과 재단법인

사단법인은 일정한 목적을 위하여 결합한 사람의 단체, 즉 사단(社團)을 실체로 하는 법인을 말한다. 사람의 집단이기 때문에 구성요소인 사원이 필요하고 최고 의사결정도 사원총회에서 이루어진다. 사단법인의 경우 영리법인도 있고 비영리법인도 있는데, 상법상의 회사는 영리 사단법인이며, 민법상의 사단법인은 비영리 사단법인이다. 사회복지사업법 제46조에 따라 설립된 한국사회복지사협회도 민법상의 사단법인 규정을 준용하는 사단법인이다.

재단법인은 일정한 목적을 위하여 출연된 재산, 즉 재단(財團)에 법적 인격이 부여된 법인을 말한다. 민법상 제32조에서 재단법인은 학술·종교·자선·기예·사교 기타 영리가 아닌 사업을 목적으로 하여야 한다고 규정되어 있다. 즉, 재단법인은 그 설립 목적이 비영리를 추구하는 경우에만 설립할 수 있다. 삼성복지재단, 아산사회복지재단 등이 있다.

---

5) 협의의 공익법인은 민법상 비영리법인이면서 「공익법인의 설립·운영에 관한 법률」상 요건을 갖추어 설립 허가를 받은 법인을 말하고, 광의의 공익법인은 법인세법상 비영리법인 중 「상속세 및 증여세법」 시행령 제12조에 열거된 공익사업을 영위하는 법인을 말한다.

※ 공익사업을 영위하는 법인(상속세 및 증여세법 시행령 제12조)
1. 종교의 보급 기타 교화에 현저히 기여하는 사업 2. 「초·중등교육법」 및 「고등교육법」에 의한 학교, 「유아교육법」에 따른 유치원을 설립·경영하는 사업 3. 「사회복지사업법」의 규정에 의한 사회복지법인이 운영하는 사업 4. 「의료법」에 따른 의료법인이 운영하는 사업 5. 「법인세법」 제24조 제2항 제1호에 해당하는 기부금을 받는 자가 해당 기부금으로 운영하는 사업 6. 「법인세법 시행령」 제39조 제1항 제1호 각 목에 따른 공익법인등 및 「소득세법 시행령」 제80조 제1항 제5호에 따른 공익단체가 운영하는 고유목적사업 7. 「법인세법 시행령」 제39조 제1항 제2호 다목에 해당하는 기부금을 받는 자가 해당 기부금으로 운영하는 사업

(3) 사회복지법인

사회복지법인은 「사회복지사업법」 제2조에서 정한 '사회복지사업'[6]을 행할 목적으로 동법 제16조에 의거 설립된 특수법인이다. 따라서 사회복지법인이 수행할 수 있는 목적사업은 사회복지사업에 한정된다. 사회복지법인의 법적 성격은 비영리 공익법인이며 재단법인의 성격을 동시에 가진다. 이에 따라 공익성과 공공성이 강한 사회복지사업의 건실한 수행을 위해 법인의 설립 · 변경 · 소멸 및 지도 · 감독 등에 관한 사항을 「사회복지사업법」 등에 세부적으로 규정해 놓고 있다. 또한 동법 제32조에는 법인에 관하여 이 법에서 규정한 사항을 제외하고는 「민법」과 「공익법인의 설립 · 운영에 관한 법률」을 준용한다고 규정하고 있다.

사회복지법인의 종류에는 '시설법인'과 '지원법인'이 있다. 시설법인이란 「사회복지사업법」 제2조 제4호에 따른 사회복지시설을 설치 · 운영할 목적으로 설립된 사회복지법인이며, 지원법인은 사회복지사업을 지원할 목적으로만 설립된 사회복지법인(사회복지공동모금회 등)을 말한다. 사회복지법인의 설립은 기본재산의 출연과 정관작성, 주무관청(시 · 도지사)의 허가 및 설립등기의 절차를 거쳐서 성립된다.

6) 「사회복지사업법」 제2조 제1호에 규정된 개별법령에 의한 "보호 · 선도 또는 복지에 관한 사업"과 "사회복지상담 · 직업지원 · 무료 숙박 · 지역사회복지 · 의료복지 · 재가복지 · 사회복지관 운영 · 정신질환자 및 한센병력자 사회복귀에 관한 사업" 등 각종 복지사업과 이와 관련된 "자원봉사활동 및 복지시설의 운영 또는 지원을 목적으로 하는 사업"을 말한다.

〈표 1-3〉 사회복지의 공적 주체와 사적 주체

<table>
<tr><td rowspan="7">공적 주체
(公法人)</td><td>국가</td><td colspan="2">• 일정한 영토와 국민, 주권을 기초로 통치권력에 의하여 통치권을 행사하는 공식적인 통치조직</td></tr>
<tr><td rowspan="6">공공 단체</td><td colspan="2">• 국가로부터 존립목적이 부여된 법인으로 공법인 또는 자치단체</td></tr>
<tr><td>지방자치 단체</td><td>국가 영토의 일부를 자기 구역으로 하여 그 구역 내의 모든 주민에 대하여 법률이 정하는 범위 내에서 지배권을 행사하는 단체</td></tr>
<tr><td>공공조합</td><td>공법상의 사단법인(상공회의소, 도시재개발조합, 중소기업협동조합 등)</td></tr>
<tr><td>영조물 법인</td><td>특정한 국가 목적에 제공된 인적 · 물적 종합시설로 공법상 법인격이 부여된 공공단체(한국조폐공사, 한국은행, 국립대병원, 적십자병원 등)</td></tr>
<tr><td>공법상 재단</td><td>특정한 행정목적을 위해 출연된 재산으로 설립된 재단법인
(한국연구재단, 한국노동연구원 등)</td></tr>
<tr><td>무자본 특수법인</td><td>국가가 공익을 목적으로 특별법을 제정하여 무자본으로 설립하여 설립 이후에 관련법의 목적에 따라 기금을 조성하거나 자산을 취득하는 법인(국민건강보험공단, 국민연금공단, 근로복지공단 등)</td></tr>
<tr><td rowspan="5">사적 주체
(私法人)</td><td>영리 법인
(회사)</td><td colspan="2">• 상법상의 법인으로 사원들의 이익을 목적으로 설립된 사단법인(합명회사, 합자회사, 주식회사, 유한회사 등)
• 법률에서 정한 일정한 요건만 충족하면 주된 사무소 소재지에서 설립등기를 함으로써 설립(준칙주의 적용)</td></tr>
<tr><td>비영리 법인</td><td colspan="2">• 학술 · 종교 · 자선 · 기예 · 사교 기타의 영리 아닌 사업을 목적으로 하는 민법상의 사단법인과 재단법인, 공익법인과 특수법인을 말함
• 재단법인은 영리법인이 될 수 없고 비영리법인으로만 설립됨
• 주무관청의 허가를 얻어 주된 사무소 소재지에서 설립등기를 함으로써 설립(허가주의 적용)
• 비영리 사단법인으로는 사회복지사협회 등이 있음
• 비영리 재단법인으로는 삼성복지재단, 아산사회복지재단 등이 있음</td></tr>
<tr><td rowspan="3">사회 복지 법인</td><td colspan="2">• 사회복지사업법상의 법인으로 사회복지사업을 행할 목적으로 설립된 특수법인
• 법적 성격은 비영리 공익법인으로 재단법인의 성격을 동시에 가짐
• 주무관청(시 · 도지사)의 허가를 얻어 주된 사무소 소재지에서 설립등기를 함으로써 설립(허가주의 적용)</td></tr>
<tr><td>시설법인</td><td>사회복지시설을 설치 · 운영하는 것을 목적으로 설립된 법인</td></tr>
<tr><td>지원법인</td><td>사회복지사업을 지원할 목적으로 설립된 법인(사회복지공동모금회 등)</td></tr>
</table>

제2장 : 사회복지법의 법적 영역, 법원, 해석, 분류

1. 사회복지법의 법적 영역

1) 사회법

사회복지법은 노동법, 경제법과 함께 공법과 사법의 성격이 혼재된 제3의 법 영역인 사회법에 속한다. 사회법은 시민법의 한계에 대한 비판적 견지에서 출현하였으며 독립된 법적 영역으로 자리를 확보해 오고 있다고 할 수 있다.

(1) 시민법의 출현과 한계

시민법(jus civile)은 18세기 말부터 19세기 초에 중세 봉건사회를 타파하고 자본주의를 확립한 시민계급(부르주아)이 시민혁명을 통해 건설한 근대 시민사회를 전제로 하여 출현한 법이다. 시민사회는 경제적 · 정치적으로 억압 및 차별받던 구체제를 무너뜨리고 개인주의와 자유주의라는 사상적 배경에서 생겨났다. 그러므로 법률적으로 '자유'와 '평등'의 이념을 구현하기 위해서 시민 개개인의 권리와 의무를 보장하고 자본주의 사회의 발전을 위한 민주적인 시민법이 필요하게 되었고, 이를 위해 소유권 절대의 원칙, 계약자유의 원칙, 과실 책임의 원칙의 3대 원칙이 만들어졌다.

소유권 절대의 원칙 (사유재산권 존중의 원칙)	• 개인의 재산권에 대한 절대적 지배의 사유재산제도 • 사유재산권의 가장 전형적인 것은 소유권
계약자유의 원칙 (사적 자치의 원칙)	• 개인이 자신의 자유의지에 따라 자유롭게 계약을 체결함 • 국가의 개입이 없는 자유시장경제
과실 책임의 원칙 (자기 책임의 원칙)	• 타인에게 피해를 준 손해에 대해 위법 또는 고의나 과실일 경우에만 손해배상책임을 인정

근대시민법은 미국독립혁명(1776)의 영향으로 프랑스대혁명(1789)이 일어난 후 만들어졌으며, 모든 개인은 봉건적 · 신분적 제한으로부터 자유롭고 평등하다는 사상에서 시작되었다. 이러한 사상은 주변 국가들에 영향을 주었고, 독일과 영국 등은 각 국가의 목적과 정치적 상황에 맞추어 시민법을 사회의 지도원리로 삼게 되었다.

그러나 시민법은 자본주의 사회를 유지 · 발전시키는 역할을 수행하였지만 19세기 후반 자본주의 경제가 고도화됨에 따라 점차 시민법 원리의 모순과 결함이 발생하게 되었다. 즉, 정치적 민주주의 원리는 모든 개인을 법 앞에서 평등한 추상적 인격으로 취급하지만, 경제적 자본주의 원리는 현실생활에서 자본가와 노동자 사이에 심각한 불평등을 초래하였다. 소유권 절대의 원칙으로 빈부격차가 더욱 심화되었고, 계약자유의 원칙으로 자본가와 노동자 사이의 불평등 계약이 만연하게 되었다. 또한 과실 책임의 원칙은 타인에게 손해를 주는 위법을 한 경우 고의나 과실 부분만 책임지면 되었기 때문에 무과실의 경우 자본가들은 배상책임을 면하게 되므로 많은 노동자들이 보호되지 못하는 사태가 발생하였다. 결국 자유시장경제는 소수의 강자가 자본을 독점하는 독점자본(monopoly capital)을 초래하였고, 그로 인한 빈부격차 및 노사갈등은 심화되었다. 시민법 질서로 인해 초래된 '소득과 부의 불평등'에 대한 시정요구와 함께 절대적 자유권으로서의 소유권에 대한 비판이 전개되면서 '생존권'에 근거한 자유와 평등을 부여해 줄 새로운 법질서의 필요성이 대두되었다.

(2) 사회법의 출현

시민사회에서의 국가는 자유로운 경제활동에 대해 방임적인 태도를 취했지만 점차 공공의 복리, 사회질서의 유지, 신의성실, 권력남용 금지 등의 법리를 통해 개인주의적이고 자유주의적인 시민법의 원리를 제한하게 되었고, 공동체의 생존과 안녕을 고려하는 집단주의적 법 원리가 점차 확대되었다. 이로 인해 계약의 자유와 소유권을 수정하여 공법적 제한을 가하는 국가의 노동정책, 경제정책, 사회복지정책의 입법이 형성되면서 19세기 말에서 20세기 초에 사회법(시민법 원리의 수정)이 출현하였다.

새롭게 형성된 사회법에서는 국민들에게 실질적인 자유와 평등을 보장하여 인간다운 생활을 할 수 있도록 하는 것이 새로운 기본 원칙으로 자리하게 된다. 단순히 추상적인 개인의 행복과 이익의 추구가 아니라 사회공동의 행복과 이익을 추구하는

'공공의 복리'를 추구하는 것이 인정된 것이다. 즉, 국가가 개입하여 공공의 이익을 위해 법률관계 등을 조정함으로써 시민법에 제약을 가하게 되었던 것이다. 이러한 사회법의 기본 원칙을 살펴보면 다음과 같다.

첫째, 소유권 절대의 원칙은 소유권 제한의 원칙으로 수정되었다. 사유재산권에 대한 절대적 소유권은 공공복리를 위해서는 개인의 무제한 소유권을 제한하도록 한 것이다. 이를 위해 조세관련법률, 공정거래법, 소비자보호법, 은행법 등 각종 경제활동의 규제에 관한 법률들이 제정되었다(경제법 출현).

둘째, 계약자유의 원칙은 계약공정의 원칙으로 수정되었다. 즉, 경제적 강자와 약자 사이의 계약에 대한 공정성을 기하기 위해 국가가 개입하여 공공복리, 질서유지, 신의성실 등의 법리로 불공정한 계약에 제한을 가했다. 이에 따라 노동3권의 보장, 노동기준에 관한 법률, 최저임금제한의 법률들이 제정되었다(노동법 출현).

셋째, 과실책임주의는 무과실책임주의로 바뀌게 되는데 누구의 잘못인지 따지지 않고 손해를 배상하도록 했다. 대표적인 것이 「산업재해보상보험법」으로 독일에서 먼저 법제화되었다.

시민법 원리의 수정은 먼저 노동법의 발전을 필두로 하여 경제법, 사회복지법의 순서로 각기 그 발전이 이어졌다. 이와 같이 사회복지법은 사회법으로서 시민법의 한계에 대한 비판적 견지에서 형성되어 독립된 법의 영역으로 발전되었다. 자유제한과 생존보장에 대한 사회사상(社會思想)은 독일의 바이마르 헌법을 비롯하여 20세기의 각국의 헌법에서 재산권에 대한 제한과 사회적 기본권의 보장으로 나타났으며, 그러한 내용이 실정법에 결집되어 사회법의 체계를 이루게 되었다.

〈표 2-1〉 시민법과 사회법의 비교

구 분	시민법(근대법) : 자본주의적 법질서	사회법(현대법) : 수정자본주의적 법질서
이념과 사상	• 개인주의, 자유방임주의	• 집단주의, 사회민주주의
경제체제	• 자본주의 초기(상업, 산업자본주의)	• 독점자본주의, 수정자본주의
국가의 역할	• 국가는 시민사회의 질서유지자로 권리의 다툼이나 질서 문란에 대해 사후적 대응 • 경제생활에 대해서는 개입 · 간섭 · 통제 · 조정을 하지 않음	• 경제발전을 위해 사전적 개입 · 통제 · 조정 · 공공사업을 통한 경기회복 주도

권 리	• 자유권	• 사회권(생존권, 복지권)
법 원리	• 소유권 절대의 원칙 • 계약자유의 원칙 • 과실책임의 원칙	• 소유권 제한의 원칙(소유의 사회성) • 계약공정의 원칙(특정 계약행위 금지) • 무과실책임의 원칙(집합적 책임)
법 영역	• 민법, 상법	• 노동법, 경제법, 사회복지법

출처 : 남기민(2016), p. 42.

2) 사회보장기본법

「사회보장기본법」은 우리나라의 사회보장에 관한 국민의 권리와 국가 및 지방자치단체의 책임을 정하고 사회보장정책의 수립·추진과 관련 제도에 관한 기본적인 사항을 규정함으로써 국민의 복지증진에 이바지하는 것을 목적으로 하는 법으로 우리나라 사회보장제도를 총괄하는 모법(母法)의 지위를 가진다고 할 수 있다. 즉, 사회보장에 대한 '기본법'으로서 규범적 지위를 가지고 개별 법률을 총괄적으로 지배하는 기본적인 법으로 모든 국민이 다양한 사회적 위험으로부터 벗어나 행복하고 인간다운 생활을 향유할 수 있도록 자립을 지원하며, 사회참여·자아실현에 필요한 제도와 여건을 조성하여 사회통합과 행복한 복지사회를 실현하는 것을 기본 이념으로 하고 있다.

이 법(제3조 제1호)에서는 "사회보장"을 출산, 양육, 실업, 노령, 장애, 질병, 빈곤 및 사망 등의 사회적 위험으로부터 모든 국민을 보호하고 국민 삶의 질을 향상시키는 데 필요한 소득·서비스를 보장하는 사회보험, 공공부조, 사회서비스를 말한다고 정의하고 있다. 우리나라의 사회복지법은 이처럼 사회보장기본법상에 정의된 사회보험, 공공부조, 사회서비스의 세 가지 방식의 체계로 운영되고 있어 사회복지법은 사회보장기본법의 범주에 있다고 할 수 있다.

(1) 사회보험

「사회보장기본법」에 정의된 "사회보험"이란 국민에게 발생하는 사회적 위험을 보험의 방식으로 대처함으로써 국민의 건강과 소득을 보장하는 제도를 말한다(법 제3조 제2호). 우리나라에서 사회보험방식으로 운영되는 사회복지법은 「국민연금법」, 「국민건강보험법」, 「노인장기요양보험법」, 「산업재해보상보험법」, 「고용보험법」이 있고, 특수직역연금인 「공무원연금법」, 「사립학교교직원연금법」, 「군인연금법」 등이 있다.

(2) 공공부조

「사회보장기본법」에 정의된 "공공부조(公共扶助)"란 국가와 지방자치단체의 책임 하에 생활유지 능력이 없거나 생활이 어려운 국민의 최저생활을 보장하고 자립을 지원하는 제도를 말한다(법 제3조 제3호). 우리나라에서 공공부조방식으로 운영되는 사회복지법은 「국민기초생활보장법」, 「의료급여법」, 「주거급여법」, 「긴급복지지원법」 등과 「기초연금법」 및 「장애인연금법」[1] 등이 있다.

(3) 사회서비스

「사회보장기본법」에 정의된 "사회서비스"란 국가 · 지방자치단체 및 민간 부문의 도움이 필요한 모든 국민에게 복지, 보건의료, 교육, 고용, 주거, 문화, 환경 등의 분야에서 인간다운 생활을 보장하고 상담, 재활, 돌봄, 정보의 제공, 관련 시설의 이용, 역량 개발, 사회참여 지원 등을 통하여 국민의 삶의 질이 향상되도록 지원하는 제도를 말한다(법 제3조 제4호). 사회서비스 중 「사회복지사업법」 제2조 제1호에서 규정한 '사회복지사업'을 통해 서비스를 제공하는 사회복지법은 「아동복지법」, 「노인복지법」, 「장애인복지법」, 「한부모가족지원법」, 「다문화가족지원법」, 「영유아보육법」 등 27법과 그 밖에 대통령령으로 정하는 법률이 있다.

사회보장기본법에 따른 우리나라의 사회복지법 체계를 정리해 보면 다음과 같다.

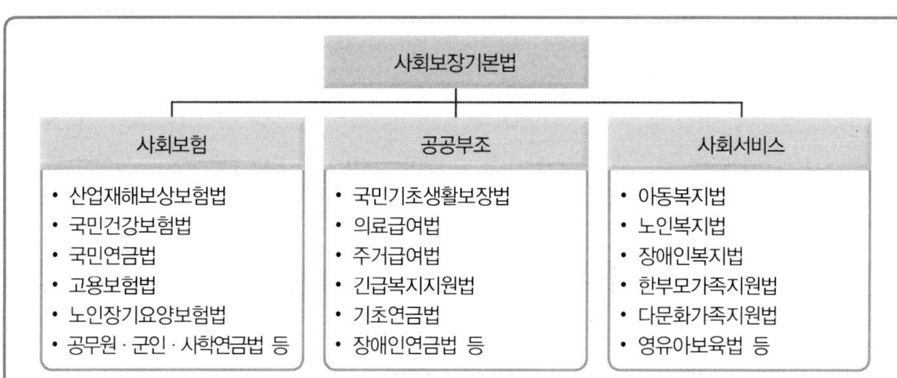

|그림 2-1| 사회보장기본법에 따른 사회복지법 체계

1) 기초연금과 장애인연금은 연금제도이지만 무기여와 자산조사라는 공공부조의 성격을 가지고 있으므로 본 교재에서는 공공부조로 분류하고자 한다.

2. 사회복지법의 법원(法源)

1) 법원의 개념

법원(source of law)이란 법의 연원을 줄인 말로 법이 어떠한 방식으로 존재하는가에 대한 것을 의미한다. 실천적 사회규범으로서의 법은 그것을 인식할 수 있도록 일정한 형식으로 나타나고 존재하여야 한다. 일반적으로 인식근거 내지 존재형식으로서의 법원은 보통 법관이 재판의 근거로 삼기 위한 재판규범으로서 성문법과 불문법의 형식으로 존재한다.

2) 법원의 종류

(1) 성문법의 법원

성문법(成文法, written law)이란 입법기관에 의해 특별한 절차를 따라 만들어지고 문자의 형식을 갖추어 문서로 규율된 법이다. 오늘날의 현대 복지국가 대부분은 제정된 성문법을 법원에서 인정하는 성문법주의(법률주의)를 채택하고 있으며, 예외적으로 불문법을 병용하고 있다. 성문법으로서의 법원에는 헌법, 법률, 명령(대통령령, 총리령, 부령), 자치법규(조례, 규칙)가 있다.

① 헌법

「헌법(constitution)」은 국가와 국민 간의 권리 · 의무에 관한 기본법이며, 한 국가의 조직과 통치작용을 규정한 최상위법이다. 「헌법」에서 생존권 조항을 최초로 규정한 것은 1919년 독일의 바이마르(Weimar)에서 열린 국민의회에서 제정된 독일공화국의 헌법이며, 바이마르 헌법에 생존권 조항이 규정된 이래 「헌법」은 가장 중요하고 기본적인 사회복지법의 법원이 되었다.

우리나라 「헌법」 전문을 비롯하여 제10조 인간의 존엄성과 행복추구권, 제31조 교육을 받을 권리, 제32조 근로의 권리, 제33조 노동기본 3권, 제34조 인간다운 생활을 할 권리, 제35조 쾌적한 환경에서 생활할 권리 및 주거권, 제36조 혼인과 가족생활의 보호 및 보건권 등의 「헌법」 규정은 사회복지와 관련된 복지권의 범위와 내용을 규정하고 있다.

② 법률

법률(law)은 국회의 의결을 거쳐 제정·공포된 법을 말한다. 법률은 헌법이념에 부합해야 하고 하위명령이나 자치법규에 대해 우월한 형식적 효력을 가진다. 사회복지와 관련된 실정법(개별법)들이 여기에 속한다. 그러므로 사회복지법의 법원으로서의 법률은 실질적으로 사회복지법의 구체적인 내용을 규정하고 있다고 할 수 있다. 우리나라 사회복지법의 경우 단일의 사회복지법전은 존재하지 않고 여러 개별 법률로 구성되어 있다. 사회복지법률에는 「사회보장기본법」과 「사회복지사업법」을 비롯하여 「국민연금법」, 「국민건강보험법」, 「노인장기요양보험법」, 「산업재해보상보험법」, 「고용보험법」 등의 사회보험법, 「국민기초생활보장법」과 「의료급여법」 등의 공공부조법, 「노인복지법」, 「아동복지법」, 「장애인복지법」 등의 사회서비스법 등이 있다.

③ 명령

명령(order)이란 국회의 의결을 거치지 않고 대통령 이하의 행정기관이 제정한 법규를 말한다. 입법권은 국회에 있는 것이 원칙이지만, 국회는 근본적인 중요한 사항만 법률의 형식으로 정하고, 실제로 법률을 집행하는 데 필요한 세부적인 사항은 각 행정기관으로 하여금 정하도록 하고 있는데 그것이 명령이다. 명령은 제정주체에 따라 대통령령, 총리령, 부령으로 나눌 수 있다. 사회복지법의 법원으로서 명령은 보통 개별 법률의 시행령(대통령령) 및 시행규칙(장관령)으로 존재한다. 즉, 법률을 집행하기 위하여 필요한 사항에 관해서는 집행명령을 대통령령으로 발할 수 있는데 이를 일반적으로 시행령이라고 한다. 그리고 국무총리와 행정 각부의 장은 소관사무에 관하여 법률이나 대통령령의 위임 또는 직권으로 총리령 또는 부령을 발할 수 있는데 이를 시행규칙이라고 한다. 예를 들어, 「아동복지법」의 시행령은 대통령이, 시행규칙은 보건복지부장관이 규정하여 「아동복지법」에 대한 행정적 지침으로 삼게 된다.

④ 자치법규

자치법규(regulations)는 지방자치단체가 법률과 명령의 범위 내에서 제정하는 자치규범으로 그 자치단체의 지역 내에서만 효력이 있다. 자치법규에는 조례와 규칙이 있다. 조례는 지방자치단체가 법령의 범위 내에서 그 사무에 관하여 지방의회의 의결을 거쳐 제정하는 것이고, 규칙은 지방자치단체의 장이 법령 또는 조례의 위임된 범위 안에서 그 권한에 속하는 사무에 관하여 제정한 자치법규이다. 지방자치단체는 법률의 위임이 없어도 법령의 범위 안에서 그 사무에 관하여 조례를 제정할 수 있지만 주민의 권리 제한 또는 의무 부과에 관한 사항이나 벌칙을 정할 때에는 법률의 위임이 있어야 한다(지방자치법 제22조).

(2) 불문법의 법원

불문법(不文法, unwritten law)은 문서의 형식으로 표현되지 않는 법이다. 성문법이 모든 법률관계를 다 규율하기는 어려우므로 불문법이 보충적 기능을 한다. 불문법으로서의 법원에는 관습법, 판례법, 조리가 있다.

① 관습법

관습법(custom law)이란 장기간에 걸쳐 사실상의 관행이 계속적이고 일반적으로 행해짐에 따라 법으로서의 효력을 가지게 된 불문법을 말한다. 관습법은 영국이나 미국과 같은 불문법주의 국가에서는 법원의 주종을 이루고 있다. 우리나라 대법원에서는 성문법이 존재하지 않는 사항에 대해서는 관습법을 인정하고 있다. 현행 사회복지법은 그 역사가 짧아 법원에서 관습법으로 인정된 것은 아직 없다(강희갑, 2016 : 23). 그러나 현행 사회복지에 관한 성문법의 규정이 미비한 점이 많아 법 해석과 적용상 관습법을 보충적으로 활용할 가능성이 많아 앞으로는 관습법도 사회복지법에서 중요한 법원이 될 수 있다.

② 판례법

판례법(case law)이란 구체적인 법률문제에 있어서 법원의 판결이 동종 또는 유사한 사건에 계속적 · 반복적으로 적용됨으로써 일반적 규범으로 인정할 수 있는 정도가 된 불문법이다. 즉, 법원이 내리는 판결을 법규로 보는 것으로, 판례는 특히 대법원의 판례가 하급심을 구속하므로 판례법은 주로 대법원의 판례에 의해 형성된 것이다(현외성, 2017 : 52).

법원의 대부분이 판례의 집적(集積)으로 이루어지는 영국과 미국의 법계에서는 판례법이 구속력이 강하다. 우리나라의 경우 성문법주의 국가로서 판례의 법원성을 부정하고 있어 판례의 법률적 구속력이 인정되지 않는다고 하지만 상급법원의 판례가 사실상의 구속력을 가지는 점은 부인할 수 없다. 우리나라는 아직까지 사회복지에 관한 판례가 판례법으로 인정된 사례는 거의 없지만 앞으로는 판례법도 사회복지의 보충적 법원으로서의 중요성을 더해갈 것으로 보인다(남기민 외, 2024 : 58).

③ 조리

조리(reason)란 사람의 상식으로 판단 가능한 본질적 이치를 말하는 것으로, 사물의 도리, 합리성, 본질적 법칙을 의미한다. 경우에 따라서는 사회통념, 신의 · 성실, 사회질서, 형평, 정의 등으로 표현하기도 한다. 성문법, 관습법, 판례법이 없는 경우에는 최종적으로 조리가 보충적 법원이 될 수 있다. 「민법」 제1조에는 "민사에 관하여 법률에 규정이 없으면 관습법에 의하고, 관습법이 없으면 조리에 의한다"고 규정함으로써 조리의 법원성을 명문으로 인정하고 있다.

(3) 국제법의 법원

국제법(international law)이란 국제사회, 또는 국가 사이의 관계를 규율하는 법률이다. 국제법의 법원으로는 성문법으로서의 국제조약과 불문법으로서의 국제관습법이 있다.

국제조약은 조약, 협정, 협약, 약정, 규약, 의정서 등 그 명칭이 어떠하더라도 국가와 국가 간, 국가와 국제기관 사이에 법적 효력이 있는 문서에 의한 합의를 말한다(국제인권규약, 아동권리협약, 사회보장협정 등). 국제관습법은 국제사회에서 '법으로서 수락된 일반적 관행'[2])이 증명된 관습으로부터 발생한 법규범을 의미한다. 즉, 국제법의 법원으로서 관습은 국제사회의 관행에 의하여 발생한 국제사회 생활의 규범이 성문화되지 않고 국제사회에서 법으로 승인되고 준수되는 것으로서, 묵시적 조약의 한 형태가 아니라 하나의 독립된 법형식이다(현외성, 2017 : 53).

우리나라 「헌법」 제6조 제1항에는 "헌법에 의해 체결 · 공포된 조약과 일반적으로 승인된 국제법규는 국내법과 같은 효력을 가진다"고 규정하고 있어 그 내용이 국내

2) ICJ(International Court of Justice : 국제사법재판소) 규정 38

의 사회복지와 관련된 국제조약과 국제관습법(국제법규)은 그 범위 내에서 사회복지법의 법원이 된다.

〈표 2-2〉 사회복지법원의 종류와 내용

<table>
<tr><th>구 분</th><th>종 류</th><th colspan="2">내 용</th></tr>
<tr><td rowspan="10">성문법</td><td>헌법</td><td colspan="2">• 국가와 국민 간의 권리와 의무에 관한 기본법</td></tr>
<tr><td>법률</td><td colspan="2">• 국회의 의결을 거쳐 제정 · 공포된 법
• 사회복지법은 모두 국회의 의결을 거쳐 제정 · 공포된 법률임
– 사회보장기본법(법률 제15885호), 사회복지사업법(법률 제16738호)
– 개별사회보험법, 개별공공부조법, 개별사회서비스법 등</td></tr>
<tr><td rowspan="4">명령</td><td colspan="2">• 국회의 의결을 거치지 않고 대통령 이하의 행정기관이 제정한 법규
• 명령은 시행령과 시행규칙으로 나누어짐</td></tr>
<tr><td>시행령</td><td>대통령령</td></tr>
<tr><td>시행규칙</td><td>총리령, 부령(장관령)</td></tr>
<tr><td colspan="2">예 「아동복지법」의 시행령(대통령령) 및 시행규칙(보건복지부령)</td></tr>
<tr><td rowspan="3">자치법규</td><td colspan="2">• 지방자치단체가 법률과 명령의 범위 내에서 제정하는 자치규범</td></tr>
<tr><td>조례</td><td>지방의회가 법령의 범위 안에서 지방의회의 의결을 거쳐 지역사무에 관해 제정한 자치법규</td></tr>
<tr><td>규칙</td><td>자치단체의 장이 법령 또는 조례가 위임한 범위 내에서 그 권한에 속하는 사무에 관하여 제정한 자치법규</td></tr>
<tr><td colspan="3" style="display:none"></td></tr>
<tr><td rowspan="3">불문법</td><td>관습법</td><td colspan="2">• 장기간에 걸쳐 사실상의 관행이 계속적이고 일반적으로 행해짐에 따라 법으로서의 효력을 가지게 된 불문법</td></tr>
<tr><td>판례법</td><td colspan="2">• 구체적인 법률문제에 있어서 법원의 판결이 동종 또는 유사한 사건에 계속적 반복적으로 적용됨으로써 일반적 규범으로 인정할 수 있는 정도가 된 불문법(주로 대법원의 판례에 의해 형성됨)</td></tr>
<tr><td>조리</td><td colspan="2">• 사람의 상식으로 판단 가능한 본질적 이치(사물의 도리, 합리성, 본질적 법칙)</td></tr>
<tr><td rowspan="2">국제법</td><td>국제조약
(성문법)</td><td colspan="2">• 국가와 국가 간, 국가와 국제기관 사이에 법적 효력이 있는 문서에 의한 합의(조약, 협정, 협약, 약정, 규약, 의정서 등)</td></tr>
<tr><td>국제관습법
(불문법)</td><td colspan="2">• 국제사회에서 법으로서 수락된 일반적 관행이 증명된 관습으로부터 발생한 법규범</td></tr>
</table>

〈표 2-3〉 법과 관련된 용어

구 분	내 용
법(法)	• 일반적으로 넓은 의미에서 법 일반 • 법률뿐만 아니라 대통령, 국무총리, 행정 각부의 장이 발하는 명령을 포함하여 지방자치단체에서 제정되는 조례, 규칙 등과 판례, 관습법, 조리, 사적 단체의 규칙 등의 법규범 전체를 총칭
법률(法律)	• 실질적 의미에서는 모든 법규범을 말하지만 형식적 의미에서는 입법기관인 국회의 의결을 거쳐 대통령이 공포함으로써 법률이라는 이름을 가진 규범
법규(法規)	• 일반국민의 권리와 의무에 관한 사항을 규정한 법규범
법령(法令)	• 국회에서 제정한 법률과 명령(대통령령, 총리령, 부령)의 총칭
법전(法典)	• 국가가 제정한 통일적 · 체계적인 성문법 자체 또는 그 집합 • 우리나라는 8 · 15광복 후 헌법전(1948), 형법전(1953), 형사소송법전(1954), 민법전(1958), 민사소송법전(1960), 상법전(1962)을 차례로 제정함으로써 6개의 법전이 제정되어 있다.

3. 사회복지법의 해석[3)]

보통 법 규정은 사회생활에서 구체적으로 적용되기 위하여 일반적이고 추상적인 용어로 표현된다. 법의 해석은 이러한 일반적 · 추상적으로 규정되어 있는 법규범을 구체적인 사실관계에 적용하여 집행하기 위해 그 의미와 내용을 명확히 밝히는 것을 말한다. 법은 인간의 언어로 쓰여 있고 언어는 해석에 따라 뜻이 변하며 글 자체만으로는 저자의 의도나 생각이 완벽히 전달되기는 어렵다. 법 역시 제정한 사람의 의도가 완벽히 파악되기 어렵고 시간이 지나면서 언어 자체가 변하거나 도덕률이 변하면서 해석이 중요해진다. 법의 해석은 그것이 법적 구속력을 가지느냐의 여부에 따라 유권해석과 학리해석으로 나누어진다.

1) 유권해석

유권해석(有權解釋)은 국가기관이 주어진 권한에 기하여 하는 해석으로, 공권(公權)해석이라고도 한다. 유권해석에는 다시 입법해석, 사법해석, 행정해석이 있다.

3) 남기민 외(2016). 사회복지법제론. 공동체, pp. 87-90 인용.

(1) 입법해석

입법해석(立法解釋)은 입법기관이 법조문 자체에 해석규정을 둠으로써 특정한 법규의 내용 또는 문구의 의미를 밝히는 것을 말한다. 이는 법령을 통해서 법령의 용어를 해석하는 경우이다. 「사회보장기본법」과 사회복지 관련 개별법에서는 입법 시 그 법에서 사용하는 용어에 대한 정의를 해놓았는데 그것이 입법해석이다. 예를 들어, 「사회보장기본법」 제3조(정의)에 보면 "사회보장"이란 출산, 양육, 실업, 노령, 장애, 질병, 빈곤 및 사망 등의 사회적 위험으로부터 모든 국민을 보호하고 국민 삶의 질을 향상시키는 데 필요한 소득 · 서비스를 보장하는 사회보험, 공공부조, 사회서비스를 말한다고 규정되어 있는데 이것이 입법해석에 해당된다. 이 해석은 그 자체가 법 규정이므로 절대적인 강제력을 가진다.

(2) 사법해석

사법해석(司法解釋)은 법원, 특히 대법원의 판결형식으로 나타나는 법의 해석을 말한다. 영미법 국가에 있어서는 법원의 판례가 곧 법원이 되기 때문에 사법해석은 법적 구속력을 갖는다. 그러나 대륙법계에 속하는 성문법주의 국가에서는 영미에서와는 달리 판례가 완전한 구속력을 가지지 못하므로 사법해석이 절대적인 권위를 갖는다고는 볼 수 없다. 우리나라의 경우 성문법주의 국가지만 대법원의 판결(사법해석)이 당해 사건에 관한 한 하급법원의 판결을 구속하므로 그 범위 내에서 사법해석이 인정된다고 할 수 있다. 사법해석은 판례라는 형태로 남으며, 재판해석이라고도 한다.

(3) 행정해석

행정해석(行政解釋)은 행정관청에 의해 행해지는 해석이다. 이 해석은 행정관청에서 법을 집행하는 형식으로 법을 구체적으로 해석하기도 하고, 또는 상급관청의 하급관청에 대한 감독권의 일환으로서 회답, 훈령의 형식으로 이루어지기 때문에 법 집행적 행정단계에서 매우 강력한 힘을 발휘한다. 그러나 행정해석에 이의가 있을 경우에는 행정쟁송절차(행정심판, 행정소송)에 의하여 변경 · 취소될 수 있는 것이어서 최종적인 구속력을 갖지 못한다.

2) 학리해석

학리해석(學理解釋)은 법학자가 학문적인 입장에서 행하는 법 해석을 말한다. 유권해석과 달리 강제력을 갖지 못하므로 무권(無權)해석이라고도 한다. 학리해석은 법규범의 의미와 내용을 학문적인 입장에서 이론적 · 체계적으로 모순 없이 인식하려는 것으로서, 이 점에서 실천적 목적을 첫째로 하는 유권해석과 다르다. 학리해석의 성과는 학설이라고 일컬어지며, 법학자의 대다수가 지지하는 학설인 통설은 법 해석의 유력한 근거가 된다. 학리해석은 다시 문리해석과 논리해석으로 구분된다.

(1) 문리해석

문리해석(文理解釋)은 법령을 구성하고 있는 자구(字句)나 문장의 뜻을 문법규칙 및 사회통념(社會通念)에 따라 밝혀 확정하는 해석방법이다. 논리해석에 대하는 개념으로 법 해석의 제1단계이다. 문법적 해석에는 큰 문제가 없으나 자구의 의미를 밝힘에는 법령 제정 당시의 뜻으로 해석해야 한다는 입장과 현실의 사회적 수요(需要)에 대응하여 현재의 의미로 해석해야 한다는 입장의 대립이 있는데 후자가 통설이다.

(2) 논리해석

논리해석(論理解釋)이란 법령의 의미내용을 문법적 의미에 얽매이지 않고 논리적 법칙에 따라서 해석하는 방법이다. 그러나 지나치게 형식논리에 치우치게 되면 구체적 타당성을 결(缺)하게 되므로 체계적 · 목적론적 해석을 가미할 필요가 있다. 논리해석은 확대해석, 축소해석, 물론해석, 반대해석, 보정해석, 유추해석, 연혁해석 등으로 구별된다.

첫째, 확대해식이란 조문의 의미를 문리적 의미 이상으로 해석하는 방법이고, 축소해석이란 법령의 자구에 대한 의미를 문리적 의미보다 제한 · 엄격하게 해석하는 방법이다. 둘째, 물론해석이란 법문에 일정한 사항이 규정되어 있는 경우에 법문으로 명기되어 있지 않은 사항이라 할지라도 사물의 성질상 또는 입법정신에 비추어 보아 이것은 당연히 그 규정에 포함된 것이라고 해석하는 방법이다. 셋째, 보정해석이란 법조문이 입법자의 의사에 반(反)하여 잘못 표현되고 있는 것이 명백한 경우에 그를 바로잡아 옳게 해석하는 방법이다. 넷째, 유추해석은 당해 사항에 관하여 명문의 규정이 없는 경우에 입법 이유가 동일한 유사 사실을 정하고 있는 다른 규정을 당해 사항에 적절하게 적용시키는 해석방법이다. 다섯째, 연혁해석이란 법 성립의 연혁, 법안 이유서, 의사록, 입법 경과 및 정부위원의 보고서 등 입법 당시의 기초자료를 활용함으로써 법을 해석하는 방법이다.

〈표 2-4〉 법 해석의 종류

구 분	종 류	내 용
유권해석	입법해석	입법기관이 법조문 자체에 해석규정을 둠으로써 특정한 법규의 내용 또는 문구의 의미를 밝히는 해석
	사법해석	법원, 특히 대법원의 판결형식으로 나타나는 법의 해석
	행정해석	행정관청에 의해 행해지는 해석
학리해석 (무권해석)	문리해석	법령을 구성하고 있는 자구(字句)나 문장의 뜻을 문법규칙 및 사회통념(社會通念)에 따라 밝혀 확정하는 해석
	논리해석	법령의 의미내용을 문법적 의미에 얽매이지 않고 논리적 법칙에 따라서 해석하는 방법

4. 사회복지법의 분류

사회복지법은 실정법 차원에서 상위법과 하위법, 일반법과 특별법, 원칙법과 예외법, 강행법과 임의법, 신법과 구법으로 분류된다.

1) 상위법과 하위법

법규범은 그것이 존재하는 형태에 따라서 수직적인 위계질서를 이루고 있다. 즉, 법들은 상위법과 하위법의 관계에 있다. 우리나라의 사회복지법은 실정법으로 헌법 → 법률 → 명령(시행령, 시행규칙) → 자치법규(조례, 규칙)의 위계적 체계를 구축하고 있다. 하위규범들은 상위규범에 구속되어 그것을 위반할 수 없으며, 상위의 규범을 위반하면 위헌 또는 위법이 된다. 그러므로 「헌법」의 규정을 위반한 하위의 개별 사회복지법률은 위헌법률이 되며, 그 효력이 상실된다. 한편 하위규범은 상위규범의 추상성을 구체화시켜 주는 역할도 한다.

2) 일반법과 특별법

법은 법 적용 및 효력의 범위에 따라서 일반법과 특별법으로 나뉜다. 일반법이란 법의 효력이 특별한 제한 없이 일반적으로 넓게 적용되는 법을 말하며, 특별법이란 일정한 사람, 사항, 장소에만 국한하여 적용되는 법을 말한다. 일반법과 특별법을 분류하는 방법은 다음의 세 가지로 구분된다.

첫째, 법이 적용되는 '사람'을 기준으로 하는 구분이다. 예를 들면, 의료보장 부분에서 일반 국민에게 적용되는 국민건강보험법은 일반법이 되고, 이에 비해 특정 신분에 적용되는 의료급여법은 특별법이 된다.

둘째, 법이 적용되는 '사항의 범위'를 기준으로 하는 구분이다. 예를 들면, 비교적 넓은 범위의 사항에 적용되는 「사회보장기본법」은 일반법이 되고, 「노인복지법」, 「아동복지법」, 「장애인복지법」 등 특별한 사항에 적용되는 법은 특별법이 된다.

셋째, 법이 적용되는 '지역적 범위'를 기준으로 하는 구분이다. 「국민연금법」, 「국민건강보험법」, 「국민기초생활보장법」 등 전국적 지역에 적용되는 법은 일반법이고, 서울특별시의 복지 관련 조례나 규칙 등 특정 지역에만 적용되는 법은 전국적으로 시행되는 법과 비교할 때 특별법이 된다.

일반법과 특별법을 구별하는 이유는 법의 적용에 있어 동일한 사항이 일반법과 특별법에 모두 있을 경우 특별법이 일반법에 우선하여 적용하기 때문이다(특별법 우선의 원칙). 그런데 일반법과 특별법은 절대적 개념이라기보다 상대적 개념으로 비교대상에 따라 일반법이었던 법이 특별법이 될 수도 있고, 특별법이었던 법이 일반법이 될 수도 있다. 예를 들어, 「사회보장기본법」은 일반법이고, 이에 대해 「국민연금법」, 「국민건강보험법」, 「장애인복지법」, 「아동복지법」, 「노인복지법」 등은 특별법이다. 그러나 「장애인복지법」은 「장애인고용촉진 및 직업재활법」과 비교할 때는 일반법이 된다.

3) 원칙법과 예외법

원칙법이란 일정한 사항에 대해서 일반적으로 적용되는 법을 말하고, 예외법이란 그 일정한 사항에 관하여 특별한 사정이 있는 경우 그 예외를 인정함으로써 원칙법을 배제하여 적용되는 법을 말한다. 일반법과 특별법의 관계와 달리 예외법은 원칙법이 적용을 완전히 배제하므로 원칙법이 예외법에 대해서 보충관계에 있지 않다. 일반적으로 법령에서 보여주는 단서조항은 예외법이라고 할 수 있다(남기민 외, 2016 : 93).

4) 강행법과 임의법

강행법이란 당사자의 의사에 관계없이 적용이 강요되는 법을 말하고, 임의법이란 당사자의 의사에 따라 법을 적용할 수 있고 적용을 배제할 수도 있는 법을 말한다. 보통은 공법(헌법, 행정법, 형법 등)이 강행법에 해당하고, 사법(민법, 상법 등)은 임의법에 해당한다. 임의법을 인정하는 이유는 원래 법은 권력관계를 근거로 강행되는 것이지만, 공적 질서와 무관한 개인적 관계에 대해서는 당사자의 의사를 존중하여 그 자치를 허용하는 것이 오히려 사익과 사회질서 유지에 적합하고 법의 목적에도 합치되기 때문이다. 그런데 사회복지법의 경우 그 권리성을 인정한다는 측면에서 보면 강행규정적인 성격이 되지만, 보호적인 측면에서 수급권의 반사적 이익을 인정한다면 그 점에서는 임의성을 인정하게 되는 것이다(남기민 외, 2016 : 94).

5) 신법과 구법

신법은 새로 제정된 법이고, 구법은 신법에 의해 폐지되는 법을 말한다. 신법의 시행시기와 구법의 종료시기에는 상호 불일치가 존재할 수 있는데, 이러한 불일치를 해결하기 위하여 신법에 '경과규정' 또는 '부칙'을 둔다. 형식적 효력이 동등한 법형식 사이에 법령내용이 상호 모순·저촉하는 경우에는 시간적으로 나중에 제정된 것이 먼저 제정된 것보다 우선하는 신법 우선의 원칙을 따라야 한다.

제3장 : 사회복지수급권

1. 사회복지수급권의 개념

사회복지수급권이란 사회복지법상의 사회복지급여를 받을 권리를 말한다. 생존권이 「헌법」을 통해 보장되는 권리라면 사회복지수급권은 「헌법」상 보장된 생존권을 실현하기 위해 제정된 개별 사회복지법에 근거하여 갖는 구체적인 권리를 말한다. 사회복지급여를 받을 권리는 금전적 급여를 통한 기본적인 최저한도의 생활보장과 자립을 목적으로 하는 생활보호, 비금전적 급여를 통한 재활, 생활의 안정과 복지의 증진을 목적으로 하는 사회복지서비스에 대한 급여청구권을 말한다.

사회복지수급권은 사회보장수급권과 동일한 개념으로 사용되며, 실정법에 직접적으로 근거한 법적 권리이다. 우리나라 「헌법」은 제34조 제1항에서 「헌법」상 주된 기본권으로서의 생존권 보장의 원칙과 권리를 표명하고, 동조 제2항에서는 국가의 사회보장과 사회복지의 증진 의무를 규정하고 있다. 그리고 동조 제3~6항에서는 여자, 노인, 청소년, 장애인, 생활무능력자에 대한 국가의 보호정책 실시의무와 법률이 정하는 바에 의한 국가의 보호의무를 규정하여 적극적인 국가의 책임을 규정하고 있다. 또한 「사회보장기본법」 제9조에서도 "모든 국민은 사회보장 관계 법령에서 정하는 바에 따라 사회보장급여를 받을 권리를 가진다"라고 규정함으로써 사회보장에 관한 국민의 권리를 보장하고 있다.

2. 사회복지수급권의 법적 성격

1) 법적 권리성

사회복지수급권(사회보장수급권)이 단순히 구빈의 관점에서 부여된 시혜적인 것이 아니고 법적 권리로 인정받게 된 배경은 정치적 · 경제적 · 사회적 변화와 관련된다. 자유권을 기초로 한 근대시민법 질서는 사적 소유권의 확립과 개인주의 사상을 바탕으로 개인의 생활은 개인의 책임이라는 원칙 아래 못 가진 자에 대한 구제를 오로지 은혜적인 것으로 파악하고 가진 자에 대한 소유권 보호라는 점만을 중요시하였다. 이러한 법질서로 인하여 초래된 부의 불평등에 대한 시정요구가 격렬해지고 절대적 자유권으로서의 소유권에 대한 비판이 전개되면서 정치적 · 경제적 정의를 기초로 한 생존권을 주장하게 되었다(현외성 외, 2017 : 59). 즉, 자유권을 중심으로 하는 시민법 체계가 한계에 부딪히게 됨에 따른 그 수정의 원리로 생존권(사회권)이 주요한 기본권으로 등장하였다. 동시에 국가 형태의 측면에서는 국가가 개인의 사생활에 적극적으로 개입하여 불평등을 해소하고 국민 모두의 복지를 증진시키려는 복지국가로 전환하는 역사적 경향을 가져왔다. 따라서 사회복지수급권은 시민사회의 발전에 따라 보장된 사회권 혹은 생존권을 핵심으로 하는 법적 권리이다.

2) 법적 성격

「헌법」상에 규정된 생존권적 기본권 조항의 법적 효력, 즉 생존권 조항이 갖는 하위법령들과의 관계와 그 내용은 생존권 실현에 관건이 되므로 그 법적 성격을 어떻게 보느냐에 따라 사회복지수급권에 대한 해석이 달라질 수 있다. 사회복지수급권, 즉 생존권은 크게 프로그램 규정설과 법적 권리설로 나누며, 법적 권리설은 다시 추상적 권리설과 구체적 권리설로 나누어진다.

(1) 프로그램 규정설

프로그램 규정설은 「헌법」상 생존권은 구체적이고 현실적인 권리가 아니고 단지 국가의 사회정책적인 목표와 강령을 선언한 것에 불과하다고 보는 설이다. 즉, 생존권의 헌법규정은 구체적이고 현실적인 권리를 부여한 규정이 아니라 그 생존권의 구체화·현실화를 위한 입법에 의해서만 효력이 발생한다고 본다. 다시 말하면, 생존권의 헌법규정은 강령규정으로서 입법자에게 어떠한 생존권을 어떻게 규정하라고 하는 등 입법의 방침을 지시하는 프로그램 규정적 권리이다.

그러므로 국가가 그 권리의 실현에 필요한 입법을 하지 않는 한 헌법규정만으로는 국민은 국가에 대하여 그 의무이행을 위한 구체적 청구권이 인정되지 않으며, 또한 그 입법의 태만을 헌법위반이라 하여 사법적 구제를 구할 수도 없다. 따라서 프로그램 규정설에 의한 「헌법」상의 생존권은 입법권만을 구속하고, 행정권과 사법권은 구속하지 않으므로 그 실시는 국가의 자유재량이며, 일종의 반사적 이익(反射的 利益, reflective interest)에 지나지 않는다.[1)]

(2) 법적 권리설

법적 권리설에 따르면, 생존권은 법적 권리로 인정되며, 국가는 이에 대한 의무를 져야 한다. 그러나 이러한 경우도 개인이 국가를 상대로 직접 사법적인 청구를 할 수 있는가 여부에 따라 추상적 권리설과 구체적 권리설로 나누어진다.

① 추상적 권리설

추상적 권리설은 생존권이 「헌법」에 명시적으로 규정되어 있는 이상 추상적이기는 하나 법적 권리이며, 국가는 생존권 보장을 위한 입법 등을 강구할 추상적 의무를 진다고 보는 설이다. 프로그램 규정설이 기본적으로 생존권의 권리성을 부인하고, 국가의 의무도 강제할 수 없는 것에 반하여, 추상적 권리설은 생존권이 추상적이기는 하지만 원칙적으로 법적 권리이고, 국가의 의무이행이 재판에 의해 강제될 수 없더라도 「헌법」에 기인한 법적 의무가 있다고 보는 것이다.

1) 반사적 이익이란 법규가 권리를 부여하였기 때문에 받는 이익이 아니라, 법규가 사회 일반을 대상으로 하여 정한 규정의 반사적 효과로서 받는 간접적인 이익이다. 법규 시행의 결과 그 반사로서 일정한 이익을 누릴 뿐 개인은 그것을 권리로서 적극적으로 청구할 수 없다(교통법규 때문에 사람들이 안전하게 왕래할 수 있는 것은 법률에 의한 반사적 이익임).

② 구체적 권리설

구체적 권리설은 생존권에 관한 헌법규정은 그 규정을 구체화하는 입법이 존재하지 않는 경우에도 현실적으로 국가에 대하여 일정한 급부를 청구할 수 있는 구체적 권리이며, 국가는 이를 적극적으로 보장할 법적 의무를 진다고 보는 설이다. 따라서 사회복지에 관한 입법이 없거나 불충분한 경우 법률의 제정이나 개정을 요구할 수 있으며, 국가의 생존권 실현에 관한 부작위는 현실적 · 구체적 권리의 침해가 되어 국민은 국가의 '부작위위헌확인소송' 또는 '작위의무화소송'의 행정소송을 제기할 수 있다.

3. 사회복지수급권의 규범적 구조

사회복지수급권의 규범적 구조란 사회복지에 관한 수급권의 내용과 형식을 체계적으로 정리하는 것을 의미한다. 수급권의 규범적 구조는 일반적으로 실체적 권리, 수속적 권리, 절차적 권리로 구분한다.

1) 실체적 권리

실체적 권리란 사회복지수급권이 보장되는 핵심적 권리로서 사회복지대상자들이 해당 사회복지법에 의거하여 청구할 수 있는 실체적이고 구체적인 사회복지급여청구권을 말한다. 실체적 권리가 실현되기 위해서는 수급요건, 수급권자, 급여기준, 수급기준, 급여의 종류, 재정조달, 전달체계, 수급권의 보호와 제한 등이 포함되어 있어야 한다. 실체적 권리의 유형에는 사회보험급여 청구권, 공공부조급여 청구권, 사회서비스급여 청구권이 있다.

2) 수속적 권리

수속적 권리란 사회복지급여를 받기 위해 거쳐야 하는 적절한 절차(신청, 조사, 결정) 등이 수급권 보장을 위해 적합하게 진행될 것을 요구하는 권리를 말한다. 즉, 수급권자가 사회복지급여 청구권의 실현을 위한 일련의 과정이 본래의 수급권 보장의 목적에 알맞게 진행되어야 할 것을 요구하는 권리를 말한다. 사회복지급여를 받기 위해서는 복지대상자의 신청에서 시작하여 조사를 거쳐 수급권의 내용이 결정되고, 마지막에 급여가 실시되는 일련의 모든 과정이 필요한데 이 모든 과정이 인간다운 생활에 알맞게 전개되도록 요구하는 권리인 것이다. 수속적 권리는 복지급여에 대한 권리가 아니기 때문에 1차적 복지권은 아니고 적법 수속절차의 2차적 복지권이라고 할 수 있다. 수속적 권리의 내용은 수속 전 단계와 수속단계로 나누어진다.

첫째, 수속 전 단계에서는 사회복지급여에 대한 각종 정보를 요구할 수 있는 권리, 상담과 조언을 요구할 수 있는 권리, 각종 사회복지기관을 이용할 수 있는 권리가 있다. 둘째, 수속단계에서는 신청, 조사, 결정, 실시의 각 단계에서 사회복지대상자의 권리가 침해되지 않고 진행될 것을 요구할 수 있는 권리가 있다.

3) 절차적 권리

절차적 권리란 실체적 권리의 실현이 보장되지 않는 경우 이의 보전, 이행, 강제를 구체적으로 실현하는 절차와 관계된 권리를 말하며, 사회복지급여 쟁송권, 사회복지행정 참여권, 사회복지입법 청구권이 있다.

첫째, 사회복지급여 쟁송권이란 실체적 권리인 사회복지급여 청구권이 행정기관의 위법 또는 부당한 조치에 의하여 침해되었을 때, 이의 구제를 신청하는 권리를 의미한다. 여기에는 행정심판인 행정적 구제와 행정소송을 통한 사법적 구제가 있다.

둘째, 사회복지행정 참여권이란 사회복지행정 과정에 사회복지대상자나 국민이 참여할 권리를 의미한다. 사회복지행정은 전문적, 기술적이며 그 급여내용이 금전적인 것뿐만 아니라 비금전적인 것이 포함되므로 사회복지행정기관 재량의 여지가 그만큼 크다. 따라서 사회복지행정의 과정에 국민이 참여함으로써 재량권의 남용을 막을 수 있고, 적절한 사회복지급여를 실천할 수 있는 조건을 만들 수 있다.

셋째, 사회복지입법 청구권이란 생존권 보장을 위해 사회복지급여를 제공하는 구체적인 법률이 제정되지 않았거나 제정되었더라도 불충분한 경우 사회복지입법을 추진하거나 그 개정을 청구할 수 있는 권리를 말한다.

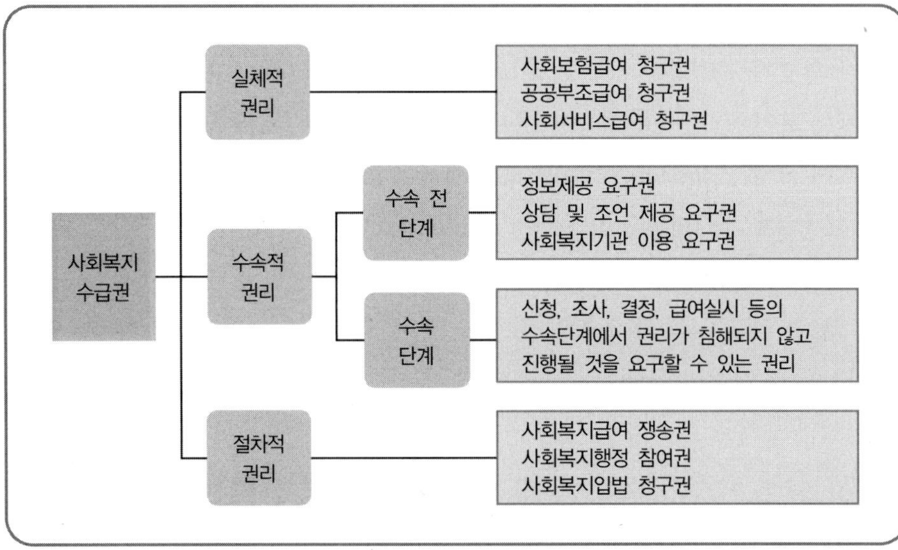

|그림 3-1| 사회복지수급권의 규범적 구조

4. 사회복지수급권의 보호와 제한 및 소멸

1) 사회복지수급권의 보호

사회복지법상의 사회복지수급권은 「헌법」상의 생존권적 기본권 내지 복지권의 하나인 사회보장수급권을 법률에 의해 구체적으로 실현하기 위한 권리이지만 사회복지급여의 내용이 현금 및 현물 급여 외에 비금전적 · 전문기술적 급여(직업지도, 재활지도, 교육훈련, 시설서비스) 등의 사회서비스의 급부도 포함되므로 그 내용 자체를 법률에서 구체적으로 규정하기가 쉬운 일이 아니다. 따라서 사회복지급여는 언제나 유동적이고 개별적이며, 계량화, 표준화가 쉽지 않은 것을 그 급여의 대상으로 하기 때문에 사회복지수급권은 권리로서 취약성을 가지고 있다(강희갑 외, 2016 : 98). 그러므로 이러한 취약성을 가진 사회복지수급권에 대한 국가의 특별한 보호가 필요하다. 「사회보장기본법」과 개별 사회복지법에는 사회복지수급권의 양도 · 담보제공 · 압류를 금지하고, 조세 · 기타의 공과금을 금지하며, 불이익 변경 금지 규정을 둠으로써 사회복지수급권을 보호하고 있다.

(1) 양도 · 담보제공 · 압류의 금지

「민법」상의 채권 등의 재산권은 법률행위에 의하여 양도할 수 있으나 공법상의 권리는 법률행위에 의해 양도할 수 없다. 공법상의 권리 · 의무는 일신전속권(一身專屬權)이기 때문에 양도할 수 없는 것이다. 따라서 사회복지수급권도 공법의 요소를 지닌 사회권이기 때문에 각종 사회복지수급권도 일신전속권으로 양도 · 담보제공 · 압류를 금지하고 있다. 「사회보장기본법」 제12조에는 "사회보장수급권은 관계 법령에서 정하는 바에 따라 다른 사람에게 양도하거나 담보로 제공할 수 없으며, 이를 압류할 수 없다"고 규정하여 사회보장급여 수급권자의 수급권을 보호하고 있다. 이 밖에도 「사회복지사업법」 제48조(압류금지), 「국민연금법」 제58조(양도 · 압류 · 담보제공 금지), 「국민건강보험법」 제59조(양도 · 압류금지), 「산업재해보상보험법」 제88조(양도 · 압류 · 담보제공 금지), 「고용보험법」 제38조(양도 · 압류 · 담보제공 금지), 「국민기초생활보장법」 제35조와 36조(양도 · 압류금지) 등 개별법들에도 수급권 보호조치를 하고 있다.

(2) 조세 · 기타의 공과금 금지

각국의 사회복지입법례에서는 각종 사회복지급여에 대하여 조세 및 공과금의 부과를 금지하는 규정을 대부분 두고 있다(남기민, 2016 : 81). 이것은 사회복지급여를 통하여 최소한의 삶을 영위하게 하는 데 목적이 있으므로 조세나 기타 공과금을 부과하는 것은 타당하지 않다고 보기 때문이다. 우리나라의 사회복지법도 이와 같은 금지규정을 두고 있다. 「국민연금법」 제60조에는 "이 법에 따른 급여로 지급된 금액에 대하여는 「조세특례제한법」이나 그 밖의 법률 또는 지방자치단체가 조례로 정하는 바에 따라 조세, 그 밖에 국가 또는 지방자치단체의 공과금을 감면한다"고 규정하고 있고, 「산업재해보상보험법」 제91조에는 "보험급여로서 지급된 금품에 대하여는 국가나 지방자치단체의 공과금을 부과하지 아니한다"고 면제규정을 두고 있다. 이는 사회복지법이 사회보장수급권의 보호를 통해 생존권을 보장하려는 목적에서 규정한 조항이라고 할 수 있다.

(3) 불이익 변경 금지

불이익 변경 금지란 사회복지급여가 결정된 경우 그 급여에 대해 정당한 이유 없이 변경하는 것은 기득권을 침해하는 행위가 되므로 이를 금지한다는 것이다. 「국민기초생활보장법」 제34조에는 "수급자에 대한 급여는 정당한 사유 없이 수급자에게 불리하게 변경할 수 없다"고 하여 불이익 변경의 금지를 규정하고 있다.

2) 사회복지수급권의 제한[2)]

사회복지수급권은 스스로 사회생활을 유지할 수 없는 상태에 처한 사회적 약자들에게 인간다운 생활을 할 수 있도록 사회복지의 제도적 장치를 통하여 구체적으로 실현된다. 그러나 이러한 사회복지급여가 필요한 상태가 수급권자에게 책임을 돌릴 수 있는 행위로 인하여 발생하거나 그로 인하여 그 상태가 악화되거나 호전되는 것을 방해할 때 또는 수급권자가 사회복지급여에 필요한 여러 가지 협조의무에 응하지 않은 때에도 그 사회적 요보호 상태만을 고려하여 그에게 사회복지급여를 지급해야 한다면 정의의 관념에 반한다. 따라서 이와 같은 경우에는 그 수급권을 제한할 필요가 있다. 다만, 사회복지수급권은 생존권 보장의 의미가 있으므로 그 제한은 예외적 · 최소한으로 그쳐야 한다.

(1) 이중급여 제한

사회복지급여의 수급권자가 다른 급여를 받게 되는 때에는 급여를 지급하지 않거나 지급이 정지된다. 「국민건강보험법」 제53조 제2항은 "공단은 보험급여를 받을 수 있는 사람이 다른 법령에 따라 국가나 지방자치단체로부터 보험급여에 상당하는 급여를 받거나 보험급여에 상당하는 비용을 지급받게 되는 경우에는 그 한도에서 보험급여를 하지 아니한다"고 규정하고 있다. 수급권자가 동일한 수급사유로 중복수급 또는 이중보상을 받는다는 것은 사회적 형평의 원칙에도 위배된다.

(2) 수급권의 악용

사회복지급여를 지급받기 위한 목적으로 고의로 사회복지급여 지급의 원인이 되는 사유를 발생시킨 경우, 사회복지급여 사유가 발생하지 않았음에도 불구하고 발

2) 강희갑(2016). 사회복지법제론. 양성원, pp. 100-102 인용.

생한 것과 같이 하여 급여를 지급받거나, 낮은 정도의 급여사유가 발생하였음에도 높은 정도의 급여사유가 발생한 것처럼 하여 부당하게 급여를 받는 경우 그 수급권을 제한하고 있다.

「국민건강보험법」 제53조 제1항 제1호에서는 "고의 또는 중대한 과실로 인한 범죄행위에 그 원인이 있거나 고의로 사고를 일으킨 경우에 해당하면 보험급여를 하지 아니한다"고 규정하고 있고, 「국민연금법」 제82조 제1항에는 "가입자 또는 가입자였던 자가 고의로 질병 · 부상 또는 그 원인이 되는 사고를 일으켜 그로 인하여 장애를 입은 경우에는 그 장애를 지급사유로 하는 장애연금을 지급하지 아니할 수 있다"고 규정하고 있다.

(3) 수급권의 남용

사회복지수급권자는 법령에 정하는 조건에 따른 의무를 이행하여야 하고, 권한 있는 기관의 정당한 지도 · 지시에 따를 의무가 있다. 그러므로 이러한 의무를 태만히 한 결과 사회복지수급 사유 및 조건을 연기시키거나 급여의 지급을 부당하게 장기화시키는 경우에는 수급권의 남용에 해당하므로 그 수급권을 제한하는 것이 마땅하다.

(4) 부당이득의 징수

위법하게 사회복지급여를 받은 자는 그 급여를 반환할 의무가 발생한다. 즉, 허위 기타 부정한 방법으로 급여를 받은 경우 그 부정수급자는 그 급여액, 즉 부당이득을 반환 또는 배상하여야 한다. 「산업재해보상보험법」 제84조 제1항에는 부당하게 보험급여를 받은 경우와 잘못 지급된 경우는 그 급여액에 해당하는 금액을 징수하고, 거짓이나 그 밖의 부정한 방법으로 보험급여를 받은 경우에는 그 급여액의 2배에 해당하는 금액을 징수한다고 규정하고 있다. 또한 「국민건강보험법」 제57조 제1항에서도 "공단은 속임수나 그 밖의 부당한 방법으로 보험급여를 받은 사람이나 보험급여 비용을 받은 요양기관에 대하여 그 보험급여나 보험급여 비용에 상당하는 금액의 전부 또는 일부를 징수한다"고 규정하고 있다.

3) 사회복지수급권의 소멸

(1) 사망 및 수급권의 포기

사회복지수급권은 일신전속적인 권리이므로 수급권자가 사망하면 권리가 소멸한다. 또한 수급권의 포기에 의해서도 소멸하는데, 「사회보장기본법」 제14조에는 "① 사회보장수급권은 정당한 권한이 있는 기관에 서면으로 통지하여 포기할 수 있다. ② 사회보장수급권의 포기는 취소할 수 있다. ③ 제1항에도 불구하고 사회보장수급권을 포기하는 것이 다른 사람에게 피해를 주거나 사회보장에 관한 관계 법령에 위반되는 경우에는 사회보장수급권을 포기할 수 없다"고 규정함으로써 포기와 포기의 취소를 인정하고 있다.

(2) 소멸시효

사회복지급여를 받을 권리는 일정 기간 동안 행사하지 아니하면 시효에 의해 소멸된다. 소멸시효는 개별 사회복지법에서 규정하고 있으며, 사회복지법에서 시효에 관한 규정을 두고 있지 않으면 「민법」 규정(162조)에 의해 시효가 소멸된다.

5. 사회복지수급권자의 의무와 벌칙

1) 사회복지수급권자의 의무

사회복지수급권자에게 주어지는 의무는 사회보험료 납부, 사회복지급여에 대한 부담금, 수급권자의 조사순응의무 등이 있다.

첫째, 사회보험 가입자는 해당 보험료를 납부해야만 수급권을 인정받을 수 있다. 국민연금의 사업장가입자와 국민건강보험의 직장가입자, 고용보험가입자(실업급여 부분만)의 보험료는 사용자와 가입자가 각각 50%씩 부담하여 납부하고, 산업재해보상보험은 사용자가 전액 부담하여 납부한다. 국민연금 지역가입자의 보험료는 지역가입자가 모두 부담하여 납부하고, 국민건강보험 지역가입자의 보험료는 가입자가 속한 세대의 지역가입자 전원이 연대 부담하여 납부한다.

둘째, 사회복지급여에 대한 부담금이란 의료나 사회서비스 등의 현물급여를 이용하는 자에게 부과되는 본인일부부담금을 의미한다. 즉, 국민건강보험이나 장기요양보험 등을 이용할 경우 공단부담금을 제외한 본인부담금과, 사회서비스를 이용할 경우의 실비부담금 등이다. 또한 「국민기초생활보장법」에 의해 공공부조를 실시한 경우에도 해당 수급자에게 부양능력을 가진 부양의무자가 있음이 확인된 경우에는 그 비용의 전부 또는 일부를 그 부양의무자로부터 부양의무의 범위에서 징수할 수 있다(국민기초생활보장법 제46조 제1항).

셋째, 사회복지수급권자는 급여제공자의 복지제공책임의 수행에 응하여 그 책임이행 과정이 원활하게 이루어질 수 있도록 수급권자의 조사순응의무를 부여하고 있다. 예를 들어, 「국민기초생활보장법」 제22조 제8항에는 "보장기관은 수급권자 또는 부양의무자가 급여의 결정 및 실시에 따른 조사 또는 자료제출 요구를 2회 이상 거부·방해 또는 기피하거나 검진 지시에 따르지 아니하면 급여신청을 각하(却下)할 수 있다"고 규정하고 있다.

2) 벌 칙

사회복지법은 법의 목적을 달성하기 위하여 일정한 대상자에게 의무를 부과하고 이를 위반하는 자에게는 일정한 벌칙을 가하는 강제규정을 두고 있다. 이것은 행정벌로서 행정형벌과 행정질서벌로 구분된다. 행정벌은 사회복지법의 목적 실현을 위한 국가의 명령이나 금지를 위반한 자에 대한 처벌을 의미한다. 대부분의 사회복지법들은 벌칙에 대한 규정을 두고 있다.

(1) 행정형벌

행정형벌이란 행정상의 의무 위반에 대하여 형법상의 형벌을 과하는 행정벌을 의미한다. 행정형벌도 형벌이므로 죄형법정주의에 따르며, 원칙적으로 형법총칙의 규정이 적용되고, 그 과형절차도 형사소송법의 절차에 의하는 것이 원칙이다. 사회복지법에 규정된 행정형벌은 징역(懲役) 또는 벌금(罰金)이다. 그런데 행정형벌은 양벌규정의 형태를 갖추고 있어서 법인의 대표자나 법인 또는 개인의 대리인, 사용인,

그 밖의 종업원이 그 법인 또는 개인의 업무에 관하여 위반행위를 하면 그 행위자를 벌하는 외에 그 법인 또는 개인에게도 해당 조문의 벌금형을 과(科)한다.

(2) 행정질서벌

행정질서벌이란 행정 법규의 위반이 직접적으로 행정목적이나 사회공익을 침해하지는 않으나, 간접적으로 행정상의 질서에 장해를 줄 위험성이 있는 정도의 단순한 의무 태만에 대해 제재를 가하는 행정벌의 한 종류로 과태료(過怠料)가 부과되는 것을 말한다.

6. 권리구제

권리구제란 사회복지급여의 수급권자가 보험료, 수급자격, 급여내용 등과 관련하여 당해 처분에 이의가 있거나 불복하는 경우에 사회복지 관련법에서 규정하고 있는 각종 심사위원회 혹은 법원에 그 처분의 시정을 구할 수 있는 절차를 말한다. 심사위원회를 통한 시정절차는 이의신청, 심사청구, 재심사청구 등의 절차로 규정되어 있고, 법원을 통한 시정절차는 행정소송을 통해 구제할 수 있는 절차이다. 「사회보장기본법」 제39조에서는 "위법 또는 부당한 처분을 받거나 필요한 처분을 받지 못함으로써 권리 또는 이익을 침해받은 국민은 「행정심판법」에 따른 행정심판을 청구하거나 「행정소송법」에 따른 행정소송을 제기하여 그 처분의 취소 또는 변경 등을 청구할 수 있다"는 권리구제 규정을 두고 있다.

1) 권리구제의 유형

(1) 이의신청

이의신청이란 사회복지급여와 관련하여 부당한 행정처분을 받은 당사자가 해당 행정처분의 이의를 행정처분기관에 제출하는 권리구제제도를 말한다. 이의신청 기간은 통상적으로 처분이 있음을 안 날로부터 90일 이내에 문서(전자문서 포함)로 신청하여야 한다. 다만, 「국민기초생활보장법」의 경우 서면 또는 구두로 신청할 수 있는 데, 구두로 신청을 받은 경우 이의신청을 접수한 보장기관의 공무원은 이의 신청서를 작성할 수 있도록 협조하여야 한다.

(2) 행정심판

행정심판이란 행정청의 위법 또는 부당한 처분(處分)이나 부작위(不作爲)로 침해된 국민의 권리 또는 이익을 구제하고, 아울러 행정의 적정한 운영을 꾀함을 목적으로 행정심판 절차를 통하여 심리 · 판정하는 절차를 말한다(행정심판법 제1조). 사법(私法)이나 공법(公法)상의 구제절차에 앞서서 사회적 약자의 생존권을 신속하게 확보하여 수급자의 권익을 보호하고 증진하기 위해서 사법적 판단과정에 소요되는 재정적 시간적 부담을 줄이고자 행정기관을 통한 권리구제 절차를 각 법률별로 규정하고 있다. 「국민연금법」, 「산업재해보상보험법」, 「고용보험법」에는 재심사청구에 대하여 「행정심판법」에 따른 행정심판으로 본다고 규정하고 있다.

(3) 행정소송

행정소송이란 행정청의 위법한 처분 그 밖에 공권력의 행사 · 불행사 등으로 인한 국민의 권리 또는 이익의 침해를 구제하고, 공법상의 권리관계 또는 법 적용에 관한 다툼을 적정하게 해결하기 위한 소송절차이다(행정소송법 제1조). 행정소송은 행정쟁송이라는 점에서는 행정심판과 같으나 분쟁해결기관과 절차는 법원을 통한다는 점에서 다르다. 과거에는 행정심판을 반드시 거쳐야만 행정소송이 가능했는데(행정심판 전치주의), 1988년 「행정소송법」 개정으로 원칙적으로는 당해 법률에 규정이 있는 경우를 제외하고는 행정심판과 관계없이 행정소송을 제기할 수 있게 되었다. 따라서 사회복지법상의 권리구제는 상황에 따라 행정소송을 직접 제기하거나 행정심판 절차를 선택할 수 있다.

2) 권리구제 절차

사회보험제도는 중앙부처 산하에 각 공단을 설치하여 시행되므로 권리구제 절차는 1차적으로 각 공단 또는 공단에 설치된 위원회를 활용하도록 하고 있다. 1차의 이의신청 또는 심사청구에 대한 결정에 불복하는 경우에는 각 공단 운영의 책임을 지고 있는 보건복지부나 고용노동부에 설치된 위원회를 동해 다시 한 번 권리구제가 가능하다. 권리구제에 관련된 시효는 90일을 기준으로 하고 있다. 그리고 공공부조제도의 경우 시행은 '중앙정부–시·도–시·군·구'의 전달체계를 사용하고 있어 권리구제 절차는 1차적인 이의신청을 일반 행정전달체계에 하도록 하고 있다.

(1) 국민연금법, 산업재해보상보험법, 고용보험법(심사청구와 재심사청구)

첫째, 「국민연금법」에 따른 공단의 처분에 이의가 있는 자는 1차로 국민연금공단의 '국민연금심사위원회' 및 국민건강보험공단의 '징수심사위원회(보험료 징수에 관련된 심사)'에 심사청구를 한다. 심사청구에 대한 결정에 불복할 경우 2차로 보건복지부의 국민연금재심사위원회에 재심사청구를 한다. 둘째, 「산업재해보상보험법」에 따른 공단의 결정에 불복하는 자는 1차로 근로복지공단의 '산업재해보상보험심사위원회'에 심사청구를 한다. 심사청구에 대한 결정에 불복할 경우 2차로 고용노동부의 '산업재해보상보험재심사위원회'에 재심사청구를 한다. 셋째, 「고용보험법」에 따른 처분에 이의가 있는 자는 1차로 지방노동관서의 '고용보험심사관'에 심사청구를 한다. 심사청구에 대한 결정에 이의가 있는 자는 고용노동부의 고용보험심사위원회에 재심사청구를 한다.

재심사청구 사항에 대한 재심사위원회의 재심사는 「행정소송법」 제18조[3]를 적용할 때에는 「행정심판법」에 따른 행정심판으로 본다.

〈표 3-1〉 국민연금법, 산업재해보상보험법, 고용보험법의 권리구제 절차

구 분	심사청구(1차)	재심사청구(2차)
국민연금법	국민연금공단(국민연금심사위원회) 국민건강보험공단(징수심사위원회)	보건복지부(국민연금재심사위원회)
산재보험법	근로복지공단(산재보험심사위원회)	고용노동부(산재보험재심사위원회)
고용보험법	지방고용노동관서(고용보험심사관)	고용노동부(고용보험심사위원회)
처분이 있음을 안 날로부터 또는 결정통지를 받은 날로부터 90일 이내에 문서(전자문서 포함)로 청구		

3) 「행정소송법」 제18조(행정심판과의 관계) : ① 취소소송은 법령의 규정에 의하여 당해 처분에 대한 행정심판을 제기할 수 있는 경우에도 이를 거치지 아니하고 제기할 수 있다. 다만, 다른 법률에 당해 처분에 대한 행정심판의 재결을 거치지 아니하면 취소소송을 제기할 수 없다는 규정이 있는 때에는 그러하지 아니하다.

(2) 국민건강보험법과 의료급여법(이의신청과 심판청구)

「국민건강보험법」에 따른 공단의 처분에 이의가 있는 자는 1차로 국민건강보험공단에 이의신청을 한다(심사평가원의 처분에 이의가 있는 경우는 심사평가원에 신청). 이의신청에 대한 결정에 불복하는 자는 2차로 보건복지부의 '건강보험분쟁조정위원회'에 심판청구를 한다. 공단 또는 심사평가원의 처분에 이의가 있는 자와 이의신청 또는 심판청구에 대한 결정에 불복하는 자는 「행정소송법」에서 정하는 바에 따라 행정소송을 제기할 수 있다.

「의료급여법」에 따른 시장 · 군수 · 구청장의 처분에 이의가 있는 자는 시장 · 군수 · 구청장에게 이의신청을 할 수 있다. 이의신청에 대한 결정에 불복이 있는 자는 보건복지부의 '건강보험분쟁조정위원회'에 심판청구를 할 수 있다.

〈표 3-2〉 국민건강보험법과 의료급여법에 따른 권리구제 절차

구 분	이의신청(1차)	심판청구(2차)
국민건강보험법	국민건강보험공단 건강보험심사평가원	보건복지부(건강보험분쟁조정위원회)
의료급여법	시장 · 군수 · 구청장	보건복지부(건강보험분쟁조정위원회)
처분이 있음을 안 날과 결정통지를 받은 날부터 90일 이내에 문서(전자문서 포함)로 신청 및 청구		

(3) 노인장기요양보험법(이의신청과 심사청구)

「노인장기요양보험법」에 따른 공단의 처분에 이의가 있는 경우 1차로 국민건강보험공단의 '장기요양위원회'에 이의신청을 한다. 이의신청에 대한 결정에 불복할 경우 2차로 보건복지부의 '장기요양심판위원회'에 심사청구를 한다. 공단의 처분에 이의가 있는 자와 이의신청 또는 심사청구에 대한 결정에 불복하는 자는 「행정소송법」에서 정하는 바에 따라 행정소송을 제기할 수 있다.

〈표 3-3〉 노인장기요양보험법에 따른 권리구제 절차

이의신청(1차)	심사청구(2차)
국민건강보험공단(장기요양위원회)	보건복지부(장기요양심판위원회)
처분이 있음을 안 날과 결정통지를 받은 날부터 90일 이내에 문서(전자문서 포함)로 신청 및 청구	

(4) 국민기초생활보장법(두 번의 이의신청)

「국민기초생활보장법」에 따른 처분에 이의가 있는 자는 1차로 해당 시장 · 군수 · 구청장을 거쳐 시 · 도지사(특별자치시장 · 특별자치도지사 및 시 · 도교육감의 처분에 이의가 있는 경우에는 해당 특별자치시장 · 특별자치도지사 및 시 · 도교육감)에게 이의신청을 한다. 시 · 도지사의 처분에 대하여 이의가 있는 경우에는 2차로 시 · 도지사를 거쳐 보건복지부장관에게 이의신청을 한다.

〈표 3-4〉 국민기초생활보장법에 따른 권리구제 절차

이의신청(1차)	이의신청(2차)
시장 · 군수 · 구청장을 거쳐 시 · 도지사에게 신청(교육급여는 시 · 도교육감)	시 · 도지사를 거쳐 보건복지부장관에게 신청
결정 및 처분의 통지를 받은 날로부터 90일 이내에 서면 또는 구두로 이의를 신청(구두로 이의신청을 접수한 보장기관의 공무원은 이의 신청서를 작성할 수 있도록 협조)	

(5) 긴급복지지원법, 기초연금법, 장애인연금법(한 번의 이의신청)

「긴급복지지원법」에 따른 결정이나 반환명령에 대한 이의가 있는 사람은 그 처분을 고지받은 날부터 30일 이내에 해당 시장 · 군수 · 구청장을 거쳐 시 · 도지사에게 서면으로 이의신청할 수 있다. 「기초연금법」과 「장애인연금법」에 의한 결정이나 처분에 대한 이의가 있는 사람은 특별자치시장 · 특별자치도지사 · 시장 · 군수 · 구청장에게 이의신청을 할 수 있다. 이의신청은 그 처분이 있음을 안 날부터 90일 이내에 서면으로 하여야 한다.

〈표 3-5〉 긴급복지지원법, 기초연금법, 장애인연금법에 따른 권리구제 절차

구 분	이의신청(1회)	신청기한
긴급복지지원법	해당 시장 · 군수 · 구청장을 거쳐 시 · 도지사	처분을 고지받은 날부터 30일 이내에 서면으로 신청
기초연금법 장애인연금법	특별자치시장 · 특별자치도지사 · 시장 · 군수 · 구청장	처분이 있음을 안 날부터 90일 이내에 서면으로 신청

제4장 : 사회복지법의 역사

1. 외국의 사회복지법 역사[1)]

1) 영국의 빈민법

영국의 빈민법(the Poor Law)은 국가의 빈곤에 대한 책임과 개입을 본격화한 엘리자베스 빈민법 이전에도 노동통제적인 입법형태로 사회복지 관련 입법이 존재했다. 1349년 에드워드 3세(Edward III)가 제정한 노동자규제법(the Status of Laborers)은 1388년 빈민구제 및 통제를 위한 빈민법으로 구체화되어 임금상승을 야기하는 노동자의 이주를 금지하였다. 이후 1531년의 헨리 8세(Henry VIII)가 제정한 「건장한 부랑자 및 걸인의 처벌에 관한 법(the Act for Punishment of Sturdy Vagabonds and Beggars)」에서는 빈민법의 기본 골격인 노동능력이 있는 빈민과 노동능력이 없는 빈민의 구별, 빈곤아동들에 대한 도제생활의 강제 등이 시행되었다. 그리고 1576년 빈민에 대한 강제노역을 규정한 「빈민구제법(the Poor Relief Act)」 등이 입법화되었다. 이러한 입법들을 체계적으로 통합한 것이 1601년의 엘리자베스 빈민법이다.

(1) 엘리자베스 빈민법(1601)

빈곤문제에 대해 국가가 개입하여 해결하고자 했던 공공부조의 역사는 1601년에 제정된 영국의 엘리자베스 빈민법(the Elizabethan Poor Law)에서 시작된다. 엘리자베스 빈민법은 이전까지의 빈민구제를 위해 제정된 여러 법령들을 집대성하여 공식화하고 체계화한 것으로 영국 빈민법의 기본 토대가 되었다. 엘리자베스 빈민법에서는

---

1) 박진화(2018). 사회보장론. 공동체, pp. 65-77 인용.

빈민을 노동능력 있는 빈민(able-bodied poor), 노동능력 없는 빈민(impotent poor), 요보호아동(dependent children)의 세 가지로 구분하였다.

노동능력 있는 빈민	• 작업장(workhouse)에서 일하는 조건으로 최소한의 구호를 제공하고 입소를 거부하는 경우 감옥에 보내 처벌함
노동능력 없는 빈민	• 구빈원에 수용하여 보호(노인, 병자, 장애인 등)
요보호아동	• 보호자가 없는 24세까지의 남자와 21세까지의 여자는 도제와 입양을 통하여 보호함

엘리자베스 빈민법은 실제 내용상으로는 빈민의 구제보다는 빈민을 통제하려는 것에 더 초점을 두고 있다. 그럼에도 불구하고 ① 구빈의 책임이 국가에 있다는 것을 인식하였다는 점(교구 내의 자선에 의한 구빈의 한계 인식), ② 그 책임을 다하기 위해 법률로써 제도화하였다는 점, ③ 구빈행정기구를 설립하였다는 점, ④ 구빈재원을 위해 구빈세를 징수하였다는 점, ⑤ 빈민을 구분하고 적절한 구제를 하였다는 점에서 역사적 의미는 크다고 할 수 있다.

(2) 정주법(1662)

정주법(the Settlement Act)은 낮은 임금의 노동력을 이용하기 위해 빈민의 자유로운 이동(주로 부유한 교구로의 이동)을 금지하기 위해 1662년에 제정된 법이다. 이 당시 빈민에 대한 처우는 재정형편에 따라 교구마다 차이가 많았기 때문에 재정이 어려운 교구의 빈민들은 재정형편이 좋은 부유한 교구로 이동하는 현상이 나타나게 되었다. 한편 귀족계급들은 자신의 사유지 경작에 필요한 농촌노동력의 확보를 위해 노동력을 가진 빈민들을 필요로 하였고, 이들이 다른 교구로 이동하지 않도록 조치를 취해줄 것을 원했다.

교구와 귀족계급의 압력에 의해 1662년 찰스 2세(Charles II)는 교구에 정착해 거주할 수 있는 자격을 규정한 정주법을 제정하였다. 이에 따라 빈민들은 개인의 거주지를 법적으로 확정하고 이를 토대로 구빈요청을 할 수 있게 되었다. 정주법은 극단의 교구주의 내지 지방할거주의 표현인 동시에 농촌근로자의 이농을 막아 농촌노동력을 확보하기 위한 방책이었다(김기원, 2016 : 107). 이 법은 인본주의자들의 비판(농업 자본가의 이익을 대변)을 받게 되면서 1795년에 폐지되었다.

(3) 작업장법/작업장심사법(1696/1722)

작업장법(the Workhouse Act)은 노동능력이 있는 빈민을 고용함으로써 국가적인 부의 증대에 기여하고자 하는 목적으로 1696년에 제정되었다. 동시에 빈민에게 노동을 강제함으로써 구빈재정의 지출을 줄여보자는 의도도 있었다. 이후 1722년에 작업장심사법(the Workhouse Test Act)으로 개정된 후 심사를 통해 근로능력이 있는 경우 무조건 작업장에 강제 수용하였다. 작업장심사법에서는 구빈감독관과 교회 집사들에게 작업장의 건립 권한과 고용, 수용계약의 권한을 부여함으로써 빈민의 혹사와 노동력 착취 등 많은 문제를 일으켰다.

(4) 길버트법(1782)

길버트법(the Gilbert Act)은 작업장이 심각한 사회문제가 되자 당시 하원의원이었던 길버트(T. Gilbert)가 작업장을 조사하고 보다 인도적인 규제를 도입하기 위해 1782년에 만들어진 법이다. 이 법은 근로능력이 있는 빈민이라도 작업장에서 노동하지 않고 직업을 얻을 때까지 자신의 집에 거주하면서 구호를 받을 수 있도록 원외구제(outdoor relief)를 가능하게 하는 것이었다. 또한 작은 규모의 여러 교구가 연합체를 만들어 구빈세의 징수와 지출을 같이하고 합동으로 구빈원을 설립하여 보다 효율적으로 근로능력이 없는 빈민들을 구제할 수 있게 하였다.

(5) 스핀햄랜드법(1795)

1795년에 제정된 스핀햄랜드법(the Speenhamland Act)은 근로빈민에 대한 일종의 임금보조제도로서 최저생활 기준에 미달되는 저임금 근로자에 대해 빵의 가격과 가족 수에 따른 임금을 보조해 주는 임금보조제도로서 오늘날의 최저생활보장의 기반이 되었다. 이 제도의 시행으로 인하여 노동생산성 및 근로의욕 저하로 실업자가 증가하고, 국가의 최저임금 보장으로 사용자에 의한 저임금이 제도화되었으며, 구빈비용의 상승으로 신빈민법 탄생의 배경이 되었다.

(6) 공장법(1833)

공장법(the Factory Act)은 공장에서 비인도적인 처우를 받는 아동을 위해 1833년에 만들어진 법으로 아동의 노동조건과 작업환경을 개선하기 위한 목적을 갖는다. 이 법은 최초의 아동노동복지법이며, 아동의 야간노동 금지, 9세 이하 아동 고용 금지, 공장감독관의 파견, 노동아동에 대한 초등교육, 위생환경의 개선 등을 실시하였다.

(7) 신빈민법(1834)

신빈민법(New Poor Law)은 길버트법과 스핀햄랜드법이 제정되면서 증가한 구빈비용의 감소를 목적으로 1834년에 제정되었다. 신빈민법의 주요 원칙은 전국적 균일처우의 원칙(principle of national uniformity), 작업장 활용(원내구제)의 원칙(principle of workhouse system), 열등처우의 원칙(principle of less eligibility)이다.

전국적 균일처우의 원칙	• 행정체계를 과거 교구단위에서 중앙행정기관인 빈민법위원회에 의해 전국적으로 통일되도록 한다는 원칙
작업장 활용의 원칙 (원내구제의 원칙)	• 임금보조와 아동수당, 가족수당을 폐지하고 노동능력자에 대한 원외구제를 금지한다는 원칙 • 다만, 노약자와 질병자 등의 의료부조와 도제교육에는 원외구제를 인정함
열등처우의 원칙	• 국가의 도움을 받는 빈민들의 처우는 스스로 벌어서 생활하는 최하위 근로자의 생활보다 낮아야 된다는 원칙

2) 사회보험법

일반적으로 근대적 의미의 사회복지법은 독일의 사회보험법에서 시작되어 이후 영국으로 발전되었다고 할 수 있다. 즉, 19세기 후반 독일에서 비스마르크 사회보험법이 제정된 이래 20세기 초 영국에서도 사회보험법이 제정되었기 때문이다.

(1) 독일의 사회보험법

1871년에 국가를 통일한 독일제국은 자본주의 확립과 함께 급격한 경제성장을 이루었으나 열악한 노동조건, 빈곤과 불평등한 분배, 도시화에 따른 주택난과 물가불안 등이 노동자들의 생활을 위협했다. 또한 정치 · 경제 · 사회 등 모든 영역에서 소외되고 차별당하던 노동자들이 계급의식에 눈뜨기 시작하면서 조직화된 노동운동은 급진적인 사회주의 운동으로 발전하였다. 이에 당시의 재상이던 비스마르크(Otto von Bismarck)는 1878년 사회주의자 탄압법을 제정하여 사회주의자들을 진압한 후 근로자 계급을 체제 내로 끌어들이고자 유인책으로 사회보험법을 제정하였다(당근과 채찍). 사회보험법은 먼저 1883년 질병보험법 제정으로 시작되었는데 이 법은 세계 최초의 사회보험법이다. 이어서 1884년에 산업재해보상보험법, 1889년에는 폐질 및 노령보험법이 제정되었다.

(2) 영국의 사회보험법

영국은 1800년대 후반부터 빈민들의 실태에 대한 인도주의적 관심들이 증대되었다. 이에 빈민법 개정을 공약으로 내세우며 집권한 자유당 정부(1906~1915)는 왕립조사위원회를 설립하여 빈민실태조사를 하였다. 3년간의 조사 끝에 왕립조사위원회는 다수파와 소수파의 의견으로 나누어졌다. 다수파는 자유주의를 사상적 기반으로 하는 자선조직협회 출신위원들로 이루어졌고, 소수파는 당시 영국의 사회민주주의를 이끌고 있었던 페이비언 협회(Fabian Society)[2) 회원들과 인보관운동 회원들의 지지를 받던 사람들로 이루어졌다. 따라서 다수파 보고서의 내용은 현재의 빈민법을 일부 개선하는 수준에서 유지 · 존속하자는 것이었고, 소수파 보고서는 현행 빈민법을 완전히 폐지하고 그 대안으로서 국가 주도의 보험과 의료서비스, 그리고 직업안정책 등을 제시하는 내용들을 담고 있었다.

두 집단의 격렬한 논쟁 끝에 결국 다수파와 소수파로 분리되어 제출된 보고서에는 빈민법 개혁에 대한 실질적인 처방 정책들이 제시되었지만 당시의 정부 정책에는 별다른 영향을 미치지 못하였다. 그 이유는 자유당 정부가 집권 초기부터 각종 사회개혁 법안들을 입안하여 이미 적극적으로 실천에 옮기고 있었기 때문이다(원석조, 2018 : 82). 먼저 1908년에는 사회부조식 연금제도인 노령연금법이 제정되었고, 1909년에는 최저임금법과 직업소개소법이 제정되었다. 그리고 1911년에는 국민건강

---

2) 페이비언 협회는 1884년 1월 런던에서 설립되었으며, 혁명적인 변화보다는 점진적인 개혁을 통한 사회변화를 주장하였다 버나드 쇼(George Bernard Shaw), 웹(Webb) 부부의 지도하에 사회주의적 경향을 강화해 1900년에 결성된 노동대표위원회와 1906년에 결성된 노동당을 통해 영국 사회주의 운동에 커다란 사상적 영향을 주었다.

보험(1부)과 실업보험(2부)으로 구성된 국민보험법(National Insurance Act)이 제정되었다. 국민보험법은 재정을 고용주와 근로자로부터 조달받는 영국 최초의 사회보험이었으며, 국민보험법에 실업보험을 구성함으로써 영국은 세계 최초로 실업보험을 도입한 국가가 되었다.

3) 사회보장법

(1) 미국의 사회보장법

1929년 10월 미국에서 경제대공황이 일어나자 루즈벨트(Franklin Delano Roosevelt) 대통령은 케인즈 이론을 기반으로 하는 자본과 노동 사이의 '뉴딜(New Deal)정책'을 발표하였다. 그리고 뉴딜정책의 일환으로 1935년 8월 14일 세계 최초의 사회보장법(the Social Security Act)을 제정 · 공포하였다. 사회보장법은 미국 최초의 연방정부 차원 복지 프로그램으로, 미국 사회보장제도의 역사적 근간이 되었다. 사회보장법은 사회보험법, 공공부조법, 사회복지서비스 프로그램으로 이루어졌다. 구성내용을 정리해 보면 다음과 같다(원석조, 2018 : 188-190).

첫째, 사회보험은 노령연금(OAI : Old Age Insurance)과 실업보험(UI : Unemployment Insurance)으로 구성되었다. 노령연금은 연방정부가 운영의 책임을 지는 것으로 하고, 전국적으로 단일한 시스템을 채택했다. 노령연금의 재원은 사회보장세(social security tax)로 하고 사회보장세는 사용자와 근로자가 반반씩 부담하는 것으로 정했으며, 연금의 수급연령은 65세 이상으로 하였다. 그리고 실업보험은 주정부가 운영의 책임을 지고 연방정부는 재정을 보조하는 방식으로 결정이 되었다. 당시 사회보험 구성내용에 산업재해보험은 1908년에 이미 제정되어 있어 포함할 필요가 없었으며, 의료보험은 이익단체들과 보수당의 강력한 반발로 포함하지 못하였다.

둘째, 공공부조는 65세 이상 빈곤노인을 대상으로 하는 노인부조(OAA : Old Age Assistance), 시각장애인부조(AB : Aid to Blind), 부양아동부조(ADC : Aid to Dependent Children)로 이루어졌으며, 주정부가 운영하고 연방정부가 재정을 보조하기로 하였다. 즉, 각 주가 공공부조제도를 수립하면 그 재정의 1/3에서 1/2을 연방정부가 보조하기로 하였다.

셋째, 사회복지서비스는 모자보건, 지체장애아동, 아동복지서비스로 공공부조와 마찬가지로 주정부가 운영하고 연방정부가 재정을 보조하기로 하였다.

〈표 4-1〉 사회보장법의 내용

<table>
<tr><th>구 분</th><th>내 용</th><th>운 영</th></tr>
<tr><td rowspan="2">사회보험</td><td>① 노령연금(OAI)</td><td>- 연방정부가 운영(전국적 단일시스템)
- 재정은 사용자와 근로자 반반씩 부담
- 연금수급연령은 65세 이상</td></tr>
<tr><td>② 실업보험(UI)</td><td>- 주정부가 운영(주별로 다양한 형태)
- 연방정부가 재정보조</td></tr>
<tr><td>공공부조</td><td>① 노인부조(OAA)
② 시각장애인부조(AB)
③ 부양아동부조(ADC)</td><td rowspan="2">- 주정부가 운영
- 연방정부가 재정보조</td></tr>
<tr><td>사회복지
서비스</td><td>① 모자보건 · 아동복지서비스
② 지체장애아동서비스</td></tr>
</table>

출처 : 박광준(2013), pp. 179-180에서 참고하여 재구성.

(2) 영국의 사회보장법

영국은 1911년에 국민보험법을 제정하였지만 사회보장의 법제화는 1942년에 베버리지(W. H. Beveridge)가 발표한 '사회보험과 관련 서비스'라는 보고서에서 찾을 수 있다. 베버리지 보고서를 기초로 영국의 노동당은 사회보장법을 적극적으로 구체화시켰다. 1945년에는 「가족수당법(Family Allowance Act)」, 1946년에는 「국민보험법(National Insurance Act)」 및 「국민보험산업재해법(National Insurance-Industrial Injuries Act)」, 「국민보건서비스법(NHS : National Health Service Act)」, 1948년에는 「국가부조법(National Assistance Act)」이 차례로 제정되었다.

베버리지 보고서는 최저생활수준 보장을 권리로 규정하고 생존권을 처음으로 사회보장에 받아들여 빈민법 사상을 근본적으로 전환시켰으며, 임금근로자에 한정된 적용자의 범위를 전 국민에게까지 확대한 것도 획기적이었다. 이로써 제2차 세계대전 후 '요람에서 무덤까지'라는 영국 사회보장제도 확립의 기초가 되었고, 세계 자본주의 국가들의 사회보장법 확립에도 큰 영향을 주었다.

(3) 독일의 사회보장법

독일의 재상 비스마르크가 제정한 1883년의 「질병보험법」, 1884년의 「산업재해보상보험법」, 1889년의 「폐질 및 노령보험법」은 1911년에 「제국보험법」으로 통합되었다. 그 후 독일은 제1차 세계대전 후 군주제가 붕괴하고 1919년 국민의회가 구성되어 바이마르 헌법(Weimar constitution)을 제정하였다. 독일은 이 헌법에 시민의 사회적 기본권을 도입함으로써 사회보장을 위한 헌법적 근거를 마련하였다. 바이마르 헌법은 히틀러(Adolf Hitler)의 나치정권 이후에도 형식적으로는 효력을 발휘하였으나 실제로는 사실상 폐지되다시피 하였으며, 1945년 제2차 세계대전에서 패배하면서 폐지되었다. 그리고 1970년에는 제국보험법의 각종 사회보장법률들을 체계화하기 위해 사회법전이 편찬되었다. 사회법전은 공적인 사회적 급여에 관련된 모든 개별법을 포함하고 있으며, 법 조항 개정이 있을 시 수시로 보완하고 있다.

2. 한국의 사회복지법 역사

1) 근대 이전의 구빈법

(1) 삼국시대

삼국시대는 고구려 · 백제 · 신라의 세 나라가 정립하였던 한국사의 한 시기이다. 삼국시대의 대표적인 구빈법제는 고구려 고국천왕 때의 진대법이 있다. 진대법은 토지가 없어 춘궁기에 양식과 곡식 씨앗이 없는 농민들을 보호하기 위해 3~7월 사이에 가구 수에 따라 관(官)에서 곡식을 대여하고 추수기인 10월에 납입하게 하는 구휼제도였다.

(2) 고려시대

고려시대는 통일된 민족사회로서 중앙집권적인 봉건사회를 완성시킨 시기이다. 고려시대의 대표적인 구빈법제는 태조 때의 흑창(黑倉)으로, 흑창은 빈민을 구제하기 위하여 곡식을 비축했던 창고이다. 이후 흑창은 성종 때에 의창(義倉)으로 변화되었다. 그리고 고려시대의 5대 진휼사업으로는 은면지제(恩免之制), 재면지제(災免之制), 환과고독진대지제(鰥寡孤獨賑貸之制), 수한질여진대지제(水旱疫癘賑貸之制), 납속보관지제(納粟補官之制)를 들 수 있다.

은면지제	• 국가적 경사가 있을 때 백성에게 왕이 조세탕감이나 각종 은전을 베풀어 주는 제도
재면지제	• 전쟁, 천재지변, 질병 등으로 인한 이재민에게 부역, 조세, 형벌 등을 감면해 주는 경감제도
환과고독진대지제	• 홀아비, 과부, 고아, 자식이 없는 노인을 우선적으로 보호하고 구휼해 주는 제도
수한질여진대지제	• 이재민들에게 소금, 곡식, 의료 등을 제공해 주는 제도
납속보관지제	• 빈민을 구휼하기 위한 재원조달의 방편으로 일정 관직을 제공하고 그 대가로 금전을 상납받는 제도

(3) 조선시대

조선시대의 구빈법제는 비황제도(備荒制度), 구황제도(救荒制度), 의료제도(醫療制度)가 있었다. 첫째, 비황제도로는 국가 차원의 환곡제도를 운영하였던 상평창(常平倉), 의창(義倉), 그리고 민간 차원에서 의창과 동일한 목적으로 상부상조하여 운영했던 사창(社倉)이 있었다. 상평창, 의창, 사창을 삼창(三倉)이라고 한다.

상평창	• 풍년에는 곡식을 사들여서 곡가를 올리고, 흉년에는 곡식을 풀어서 곡가를 내리는 물가조절기관
의창	• 춘궁기에 빈민에게 곡식을 대여하고 추수기에 갚도록 하는 공공차원의 곡식 대여기관
사창	• 춘궁기에 빈민에게 곡식을 대여하고 추수기에 갚도록 하는 민간차원이 곡식 대여기관

둘째, 구황제도로는 사궁(四窮)에 대한 보호, 노인보호사업, 음식제공, 진휼, 진대사업 등과 계, 향약, 오가통(五家統)[3] 등을 통한 인보상조사업이 있었다. 셋째, 의료제도로는 전의감, 혜민서, 제생원, 활의원 등이 있었다.

3) 오가작통법(五家作統法)은 5개의 호(戶)를 1개의 통(統)으로 구성하고, 5개의 통은 한 개의 리(里)로 구성되며, 3~4개의 리는 면(面)으로 구성하여 통에는 통주(統主)나 통수(統首)를 두어 조직을 강화하였다.

2) 일제강점기와 미군정기의 구호법

(1) 일제강점기

일제강점기의 조선구호법제는 1937년의 「모자보호법」과 1941년의 「의료보호법」, 그리고 일제 말기인 1944년 3월에 실시된 「조선구호령」을 들 수 있다. 「조선구호령」은 제2차 세계대전 말기에 군사적 목적을 위하여 한국 국민에게 징병과 노무징용을 강요하면서 일본에서 1932년부터 실시해 왔던 「구호법」을 조선에도 확대하여 실시하기로 하고, 「모자보호법」과 「의료보호법」을 부분적으로 부가해서 종합화한 법제로 그 내용은 다음과 같다(고수현, 2018 : 58).

첫째, 급여대상은 「조선구호령」 제1조에서 ① 65세 이상의 노약자, ② 13세 이하의 아동, ③ 임산부, ④ 불구 · 폐질 · 질병 · 상이 · 기타 신체장애로 인하여 노동을 하기에 지장이 있는 자로 규정하고 있다. 둘째, 급여내용에 대한 규정은 제10조에서 생활부조, 의료부조, 조산부조, 생업부조가 규정되어 있으며, 제17조에는 장제부조(葬祭扶助)가 규정되어 있다. 셋째, 구호의 원칙으로는 신청주의에 의하고 자산조사를 거치도록 규정하고 있다. 그리고 구호방식은 거택구호를 원칙으로 하고 예외적으로 구호시설이나 위탁시설, 개인가정에 수용할 수 있도록 규정하고 있다.

일제시대의 「조선구호령」은 형식적으로는 근대적 성격을 가진 최초의 공공부조 제도라고 할 수 있으며, 정부수립 후 1961년 「생활보호법」이 제정되기까지 한국의 공공부조의 기본법으로서의 위치를 가지고 있었으며, 또한 「생활보호법」의 모태가 되었다.

(2) 미군정기

광복 후 남한은 3년간의 미군정이 실시되었다. 미군정하의 사회복지입법은 빈곤과 사회적 혼란에 대처하기 위한 구호적 · 응급적인 대책으로서의 성격을 가진다. 구호정책과 연관된 미군정의 사회복지입법은 '후생국보 제3호(1946. 1. 12)'와 '후생국보 제3A호(1946. 1. 14)' 및 '후생국보 제3C호'를 들 수 있다. 구체적인 입법내용을 살펴보면 다음과 같다(현외성, 2017 : 74-75).

첫째, '후생국보 제3호'는 공공구호를 규정하고 있는데, 조선구호령과 유사하게 구호의 대상으로 ① 65세 이상인 자, ② 6세 이하의 소아를 부양하고 있는 모, ③ 13세 이하의 소아, ④ 불치의 병자, ⑤ 분만 시 도움을 요하는 자, ⑥ 정신적 · 육체적 결함이 있는 자로서 구호시설에 수용되지 않고 가족이나 친척의 보호가 없고 노동할 수 없는 자로 규정하고, 구호내용으로는 식량, 주택, 연료, 의류, 매장으로 분류하였다. 둘째, '후생국보 제3A호'는 이재민과 피난민에 대한 구호를 규정하고, 구호내용으로 식량, 의류, 숙사, 연료, 주택부조, 긴급의료, 매장, 차표 제공 등을 들고 있다. 셋째, '후생국보 제3C호'는 빈민과 실업자에 대한 구호규칙으로 거택구호 시 세대 인원에 대한 지급 한도액을 규정하고 있다.

또한 1946년 9월 18일에는 어린이의 노동을 보호하기 위해 「아동노동법규」를 발표하였으며, 그 후 이 정신을 발전시켜 1947년 5월 16일에는 전문 12조로 된 과도정부 법령 제4호로 「미성년자노동보호법」을 공포하여 미성년자를 유해, 위험한 직업 또는 과중한 노동으로부터 보호하고 어린이의 건전한 발육과 정당한 이익을 보장하도록 하였다.

3) 제1 · 2공화국 시기의 사회복지입법(1948. 8. 15~1961. 5. 16)

(1) 시대적 배경

미군정이 끝난 후 1948년 7월 17일 헌법이 공포되고 8월 15일 대한민국 정부가 수립되어 이승만 정부의 제1공화국이 출범하였다. 이 시기는 정부 수립 후 2년 만인 1950년 6월의 한국전쟁 발발로 수많은 전쟁이재민과 고아, 과부, 부상자 등이 발생하여 미국을 중심으로 한 외국 민간원조단체가 주축이 된 공공부조적인 구호활동이 이루어진 시기이다. 제1공화국은 1960년의 4 · 19혁명으로 약 12년 만에 막을 내리고, 제3차 헌법 개정(1960. 6. 15)으로 의원내각제를 채택하는 제2공화국(국무총리 장면, 대통령 윤보선)이 탄생하였다.

제2공화국은 「공무원연금법」 제정 외에 뚜렷한 입법활동 없이 1961년 5.16군사정변으로 막을 내렸다. 제1 · 2공화국의 사회복지입법은 사회복지법이 아직까지 개념적 정의를 내리지 못한 상태에서 실시되었다. 즉, 사회복지입법이 법률적 · 입법적 근거에 의해 시행된 것이 아니라 정부의 관계부처(사회부)의 행정명령에 의해 시행되었던 것이다. 물론 제헌 헌법에 생존권을 명문화하였으나 하위조항이 없어서 실제로 생존권은 보장되지 못하였다(장동일, 2001 : 198).

(2) 사회복지입법

① 제헌헌법의 생존권 규정

1948년 7월 17일 공포된 제헌헌법 제19조에 "노령, 질병, 기타 근로능력의 상실로 인하여 생활유지의 능력이 없는 자는 법률이 정하는 바에 의하여 국가의 보호를 받는다"고 명시하여 생존권을 헌법에 명문화하였다.

② 사회복지입법 내용

제1 · 2공화국 시절에 제정된 주요 사회복지입법 내용은 다음과 같다.

1949. 04. 30.	• 대한적십자 조직법 제정
1950. 04. 14.	• 군사원호법 제정
1952. 10. 04.	• 후생시설 운영요령 제정
1953. 05. 01.	• 근로기준법 제정(퇴직금제도 명시)
1960. 01. 01.	• 공무원연금법 제정

4) 군사정부 및 제3 · 4공화국 시기의 사회복지입법(1961. 5. 16~1979. 10. 26)

(1) 시대적 배경

짧게 단명한 제2공화국에 이어 1961년 5 · 16군사정변으로 정권을 인수한 박정희 군사정부는 1962년 12월 17일에 제5차 헌법을 개정하여 1963년 6월 15일에 대통령 선거를 실시하고 제3공화국을 탄생시켰다. 그리고 1972년 10월 18일에는 유신 헌법을 제정하여 제4공화국이 출범되었고, 제4공화국은 1979년 10 · 26사건으로 막을 내렸다. 군사정부 및 제3 · 4공화국으로 이어지는 약 19년간의 박정희 정권은 절대빈곤을 해소하기 위해 경제개발 5개년 계획을 수립함으로써 국가 전반에 획기적인 변화를 가져왔으며 한국 근대화의 기반을 다졌다.

1962년부터 시작된 경제개발 5개년 계획으로 도시화 및 공업화 현상이 나타나고 도시빈곤층, 가출 및 비행, 미혼모 문제, 주택부족 등의 과거와는 다른 사회문제들이 서서히 드러나기 시작하였다. 그러나 제3 · 4공화국은 군사정권의 정통성을 확보하기 위한 수단으로 경제성장과 산업화를 추구하는 정치적 환경의 영향으로 사회복지정책 부문에서는 적극적인 입법조치가 이루어지지는 못한 시기였다. 그렇지만 5 · 16 군사정변 이후 1963년 민정이양기까지의 군사정부 기간 동안 「산업재해보상보험법」을 포함하여 한국의 사회복지 역사에 있어 가장 많은 19개의 사회복지입법이 무더기로 이루어졌다(박병헌, 2001 : 17). 따라서 1960년대에 우리나라는 전례 없이 근대적 사회복지법제들을 마련하였는데, 물론 그중에는 선전적 약속으로만 끝난 것도 있고, 또한 내용상으로도 비교적 장기적인 안목과 효율적인 합리성 측면에서는 부족한 부분도 있었지만 적어도 외형적인 사회복지법제의 발전이라는 측면에서는 의미가 있다고 할 수 있다.

(2) 사회복지입법

① 제5차 헌법 개정

1962년 12월 17일 제5차 헌법 개정에서는 적극적이고 보편적인 생존권 조항을 명시함으로써 생존권 규정을 강화하였다. 제3공화국 헌법 생존권 관련 제30조 제1항에서 제3항까지의 내용은 다음과 같다.

헌법 제30조 제1항	"모든 국민은 인간다운 생활을 할 권리를 가진다."
헌법 제30조 제2항	"국가는 사회보장의 증진에 노력하여야 한다."
헌법 제30조 제3항	"생활능력이 없는 국민은 법률이 정하는 바에 의하여 국가의 보호를 받는다."

② 사회복지입법 내용

군사정부 및 제3 · 4공화국 시절에 제정 및 개정된 주요 사회복지입법 내용은 다음과 같다.

1961. 09. 30.	• 갱생보호법 제정
1961. 11. 01.	• 군사원호보상법 제정
1961. 11. 09.	• 윤락행위 등 방지법 제정
1961. 12. 30.	• 생활보호법 제정(조선구호령 폐지, 정부 수립 후 최초의 공공부조법)
1961. 12. 30.	• 아동복리법 제정(1981년 아동복지법으로 개정)
1962. 01. 10.	• 선원법 및 선원보험법 제정
1962. 03. 30.	• 재해구호법 제정
1962. 04. 00.	• 국가유공자특별원호법 제정
1963. 01. 28.	• 군인연금법 제정(공무원연금법에서 분리됨)
1963. 01. 28.	• 산업재해보상보험법 제정
1963. 11. 05.	• 사회보장에 관한 법률 제정
1963. 12. 16.	• 의료보험법 제정(임의가입 방식)
1970. 01. 01.	• 사회복지사업법 제정
1973. 12. 30.	• 사립학교교직원연금법 제정
1973. 12. 24.	• 국민복지연금법 제정(석유파동으로 시행 연기)
1976. 12. 22.	• 의료보험법 개정(500인 이상 사업장 근로자 강제적용)
1977. 12. 31.	• 의료보호법 제정
1977. 12. 31.	• 공무원 및 사립학교교직원 의료보험법 제정

5) 제5공화국 시기의 사회복지입법(1980. 10. 27~1988. 2. 24)

(1) 시대적 배경

1980년 5 · 17군사쿠데타로 정권을 인수한 전두환 정부는 1980년 10월 27일 제8차 헌법 개정을 통해 제5공화국을 탄생시켰다. 제5공화국은 민주주의 토착화, 복지사회 건설, 정의사회 구현, 교육혁신 및 문화 창달과 더불어 복지사회 건설 등을 국정지표로 세워 '복지사회 구현'을 사회목표로 설정함으로써 사회복지에 대한 논의가 가장 고조되었던 시기이다. 집권 초반에는 사회복지의 획기적인 발달보다는 점진적이고 소극적인 전개를 추진하고자 하였으나 1980년대 중반에 들어와 근로자들의 저항이 점차 조직화되고 표면화되기 시작하자 1986년에 국민연금제도, 의료보험제도의 전 국민 확대 실시, 최저임금제도의 3대 복지정책의 실시를 발표하였다. 이에 따라 1986년에 국민연금법과 최저임금법이 만들어지고, 의료보험은 개정을 통해 농어촌 지역주민으로 확대 적용되었다.

(2) 사회복지입법

① 제8차 헌법개정

1980년 10월 27일 제8차 헌법 개정에서는 헌법의 기본권 조항 가운데 행복추구권을 추가하였다. 그리고 기존의 제3공화국 헌법 제30조 제2항 "국가는 사회보장의 증진에 노력하여야 한다"는 규정을 제5공화국 헌법 제32조 제2항에서는 "국가는 사회보장·사회복지의 증진에 노력할 의무를 진다"고 규정함으로써 사회복지라는 용어를 추가하고 국가의 책임을 명백하게 하였다.

② 사회복지입법 내용

제5공화국 시절에 제정 및 개정된 주요 사회복지입법 내용은 다음과 같다.

1980. 12. 31.	• 사회복지사업기금법 제정
1981. 04. 13.	• 아동복리법(1961) → 아동복지법으로 개정
1981. 06. 05.	• 심신장애자복지법 제정, 노인복지법 제정
1983. 05. 21.	• 사회복지사업법 개정 – 국가와 지방자치단체의 복지증진 책임 명문화 – 사회복지종사자를 사회복지사로 명칭 변경 – 사회복지사 자격 구분(1~3급), 자격증 교부
1986. 12. 31.	• 국민연금법 제정(1973년의 국민복지연금법을 개정, 1988년 1월 1일 시행)
1986. 12. 31.	• 최저임금법 제정(1988년 1월 1일 시행)
1986. 12. 31.	• 의료보험법 개정(1988년 1월 1일부터 농어촌 지역주민으로 적용확대)

6) 제6공화국 시기 이후의 사회복지입법

(1) 노태우 정부(1988. 2. 25~1993. 2. 24)

① 시대적 배경

대통령직선제에 대한 요구가 거세지는 가운데 1987년 6월의 민주화항쟁에 따른 6 · 29선언으로 마침내 5년 단임의 대통령직선제 개헌이 받아들여져 1987년 10월 29일 제9차 헌법 개정이 이루어짐에 따라 제6공화국이 출범하였다. 노태우 정권은 한국 정치사상 최초의 평화적 정권이양을 통해 이루어졌으며, 현대 정치사뿐 아니라 사회복지 차원에서도 복지폭증(welfare explosion)의 분수령이 되었다(박병현, 2001 : 27). 즉, 제5공화국이 약속한 3대 복지정책인 국민연금과 최저임금제도가 취임 직전인 1988년 1월부터 시행되었고, 1989년 7월부터는 의료보험제도가 시행 12년 만에 전 국민을 대상으로 확대실시되었으며, 일선 행정기관에 사회복지전담공무원이 배치되었다. 특히 일반회계 대비 보건사회부의 예산은 1987년부터 증가하기 시작하여 1990년에는 1961년 이후 최고수준을 기록하였다. 따라서 노태우 정부 시기는 정치적인 민주화와 함께 사회복지정책의 발전이 강화된 시기로 평가된다.

② 사회복지입법

노태우 정부 시절에 제정 및 개정된 주요 사회복지입법 내용은 다음과 같다.

1988. 12. 31.	• 보호관찰법 제정
1989. 04. 01.	• 모자복지법 제정
1989. 07. 01.	• 의료보험법 개정(도시지역 주민으로 적용확대/전 국민 의료보험시대 개막)
1989. 12. 16.	• 장애인고용촉진 등에 관한 법률 제정
1989. 12. 20.	• 심신장애자복지법(1981) → 장애인복지법으로 개정
1991. 01. 14.	• 영유아보육법 제정
1991. 12. 31.	• 청소년기본법 제정, 고령자고용촉진법 제정
1992. 12. 08.	• 사회복지사업법 개정 – 일선 행정기관에 사회복지전담공무원 배치 – 시 · 군 · 구에 사회복지전담기구 설치

(2) 김영삼 정부(1993. 2. 25~1998. 2. 24)

① 시대적 배경

김영삼 정부는 민주주의의 정통성을 가지고 태동한 역사적 정부라는 자부심 속에서 정당성 확보의 필요성이 상대적으로 적었고, 경제안정으로 인해 사회적 불안요소도 별로 없었기 때문에 경제활성화에 치중한 나머지 사회보장 부문과 보건복지 부문에 대한 예산의 상대적 비중을 점차 감축시켰다. 노동계급의 요구 및 이익을 국가정책에 반영하는 높은 정치적 개방성을 보였으나 실제로 김영삼 정부 시절 보건복지부 예산은 노태우 정부 시절의 수준을 한 번도 넘어본 적이 없다(박병현, 2001 : 32). 그러나 1993년 신경제 5개년 계획과 1994년에 21세기위원회에서 사회복지정책의 발전전략을 제시하고, 보건사회부를 보건복지부로 개칭하였으며, '삶의 질 세계화'를 위한 사회복지개혁안을 국민에게 제시하는 등 사회복지에 대한 노력을 경주하였다.

집권 초반기에는 경제안정으로 인해 노동력을 양산할 필요를 느끼고 1993년에 고용보험법을 제정하여 1995년에 시행하였으며, 또한 1995년에는 지방자치제도를 전면적으로 시행함으로써 민주주의 발전에도 크게 공헌했다. 그러나 1997년 외환위기로 IMF 구제 금융을 신청하면서 대규모의 실업자를 양산하였다.

② 사회복지입법

김영삼 정부 시절에 제정 및 개정된 주요 사회복지입법 내용은 다음과 같다.

1993. 06. 11.	• 일제하 일본군위안부에 대한 생활안정지원법 제정
1993. 12. 27.	• 고용보험법 제정(1995년 7월 1일 시행)
1994. 01. 05.	• 성폭력범죄의 처벌 및 피해자보호 등에 대한 법률 제정
1995. 01. 05.	• 보호관찰 등에 관한 법률 제정(1961년의 갱생보호법 폐지)
1995. 12. 30.	• 사회보장기본법 제정(1963년의 사회보장에 관한 법률 폐지)
1995. 12. 30.	• 정신보건법 제정
1997. 03. 07.	• 청소년보호법 제정
1997. 03. 27.	• 사회복지공동모금회법 제정

1997. 04. 10.	• 장애인 · 노인 · 임산부 등의 편의증진보장에 관한 법률 제정
1997. 08. 22.	• 사회복지사업법 개정 – 사회복지사 1급 국가시험 제도 도입(2003년부터 실시) – 사회복지시설 설치, 운영을 허가제에서 신고제로 변경
1997. 12. 31.	• 가정폭력방지 및 피해자보호 등에 관한 법률 제정
1997. 12. 31.	• 국민의료보험법 제정

(3) 김대중 정부(1998. 2. 25~2003. 2. 24)

① 시대적 배경

1997년의 경제위기는 한국 사회에 당시까지는 경험하지 못했던 새로운 사회문제를 대량으로 발생시키는 큰 충격을 주었다. 대규모 실업과 함께 빈곤층은 1년 사이에 두 배 이상으로 증가하였다. 1998년 중반까지 하루에 100여 개 내외의 크고 작은 기업들이 도산했고, 그로 인해 1990년대 2~3%에 머물렀던 실업률은 7~8%대로 급상승하였다(김태성 · 성경륭, 2014 : 529). 이후 실업률은 점차 회복되어 갔지만, 일용직, 임시직 등 비정규노동자의 비율이 급격히 증가하였다. 따라서 1998년 집권한 김대중 정부 시기는 경제위기 이후 급증하는 실업자를 위한 예산확충과 더불어 대대적인 복지개혁이 시도되었던 시기이다. 그리고 '세계화'와 '생산적 복지'로 특징짓는 신자유주의(新自由主義, neoliberalism) 이념의 대두와 함께 사회안전망을 중시하였고, 적극적 노동시장정책 등을 국가의 주요 정책방향으로 채택하여 실질적인 복지정책의 확대를 꾀하였다.

이 시기에 김대중 정부는 사회안전망 확충을 위해 4대 사회보험을 거의 완벽하게 정비하였다. 첫째, 1998년 말에 국민연금법을 개정하여 1999년 4월부터 도시지역 자영자까지 가입대상을 확대적용 하여 전 국민 연금시대를 개막하였다. 둘째, 의료보험제도를 통합하여 국민건강보험제도를 도입하였다. 그동안 의료보험제도는 지역의료보험조합(227개), 공무원 및 사립학교교직원 의료보험관리공단(1개), 그리고 직장의료보험조합(139개)으로 나누어져 운영되고 있었다. 이를 통합하기 위해 먼저 1998년 10월에 국민의료보험관리공단을 출범시켜 공교의료보험관리공단과 지역의료보험조합을 1차로 통합시키고, 1999년 2월에는 '국민건강보험법'을 제정하여 2000년 7월부터 나머지 직장의료보험조합을 마저 통합함으로써 국민건강보험공단의 단일운영체제를 갖추었다. 셋째, 「고용보험법」과 「산업재해보상보험법」을 개정하여 「고용보험법」은 1998년부터 10월부터, 「산업재해보상보험법」은 2000년 7월부터 1인 이상 근로자를 사용하는 사업장으로 그 적용범위를 확대하였다.

그리고 공공부조 부문에서도 획기적인 개혁을 하였는데, 1961년에 제정된 「생활보호법」을 폐지하여 그동안 문제점으로 지적되던 대상선정의 인구학적 기준을 없애고 근로능력의 유무와 관계없이 모든 연령계층을 포괄하여 급여를 제공하는 「국민기초생활보장법」을 도입하였다. 이러한 복지개혁으로 김대중 정부 이후 한국도 복지국가의 외연을 갖추기 시작하였다고 평가되고 있다.

② 사회복지입법

김대중 정부 시절에 제정 및 개정된 주요 사회복지입법 내용은 다음과 같다.

1998. 10. 01.	• 고용보험법 개정(근로자 1인 이상 사업장으로 확대 적용)
1998. 12. 31.	• 국민연금법 개정(전 국민 연금시대 개막) – 1999년 4월 1일부터 도시지역 자영자까지 가입대상을 확대적용
1999. 02. 08.	• 국민건강보험법 제정(국민의료보험법 폐지) • 전 국민을 포괄하는 통합건강보험 체계 구축
1999. 09. 07.	• 국민기초생활보장법 제정(1961년의 생활보호법 폐지)
2000. 01. 12.	• 장애인고용촉진 등에 관한 법률 → 장애인고용촉진 및 직업재활법으로 개정
2000. 07. 01.	• 산업재해보상보험법 개정(근로자 1인 이상 사업장으로 확대 적용)
2001. 05. 24.	• 의료보호법(1977) → 의료급여법으로 개정

(4) 노무현 정부(2003. 2. 25~2008. 2. 24)

① 시대적 배경

노무현 정부 시기는 국가균형 발전과 복지예산의 지방이양, 저출산 · 고령사회의 도래로 인한 새로운 사회복지정책의 요청, 청년실업과 비정규직 문제들의 사회양극화 문제, 국민연금 등의 문제를 둘러싼 노후소득보장의 문제 등이 사회복지입법과 관련하여 주요한 쟁점으로 부각되었다. 특히 2000년대에 진입하면서 저출산 · 고령사회의 문제는 사회 전반에 중대한 파급효과를 가져오는 것으로 간주되면서 시급한 정책적 대응을 필요로 하였다. 더욱이 가정해체 문제로 인한 제반 사회문제가 발생하는 데 대하여 다양한 정책적 노력을 전개하였다(현외성, 2017 : 86).

② 사회복지입법

노무현 정부 시절에 제정 및 개정된 주요 사회복지입법 내용은 다음과 같다.

2004. 02. 09.	• 건강가정기본법 제정
2004. 03. 22.	• 성매매방지 및 피해자보호 등에 관한 법률 제정
2005. 05. 18.	• 저출산 · 고령사회기본법 제정
2005. 08. 04.	• 자원봉사활동기본법 제정
2005. 12. 23.	• 긴급복지지원법 제정
2006. 03. 24.	• 식품기부활성화에 관한 법률
2007. 04. 10.	• 장애인차별금지 및 권리구제 등에 관한 법률 제정
2007. 04. 25.	• 기초노령연금법 제정(2008년 1월 시행)
2007. 04. 27.	• 노인장기요양보험법 제정(2008년 7월 1일 시행)
2007. 07. 23.	• 국민연금법 개정 – 소득대체율 하향(60%→40%) – 출산과 군복무 기간에 대한 연금크레딧 도입 등
2007. 10. 17.	• 모 · 부자복지법(2002) → 한부모가족지원법 – 자녀가 취학 중일 경우 22세 미만까지 확대 지원 – 65세 이상의 고령자들과 손자녀로 구성된 조손가정 포함

(5) 이명박 정부(2008. 2. 25~2013. 2. 24)

① 시대적 배경

실용정부를 표방한 이명박 정부의 복지이념은 생애주기별 맞춤형 복지를 강조하고, 복지제도 내에서 시장원리의 강화를 추구하는 '능동적 복지'였다. '능동적 복지'의 내용을 구성하는 '일하는 복지'는 취임사에서도 일이 곧 복지라는 선언으로 시작되었다. 침체된 경제에서 일자리 창출이 당면과제였고, 그것이 곧 복지의 대안이었다. 특히 사회복지입법에서는 장애인과 노숙자와 같은 취약대상을 위한 법률들을 제정하였다.

② 사회복지입법

이명박 정부 시절에 제정 및 개정된 사회복지입법 내용은 다음과 같다.

2008. 03. 21.	• 다문화가족지원법 제정
2009. 02. 06.	• 국민연금과 직역연금의 연계에 관한 법률
2009. 05. 28.	• 긴급복지지원법 개정(5년간 한시법이었으나 영속법으로 개정)
2009. 05. 21.	• 국민건강보험법 개정(2011년 1월 1일 시행) – 4대 사회보험료 징수업무를 국민건강보험공단으로 일원화
2010. 04. 10.	• 장애인연금법 제정
2010. 04. 15.	• 성폭력방지 및 피해자보호 등에 관한 법률 제정
2011. 01. 04.	• 장애인활동 지원에 관한 법률 제정
2011. 03. 30.	• 사회복지사 등의 처우 및 지위 향상을 위한 법률 제정
2011. 06. 07.	• 노숙인 등의 복지 및 자립지원에 관한 법률 제정
2011. 08. 04.	• 장애아동복지지원법 제정
2011. 08. 04.	• 치매관리법 제정
2011. 08. 04.	• 입양촉진 및 절차에 관한 특례법 → 입양특례법
2011. 08. 04.	• 사회서비스 이용 및 이용권 관리에 관한 법률(바우처의 활성화)
2012. 01. 26.	• 사회보장기본법 전면 개정 – 출산과 양육이 새로운 사회적 위험으로 추가됨 – 국민의 보편적·생애주기적 특성에 맞게 소득과 사회서비스를 함께 보장하는 방향으로 사회보장제도를 확대·재정립

(6) 박근혜 정부(2013. 2. 25~2017. 3. 10)

① 시대적 배경

2013년 출범한 박근혜 정부는 5대 국정목표로 일자리 중심의 창조경제, 맞춤형 고용–복지, 창의교육과 문화가 있는 삶, 안전과 통합의 사회, 행복한 통일시대의 기반구축을 제시하였다. 또한 2014년 8월에 발표된 제1차 사회보장기본계획(2014~2018)을 보면 '다양한 사회적 위험으로부터 국민을 보호하고 지원함으로써 국민 모두가 행복한 사회를 보장한다'는 비전과 생애주기별 맞춤형 사회안전망 구축, 일을 통한 자립지원, 지속 가능한 사회보장 기반구축이라는 3대 정책목표와 핵심가치로 맞춤형 고용–복지를 천명하고 있다(관계부처합동, 2014).

② 사회복지입법

박근혜 정부 시절에 제정 및 개정된 주요 사회복지입법 내용은 다음과 같다.

2014. 01. 24.	• 주거급여법 제정
2014. 05. 20.	• 기초연금법 제정(기초노령연금법 폐지)
2014. 05. 20.	• 발달장애인 권리보장 및 지원에 관한 법률 제정
2014. 12. 30.	• 사회보장급여의 이용 제공 및 수급권자발굴에 관한 법률 제정
2014. 12. 30.	• 국민기초생활보장법 개정 – 최저생계비 기준 폐지, 상대적 빈곤선인 기준 중위소득으로 변경 – 급여종류별로 다층화한 맞춤형 급여체계 도입

(7) 문재인 정부(2017. 5. 10~2022. 5. 9)

① 시대적 배경

문재인 정부는 헌정 사상 최초로 궐위(전임자 파면)로 인한 선거로 집권한 정부이다. 따라서 이전 정부들과 달리 대통령직인수위원회 설치 없이 선거 결과가 확정된 직후 바로 임기가 시작되었다. 집권 초기 문재인 정부는 20대 국정전략의 하나로 '모두가 누리는 포용적 복지국가'의 비전을 제시하였다. 그리고 그 비전 아래 첫째, 국민의 기본생활을 보장하는 맞춤형 사회보장, 둘째, 고령사회 대비와 건강하고 품위 있는 노후생활 보장, 셋째, 건강보험 보장성 강화 및 예방 중심 건강관리 지원, 넷째, 의료의 공공성 확보 및 환자 중심 의료서비스 제공, 다섯째, 서민이 안심하고 사는 주거 환경 조성, 여섯째, 청년과 신혼부부 주거 부담 경감의 정책 방향을 제시하였다.

이러한 전략적 정책을 통해 사회문제를 해결하려던 정부는 2020년 상반기 코로나19 감염병의 범유행으로 새로운 도전을 맞이하게 되면서 이에 대응하려는 상황에서 뉴딜 계획을 제시하였다. 2020년 7월 한국판 종합뉴딜 계획을 발표하고, 이듬해 7월에는 이를 보완한 한국판 뉴딜 계획 2.0을 발표하였다. 한국판 뉴딜 종합계획에서는 디지털 뉴딜 및 그린 뉴딜과 더불어 안전망 강화를 주요한 정책 방향으로 제시하면서, 전 국민의 고용 안전망 구축과 상병수당의 도입을 제시하였다. 새로운 뉴딜 2.0에서는 디지털 뉴딜 및 그린 뉴딜과 함께 휴먼뉴딜이 중요한 축으로 제시되었는데, 여기에는 고용사회 안전망에 더해서 청년 정책과 격차 해소라는 정책 지향이 새롭게 제시되었다(김기태 외, 2022 : 21-22).

집권 5년 동안 문재인 정부는 코로나19 등 어려운 대내외 환경 속에서 집권 초기 제시한 포용적 복지 실현의 토대를 마련하기 위해 여러 가지 정책들을 입안하여 실시하였다. 아동수당을 도입하고 기초연금과 장애인연금을 인상하였으며, 기초생활보장제도의 부양의무자 기준을 단계적으로 폐지하여 취약계층에 대한 사회안전망을 좀 더 촘촘하게 구축하였다. 또한 건강보험의 보장성을 확대하고 치매 국가책임제를 도입하는 등 공공의료를 강화하였고, 고용안전망을 확충하기 위해 그동안 사각지대에 있던 고용보험 적용대상을 확대하는 등 다양한 노력을 전개하였다(법제처, 2021).

② 사회복지입법

문재인 정부 시절에 제정 및 개정된 주요 사회복지입법 내용은 다음과 같다.

2017. 12. 19.	• 장애인복지법 개정(장애등급제 폐지)
2018. 01. 16.	• 주거급여법 개정(부양의무자 기준 폐지)
2018. 03. 27.	• 아동수당법 제정(동년 9월부터 시행)
2020. 01. 21.	• 기초연금법 개정(기준연금액 단계적 인상 → 2021년 30만 원)
2020. 06. 09.	• 고용보험법 개정(예술인에 대한 고용보험 적용)
2021. 01. 25.	• 고용보험법 개정(12개 직종의 노무제공자에 대한 고용보험 적용)

〈표 4-2〉 한국의 주요 사회복지입법 연혁

사회복지법		연도	제정 및 개정 내용
사회복지 관련 기본법	사회보장기본법	1963	사회보장에 관한 법률 제정
		1995	사회보장기본법 제정(사회보장에 관한 법률 폐지)
	사회보장급여법(약칭)	2014	사회보장급여의 이용 · 제공 및 수급권자 발굴에 관한 법률 제정
	사회복지사업법	1970	법 제정
사회 보험법	직역연금법	1960	공무원연금법 제정(우리나라 사회보험 효시)
		1963	군인연금법 제정(공무원연금법에서 분리)
		1973	사립학교교직원연금법 제정
	산업재해보상보험법	1963	제정(우리나라 최초의 사회보험법)
	국민건강보험법	1963	의료보험법 제정(임의가입)
		1976	의료보험법 개정(강제가입)
		1997	국민의료보험법 제정
		1999	국민건강보험법 제정
	국민연금법	1973	국민복지연금법 제정
		1986	국민연금법(개정)
	고용보험법	1993	법 제정
	노인장기요양보험법	2007	법 제정
공공 부조법	국민기초생활보장법	1961	생활보호법 제정
		1999	국민기초생활보장법 제정(생활보호법 폐지)
	의료급여법	1977	의료보호법 제정
		2001	의료급여법(개정)
	긴급복지지원법	2005	제정(한시법에서 2009년 영속법으로 개정)
	기초연금법	2007	기초노령연금법 제정
		2014	기초연금법 제정(기초노령연금법 폐지)
	장애인연금법	2010	제정(기존의 중증장애인에 대한 장애수당 대체)

사회 서비스법	아동복지법	1961	아동복리법 제정
		1981	아동복지법(개정)
	노인복지법	1981	법 제정
	장애인복지법	1981	심신장애자복지법 제정
		1989	장애인복지법(개정)
	한부모가족지원법	1989	모자복지법 제정
		2002	모 · 부자복지법(개정)
		2007	한부모가족지원법(개정)
	영유아보육법	1991	법 제정
	국내입양특별법 및 국제입양법 (약칭)	1976	입양특례법 제정
		1995	입양촉진 및 절차에 관한 특례법(개정)
		2011	입양특례법(개정)
		2023	국내입양에 관한 특별법(개정) 및 국제입양에 관한 법률(제정)
	사회복지공동모금회법	1997	법 제정
	다문화가족지원법	2008	법 제정
	정신건강복지법 (약칭)	2000	정신보건법 제정
		2016	정신건강증진 및 정신질환자 복지서비스 지원에 관한 법률(개정)
	• 가정폭력방지 및 피해자보호 등에 관한 법률(1997년 법 제정)		
	• 성매매방지 및 피해자보호 등에 관한 법률(2004년 법 제정)		
	• 성폭력방지 및 피해자보호 등에 관한 법률(2010년 법 제정)		

제2부
국제사회복지법과 사회복지관련 기본법

제5장 국제사회복지법

제6장 사회복지관련 기본법

제5장 : 국제사회복지법

1. 국제사회복지 관련 기구

1) 국제기구

제2차 세계대전 이후 국제사회복지 관련 기구들은 사회복지에 관해 국제적으로 연대하여 대처하기도 하고, 보편적인 사회보장 기준을 제시함으로써 각 국가들이 사회보장제도를 도입할 수 있는 기반 마련의 근거를 제공하고 있다. 국제사회복지 관련 기구들은 국제연합(UN), 국제노동기구(ILO), 세계노동조합연맹(WFTU), 국제사회보장협회(ISSA), 국제사회복지협의회(ICSW), 경제협력개발기구(OECD) 등이 있다.

(1) 국제연합(UN)

국제연합(The United Nations)은 제2차 세계대전이 끝난 후 1945년에 설립되었으며, 세계 평화와 각국의 경제적 및 사회적인 자립을 돕는 기구다. 초기에 51개국이 회원에 가입했으며, 2012년 기준 193개국에 이른다. 국제연합은 총회에서 주요 선언이나 권고협약 등을 채택함으로써 사회보장 분야뿐 아니라 여러 분야에 국제적인 기준을 설정하고 있다. 특히 UN 산하의 유엔아동기금(UNICEF, 1946)은 아동인권위원회와 협력하에 개발도상국의 아동구호사업을 하고 있다.

(2) 국제노동기구(ILO)

국제노동기구(International Labour Organization)는 노동자의 노동조건 개선 및 지위 향상을 위해 설치된 국제연합의 전문기구이다. 1919년에 베르사유조약(Treaty of Versailles)에 의해 국제연맹의 독립기구로 설립되었으며, 그 후 1946년 ILO와 UN 간에 관계협정이 승인되어 ILO는 최초의 UN 전문기구가 되었다. ILO는 제2차 세계대전 후에는 UN의 경제사회이사회와 협력하여 노동조건뿐 아니라 사회보장과 관련해서도 활발한 운동을 전개함으로써 사회보장의 발전과 국제화에 중요한 공헌을 한 단체이다.

ILO 목적은 각국의 노동조건, 생활상태의 자료를 수집하여 노동조건의 국제적 기준을 설정하고 정부 대표, 노동자 대표, 사용자 대표로 구성된 국제노동총회에서 자유로운 토의에 의하여 조약(treaties)과 권고(recommendations)를 채택한다. ILO가 사회보장에 관하여 채택한 주요 선언과 조약으로는 1944년 필라델피아 선언과 1952년 사회보장의 최저기준에 관한 조약, 1962년의 사회보장 내 외국인 균등대우 조약, 1964년의 업무재해 조약, 1967년의 질병, 노령, 유족급여 조약 등이 있다.

(3) 세계노동조합연맹(WFTU)

세계노동조합연맹(The World Federation of Trade Unions)은 1945년에 설립된 노동조합의 연합체인 비정부 민간기구이다. ILO가 UN 관련 국가 간 기구인 데 반해 세계노동조합연맹은 노동조합의 연합체이기 때문에 사회복지에 대한 태도는 훨씬 진보적이고 근로자의 편에 유리한 내용을 채택할 것을 주장하고 있다. 1961년에는 사회보장헌장을 채택하여 근로자의 기본적 권리를 선언하였다.

(4) 국제사회보장협회(ISSA)

국제사회보장협회(International Social Security Association)는 1927년 질병보험을 확대·강화하기 위해 창설된 각국의 사회보장 관계기관의 국제적 단체로서 본부는 스위스 제네바에 있다. ILO와 밀접한 관계를 가지고 협력하여 사회보장 분야의 국제적인 연락기구로서 각종 국제회의를 개최하거나, 회원국들에게 전문적인 가이드라인이나 전문지식을 제공하고, '세계 각국의 사회보장제도(social security programs throughout the world)'라는 사회보장에 관한 전 세계 국가들의 사회보장 관련 자료를 수집하고 편집하여 정기적으로 출판함으로써 국제 사회보장의 발전에 기여하고 있다. 우리나라는 1979년 의료보험협회(현 국민건강보험공단)가 처음 가입하였고, 국민연금공단과 근로복지공단이 가입하였다.

(5) 국제사회복지협의회(ICSW)

국제사회복지협의회(International Council on Social Welfare)는 사회복지에 관한 국제적 협의체이다. 이 협의회는 사회보장을 '개인이 그 자신의 능력이나 예견만으로는 그 자신이나 그의 가족을 보호할 수 없는 사회의 모든 우발적 사고에 대처하여 사회에 의하여 마련된 모든 보호조치'라고 정의하고 있다. 우리나라는 한국사회복지협의회가 1959년 7월에 회원으로 가입하였다.

(6) 경제협력개발기구(OECD)

경제협력개발기구(Organization for Economic Cooperation and Development)는 ILO, WHO 등과 밀접한 관계를 구축하면서 고용, 노동, 사회문제, 교육, 경제정책 등과 같은 경제, 사회 분야에 대해 수시로 논의하고 협력을 추진하는 기구이다.

2) 국내 단체

(1) 한국국제협력단(KOICA)

한국국제협력단(Korea International Cooperation Agency)은 1991년 한국국제협력단법에 근거하여 설립되었으며, 외교부 산하의 정부출연기관이다. 설립목적은 우리나라와 개발도상국가와의 우호협력관계 및 상호교류를 증진하고 이들 국가들의 경제사회 발전 지원을 통해 국제협력의 증진에 기여하고자 함이다. 주요 사업으로는 국가별 협력 프로젝트, 글로벌 연수, 봉사단 파견, 인도적 지원, 민관협력, 국제기구 협력, 국제질병퇴치기금사업 등이다.

(2) 굿네이버스

굿네이버스(Good Neighbors)는 한국에서 설립되어 굶주림 없는 세상, 더불어 사는 세상을 만들기 위해 전문사회복지사업과 국제개발협력사업을 활발히 수행하고 있는 국제구호개발 NGO이다. '한국이웃사랑회'로 1991년 설립되어 1992년 방글라데시를 시작으로 구호개발사업을 확장해 나가며 지역개발사업에 매진한 결과 1996년에는 UN의 경제사회위원회로부터 NGO 최상위 지위인 포괄적 협의 지위를 부여받았다.

(3) 월드비전

월드비전(World Vision)은 1950년 한국전쟁 중 미국인 밥 피어스(Bob Piers) 목사와 한경직 목사에 의해 '한국선명회'로 설립되었으나 1999년부터 월드비전으로 개명하여 국제구호개발사업을 추진하고 있다. 주요 사업으로는 국제개발사업, 전 세계 각지의 재난에 대응하는 재난대응사업 등이 있다.

(4) 코피온(COPION)

사단법인 코피온(COoperation and Participation In Overseas NGOs)은 지구촌 빈곤 및 이로 인한 기회의 불평등 문제를 해소하고자 하는 목표를 가지고 1999년 설립되었다. 개발도상국 빈곤아동 및 청소년에게 자립기반을 제공하고, 한국의 청소년과 일반인들의 지구시민 의식을 증진하기 위하여 국제개발협력사업, 해외자원봉사단파견, 지구시민교육을 수행하고 있다.

(5) 외국인근로자상담소

외국인근로자상담소는 국내에 이주해 온 외국인 근로자들을 상대로 그들의 권익을 옹호하고 법률구조, 긴급의료구호, 직장알선, 임금체불문제 해결 등의 서비스를 제공하고 있다. 주로 종교기관의 후원형태로 운영되고 있으며, 경우에 따라 정부지원을 받는 것도 있다.

2. 국제사회복지선언

제2차 세계대전에 의한 국민생활의 황폐화와 이로 인한 보편적인 기본적 인권의식의 고양을 배경으로 하여 국제사회는 사회보장의 권리를 승인하고 이를 실현하기 위한 국제적 선언을 다수 채택하였다. 국제적 선언은 모든 국가와 국민이 달성해야 할 공통의 기준을 선언한 것으로, 법적인 구속력을 가지는 것이 아니다. 주요 국제사회복지선언을 살펴보면 다음과 같다.

1) 대서양 헌장(1941)

대서양 헌장(Atlantic Charter)은 제2차 세계대전 기간인 1941년 8월 미국의 루즈벨트 대통령과 영국의 처칠 수상이 대서양에서 회담을 가져 독일의 나치즘을 타파하고, 제2차 세계대전 후 세계재건의 방침에 대한 내용을 담은 헌장이다. 여기에는 8가지의 공통원칙을 국내정책에 반영하기로 하였는데 그 제4항에 "보다 나은 근로기준과 경제적 혜택, 그리고 사회보장을 모든 사람에게 보장해 줄 것을 목적으로 하며, 경제 분야에 있어서 모든 국가의 완전한 협력을 이룩할 것"을 규정하였고, 제5항에 '공포와 결핍으로부터의 자유'라는 슬로건을 제시하고 선언하였다. 대서양 헌장은 서방국가들이 사회보장을 받을 권리를 국민의 기본권으로 인정하게 하고 이에 따라 제2차 세계대전 후 사회보장을 추진하는 계기가 되었다. 1942년 영국의 베버리지 보고서도 이러한 대서양 헌장의 정신을 반영하여 제정되었다고 할 수 있다.

2) 국제노동기구의 필라델피아 선언(1944)

필라델피아 선언(Declaration of Philadelphia)은 1944년 4월부터 5월까지 필라델피아에서 개최된 국제노동기구(ILO)의 제26회 대회에서 ILO의 목적과 회원국의 정책을 촉구하는 모든 원칙에 관한 것을 채택한 선언이다. ILO는 제2차 세계대전 후의 주된 정책목표를 사회보장에 두었는데, 이는 전쟁 중의 경험에 의하여 전후의 장기계획으로서 종래의 사회보장, 사회부조의 재편성이 필요하다고 인정했기 때문이다. 필라델피아 총회는 사회보장 원칙 및 전쟁에서 생기는 문제를 심의하여 결과적으로 소득보장에 관한 권고, 의료보호에 관한 권고, 군대 및 유사직업 또는 전시고용으로부터 풀려난 자에 대한 소득보장 및 의료보호에 관한 권고 등 3개를 채택하였다.

또한 이 선언에는 제2차 세계대전 후부터 현재에 이르기까지 ILO의 활동을 규정하는 다음과 같은 원칙을 명확히 하고 있다. ① 노동은 상품이 아니다. ② 표현과 결사(結社)의 자유는 진보를 위해 불가결한 요건이다. ③ 일부의 빈곤은 사회 전체의 번영에 있어 위험이 된다. ④ 어려움을 해결하기 위해서는 정부 · 근로자 · 사용자 대표들이 계속적이고 협조적인 국제적 노력을 기울여야 한다.

3) 국제연합의 세계인권선언(1948)

세계인권선언(Universal Declaration of Human Rights)[1]은 1948년 12월 국제연합(UN)의 제3회 총회에서 채택되었다. 제2차 세계대전 전야의 인권 무시, 인권의 존중과 평화 확보 사이의 깊은 관계를 고려하여 기본적 인권 존중을 그 중요한 원칙으로 하는 국제연합헌장의 취지에 따라 보호해야 할 인권을 구체적으로 규정할 것을 목적으로 하여 채택되었으며, 개인의 자유와 권리를 상세히 명시하면서 인권과 기본적 자유가 모든 사람과 모든 장소에서 똑같이 적용된다는 사실을 세계 최초로 인정한 선언이다.

선언문은 전문(前文)과 본문 30개조로 구성되어 있는데, 제1~20조까지는 시민적 자유권의 권리, 제21조는 정치적 권리, 제22~27조까지는 경제적 · 사회적 · 문화적 권리 등을 각각 규정하고 있다. 특히 제22조에서는 사회보장을 받을 권리를, 제23조에는 노동권과 공정한 보수를 받을 권리 및 노동자의 단결권 등에 관해서도 상세하게 규정하고 있다.

4) 국제연합의 아동권리선언(1959)

아동권리선언(Declaration on the Rights of Children)은 아동의 권리와 자유를 보장하기 위한 목적으로 1959년에 유엔총회에서 선포된 선언이다. 제1차 세계대전 이후 전쟁이 아동에게 미친 참상의 깊은 반성으로 1924년 9월 국제연맹[2] 총회에서 세계 최초로 아동권리선언을 채택했다. 이것은 제네바 선언(5개조)으로 알려지고 있으며 아동의 발달보장, 요보호아동의 보호, 아동구제의 우선성, 착취로부터의 보호, 아동육성의 목표달성에 노력해야 할 것을 강조하였다. 이후 1959년 11월 20일에는 제네바 선언을 재검토하고 확대함으로써 전문과 10개조로 된 아동권리선언을 채택해 출생권, 생존권, 발달권, 행복추구권, 교육권, 레크리에이션권을 선언하였다. 이 선언은 아동

---

1) 선언문은 법적 구속력이 없으므로 세계인권선언문을 법적 구속력과 도덕적 권위를 갖춘 조약으로 만들어 그 실시를 의무화하고자 한 것이 1966년 12월 16일 국제연합 총회의 결의로 채택된 국제인권규약이다.

2) 국제연맹은 제1차 세계대전 직후인 1920년에 미국 윌슨 대통령의 제창에 따라 국제평화 유지와 협력의 촉진을 목적으로 창설한 국가 간의 연합체로 스위스 제네바에 본부를 두고 국제분쟁의 평화적 처리에 크게 공헌하였으나, 1945년 국제연합의 창설로 1946년 해체되었다. 국제연합은 미국 뉴욕에 본부를 두고 있으며, 우리나라는 1991년 9월 18일 북한과 동시 가입하였다.

과 청소년의 권리 신장에 국제적으로 기여한 의의가 있다. 우리나라는 국제연합의 아동권리선언이 채택된 1959년 5월 5일에 어린이헌장을 선포하였다.

5) 세계노동조합연맹의 사회보장헌장(1961)

사회보장헌장(Social Security Charter)은 1961년 모스크바에서 개최된 제5회 세계노동조합연맹 회의에서 채택된 헌장이다. 세계노동조합연맹(WFTU)이 채택한 이 헌장은 전문에서 "사회보장은 모든 근로자의 기본적 권리를 구성하고 있다"고 선언함으로써 사회보장에 관한 노동조합의 입장을 밝힌 헌장이다. 노동능력이 감소되거나 일시적 · 영구적으로 상실된 경우의 근로자에 대한 완전한 생계보장과 불의의 사회적 재앙에 대비한 근로자의 보호 및 예방적 대책 마련을 사회보장의 목적으로 하였다. 사회보장헌장에는 사회보장 기본 원칙 8가지가 제시되었다.

6) 국제연합의 장애인권리선언(1975)

장애인권리선언(Declaration of the Rights of Disabled Persons)은 국제연합헌장과 세계인권선언의 정신에 입각하여 심신 장애인의 권리를 보호하고 존중하자는 취지를 담고 있는 선언으로서, 1975년 12월 9일 국제연합총회에서 만장일치로 채택되었다. 장애인권리선언은 국제연합헌장을 통해 선언된 인권과 기본적 자유, 평화에 관한 원칙, 인간의 존엄성과 가치에 관한 원칙, 사회정의에 관한 원칙 등에 대한 신념을 다시 한번 확인하면서, 장애인이 다양한 활동분야에서 최대한 자신의 능력을 개발할 수 있도록 도와주고, 가능한 한 정상적인 생활 속에서 자신의 이상을 실현할 수 있도록 촉진해야 한다는 점을 강조하고 있다.

3. 국제사회복지조약

조약은 국제적 권리와 의무의 발생을 목적으로 국제법상의 주체인 국가 간에, 또는 국가와 국제기구 사이에 맺은 문서에 의한 국제적 합의로 조약(Treaty), 규약(Covenant),

협약(Convention), 협정(Agreement) 등 여러 명칭으로 불리며 법적 구속력이 있다. 사회복지에 관련된 국제조약을 살펴보면, 국제노동기구에서 채택한 '사회보장 최저기준에 관한 조약' 및 '사회보장 내 외국인 균등대우 조약' 등과 국제연합에서 채택한 '국제인권규약', '아동권리협약', '장애인권리협약' 등이 있으며, 국가 간 사회보장 분야를 규율하는 조약인 '사회보장협정'이 있다.

1) 국제노동기구의 조약

(1) 사회보장 최저기준에 관한 조약(1952)

ILO가 채택한 사회보장에 관한 대표적인 조약은 1952년의 '사회보장 최저기준에 관한 조약'이다. 특히 102호 조약은 각국의 서로 다른 기준을 일원화함과 함께 미발달한 제도의 기준을 제고함으로써 사회보장의 최저기준을 설정하였다. 이때 설정된 사회보장 최저기준의 3대 원칙은 대상의 보편성, 비용부담의 공평성, 급여수준의 적절성이다. 그리고 사회보장급여를 분류하여 ① 의료급여(medical care), ② 질병급여(sickness benefit), ③ 실업급여(unemployment benefit) ④ 노령급여(ole-age benefit), ⑤ 업무상 재해급여(employment injury benefit), ⑥ 가족급여(family benefit), ⑦ 출산급여(maternity benefit), ⑧ 폐질급여(invalidity benefit), ⑨ 유족급여(survivors' benefit)의 9개로 규정하고 각 부문에 대해 적용과 기준을 제시하고 있으며, 사회보장급여의 각 부문별로 비준을 허용하였다.

(2) 사회보장 내 외국인 균등대우 조약(1962)

ILO는 1962년에 '사회보장 내 외국인 균등대우 조약(제118호 조약)'을 채택함으로써 이 조약의 비준국은 사회보장 범위 및 수급권에 있어서 자국의 영토 내에 있는 다른 모든 비준국의 국민에 대하여 자국의 사회보장 법규에 의해 자국의 국민과 동등한 대우를 해줄 것을 규정하였다.

이 외에도 ILO의 국제사회복지조약으로는 '업무상재해보상조약(1964)', '장해(질병)·노령·유족급여조약(1967)', '의료 및 상병급여조약(1969)', '사회보장 수급권 유지에 관한 조약(1982)' 등이 있다.

2) 국제연합의 규약 및 협약

(1) 국제인권규약(A, B규약, 1966)

국제인권규약(International Covenants on Civil and Political Rights)은 1948년 12월 10일 유엔총회에서 당시 가입국 58개 국가 중 50개 국가가 찬성하여 채택된 세계인권선언에서 제창된 이상을 실현하기 위하여 만들어졌다. 선언문은 법적 구속력이 없으므로 세계인권선언문을 법적 구속력과 도덕적 권위를 갖춘 조약으로 만들어 그 실시를 의무화하고자 국제인권규약이 만들어진 것이다. 국제인권규약은 A규약과 B규약으로 나누어져 있으며, 1966년 12월 제21차 유엔총회에서 채택된 후 10년이 지난 1976년에 전 회원국에 발효되었다. 우리나라는 1990년 4월에 A, B규약에 모두 가입하여 비준하였다.

① A규약(Part A)

A규약(Part A)은 경제적 · 사회적 · 문화적 권리에 관한 국제규약(International Covenant on Economic, Social and Cultural Rights)으로 1966년 12월에 채택되고, 1976년 1월에 발효되었다. A규약 체약국들은 생존권적 기본권을 대상으로 노동기본권, 사회보장권, 생활향상권, 교육권 등을 입법 조치할 것을 내용으로 하고, 유엔인권이사회에 보고할 것을 의무화하였다. A규약 제1조는 자결권, 제6~8조는 노동권, 제10~11조는 사회보장수급권, 제12조는 건강권, 제13조는 교육권 등을 규정하고 있다.

② B규약(Part B)

B규약(Part B)은 시민적 · 정치적 권리에 관한 국제규약(International Covenant on Civil and Political Rights)으로 1966년 12월에 채택되고 1976년 3월에 발효되었다. B규약은 자유권적 기본권을 전제로 하여 실시 확보를 위해 인권심사위원회와 필요에 따라 특별조정위원회를 설치할 것을 의무화하였다. 또한 선택의정서 참가국에 대해서는 개인이 인권심사위원회에 직접 청원할 수 있는 길을 열어놓았다.

(2) 아동권리협약(1989)

아동권리협약(Convention on the Rights of the Child)은 전 세계의 아동의 경제, 사회, 문화에 대한 권리를 규정하는 국제협약으로, 아동(만 18세 미만의 사람)의 권리를 포괄적으로 규정하고 있다. 아동권리협약은 1989년 11월 유엔총회에서 채택되었으며, 우리나라는 1990년 9월에 협약에 서명하고 1991년 11월 20일에 비준하여 조약당사국이 되었다.

아동권리협약은 아동을 '보호대상'이 아닌 '권리의 주체'로 규정하고 있다. 국제인권 A규약과 B규약에 인정되는 제반 권리를 아동의 권리로 규정하고, 거기에 추가해 의견 표명권, 놀이 · 여가의 권리 등 아동에게 필요한 인권을 확보하기 위한 구체적인 사항을 규정하고 있다. 무차별의 원칙과 아동의 최선 이익 우선 원칙을 제시하였고, 아동의 4대 권리를 생존의 권리, 발달의 권리, 보호의 권리, 참여의 권리로 규정하였다.

(3) 장애인권리협약(2006)

장애인권리협약(Convention on the Rights of Persons with Disabilities)은 2006년 12월 제61차 유엔총회에서 채택되었다. 장애인권리협약은 장애인이 인권과 기본적인 자유를 완전하고 동등하게 누릴 수 있도록 보호하고, 또한 장애인의 천부적인 존엄성에 대한 존중을 촉진하는 것으로, 21세기 최초의 국제 인권법에 따른 인권조약이다. 우리나라는 2008년에 협약비준 동의안에 의결하였다. 협약의 주요 내용은 ① 평등(차별금지), ② 여성 장애인과 장애아동에 대한 보호, ③ 시설 접근성 및 서비스에 대한 접근성, ④ 사법적 접근성, ⑤ 위험상황 및 인도적 차원의 위급상황으로부터의 자유, ⑥ 자립생활 지원, ⑦ 이동권, 교육권, 건강권, ⑧ 근로, 정치, 문화생활 등의 보장 등이다.

3) 사회보장협정

(1) 개요

사회보장협정(Social Security Agreement)은 사회보장에 관해 상호주의에 입각하여 정부가 주로 입법부의 동의 없이 단독으로 외국정부와 맺는 약정 또는 정부 간의 협정으로, 이는 국제법상 실질적 의의를 갖는 조약의 하나이다. 사회보장협정은 협정당사국 간의 사회문제에 관한 분야에서 특히 사회보장보험료의 납부의무에 관하여 협력할 것을 결의하고, 그들 각자의 영역 간에 이동하거나 또는 그들 각자의 영역 안에서 근로하는 자의 복지를 증진시키기를 희망하며, 양국 국민들이 그들 각자의 사회보장법령에 의하여 협약의 적용대상이 되는 문제에 관하여 동등한 권리를 누릴 수 있도록 합의한 것이다. 사회보장협정은 대부분 연금을 포함한 사회보험에 관한 것으로, 우리나라는 「국민연금법」[3]만 대상으로 하고 있으나, 미국과는 「산재보험법」, 독일과는 「고용보험법」이 포함되었다.

(2) 목적

사회보장협정을 체결하는 목적은 첫째, 이중가입을 배제하기 위함이다. 단기간 동안 협정국가에서 근로하거나 자영업을 하는 사람들이 양국 중 한 국가의 사회보장제도에만 가입하도록 하는 것으로, 양국의 연금제도에 이중으로 보험료를 부담하는 문제를 해결하여 이들의 재정적 부담을 덜어주고자 하는 것이다.

둘째, 가입기간을 합산하기 위함이다. 협정대상국으로 이민을 가거나 장기체류할 경우 양국의 연금가입 기간을 합산하는 것으로, 이민자와 같이 장기체류하는 사람들이 양국으로부터 연금혜택을 받을 수 있는 기회를 확대하기 위해서다. 가령 우리나라 국민연금에 7년을 가입하고, 캐나다 연금에 15년을 가입한 자는 우리나라 최소 가입요건(10년)으로 인해 연금을 받을 수 없으나, 협정을 맺게 되면 총 22년의 가입기간이 인정되어 7년에 해당하는 우리나라 연금을 받을 수 있게 된다.

셋째, 동등한 대우를 받기 위함이다. 협정대상국 국민에게는 연금수급권 취득, 급여지급 등에 있어 자국민과 동일하게 대우한다는 것이다.

넷째, 연금급여의 송금을 보장하기 위함이다. 협정당사국 간에는 연금급여를 해외로 제한 없이 자유롭게 송금 가능하게 하는 것이다.

(3) 협정유형

협정은 ① 가입기간 합산 협정과 ② 보험료 면제 협정의 두 가지 유형이 있다. 가입기간 합산 협정은 사회보험료 이중가입 배제와 양국 가입기간 합산을 모두 포괄한 규정이다. 양국에 가입기간이 분산되어 있는 장기 해외체류자는 협정 체결국의 각 연금가입 기간을 합산하여 기여한 기간에 따라 양국에서 각각 연금을 수령할 수

---

3) 국민연금법 제127조(외국과의 사회보장협정) 대한민국이 외국과 사회보장협정을 맺은 경우에는 이 법에도 불구하고 국민연금의 가입, 연금보험료의 납부, 급여의 수급 요건, 급여액의 산정, 급여의 지급 등에 관하여 그 사회보장협정에서 정하는 바에 따른다.

있게 된다. 보험료 면제 협정은 사회보험료 이중가입 배제만을 규정하는 것으로, 이는 파견근로자의 파견기간 동안 본국의 연금제도에 가입한 경우 근로국가에서의 연금적용을 면제하는 것이다.[4)]

(4) 협정체결국가

우리나라는 1999년부터 본격적으로 사회보장협정 체결을 추진해 왔다. 미국, 독일, 캐나다 등 우리나라 기업이 많이 진출한 국가나 재외동포 수가 많은 국가를 우선으로 협정을 체결하여 기업과 파견근로자 등이 혜택을 받을 수 있도록 하고 있다. 2025년 기준으로 양국 가입기간을 합산하여 연금수급권까지 보호하는 가입기간 합산 협정을 체결한 국가는 32개국이고, 사회보험료 이중가입 배제만을 규정한 보험료 면제 협정을 체결한 국가는 9개국이다.

〈표 5-1〉 사회보장협정 유형별 체결국가

협정 유형	체결국가(발효일)			
가입기간 합산 협정 (32개국)	캐나다(1999.5)	벨기에(2009.7)	스페인(2013.4)	슬로베니아(2019.10)
	미국(2001.4)	폴란드(2010.3)	튀르키예(2015.6)	크로아티아(2019.11)
	독일(2003.1)	슬로바키아(2010.3)	스웨덴(2015.6)	우루과이(2021.11)
	헝가리(2007.3)	불가리아(2010.3)	브라질(2015.11)	뉴질랜드(2022.3)
	프랑스(2007.6)	루마니아(2010.7)	핀란드(2017.2)	베트남(2024.1)
	호주(2008.10)	오스트리아(2010.10)	퀘벡(2017.9)	필리핀(2024.4)
	체코(2008.11)	덴마크(2011.9)	페루(2019.1)	노르웨이(2024.6)
	아일랜드(2009.1)	인도(2011.11)	룩셈부르크(2019.9)	아르헨티나(2025.2)
보험료 면제 협정 (9개국)	영국(2000.8)	일본(2005.4)	몽골(2007.3)	
	중국(2003.2)	이탈리아(2005.1)	스위스(2015.6)	
	네덜란드(2002.10)	우즈베키스탄(2006.5)	칠레(2017.2)	

주 : 뉴질랜드 협정을 제외한 가입기간 합산협정은 보험료 면제 규정을 포함함
출처 : 국민연금공단 홈페이지(사회보장협정).

4) 보험료 면제 협정 국가에 진출하는 기업 및 파견근로자의 경우 국민연금공단으로부터 발급받은 증빙서류(협정 가입증명서)를 현지 연금기관에 제출하면 상대국의 연금이나 사회보험 가입 의무가 면제된다.

제6장 : 사회복지관련 기본법

1. 사회보장기본법

1) 사회보장기본법의 개관

(1) 목적 및 의의

「사회보장기본법」은 사회보장에 관한 국민의 권리와 국가 및 지방자치단체의 책임을 정하고 사회보장제도에 관한 기본적인 사항을 규정함으로써 국민의 복지 증진에 기여하는 것을 목적으로 1995년에 제정된 법이다. 우리나라의 사회복지법 체계는 '사회보장법전'이나 '사회복지법전' 등과 같이 통합된 법전 체계가 아니라 개별적인 법률로 되어 있기 때문에 「사회보장기본법」은 개별적인 사회보장 관련 법률을 지배하는 기본적인 법으로 이념과 원칙, 권리와 의무관계, 용어의 정의 등을 제공하여 사회복지법 체계를 일관성 있게 유지하는 기능을 수행한다. 이 법은 개별 사회보장 관련법들보다 시기적으로 늦게 입법되었음에도 불구하고 제반 사회보장법의 모법(母法)으로서 위치를 가지고 있다고 할 수 있다.

(2) 주요 연혁

① 1963. 11. 5. 사회보장에 관한 법률 제정

우리나라는 1962년 12월 26일 제5차 개정헌법(제30조 제2항)에서 처음으로 "모든 국민은 인간다운 생활을 할 권리를 가지고, 국가는 사회보장의 증진에 노력하여야 한다"고 규정함으로써 국가적 의무로서 사회보장을 천명하였고, 이에 따라 1963년 11월 5일 전문 7개조로 구성된 「사회보장에 관한 법률」을 제정하였다. 그러나 동 법률은 최초에는 사회보장의 기본 계획, 이론성립 등 세부적인 사항을 담으려 하였으나 정부의 사회보장에 대한 의지가 후퇴하면서 상징적인 의미를 갖는 정도로 입법화되는 데 그쳤다. 즉, 국민의 민생안정과 생활보장을 위한 명목상의 사회보장제도를 확립하기 위해 제정되었다.

② 1995. 12. 30. 「사회보장기본법」 제정

「사회보장에 관한 법률」이 제정된 후 30여 년 동안 사회 · 경제적으로 빠른 변화가 이루어졌고, 또한 각종 사회보장제도가 도입, 실시되기에 이르렀다. 이에 따라 시대적 변화에 맞는 「사회보장기본법」 제정에 대한 필요성이 부각됨에 따라 1995년 12월 30일 기존의 「사회보장에 관한 법률」은 폐지되고 「사회보장기본법」이 제정되었다. 「사회보장기본법」은 경제사회 발전수준과 국민의 복지욕구에 부합하는 사회보장제도를 확립하고자 제정되었다고 할 수 있다.

③ 2012. 1. 26. 전면개정

「사회보장기본법」은 제정 이후 여러 차례 개정을 거쳤다. 그중 2012년 1월 26일에는 21세기 사회경제 환경하에서도 효과적이고 지속가능한 사회보장체계를 정립함으로써 건강한 '한국형 복지국가' 구축을 목적으로 전부 개정이 이루어졌다. 개정된 「사회보장기본법」에서는 출산과 양육이 새로운 사회적 위험으로 추가되었고, 기존의 소득보장 중심의 사회보장에서 소득과 사회서비스가 균형적으로 보장될 수 있도록 복지 패러다임이 전환되었다. 특히 사회서비스는 지금까지 저소득층을 중심으로 한 제한적 사회복지서비스에서 저소득층을 중심으로 한 제한적 사회복지서비스에서 복지, 보건, 교육, 고용, 주거, 문화, 환경 등 삶의 기본적 욕구에 대해 전 국민을 대상으로 인간다운 생활을 보장하는 사회서비스 체계로 개정되었다.

④ 2015. 12. 29. 일부개정

2015년 12월 29일에는 국민기초생활보장제도가 맞춤형 빈곤정책으로 전환하여 급여별 수급자 선정기준을 다층화하고, 최저생계비 대신 최저보장수준 및 기준 중위소득제도를 도입함으로써 개정된 국민기초생활보장법의 내용을 반영하기 위해 일부 개정되었다. 개정 전에는 사회보장급여 수준을 산정하기 위해 최저생계비와 최저임금을 매년 공포하도록 하고 최저생계비와 최저임금 등을 고려하여 사회보장급여의 수준을 결정하도록 하였으나, 개정 후에는 최저보장수준과 최저임금을 매년 공포하고 최저보장수준과 최저임금 등을 고려하여 사회보장급여 수준을 결정하도록 하였다.

(3) 용어의 정의

이 법에서 사용하는 용어의 뜻은 다음과 같다.

> ▶ 법 제3조 제1~5호
>
> 1. "사회보장"이란 출산, 양육, 실업, 노령, 장애, 질병, 빈곤 및 사망 등의 사회적 위험으로부터 모든 국민을 보호하고 국민 삶의 질을 향상시키는 데 필요한 소득 · 서비스를 보장하는 사회보험, 공공부조, 사회서비스를 말한다.
> 2. "사회보험"이란 국민에게 발생하는 사회적 위험을 보험의 방식으로 대처함으로써 국민의 건강과 소득을 보장하는 제도를 말한다.
> 3. "공공부조"란 국가와 지방자치단체의 책임하에 생활유지능력이 없거나 생활이 어려운 국민의 최저생활을 보장하고 자립을 지원하는 제도를 말한다.
> 4. "사회서비스"란 국가 · 지방자치단체 및 민간 부문의 도움이 필요한 모든 국민에게 복지, 보건의료, 교육, 고용, 주거, 문화, 환경 등의 분야에서 인간다운 생활을 보장하고 상담, 재활, 돌봄, 정보의 제공, 관련 시설의 이용, 역량 개발, 사회참여 지원 등을 통하여 국민의 삶의 질이 향상되도록 지원하는 제도를 말한다.
> 5. "평생사회안전망"이란 생애주기에 걸쳐 보편적으로 충족되어야 하는 기본욕구와 특정한 사회위험에 의하여 발생하는 특수욕구를 동시에 고려하여 소득 · 서비스를 보장하는 맞춤형 사회보장제도를 말한다.

(4) 국가 및 지방자치단체와 국민의 책임

① 국가 및 지방자치단체의 책임

> ▶ 법 제5조 제1~4항
>
> ① 국가와 지방자치단체는 모든 국민의 인간다운 생활을 유지 · 증진하는 책임을 가진다.
> ② 국가와 지방자치단체는 사회보장에 관한 책임과 역할을 합리적으로 분담하여야 한다.
> ③ 국가와 지방자치단체는 국가 발전수준에 부응하고 사회환경 변화에 선제적으로 대응하며 지속가능한 사회보장제도를 확립하고 매년 이에 필요한 재원을 조달하여야 한다.
> ④ 국가는 사회보장제도의 안정적인 운영을 위하여 중장기 사회보장재정 추계를 격년으로 실시하고 이를 공표하여야 한다.

② 국민의 책임

▶ 법 제7조 제1~3항

① 모든 국민은 자신의 능력을 최대한 발휘하여 자립 · 자활할 수 있도록 노력하여야 한다.
② 모든 국민은 경제적 · 사회적 · 문화적 · 정신적 · 신체적으로 보호가 필요하다고 인정되는 사람에게 지속적인 관심을 가지고 이들이 보다 나은 삶을 누릴 수 있는 사회환경 조성에 서로 협력하고 노력하여야 한다.
③ 모든 국민은 관계 법령에서 정하는 바에 따라 사회보장급여에 필요한 비용의 부담, 정보의 제공 등 국가의 사회보장정책에 협력하여야 한다.

③ 외국인에 대한 적용

▶ 법 제8조

국내에 거주하는 외국인에게 사회보장제도를 적용할 때에는 상호주의의 원칙에 따르되, 관계 법령에서 정하는 바에 따른다.

2) 사회보장에 관한 국민의 권리

(1) 사회보장의 권리와 급여수준

▶ 법 제9조, 제10조 제1~3항

• 모든 국민은 사회보장 관계 법령에서 정하는 바에 따라 사회보장급여를 받을 권리를 가진다.
① 국가와 지방자치단체는 모든 국민이 건강하고 문화적인 생활을 유지할 수 있도록 사회보장급여의 수준 향상을 위해 노력하여야 한다.
② 국가는 관계 법령에서 정하는 바에 따라 최저보장수준과 최저임금을 매년 공표하여야 한다.
③ 국가와 지방자치단체는 최저보장수준과 최저임금 등을 고려하여 사회보장급여 수준을 결정하여야 한다.

(2) 사회보장급여의 신청

▶ 법 제11조 제1~2항

① 사회보장급여를 받으려는 사람은 관계 법령에서 정하는 바에 따라 국가나 지방자치단체에 신청하여야 한다. 다만, 관계 법령에서 따로 정하는 경우에는 국가나 지방자치단체가 신청을 대신할 수 있다.
② 사회보장급여를 신청하는 사람이 다른 기관에 신청한 경우에는 그 기관은 지체 없이 이를 정당한 권한이 있는 기관에 이송하여야 한다. 이 경우 정당한 권한이 있는 기관에 이송된 날을 사회보장급여의 신청일로 본다.

(3) 사회보장수급권

① 사회보장수급권의 보호

▶ 법 제12조

사회보장수급권은 타인에게 관계 법령에서 정하는 바에 따라 다른 사람에게 양도하거나 담보로 제공할 수 없으며, 이를 압류할 수 없다.

② 사회보장수급권의 제한

▶ 법 제13조 제1~2항

① 사회보장수급권은 제한되거나 정지될 수 없다. 다만, 관계 법령에서 따로 정하고 있는 경우에는 그러하지 아니하다.
② 제1항 단서에 따라 사회보장수급권이 제한되거나 정지되는 경우에는 제한 또는 정지하는 목적에 필요한 최소한의 범위에 그쳐야 한다.

③ 사회보장수급권의 포기

▶ 법 제14조 제1~3항

① 사회보장수급권은 정당한 권한이 있는 기관에 서면으로 통지하여 포기할 수 있다.
② 사회보장수급권의 포기는 취소할 수 있다.
③ 제1항에도 불구하고 사회보장수급권을 포기하는 것이 다른 사람에게 피해를 주거나 사회보장에 관한 관계 법령에 위반되는 경우에는 사회보장수급권을 포기할 수 없다.

④ 불법행위에 대한 구상권

▶ 법 제15조
3자의 불법행위로 피해를 입은 국민이 그로 인하여 사회보장수급권을 가지게 된 경우 사회보장제도를 운영하는 자는 그 불법행위의 책임이 있는 자에 대하여 관계 법령에서 정하는 바에 따라 구상권(求償權)을 행사할 수 있다.

3) 사회보장 기본계획과 사회보장위원회

(1) 사회보장 기본계획

① 기본계획 수립

▶ 법 제16조 제1~3항
① 보건복지부장관은 관계 중앙행정기관의 장과 협의하여 사회보장 증진을 위하여 사회보장에 관한 기본계획을 5년마다 수립하여야 한다. ② 기본계획에는 다음 각 호의 사항이 포함되어야 한다. 1. 국내외 사회보장 환경의 변화와 전망 2. 사회보장의 기본목표 및 중장기 추진방향 3. 주요 추진과제 및 추진방법 4. 필요한 재원의 규모와 조달방안 5. 사회보장 관련 기금 운용방안 6. 사회보장 전달체계 7. 그 밖에 사회보장정책의 추진에 필요한 사항 ③ 기본계획은 사회보장위원회와 국무회의의 심의를 거쳐 확정한다.

② 연도별 시행계획의 수립

▶ 법 제18조 제1~3항
① 보건복지부장관 및 관계 중앙행정기관의 장은 기본계획에 따라 사회보장과 관련된 소관 주요 시책의 시행계획을 매년 수립 · 시행하여야 한다. ② 관계 중앙행정기관의 장은 제1항에 따라 수립한 소관 시행계획 및 전년도 시행계획에 따른 추진실적을 매년 보건복지부장관에게 제출하여야 한다. ③ 보건복지부장관은 제2항에 따라 받은 관계 중앙행정기관 및 보건복지부 소관의 추진 실적을 종합하여 성과를 평가하고, 그 결과를 사회보장위원회에 보고하여야 한다.

③ 지역계획의 수립 및 시행

▶ 법 제19조 제1~2항

① 특별시장 · 광역시장 · 특별자치시장 · 도지사 또는 특별자치도지사 · 시장 · 군수 · 구청장은 관계법령으로 정하는 바에 따라 사회보장에 관한 지역계획을 수립 · 시행하여야 한다.
② 지역계획은 기본계획과 연계되어야 한다.

(2) 사회보장위원회

① 직무

▶ 법 제20조 제1~4항

① 사회보장에 관한 주요 시책을 심의 · 조정하기 위하여 국무총리 소속으로 사회보장위원회를 둔다.
② 위원회는 다음 각 호의 사항을 심의 · 조정한다.
1. 사회보장 증진을 위한 기본계획
2. 사회보장 관련 주요 계획
3. 사회보장제도의 평가 및 개선
4. 사회보장제도의 신설 또는 변경에 따른 우선순위
5. 둘 이상의 중앙행정기관이 관련된 주요 사회보장정책
6. 사회보장급여 및 비용 부담
7. 국가와 지방자치단체의 역할 및 비용 분담
8. 사회보장의 재정추계 및 재원조달 방안
9. 사회보장 전달체계 운영 및 개선
10. 사회보장 통계
11. 사회보장 정보의 보호 및 관리
12. 그 밖에 위원장이 심의에 부치는 사항

③ 위원장은 확정된 기본계획과 심의 · 조정한 결과를 관계 중앙행정기관의 장과 지방자치단체의 장에게 통지하여야 한다.
④ 관계 중앙행정기관의 장과 지방자치단체의 장은 위원회의 심의 · 조정사항을 반영하여 사회보장제도를 운영 또는 개선하여야 한다.

② 구성 및 운영

▶ 법 제21조 제1~4항
① 위원회는 위원장 1명, 부위원장 3명과 행정안전부장관, 고용노동부장관, 여성가족부장관, 국토교통부장관을 포함한 30명 이내의 위원으로 구성한다. ② 위원장은 국무총리가 되고 부위원장은 기획재정부장관, 교육부장관 및 보건복지부장관이 된다. ③ 위원회의 위원은 다음 각 호의 어느 하나에 해당하는 사람으로 한다. 1. 대통령령으로 정하는 관계 중앙행정기관의 장 2. 다음 각 목의 사람 중에서 대통령이 위촉하는 사람 가. 근로자를 대표하는 사람 나. 사용자를 대표하는 사람 다. 사회보장에 관한 학식과 경험이 풍부한 사람 라. 변호사 자격이 있는 사람 ④ 위원의 임기는 2년으로 한다. 다만, 공무원인 위원의 임기는 그 재임기간으로 한다.

4) 사회보장정책의 기본 방향

(1) 평생사회안전망의 구축 · 운영

▶ 법 제22조 제1~2항
① 국가와 지방자치단체는 모든 국민이 생애 동안 삶의 질을 유지 · 증진할 수 있도록 평생사회안전망을 구축하여야 한다. ② 국가와 지방자치단체는 평생사회안전망을 구축 · 운영함에 있어 사회적 취약계층을 위한 공공부조를 마련하여 최저생활을 보장하여야 한다.

(2) 사회서비스 보장

▶ 법 제23조 제1~2항
① 국가와 지방자치단체는 모든 국민의 인간다운 생활과 자립, 사회참여, 자아실현 등을 지원하여 삶의 질이 향상될 수 있도록 사회서비스에 관한 시책을 마련하여야 한다. ② 국가와 지방자치단체는 사회서비스 보장과 소득보장이 효과적이고 균형적으로 연계되도록 하여야 한다.

(3) 소득보장

▶ 법 제24조 제1~2항

① 국가와 지방자치단체는 다양한 사회적 위험하에서도 모든 국민들이 인간다운 생활을 할 수 있도록 소득을 보장하는 제도를 마련하여야 한다.
② 국가와 지방자치단체는 공공부문과 민간부문의 소득보장제도가 효과적으로 연계되도록 하여야 한다.

5) 사회보장제도의 운영

(1) 운영원칙

▶ 법 제25조 제1~5항

① 국가와 지방자치단체가 사회보장제도를 운영할 때에는 이 제도를 필요로 하는 모든 국민에게 적용하여야 한다.
② 국가와 지방자치단체는 사회보장제도의 급여수준과 비용부담 등에서 형평성을 유지하여야 한다.
③ 국가와 지방자치단체는 사회보장제도의 정책 결정 및 시행과정에 공익의 대표자 및 이해관계인 등을 참여시켜 이를 민주적으로 결정하고 시행하여야 한다.
④ 국가와 지방자치단체가 사회보장제도를 운영할 때에는 국민의 다양한 복지욕구를 효율적으로 충족시키기 위하여 연계성과 전문성을 높여야 한다.
⑤ 사회보험은 국가의 책임으로 시행하고, 공공부조와 사회서비스는 국가와 지방자치단체의 책임으로 시행하는 것을 원칙으로 한다. 다만, 국가와 지방자치단체의 재정 형편 등을 고려하여 이를 협의 · 조정할 수 있다.

(2) 협의 및 조정

▶ 법 제26조 제1~5항

① 국가와 지방자치단체는 사회보장제도를 신설하거나 변경할 경우 기존 제도와의 관계, 사회보장 전달체계에 미치는 영향, 재원의 규모 · 조달방안을 포함한 재정에 미치는 영향 및 지역별 특성 등을 사전에 충분히 검토하고 상호협력하여 사회보장급여가 중복 또는 누락되지 아니하도록 하여야 한다.

② 중앙행정기관의 장과 지방자치단체의 장은 사회보장제도를 신설하거나 변경할 경우 신설 또는 변경의 타당성, 기존 제도와의 관계, 사회보장 전달체계에 미치는 영향, 지역복지 활성화에 미치는 영향 및 운영방안 등에 대하여 대통령령으로 정하는 바에 따라 보건복지부장관과 협의하여야 한다.
③ 중앙행정기관의 장과 지방자치단체의 장은 제2항에 따른 업무를 효율적으로 수행하기 위하여 필요하다고 인정하는 경우에는 관련 자료의 수집 · 조사 및 분석에 관한 업무를 다음 각 호의 기관 또는 단체에 위탁할 수 있다.
1. 「정부출연연구기관 등의 설립 · 운영 및 육성에 관한 법률」에 따라 설립된 정부출연연구기관
2. 「사회보장급여의 이용 · 제공 및 수급권자 발굴에 관한 법률」 제29조에 따른 한국사회보장정보원
3. 그 밖에 대통령령으로 정하는 전문기관 또는 단체
④ 중앙행정기관의 장과 지방자치단체의 장은 제2항에 따른 협의가 이루어지지 아니할 경우 위원회에 조정을 신청할 수 있으며, 위원회는 대통령령으로 정하는 바에 따라 이를 조정한다.
⑤ 보건복지부장관은 사회보장급여 관련 업무에 공통적으로 적용되는 기준을 마련할 수 있다.

(3) 비용의 부담

▶ 법 제28조 제1~4항

① 사회보장 비용의 부담은 각각의 사회보장제도의 목적에 따라 국가, 지방자치단체 및 민간부문 간에 합리적으로 조정되어야 한다.
② 사회보험에 드는 비용은 사용자, 피용자(被傭者) 및 자영업자가 부담하는 것을 원칙으로 하되, 관계 법령에서 정하는 바에 따라 국가가 그 비용의 일부를 부담할 수 있다.
③ 공공부조 및 관계 법령에서 정하는 일정 소득 수준 이하의 국민에 대한 사회서비스에 드는 비용의 전부 또는 일부는 국가와 지방자치단체가 부담한다.
④ 부담능력이 있는 국민에 대한 사회서비스에 드는 비용은 그 수익자가 부담함을 원칙으로 하되, 관계 법령에서 정하는 바에 따라 국가와 지방자치단체가 그 비용의 일부를 부담할 수 있다.

(4) 사회보장의 통계

▶ 법 제32조 제1~3항

① 국가와 지방자치단체는 효과적인 사회보장정책의 수립 · 시행을 위하여 사회보장 통계를 작성 · 관리하여야 한다.
② 관계 중앙행정기관의 장과 지방자치단체의 장은 소관 사회보장 통계를 대통령령으로 정하는 바에 따라 보건복지부장관에게 제출하여야 한다.
③ 보건복지부장관은 제2항에 따라 제출된 사회보장 통계를 종합하여 위원회에 제출하여야 한다.

(5) 사회보장에 대한 정보의 공개, 설명, 상담, 통지

▶ 법 제33~36조

- 국가와 지방자치단체는 사회보장제도에 관하여 국민이 필요한 정보를 관계 법령에서 정하는 바에 따라 공개하고 이를 홍보하여야 한다.
- 또한 국가와 지방자치단체는 사회보장 관계 법령에서 규정한 권리나 의무를 해당 국민에게 설명하도록 노력하여야 하고, 사회보장 관계 법령에서 정하는 바에 따라 사회보장에 관한 상담에 응하여야 하며, 사회보장에 관한 사항을 해당 국민에게 알려야 한다.

6) 사회보장정보의 관리

(1) 사회보장정보시스템의 구축 · 운영

▶ 법 제37조 제1~7항

① 국가와 지방자치단체는 국민편익의 증진과 사회보장업무의 효율성 향상을 위하여 사회보장업무를 전자적으로 관리하도록 노력하여야 한다.
② 국가는 관계 중앙행정기관과 지방자치단체에서 시행하는 사회보장수급권자 선정 및 급여 관리 등에 관한 정보를 통합 · 연계하여 처리 · 기록 및 관리하는 사회보장정보시스템을 구축 · 운영할 수 있다.
③ 보건복지부장관은 사회보장정보시스템의 구축 · 운영을 총괄한다.
④ 보건복지부장관은 사회보장정보시스템 구축 · 운영의 전 과정에서 개인정보 보호를 위하여 필요한 시책을 마련하여야 한다.

⑤ 보건복지부장관은 관계 중앙행정기관, 지방자치단체 및 관련 기관 · 단체에 사회보장정보시스템의 운영에 필요한 정보의 제공을 요청하고 제공받은 목적의 범위에서 보유 · 이용할 수 있다. 이 경우 자료의 제공을 요청받은 자는 정당한 사유가 없으면 이에 따라야 한다.
⑥ 관계 중앙행정기관 및 지방자치단체의 장은 제2항의 사회보장 정보와 관련하여 사회보장정보시스템의 활용이 필요한 경우 사전에 보건복지부장관과 협의하여야 한다. 이 경우 보건복지부장관은 관련 업무에 필요한 범위에서 정보를 제공할 수 있고 정보를 제공받은 관계 중앙행정기관 및 지방자치단체의 장은 제공받은 목적의 범위에서 보유 · 이용할 수 있다.
⑦ 보건복지부장관은 사회보장정보시스템의 운영 · 지원을 위하여 전담기구를 설치할 수 있다.

(2) 개인정보 등의 보호

▶ 법 제38조 제1~2항

① 사회보장업무에 종사하거나 종사하였던 자는 사회보장업무 수행과 관련하여 알게 된 개인 · 법인 또는 단체의 정보를 관계 법령에서 정하는 바에 따라 보호하여야 한다.
② 국가와 지방자치단체, 공공기관, 법인 · 단체, 개인이 조사하거나 제공받은 개인 · 법인 또는 단체의 정보는 이 법과 관련 법률에 근거하지 아니하고 보유, 이용, 제공되어서는 아니 된다.

7) 권리구제

▶ 법 제39조

위법 또는 부당한 처분을 받거나 필요한 처분을 받지 못함으로써 권리 또는 이익을 침해받은 국민은 「행정심판법」에 따른 행정심판을 청구하거나 「행정소송법」에 따른 행정소송을 제기하여 그 처분의 취소 또는 변경 등을 청구할 수 있다.

2. 사회보장급여의 이용 · 제공 및 수급권자 발굴에 관한 법률(약칭 : 사회보장급여법)

1) 사회보장급여법의 개관

(1) 법의 목적과 의의

「사회보장급여의 이용 · 제공 및 수급권자 발굴에 관한 법률」(약칭 : 사회보장급여법)은 사회보장급여의 이용 및 제공에 관한 기준과 절차 등 기본적 사항을 규정하고 지원을 받지 못하는 지원대상자를 발굴하여 지원함으로써 사회보장급여를 필요로 하는 사람의 인간다운 생활을 할 권리를 최대한 보장하고, 사회보장급여가 공정하고 효과적으로 제공되도록 하며, 사회보장제도가 지역사회에서 통합적으로 시행될 수 있도록 그 기반을 구축하는 것을 목적으로 2014년 12월 30일 제정되어 2015년 7월 1일부터 시행된 법률이다.

이 법률은 늘어나는 복지예산과 서비스의 다양화에도 불구하고 현행 복지전달체계가 중앙행정기관별 · 지방자치단체별로 분절 운영되어 서비스의 효율적 연계를 기대하기 어렵고, 같은 대상자에게 중복 제공되거나 복지소외계층이 발생하는 경우를 해소하기 위해 제정되었다. 특히 2014년 2월 26일에 서울 송파구에서 생활고를 비관한 세 모녀가 동반 자살하는 사건이 발생한 것을 계기로 복지급여의 사각지대를 해소하기 위한 목적으로 제정되었기 때문에 이른바 '세 모녀법'으로도 칭한다.

이 법률에서는 「사회보장기본법」에 따른 사회보장급여의 신청 · 조사 · 결정 · 지급 등의 절차, 지원대상자의 발굴을 위한 정보의 제공과 홍보, 지원대상자 발견 시 신고의무, 그리고 수급권자에 대한 지원계획, 복지행정업무를 전자적으로 지원하는 사회보장정보시스템의 운영, 그리고 사회보장에 관한 지역계획 및 운영체계 등에 대해 구체적으로 규정하고 있다.

(2) 용어의 정의

이 법에서 사용하는 용어의 뜻은 다음과 같다.

▶ 법 제2조 제1~5호

1. "사회보장급여"란 보장기관이 「사회보장기본법」에 따라 제공하는 현금, 현물, 서비스 및 그 이용권을 말한다.
2. "수급권자"란 「사회보장기본법」에 따른 사회보장급여를 제공받을 권리를 가진 사람을 말한다.
3. "수급자"란 사회보장급여를 받고 있는 사람을 말한다.
4. "지원대상자"란 사회보장급여를 필요로 하는 사람을 말한다.
5. "보장기관"이란 관계 법령 등에 따라 사회보장급여를 제공하는 국가기관과 지방자치단체를 말한다.

(3) 기본 원칙

▶ 법 제4조 제1~6항

① 사회보장급여가 필요한 사람은 누구든지 자신의 의사에 따라 사회보장급여를 신청할 수 있으며, 보장기관은 이에 필요한 안내와 상담 등의 지원을 충분히 제공해야 한다.
② 보장기관은 지원이 필요한 국민이 급여대상에서 누락되지 아니하도록 지원대상자를 적극 발굴하여 이들이 필요로 하는 사회보장급여를 적절하게 제공받을 수 있도록 노력하여야 한다.
③ 보장기관은 국민의 다양한 복지욕구를 충족시키고 생애주기별 필요에 맞는 사회보장급여가 공정 · 투명 · 적정하게 제공될 수 있도록 노력하여야 한다.
④ 보장기관은 사회보장급여와 「사회복지사업법」의 사회복지법인, 사회복지시설 등 사회보장 관련 민간 법인 · 단체 · 시설이 제공하는 복지혜택 또는 서비스를 효과적으로 연계하여 제공할 수 있도록 노력하여야 한다.
⑤ 보장기관은 국민이 사회보장급여를 편리하게 이용할 수 있도록 사회보장정책 및 관련 제도를 수립 · 시행하기 위하여 노력하여야 한다.
⑥ 보장기관은 지역의 사회보장 수준이 균등하게 실현될 수 있도록 노력하여야 한다.

2) 사회보장급여 이용절차

(1) 사회보장급여의 신청

▶ 법 제5조 제1~5항

① 지원대상자와 그 친족, 「민법」에 따른 후견인, 「청소년 기본법」에 따른 청소년상담사·청소년지도사, 지원대상자를 사실상 보호하고 있는 자 등은 지원대상자의 주소지 관할 보장기관에 사회보장급여를 신청할 수 있다. 다만, 지원대상자의 주소지와 실제 거주지가 다른 경우에는 실제 거주지 관할 보장기관에도 신청할 수 있고, 중앙행정기관의 장이 지원대상자의 이용 편의, 사회보장급여의 제공 유형 등을 고려하여 필요하다고 결정한 사회보장급여의 경우에는 지원대상자의 주소지 관할이 아닌 보장기관에도 신청할 수 있다.
② 보장기관의 업무담당자는 지원대상자가 누락되지 아니하도록 하기 위하여 관할 지역에 거주하는 지원대상자에 대한 사회보장급여의 제공을 직권으로 신청할 수 있다. 이 경우 지원대상자의 동의를 받아야 하며, 동의를 받은 경우에는 지원대상자가 신청한 것으로 본다.
③ 제2항 후단에도 불구하고 보장기관의 업무담당자는 지원대상자가 심신미약 또는 심신상실 등 대통령령으로 정하는 경우에 해당하면 지원대상자의 동의 없이 직권으로 사회보장급여의 제공을 신청할 수 있다. 이 경우 보장기관의 업무담당자는 직권 신청한 사실을 보장기관의 장에게 지체 없이 보고하여야 한다.
④ 보장기관의 장이 지정한 법인·단체·시설·기관 등은 사회보장급여 신청권자의 요청에 따라 제1항에 따른 신청을 지원할 수 있다.
⑤ 보장기관의 업무담당자는 제1항 및 제2항에 따른 신청 시 신청인 또는 지원대상자에 대하여 다음 각 호의 사항을 고지하여야 한다.
1. 수급자격 조사의 목적, 조사 정보의 범위 및 이용방법
2. 수급자의 변동신고에 따른 신고의무
3. 정보의 보유기간 및 파기

(2) 사회보장 요구의 조사

▶ 법 제6조 제1~3호

- 보장기관의 장은 사회보장급여의 신청을 받으면 다음 각 호의 사항을 조사하여야 한다.
  1. 지원대상자의 사회보장 요구와 관련된 사항
  2. 지원대상자의 건강상태, 가구 구성 등 생활실태에 관한 사항
  3. 그 밖에 지원대상자에게 필요하다고 인정되는 사회보장급여에 관한 사항

(3) 수급자격의 조사

▶ 법 제7조 제1~6항

① 보장기관의 장은 사회보장급여의 신청을 받으면 지원대상자와 그 부양의무자에 대하여 사회보장급여의 수급자격 확인을 위하여 다음 각 호의 어느 하나에 해당하는 자료 또는 정보를 제공받아 조사하고 처리할 수 있다.

1. 인적사항 및 가족관계 확인에 관한 사항
2. 소득 · 재산 · 근로능력 및 취업상태에 관한 사항
3. 사회보장급여 수급이력에 관한 사항
4. 그 밖에 수급권자를 선정하기 위하여 보장기관의 장이 필요하다고 인정하는 사항

② 보장기관의 장은 제1항 각 호의 사항을 확인하기 위하여 필요한 자료의 확보가 곤란한 경우 신청인 또는 지원대상자와 그 부양의무자에게 필요한 자료의 제출을 요구할 수 있다.

③ 보장기관의 업무담당자는 제1항 각 호의 사항을 확인하기 위하여 필요한 경우 그 권한을 표시하는 증표 및 조사기간, 조사범위, 조사담당자, 관계 법령 등 보건복지부령으로 정하는 사항이 기재된 서류를 제시하고 거주지 및 사실 확인에 필요한 관련 장소를 방문할 수 있다.

④ 보장기관의 장이 제1항 각 호의 조사를 실시하기 위하여 주민등록전산정보 · 가족관계 등록전산정보, 금융 · 국세 · 지방세, 토지 · 건물 · 건강보험 · 국민연금 · 고용보험 · 산업재해보상보험 · 출입국 · 병무 · 보훈급여 · 교정 등 대통령령으로 정하는 관련 전산망 또는 자료를 이용하고자 하는 경우에는 관계 중앙행정기관, 법원행정처, 지방자치단체, 관련 기관 및 단체, 법인 · 시설 등에 협조를 요청할 수 있다. 이 경우 자료의 제출을 요청받은 기관 및 단체는 정당한 사유가 없으면 이에 따라야 한다.

⑤ 보장기관의 장은 제1항에 따른 조사 과정에서 지원대상자에게 의견을 진술할 기회를 제공하여야 한다.

⑥ 보장기관은 신청인 또는 지원대상자와 그 부양의무자가 제1항에 따른 조사를 방해 또는 기피하거나 제2항에 따른 자료 제출 요구를 두 번 이상 거부하는 경우에는 해당 사회보장급여의 신청을 각하할 수 있다.

(4) 금융정보 제공

▶ 법 제8조 제1~2항

① 중앙행정기관의 장 또는 지방자치단체의 장은 지원대상자와 그 부양의무자에 대하여 금융정보 등에 대한 조사가 필요한 경우 다음 각 호의 자료 또는 정보의 제공에 대하여 동의한다는 서면을 받아야 한다.

1. 「금융실명거래 및 비밀보장에 관한 법률」에 의한 금융정보
2. 「신용정보의 이용 및 보호에 관한 법률」에 의한 신용정보
3. 「보험업법」에 따른 보험정보

② 보건복지부장관은 지원대상자와 그 부양의무자가 제1항에 따라 제출한 동의 서면을 전자적 형태로 바꾼 문서에 의하여 금융기관 등의 장에게 금융정보 · 신용정보 또는 보험정보의 제공을 요청할 수 있다.

(5) 사회보장급여 제공의 결정

▶ 법 제9조 제1~3항

① 보장기관의 장이 수급자격 등의 조사를 실시한 경우에는 사회보장급여의 제공 여부 및 제공 유형을 결정하되, 제공하고자 하는 사회보장급여는 지원대상자가 현재 제공받고 있는 사회보장급여와 보장내용이 중복되도록 하여서는 아니 된다.

② 보장기관의 장은 사회보장급여의 제공 결정에 필요한 경우 지원대상자와 그 친족, 그 밖에 관계인의 의견을 들을 수 있다.

③ 보장기관의 장은 제1항에 따라 결정된 사회보장급여의 제공 여부와 그 유형 및 변경 사항 신고의무 등을 서면(신청인의 동의에 의한 전자문서를 포함한다)으로 신청인에게 통지하여야 하며, 필요한 경우 구두 등의 방법을 병행할 수 있다.

3) 지원대상자의 발굴

(1) 위기가구의 발굴

▶ 법 제9조의2 제1~2항

① 보장기관의 장은 누락된 지원대상자가 적절한 사회보장급여를 제공받을 수 있도록 지원이 필요한 다음 각 호의 가구를 발굴하기 위하여 노력하여야 한다.

1. 관계 기관 · 법인 · 단체 · 시설의 장에게 공유 받은 정보와 제12조 제1항 각 호의 자료 또는 정보의 처리 결과 보장기관의 장이 위기상황에 처하여 있다고 판단한 사람의 가구
2. 자살자가 발생한 가구 또는 자살시도자가 발생한 가구로서 대통령령으로 정하는 기준에 해당하는 가구

② 보장기관의 장은 제1항에 따라 발굴한 위기가구의 구성원이 필요로 하는 적절한 사회보장급여를 제공받을 수 있도록 지원하여야 한다.

(2) 자료 또는 정보의 제공과 홍보

▶ 법 제10조 제1~3호

- 보장기관의 장은 지원대상자를 발굴하기 위하여 다음 각 호의 사항에 대한 자료 또는 정보의 제공과 홍보에 노력하여야 한다.
  1. 사회보장급여의 내용 및 제공규모
  2. 수급자가 되기 위한 요건과 절차
  3. 그 밖에 사회보장급여 수급을 위하여 필요한 정보

(3) 정보공유 등의 협조 요청

▶ 법 제11조 제11조 제1~2항

① 보장기관의 장은 관할 지역에 거주하는 지원대상자를 발굴(지원대상자의 소재 파악을 포함한다)하기 위하여 다음 각 호에 해당하는 관계 기관·법인·단체·시설의 장에게 소관 업무의 수행과 관련하여 취득한 정보의 공유, 지원대상자의 거주지 등 현장조사 시 소속 직원의 동행 등 필요한 사항에 대한 협조를 요청할 수 있다. 이 경우 관계 기관·법인·단체·시설의 장은 정당한 사유가 없으면 이에 따라야 한다.

1. 「사회복지사업법」에 따른 사회복지법인 및 사회복지시설
2. 「국민연금법」에 따른 국민연금공단
3. 「국민건강보험법」에 따른 국민건강보험공단
4. 「지역보건법」 제 따른 보건소
5. 「초·중등교육법」에 따른 학교
6. 「국가경찰과 자치경찰의 조직 및 운영에 관한 법률」 제13조에 따른 경찰서
7. 「소방기본법」에 따른 소방대

7의2. 「공공주택 특별법」에 따른 공공주택사업자

7의3. 「공동주택관리법」에 따른 관리주체

7의4. 「공동주택관리법」 따라 공동주택관리정보시스템을 위탁받아 운영하는 자

8. 「서민의 금융생활 지원에 관한 법률」에 따른 신용회복위원회
9. 「방송통신발전 기본법」에 따른 한국정보통신진흥협회
10. 그 밖에 대통령령으로 정하는 기관·법인·단체·시설

② 보장기관의 장은 발굴조사를 실시하기 위하여 보장기관이 보유 중인 행정정보 중 대통령령으로 정하는 정보를 활용할 수 있다.

(4) 자료 또는 정보의 처리

> ▶ 법 제12조 제1~3항
>
> ① 보건복지부장관은 보장기관이 자료 또는 정보의 제공과 홍보업무를 효율적으로 수행할 수 있도록 지원하기 위하여 「사회보장기본법」에 따른 사회보장정보시스템을 통하여 다음 각 호의 자료 또는 정보를 처리할 수 있다.
>
> 1. 「전기사업법」에 따른 단전, 「수도법」에 따른 단수, 「도시가스사업법」에 따른 단가스 가구정보
> 2. 「초·중등교육법」에 따른 학교생활기록 정보 중 담당교원이 위기상황에 처하여 있다고 판단한 학생의 가구정보
> 3. 「국민건강보험법」에 따른 보험료를 3개월 이상 체납한 사람의 가구정보
> 4. 「국민기초생활보장법」 또는 「긴급복지지원법」에 따른 신청 또는 지원 중 탈락가구의 가구정보
> 5. 「사회복지사업법」에 따른 시설의 장이 입소 탈락자나 퇴소자 중 위기상황에 처하여 있다고 판단한 사람의 가구정보
> 6. 「신용정보의 이용 및 보호에 관한 법률」에 따른 종합신용정보 집중기관이 보유하고 있는 개인신용정보 중 보건복지부장관이 위기상황에 처하여 있다고 판단한 사람의 대통령령으로 정하는 기준에 해당하는 연체정보
> 7. 「공공주택 특별법」에 따른 공공주택사업자 보유의 임대료를 3개월 이상 체납한 임차인의 가구정보
> 8. 「공동주택관리법」에 따른 관리주체가 보유하고 있는 정보로서 관리비를 3개월 이상 체납한 입주자의 가구정보
> 9. 「국민연금법」에 따라 국민연금공단에서 실시하는 자금의 대여사업을 이용하는 자의 가구정보
> 10. 기간통신사업자가 보유한 이용자의 정보로서 「전기통신사업법」에 따른 전자정보시스템을 통하여 제공할 수 있는 정보 중 보건복지부장관이 위기상황에 처하여 있다고 판단한 이용자의 이동전화번호 정보
> 11. 그 밖에 지원대상자의 발굴을 위하여 필요한 정보로서 대통령령으로 정하는 정보
>
> ② 보건복지부장관은 관계 중앙행정기관, 지방자치단체 및 관계 기관·법인·단체·시설의 장에게 제1항 각 호의 자료 또는 정보의 제공을 요청할 수 있다. 이 경우 관계 중앙행정기관의 장 등은 정당한 사유가 없으면 이에 따라야 한다.
>
> ③ 보건복지부장관은 제1항에 따른 자료 또는 정보를 사회보장의 사각지대 해소를 위하여 보장기관의 장에게 제공할 수 있으며, 보장기관의 장은 필요한 경우 지원대상자의 동의를 받아 대통령령으로 정하는 법인·단체·시설의 장이 이를 활용할 수 있도록 지원할 수 있다.

(5) 지원대상자 발견 시 신고의무

▶ 법 제13조 제1~2항

① 누구든지 출산, 양육, 실업, 노령, 장애, 질병, 빈곤 및 사망 등의 사회적 위험으로 인하여 사회보장급여를 필요로 하는 지원대상자를 발견하였을 때에는 보장기관에 알려야 한다.

② 다음 각 호의 어느 하나에 해당하는 사람은 그 직무상 제1항과 같은 사회적 위험으로 인하여 사망 또는 중대한 정신적 · 신체적 장애를 입을 위기에 처한 지원대상자를 발견한 경우 지체 없이 보장기관에 알리고, 지원대상자가 신속하게 지원을 받을 수 있도록 노력하여야 한다.

1. 「사회복지사업법」에 따른 사회복지시설의 장과 그 종사자
2. 「장애인활동 지원에 관한 법률」에 따른 활동지원기관의 장 및 그 종사자와 활동지원인력
3. 「의료법」의 의료인과 의료기관의 장
4. 「의료기사 등에 관한 법률」의 의료기사
5. 「응급의료에 관한 법률」의 응급구조사
6. 「소방기본법」에 따른 구조대 및 구급대의 대원
7. 「국가공무원법」에 따른 경찰공무원
8. 「지방공무원법」에 따른 자치경찰공무원
9. 「정신건강증진 및 정신질환자 복지서비스 지원에 관한 법률」에 따른 정신건강복지센터의 장과 그 종사자
10. 「영유아보육법」에 따른 어린이집의 원장 등 보육교직원
11. 「유아교육법」에 따른 교직원 및 강사 등
12. 「초 · 중등교육법」에 따른 교직원, 전문상담교사 등 및 산학겸임교사 등
13. 「학원의 설립 · 운영 및 과외교습에 관한 법률」에 따른 학원의 운영자 · 강사 · 직원 및 교습소의 교습자 · 직원
14. 「성폭력방지 및 피해자보호 등에 관한 법률」에 따른 성폭력피해상담소의 장과 그 종사자 및 성폭력피해자보호시설의 장과 그 종사자
15. 「성매매방지 및 피해자보호 등에 관한 법률」에 따른 지원시설의 장과 그 종사자 및 성매매피해상담소의 장과 그 종사자
16. 「가정폭력방지 및 피해자보호 등에 관한 법률」에 따른 가정폭력 관련 상담소의 장과 그 종사자 및 가정폭력피해자 보호시설의 장과 그 종사자
17. 「건강가정기본법」에 따른 건강가정지원센터의 장과 그 종사자
18. 「노인장기요양보험법」에 따른 장기요양기관의 장과 그 종사자
19. 「지역보건법」에 따른 보건소의 방문간호 업무 종사자
20. 「다문화가족지원법」에 따른 다문화가족지원센터의 장과 그 종사자
21. 「지방자치법」에 따른 행정리의 이장 및 행정동의 하부조직으로 두는 통의 통장
22. 「공동주택관리법」에 따른 관리주체

23. 「자살예방 및 생명존중문화 조성을 위한 법률」에 따른 자살예방센터의 장과 그 종사자
24. 「전기사업법」, 「수도법」 및 「도시가스사업법」에 따른 검침 및 안전점검 관련 업무 종사자
25. 「국민연금법」에 따른 국민연금공단, 「국민건강보험법」에 따른 국민건강보험공단 및 「산업재해보상보험법」에 따른 근로복지공단에서 보험료의 납부 · 징수나 연금 · 보험급여의 지급 등과 관련한 민원 또는 상담 업무에 종사하는 자
26. 「우편법」에 따라 우편업무를 집행하는 우편집배원

4) 사회보장정보 및 사회보장정보시스템의 이용

(1) 사회보장정보의 처리

▶ 법 제23조 제1~4항

① 보건복지부장관은 보장기관이 수급권자의 선정 및 급여관리 등에 관한 업무를 효율적으로 수행할 수 있도록 사회보장정보시스템을 통하여 다음 각 호에 해당하는 자료 또는 정보를 처리할 수 있다.

1. 근거 법령, 보장대상 및 내용, 예산 등 사회보장급여 현황에 관한 자료 또는 정보
2. 상담, 신청, 조사 및 자격의 변동관리에 필요한 인적사항 · 소득 · 재산 등에 관한 자료 또는 정보
3. 사회보장급여 수급이력에 관한 자료 또는 정보
4. 보건복지부장관이 위임 · 위탁받은 업무를 수행하는 데 필요한 자료 또는 정보
5. 사회보장정보와 관련된 법령 등에 따른 상담, 신청, 조사, 결정, 제공, 환수 등의 업무처리 내역에 관한 자료 또는 정보
6. 사회보장 관련 민간 법인 · 단체 · 시설의 사회보장급여 제공 현황 및 보조금 수급 이력에 관한 자료 또는 정보
7. 그 밖에 사회보장급여의 제공 · 관리 및 사회보장정보시스템 구축 · 운영에 필요한 정보로서 대통령령으로 정하는 자료 또는 정보

② 보건복지부장관은 사회보장정보를 처리하기 위하여 관계 중앙행정기관, 지방자치단체, 관계 기관 · 법인 · 단체 · 시설의 장에게 필요한 자료 또는 정보를 요청할 수 있다. 이 경우 관계 중앙행정기관의 장 등은 정당한 사유가 없으면 그 요청에 따라야 한다.

③ 사회보장 관련 민간 법인 · 단체 · 시설의 장은 사회보장정보시스템이 원활히 운영될 수 있도록 적극 협력하여야 한다.

④ 보건복지부장관은 사회보장정보를 사회보장 관련 예측조사, 연구개발 등에 활용할 수 있도록 지원할 수 있다.

(2) 사회보장정보시스템의 이용

▶ 법 제24조 제1~4항

① 보장기관의 장은 사회보장업무를 효율적으로 수행하기 위하여 사회보장정보시스템을 이용하거나 관할 업무시스템과 사회보장정보시스템을 연계하여 이용할 수 있다. 이 경우 보장기관의 장은 사회보장정보시스템을 이용하여 처리하고자 하는 자료 또는 정보와 그 범위, 처리 목적 · 방식, 해당 자료 또는 정보의 보유기관 등을 특정하여 보건복지부장관과 협의하여야 한다.

② 보장기관의 장이 보건복지부장관과 협의하는 경우 보건복지부장관이 정하는 소득 · 재산조사의 유형 등 사회보장정보의 표준화에 관한 사항을 준수하여야 한다.

③ 보건복지부장관은 사회보장의 사각지대를 해소하기 위하여 사회보장정보시스템을 통하여 처리된 정보를 보장기관의 장에게 제공할 수 있으며, 보장기관의 장은 필요한 경우 지원대상자의 동의를 받아 대통령령으로 정하는 법인 · 단체 · 시설의 장이 활용할 수 있도록 지원할 수 있다.

④ 보장기관의 장은 사회보장정보시스템을 통한 사회보장정보를 이 법에서 정한 목적 외의 용도로 이용하여서는 아니 된다.

(3) 대국민 포털 구축

▶ 법 제25조 제1~3항

① 보건복지부장관은 사회보장급여가 필요한 국민에게 사회보장 관련 자료 또는 정보의 검색, 조회 등 온라인 서비스를 제공하는 인터넷 기반의 대국민 포털을 구축 · 관리하고 그 활용을 촉진하여야 한다.

② 보건복지부장관 및 보장기관의 장은 제1항에 따른 대국민 포털 등 첨단 정보통신 기술을 활용하여 필요한 국민이 사회보장정보를 활용할 수 있도록 노력하여야 한다.

③ 국민이 대국민 포털 등을 통하여 사회보장급여를 신청한 경우에도 신청으로 본다.

5) 지역사회보장에 관한 계획

(1) 지역사회보장에 관한 계획의 수립

▶ 법 제35조 제1~6항

① 시·도지사 및 시장·군수·구청장은 '지역사회보장계획'을 4년마다 수립하고, 매년 지역사회보장계획에 따라 연차별 시행계획을 수립하여야 한다. 이 경우 「사회보장기본법」에 따른 사회보장에 관한 기본계획과 연계되도록 하여야 한다.
② 시장·군수·구청장은 해당 시의 지역사회보장계획을 지역주민 등 이해관계인의 의견을 들은 후 수립하고, 지역사회보장협의체의 심의와 해당 시·군·구 의회의 보고를 거쳐 시·도지사에게 제출하여야 한다.
③ 시·도지사는 제2항에 따라 제출받은 시·군·구의 지역사회보장계획을 지원하는 내용 등을 포함한 해당 특별시·광역시·도·특별자치도의 지역사회보장계획을 수립해야 한다.
④ 특별자치시장은 지역주민 등 이해관계인의 의견을 들어 지역사회보장계획을 수립하여야 한다.
⑤ 시·도지사는 제3항 및 제4항에 따른 지역사회보장계획을 의회의 보고를 거쳐 보건복지부장관에게 제출하여야 한다. 이 경우 보건복지부장관은 제출된 계획을 사회보장위원회에 보고하여야 한다.
⑥ 시·도지사 또는 시장·군수·구청장은 지역사회보장계획을 수립할 때 필요하다고 인정하는 경우에는 사회보장 관련 기관·법인·단체·시설에 자료 또는 정보의 제공과 협력을 요청할 수 있다.

(2) 지역사회보장에 관한 계획의 시행

▶ 법 제37조 제1~2항

① 시·도지사 또는 시장·군수·구청장은 지역사회보장계획을 시행하여야 한다.
② 시·도지사 또는 시장·군수·구청장은 지역사회보장계획을 시행할 때 필요하다고 인정하는 경우에는 사회보장 관련 민간 법인·단체·시설에 인력, 기술, 재정 등의 지원을 할 수 있다.

(3) 지역사회보장에 관한 계획 시행결과 평가

▶ 법 제39조 제1~3항

① 보건복지부장관은 시 · 도 지역사회보장계획의 시행결과를, 시 · 도지사는 시 · 군 · 구 지역사회보장계획의 시행결과를 각각 보건복지부령으로 정하는 바에 따라 평가할 수 있다.
② 시 · 도지사는 제1항에 따른 평가를 시행한 경우 그 결과를 보건복지부장관에게 제출하여야 한다. 보건복지부장관은 이를 종합 · 검토하여 사회보장위원회에 보고하여야 한다.
③ 보건복지부장관 또는 시 · 도지사는 필요한 경우 제1항에 따른 평가결과를 지방자치단체에 대한 지원에 반영할 수 있다.

6) 지역사회보장 운영체계

(1) 시 · 도사회보장위원회

▶ 법 제40조 제1~3항

① 시 · 도지사는 시 · 도의 사회보장 증진을 위하여 시 · 도사회보장위원회를 둔다.
② 시 · 도사회보장위원회는 다음 각 호의 업무를 심의 · 자문한다.
1. 시 · 도의 지역사회보장계획 수립 · 시행 및 평가에 관한 사항
2. 시 · 도의 지역사회보장조사 및 지역사회보장지표에 관한 사항
3. 시 · 도의 사회보장급여 제공에 관한 사항
4. 시 · 도의 사회보장 추진과 관련한 중요 사항
5. 읍 · 면 · 동 단위 지역사회보장협의체의 구성 및 운영에 관한 사항
6. 사회보장과 관련된 서비스를 제공하는 관계 기관 · 법인 · 단체 · 시설과의 연계 · 협력 강화에 관한 사항(특별자치시에 한정)
7. 그 밖에 위원장이 필요하다고 인정되는 사항
③ 시 · 도사회보장위원회는 다음 각 호의 사람 중 시 · 도지사가 임명 또는 위촉한 사람으로 구성한다.
1. 사회보장에 관한 전문적 지식이나 경험을 가진 사람
2. 사회보장 관련 기관 및 단체의 대표자
3. 사회보장을 필요로 하는 사람의 이익 등을 대표하는 사람
4. 지역사회보장협의체의 대표자
5. 비영리민간단체에서 추천한 사람
6. 사회복지공동모금지회에서 추천한 사람
7. 읍 · 면 · 동 단위 지역사회보장협의체의 위원장(특별자치시에 한정하며, 공동위원장이 있는 경우에는 민간위원 중에서 선출된 공동위원장을 말한다)
8. 사회보장에 관한 업무를 담당하는 공무원

(2) 지역사회보장협의체

▶ 법 제41조 제1~8항

① 시장 · 군수 · 구청장은 지역의 사회보장을 증진하고, 사회보장과 관련된 서비스를 제공하는 관계 기관 · 법인 · 단체 · 시설과 연계 · 협력을 강화하기 위하여 해당 시 · 군 · 구에 지역사회보장협의체를 둔다.

② 지역사회보장협의체는 다음 각 호의 업무를 심의 · 자문한다.

1. 시 · 군 · 구의 지역사회보장계획 수립 · 시행 및 평가에 관한 사항
2. 시 · 군 · 구의 지역사회보장조사 및 지역사회보장지표에 관한 사항
3. 시 · 군 · 구의 사회보장급여 제공에 관한 사항
4. 시 · 군 · 구의 사회보장 추진에 관한 사항
5. 읍 · 면 · 동 단위 지역사회보장협의체의 구성 및 운영에 관한 사항
6. 그 밖에 위원장이 필요하다고 인정하는 사항

③ 지역사회보장협의체의 위원은 다음 각 호의 사람 중 시장 · 군수 · 구청장이 임명 또는 위촉한다.

1. 사회보장에 관한 학식과 경험이 풍부한 사람
2. 지역사회보장 활동을 수행하거나 서비스를 제공하는 기관 · 법인 · 단체 · 시설의 대표자
3. 비영리민간단체에서 추천한 사람
4. 읍 · 면 · 동 단위 지역사회보장협의체의 위원장
5. 사회보장에 관한 업무를 담당하는 공무원

④ 지역사회보장협의체의 업무를 효율적으로 수행하기 위하여 지역사회보장협의체에 실무협의체를 둔다.

⑤ 보장기관의 장은 지역사회보장협의체의 효율적 운영을 위하여 필요한 인력 및 운영비 등 재정을 지원할 수 있다.

⑥ 제1항부터 제5항까지에 규정된 사항 외에 지역사회보장협의체 및 실무협의체의 조직 · 운영에 필요한 사항은 보건복지부령으로 정하는 바에 따라 해당 시 · 군 · 구의 조례로 정한다.

⑦ 특별자치시장 및 시장 · 군수 · 구청장은 읍 · 면 · 동 단위로 읍 · 면 · 동의 사회보장 관련 업무의 원활한 수행을 위하여 해당 읍 · 면 · 동에 읍 · 면 · 동 단위 지역사회보장협의체를 둔다.

⑧ 제7항에 따른 읍 · 면 · 동 단위 지역사회보장협의체의 조직 · 운영에 필요한 사항은 보건복지부령으로 정하는 바에 따라 해당 특별자치시 및 시 · 군 · 구의 조례로 정한다.

(3) 사회보장전담기구

▶ 법 제42조 제1~3항

① 특별자치시장 및 시장 · 군수 · 구청장은 사회보장에 관한 업무를 효율적으로 수행하기 위하여 관련 조직, 인력, 관계기관 간 협력체계 등을 마련하여야 하며, 필요한 경우에는 사회보장에 관한 사무를 전담하는 기구를 별도로 설치할 수 있다.
② 사회보장사무 전담기구는 사회보장정보시스템을 활용하여 수급권자에게 필요한 정보를 종합 안내하고, 사회보장급여에 대한 신청 등이 편리하게 이루어질 수 있도록 운영되어야 한다.
③ 사회보장사무 전담기구의 사무범위, 조직 및 운영 등에 필요한 사항은 해당 특별자치시 및 시 · 군 · 구의 조례로 정한다.

(4) 사회복지공무원

▶ 법 제43조 제1~5항

① 사회복지사업에 관한 업무를 담당하게 하기 위해 시 · 도, 시 · 군 · 구, 읍 · 면 · 동 또는 사회보장사무 전담기구에 사회복지전담공무원을 둘 수 있다.
② 사회복지전담공무원은 「사회복지사업법」에 따른 사회복지사의 자격을 가진 사람으로 하며, 그 임용 등에 필요한 사항은 대통령령으로 정한다.
③ 사회복지전담공무원은 사회보장급여에 관한 업무 중 취약계층에 대한 상담과 지도, 생활실태의 조사 등 보건복지부령으로 정하는 사회복지에 관한 전문적 업무를 담당한다.
④ 국가는 사회복지전담공무원의 보수 등에 드는 비용의 전부 또는 일부를 보조할 수 있다.
⑤ 시 · 도지사 및 시장 · 군수 · 구청장은 「지방공무원 교육훈련법」에 따라 사회복지전담공무원의 교육훈련에 필요한 시책을 수립 · 시행하여야 한다.

(5) 지역사회보장균형발전지원센터

▶ 법 제46조 제1~2항

① 보건복지부장관은 시 · 도 및 시 · 군 · 구의 사회보장 추진 현황 분석, 지역사회보장계획의 평가, 지역 간 사회보장의 균형발전 지원 등의 업무를 효과적으로 수행하기 위하여 지역사회보장균형발전지원센터를 설치 · 운영할 수 있다.
② 보건복지부장관은 지역사회보장균형발전지원센터의 운영을 관련 전문기관에 위탁할 수 있다.

3. 사회복지사업법

1) 사회복지사업법의 개관

(1) 목적 및 의의

「사회복지사업법」은 사회복지사업에 관한 기본적 사항을 규정하여 사회복지를 필요로 하는 사람에 대하여 인간의 존엄성과 인간다운 생활을 할 권리를 보장하고 사회복지의 전문성을 높이며, 사회복지사업의 공정 · 투명 · 적정을 도모하고, 지역사회복지의 체계를 구축하고 사회복지서비스의 질을 높여 사회복지의 증진에 이바지함을 목적으로 1970년에 제정되었다. 사회복지사업에 관한 기본적인 사항을 규정한 법으로 「사회보장기본법」과 함께 사회복지 관련 기본법으로서의 역할을 담당함으로써 사회복지사업을 총괄하는 기능을 한다.

이 법은 사회보험 관계법 및 공공부조 관계법과 사회복지법 혹은 사회보장법으로서의 유사성을 가지고 있으면서 한편으로는 두 가지의 다른 특성이 있다(현외성, 2017 : 385). 첫째, 경제적 · 물질적 급여보다는 비경제적 · 비물질적 급여가 중요한 내용이 되고 있다는 것이다. 둘째, 비경제적 · 비물질적 급여를 실시하기 위한 사회복지전문가의 개입과 실천이 중요한 법적 내용이 된다는 것이다.

(2) 입법 배경 및 주요 연혁

우리나라는 1961년 이래 「생활보호법」, 「아동복리법」, 「윤락행위 등 방지법」 등 몇 가지 사회복지에 관한 법률이 제정되었다. 그러나 사회복지 관계 법률의 기본이 되는 법률이 없어 각 입법마다 개별적으로 실시될 수밖에 없었다. 이에 사회복지사업의 각 분야에 걸친 공통적인 기본사항을 체계적으로 정비하고 조직화하여 사회복지사업을 보다 효과 있게 실현할 필요성이 제기되면서 이를 위한 법적 근거가 필요하게 되었다. 따라서 「사회복지사업법」은 그동안 개별 입법으로 이루어지던 사회복지서비스법에 대해 이를 분야별로 체계화시키고 정비할 필요성에 의해 1970년 1월 1일 제정되었다.

제정 당시 사회복지사업은 「생활보호법」, 「아동보호법」, 「윤락행위 등 방지법」에 의한 보호사업 · 복지사업 · 선도사업 · 복지시설의 운영 등을 목적으로 하는 사업으로 정의하였다. 사회복지사업을 목적으로 하는 사회복지법인을 설립하고자 하는 자는 보건사회부장관의 인가를 받도록 하고, 사회복지시설의 설치 · 운영은 국가 · 지방자치단체 및 시 · 도지사의 허가를 받은 사회복지법인 또는 보건사회부장관의 허가를 받은 기타의 법인으로 한정하였다.

이후 이 법은 사회변화에 따라 늘어나는 사회복지 욕구에 대응하여 여러 차례 개정 절차를 거치면서 사회복지사업의 범위를 확대하고 사업의 활성화를 도모함으로써 사회복지사업에 대한 공공성을 확보하고, 사회복지와 서비스를 필요로 하는 사람의 선택권과 인권 보장 등을 확대해 왔다. 이 법의 주요 개정 일자와 그 내용을 살펴보면 다음과 같다.[1)]

1983. 5. 21. [일부개정]	• 사회복지종사자를 사회복지사로 명칭 변경 • 사회복지사의 자격증 교부조항 신설 • 한국사회복지협의회의 법정단체화(사회복지에 관한 조사 · 연구와 각종 복지사업 조성)
1992. 12. 8. [전부개정]	• 사회복지전담공무원에 관한 법적 근거 마련 • 시 · 군 · 구에 복지사무전담기구 설치 • 사회복지법인의 설립허가 등에 관한 보건사회부장관 또는 시 · 도지사의 권한 중 시 · 도지사 또는 시장 · 군수 · 구청장에게 위임된 사항을 이들의 권한으로 이양
1997. 8. 22. [전부개정]	• 사회복지사 자격은 1 · 2 · 3 등급으로 법에 규정하고, 사회복지사의 전문성 제고를 위해 사회복지사 1급은 국가시험에 합격한 자로 함(2003년부터 시행) • 사회복지법인 이사와 감사의 겸직 금지(이사는 시설장 이외의 종사자 겸직 금지, 감사는 이사 · 시설장 또는 직원의 겸직 금지) • 사회복지시설의 설치 · 운영 허가제를 신고제로 전환(개인도 사회복지시설을 설치 · 운영할 수 있도록 함) • 사회복지시설에 대한 평가제도 도입
1999. 4. 30. [일부개정]	• 사회복지법인 설립 시 종전의 시 · 도지사 허가에서 보건복지부장관 허가로 변경 • 사회복지법인 임원의 임면 규정 변경(주무관청의 승인에서 사회복지법인이 임원을 임면한 후 그 사실을 보고하도록 함 • 사회복지법인은 수익사업으로부터 생긴 수익을 그 법인이나 사회복지시설의 운영 외의 목적에 사용할 수 없도록 함

1) 법제처 국가법령정보센터에서 정리.

2000. 1. 12. [일부개정]	• '사회복지의 날' 제정(매년 9월 7일/이날부터 1주간은 사회복지주간으로 함) • 사회복지시설장의 화재보험가입 의무화 • 시설장의 시설에 대한 정기 및 수시 안전점검 실시와 그 결과를 시장 · 군수 · 구청장에게 제출하도록 함
2003. 7. 30. [일부개정]	• 시 · 군 · 구에 지역사회복지협의체를 설치하도록 함 • 시 · 도지사 및 시장 · 군수 · 구청장은 지역보건의료계획과 연계하여 시 · 도 및 시 · 군 · 구 지역사회복지계획을 수립 · 시행하도록 하고, 보건복지부장관 또는 시 · 도지사는 시 · 도 또는 시 · 군 · 구의 지역사회복지계획의 시행 결과를 평가할 수 있도록 함 • 시장 · 군수 · 구청장은 사회복지서비스를 필요로 하는 자에 대하여 개인별 보호계획을 수립하고, 동 보호계획에 따라 사회복지서비스를 제공하도록 함 • 사회복지서비스 제공 시 재가복지서비스를 우선하여 제공하도록 하고, 국가 또는 지방자치단체는 재가복지서비스를 담당하는 가정봉사원을 양성하도록 함
2007. 12. 14. [일부개정]	• 사회복지업무의 전자적 처리를 위한 근거규정 마련 • 사회복지사의 결격 사유 정비 • 사회복지사에 대한 정기적 보수교육 • 사회복지시설에 대한 지원 강화 • 지방자치단체 간 협약에 따른 사회복지시설의 지도 · 감독
2009. 6. 9. [일부개정]	• 국가 및 지방자치단체 등 공공부문과 민간부문 간 정보를 공유하는 통합전산망 마련 • 통합전산망의 구축 및 운영과정에서 발생할 수 있는 정보 유출, 오용 및 남용을 금지하고 이에 대한 벌칙 마련
2012. 1. 26. [일부개정] (일명 도가니법)	• 사회복지사업에 있어 인권보호 강화 • 사회복지법인 임원의 자격 요건 강화 • 사회복지법인 · 시설 임직원 결격사유 확대 및 직무집행 정지사유 신설 • 사회복지법인 및 시설의 관리감독 강화 • 사회복지법인 및 시설의 운영 개선 • 사회복지시설 서비스의 최저기준 마련
2013. 6. 4. [일부개정]	• 시설 운영자가 의무적으로 가입하여야 하는 보험에 화재로 인한 손해배상책임 외에 안전사고로 인한 보호대상자에 대한 손해배상책임 추가
2016. 2. 3. [일부개정]	• 사회복지법인 및 사회복지시설을 설치 · 운영하려는 자가 사회복지사를 임면할 경우 이를 시 · 도지사 또는 시장 · 군수 · 구청장에게 보고하도록 함 • 사회복지사의 자격 정지 및 취소요건에 대한 법적 근거 마련 • 이 법에 따른 사회복지사가 아니면 사회복지사 또는 이와 유사한 명칭을 사용하지 못하도록 하고, 위반 시 과태료 규정을 마련함
2018. 12. 11. [일부개정]	• 사회복지사 등급을 1급, 2급으로 함 • 정신건강사회복지사, 의료사회복지사, 학교사회복지사 자격제도 신설(1급 사회복지사 자격이 있는 사람 중에서 보건복지부령으로 정하는 수련기관에서 수련을 받은 사람에게 부여)

(3) 용어의 정의

이 법에서 사용하는 용어의 뜻은 다음과 같다.

▶ 법 제2조 제1~7호

1. “사회복지사업”이란 다음의 법률에 따른 보호 · 선도(善導) 또는 복지에 관한 사업과 사회복지상담, 직업지원, 무료 숙박, 지역사회복지, 의료복지, 재가복지(在家福祉), 사회복지관 운영, 정신질환자 및 한센병력자의 사회복귀에 관한 사업 등 각종 복지사업과 이와 관련된 자원봉사활동 및 복지시설의 운영 또는 지원을 목적으로 하는 사업을 말한다.
   ① 「국민기초생활보장법」
   ② 「아동복지법」
   ③ 「노인복지법」
   ④ 「장애인복지법
   ⑤ 「한부모가족지원법」
   ⑥ 「영유아보육법」
   ⑦ 「성매매방지 및 피해자보호 등에 관한 법률」
   ⑧ 「정신건강증진 및 정신질환자 복지서비스 지원에 관한 법률」
   ⑨ 「성폭력범죄의 처벌 및 피해자보호 등에 관한 법률」
   ⑩ 「국내입양에 관한 특별법」 및 「국제입양에 관한 법률」
   ⑪ 「일제하 일본군위안부 피해자에 대한 생활안정 지원 및 기념사업 등에 관한 법률」
   ⑫ 「사회복지공동모금회법」
   ⑬ 「장애인 · 노인 · 임산부 등의 편의증진에 관한 법률」
   ⑭ 「가정폭력방지 및 피해자보호 등에 관한 법률」
   ⑮ 「농어촌주민의 보건복지증진을 위한 특별법」
   ⑯ 「식품기부 활성화에 관한 법률」
   ⑰ 「의료급여법」
   ⑱ 「기초연금법」
   ⑲ 「긴급복지지원법」
   ⑳ 「다문화가족 지원법」
   ㉑ 「장애인연금법」
   ㉒ 「장애인활동 지원에 관한 법률」
   ㉓ 「노숙인 등의 복지 및 자립지원에 관한 법률」
   ㉔ 「보호관찰 등에 관한 법률」
   ㉕ 「장애아동복지지원법」
   ㉖ 「발달장애인 권리보장 및 지원에 관한 법률」
   ㉗ 「청소년복지지원법」
   ㉘ 그 밖에 대통령령으로 정하는 법률[2)]

2. "지역사회복지"란 주민의 복지 증진과 삶의 질 향상을 위하여 지역사회 차원에서 전개하는 사회복지를 말한다.
3. "사회복지법인"이란 사회복지사업을 할 목적으로 설립된 법인을 말한다.
4. "사회복지시설"이란 사회복지사업을 할 목적으로 설치된 시설을 말한다.
5. "사회복지관"이란 지역사회를 기반으로 일정한 시설과 전문 인력을 갖추고 지역주민의 참여와 협력을 통하여 지역사회의 복지문제를 예방하고 해결하기 위하여 종합적인 복지서비스를 제공하는 시설을 말한다.
6. "사회복지서비스"란 국가 · 지방자치단체 및 민간부문의 도움을 필요로 하는 모든 국민에게 「사회보장기본법」 제3조 제4호에 따른 사회서비스 중 사회복지사업을 통한 서비스를 제공하여 삶의 질이 향상되도록 제도적으로 지원하는 것을 말한다.
7. "보건의료서비스"란 국민의 건강을 보호 · 증진하기 위하여 보건의료인이 하는 모든 활동을 말한다.

(4) 사회복지서비스의 제공 원칙

▶ 법 제5조의2 제1~6항

① 사회복지서비스를 필요로 하는 사람(보호대상자)에 대한 사회복지서비스 제공은 현물(現物)로 제공하는 것을 원칙으로 한다.
② 시장 · 군수 · 구청장은 국가 또는 지방자치단체 외의 자로 하여금 제1항의 서비스 제공을 실시하게 하는 경우에는 보호대상자에게 사회복지서비스 이용권을 지급하여 국가 또는 지방자치단체 외의 자로부터 그 이용권으로 서비스 제공을 받게 할 수 있다.
③ 국가와 지방자치단체는 사회복지서비스의 품질 향상과 원활한 제공을 위하여 필요한 시책을 마련하여야 한다.
④ 국가와 지방자치단체는 사회복지서비스의 품질을 관리하기 위하여 사회복지서비스를 제공하는 기관 · 법인 · 시설 · 단체의 서비스 환경, 서비스 제공 인력의 전문성 등을 평가할 수 있다.
⑤ 보건복지부장관은 제4항에 따른 평가를 위하여 평가기관을 설치 · 운영하거나, 평가의 전부 또는 일부를 관계 기관 또는 단체에 위탁할 수 있다.
⑥ 보건복지부장관은 제5항에 따라 평가를 위탁한 기관 또는 단체에 대하여 그 운영에 필요한 비용을 지원할 수 있다.

---

2) "대통령령으로 정하는 법률"이란 다음 각 호의 법률을 말한다(사회복지사업법 시행령 제1조의2).
  1. 「건강가정기본법」
  2. 「북한이탈주민의 보호 및 정착지원에 관한 법률」
  3. 「자살예방 및 생명존중문화 조성을 위한 법률」
  4. 「장애인 · 노인 등을 위한 보조기기 지원 및 활용촉진에 관한 법률」

(5) 사회복지시설 업무의 전산화

▶ 법 제6조의2 제1~5항

① 보건복지부장관은 사회복지법인 및 사회복지시설의 종사자, 거주자 및 이용자에 관한 자료 등 운영에 필요한 정보의 효율적 처리와 기록 · 관리 업무의 전자화를 위하여 정보시스템을 구축 · 운영할 수 있다.
② 보건복지부장관은 제1항에 따른 정보시스템을 구축 · 운영하는 데 필요한 자료를 수집 · 관리 · 보유할 수 있으며 관련 기관 및 단체에 필요한 자료의 제공을 요청할 수 있다. 이 경우 요청을 받은 기관 및 단체는 정당한 사유가 없으면 그 요청에 따라야 한다.
③ 지방자치단체의 장은 사회복지사업을 수행할 때 관할 복지행정시스템과 제1항에 따른 정보시스템을 전자적으로 연계하여 활용하여야 한다.
④ 사회복지법인의 대표이사와 사회복지시설의 장은 국가와 지방자치단체가 실시하는 사회복지업무의 전자화 시책에 협력하여야 한다.
⑤ 보건복지부장관은 제1항에 따른 정보시스템을 효율적으로 운영하기 위하여 「사회보장기본법」 제37조 제7항에 따른 전담기구에 그 운영에 관한 업무를 위탁할 수 있다.

2) 사회복지사와 사회복지 자원봉사활동

(1) 사회복지사

① 사회복지사 자격증 발급

▶ 법 제11조 제1~7항

① 보건복지부장관은 사회복지에 관한 전문지식과 기술을 가진 사람에게 사회복지사 자격증을 발급할 수 있다.
② 제1항에 따른 사회복지사의 등급은 1급 · 2급으로 하되, 정신건강 · 의료 · 학교 영역에 대해서는 영역별로 정신건강사회복지사 · 의료사회복지사 · 학교사회복지사의 자격을 부여할 수 있다.
③ 사회복지사 1급 자격은 국가시험에 합격한 사람에게 부여하고, 정신건강사회복지사 · 의료사회복지사 · 학교사회복지사의 자격은 1급 사회복지사의 자격이 있는 사람 중에서 보건복지부령으로 정하는 수련기관에서 수련을 받은 사람에게 부여한다.
④ 제2항에 따른 사회복지사의 등급별 · 영역별 자격기준 및 자격증의 발급절차 등은 대통령령으로 정한다.

⑤ 보건복지부장관은 제4항에 따른 사회복지사 자격증을 발급받거나 재발급 받으려는 사람에게 보건복지부령으로 정하는 바에 따라 수수료를 내게 할 수 있다.
⑥ 제1항에 따라 사회복지사 자격증을 발급받은 사람은 다른 사람에게 그 자격증을 빌려주어서는 아니 되고, 누구든지 그 자격증을 빌려서는 아니 된다.
⑦ 누구든지 제6항에 따라 금지된 행위를 알선하여서는 아니 된다.

② 사회복지사의 결격사유

▶ 법 제11조의2 제1~5호

• 다음 각 호의 어느 하나에 해당하는 사람은 사회복지사가 될 수 없다.
1. 피성년후견인
2. 금고 이상의 형을 선고받고 그 집행이 끝나지 아니하였거나 그 집행을 받지 않기로 확정되지 아니한 사람
3. 법원의 판결에 따라 자격이 상실되거나 정지된 사람
4. 마약 · 대마 또는 향정신성의약품의 중독자
5. 「정신건강증진 및 정신질환자 복지서비스 지원에 관한 법률」 제3조 제1호에 따른 정신질환자. 다만, 전문의가 사회복지사로서 적합하다고 인정하는 사람은 그러하지 아니하다.

③ 사회복지사의 자격 취소

▶ 법 제11조의3 제1~4항

① 보건복지부장관은 사회복지사가 다음 각 호의 어느 하나에 해당하는 경우 그 자격을 취소하거나 1년의 범위에서 정지시킬 수 있다. 다만, 제1호부터 제3호까지에 해당하면 그 자격을 취소하여야 한다.
1. 거짓이나 그 밖의 부정한 방법으로 자격을 취득한 경우
2. 결격사유의 어느 하나에 해당하게 된 경우
3. 자격증을 대여 · 양도 또는 위조 · 변조한 경우
4. 사회복지사의 업무수행 중 그 자격과 관련하여 고의나 중대한 과실로 다른 사람에게 손해를 입힌 경우
5. 자격정지 처분을 3회 이상 받았거나, 정지기간 종료 후 3년 이내에 다시 자격정지 처분에 해당하는 행위를 한 경우
6. 자격정지 처분 기간에 자격증을 사용하여 자격 관련 업무를 수행한 경우

② 보건복지부장관은 제1항 제4호에 해당하여 사회복지사의 자격을 취소하거나 정지시키려는 경우에는 한국사회복지사협회의 장 등 관계 전문가의 의견을 들을 수 있다.
③ 제1항에 따라 자격이 취소된 사람은 취소된 날부터 15일 내에 자격증을 보건복지부장관에게 반납하여야 한다.
④ 보건복지부장관은 제1항에 따라 자격이 취소된 사람에게는 그 취소된 날부터 2년 이내에 자격증을 재교부하지 못한다.

④ 국가시험

▶ 법 제12조 제1~3항

① 국가시험은 보건복지부장관이 시행하되, 시험의 관리는 대통령령으로 정하는 바에 따라 시험관리 능력이 있다고 인정되는 관계 전문기관에 위탁할 수 있다.
② 보건복지부장관은 제1항에 따라 국가시험의 관리를 위탁하였을 때에는 그에 드는 비용을 예산의 범위에서 보조할 수 있다.
③ 제1항에 따라 시험의 관리를 위탁받은 기관은 보건복지부장관의 승인을 받아 정한 금액을 응시수수료로 받을 수 있다.

⑤ 사회복지사의 채용 및 교육

▶ 법 제13조 제1~3항

① 사회복지법인 및 사회복지시설을 설치 · 운영하는 자는 대통령령으로 정하는 바에 따라 사회복지사를 그 종사자로 채용하고, 보고방법 · 보고주기 등 보건복지부령으로 정하는 바에 따라 시 · 도지사 또는 시장 · 군수 · 구청장에게 사회복지사의 임면에 관한 사항을 보고하여야 한다. 다만, 대통령령으로 정하는 사회복지시설은 그러하지 아니하다.
② 보건복지부장관은 사회복지사의 자질 향상을 위하여 필요하다고 인정하면 사회복지사에게 교육을 받도록 명할 수 있다. 다만, 사회복지법인 또는 사회복지시설에 종사하는 사회복지사는 정기적으로 인권에 관한 내용이 포함된 보수교육(補修敎育)을 받아야 한다.
③ 사회복지법인 또는 사회복지시설을 운영하는 자는 그 법인 또는 시설에 종사하는 사회복지사에 대하여 제2항 단서에 따른 교육을 이유로 불리한 처분을 하여서는 아니된다.

⑥ 사회복지사 의무채용 시설

▶ 시행령 제6조 제1~2항

① 법 제13조 제1항 본문에 따라 사회복지법인 또는 사회복지시설을 설치 · 운영하는 자는 해당 법인 또는 시설에서 다음 각 호에 해당하는 업무에 종사하는 자를 사회복지사로 채용하여야 한다.
1. 사회복지 프로그램의 개발 및 운영업무
2. 시설거주자의 생활지도업무
3. 사회복지를 필요로 하는 사람에 대한 상담업무

② 대통령령으로 정하는 의무채용이 아닌 사회복지시설은 다음 각 호의 시설을 말한다.
1. 「노인복지법」에 따른 노인여가복지시설(노인복지관은 제외한다)
2. 「장애인복지법」에 따른 장애인 지역사회재활시설 중 수화통역센터, 점자도서관, 점자도서 및 녹음서 출판시설
3. 「영유아보육법」에 따른 어린이집
4. 「성매매방지 및 피해자보호 등에 관한 법률」에 따른 성매매피해자 등을 위한 지원 시설 및 성매매피해상담소
5. 「정신건강증진 및 정신질환자 복지서비스 지원에 관한 법률」에 따른 정신요양시설 및 정신재활시설
6. 「성폭력방지 및 피해자보호 등에 관한 법률」에 따른 성폭력피해상담소

(2) 사회복지 자원봉사활동의 지원 · 육성

▶ 법 제9조 제1~2항

① 국가와 지방자치단체는 사회복지 자원봉사활동을 지원 · 육성하기 위하여 다음 각 호의 사항을 실시하여야 한다.
1. 자원봉사활동의 홍보 및 교육
2. 자원봉사활동 프로그램의 개발 · 보급
3. 자원봉사활동 중의 재해에 대비한 시책의 개발
4. 그 밖에 자원봉사활동의 지원에 필요한 사항

② 국가와 지방자치단체는 제1항 각 호의 사항을 효율적으로 수행하기 위하여 사회복지법인이나 그 밖의 비영리법인 · 단체에 이를 위탁할 수 있다.

3) 사회복지법인

(1) 사회복지법인의 설립허가 및 등기

▶ 법 제16조 제1~2항

① 사회복지법인을 설립하려는 자는 대통령령으로 정하는 바에 따라 시·도지사의 허가를 받아야 한다.
② 제1항에 따라 허가를 받은 자는 법인의 주된 사무소의 소재지에서 설립등기를 하여야 한다.

(2) 정관의 기재사항

▶ 법 제17조 제1~2항

① 법인의 정관에는 다음 각 호의 사항이 포함되어야 한다.
1. 목적
2. 명칭
3. 주된 사무소의 소재지
4. 사업의 종류
5. 자산 및 회계에 관한 사항
6. 임원의 임면(任免) 등에 관한 사항
7. 회의에 관한 사항
8. 수익(收益)을 목적으로 하는 사업이 있는 경우 그에 관한 사항
9. 정관의 변경에 관한 사항
10. 존립시기와 해산사유를 정한 경우에는 그 시기와 사유 및 남은 재산의 처리방법
11. 공고 및 공고방법에 관한 사항

② 법인이 정관을 변경하려는 경우에는 시·도지사의 인가를 받아야 한다.

(3) 임원

① 임원의 구성

▶ 법 제18조 제1~8항

① 법인은 대표이사를 포함한 이사 7명 이상과 감사 2명 이상을 두어야 한다.
② 법인은 제1항에 따른 이사 정수의 3분의 1 이상을 다음 각 호의 어느 하나에 해당하는 기관이 3배수로 추천한 사람 중에서 선임하여야 한다.
1. 「사회보장급여의 이용 · 제공 및 수급권자 발굴에 관한 법률」 제40조 제1항에 따른 시 · 도사회보장위원회
2. 「사회보장급여의 이용 · 제공 및 수급권자 발굴에 관한 법률」 제41조 제1항에 따른 지역사회보장협의체

③ 이사회의 구성에 있어서 대통령령으로 정하는 특별한 관계에 있는 사람이 이사 현원(現員)의 5분의 1을 초과할 수 없다.
④ 이사의 임기는 3년으로 하고 감사의 임기는 2년으로 하며, 각각 연임할 수 있다.
⑤ 외국인인 이사는 이사 현원의 2분의 1 미만이어야 한다.
⑥ 법인은 임원을 임면하는 경우에는 보건복지부령으로 정하는 바에 따라 지체 없이 시 · 도지사에게 보고하여야 한다.
⑦ 감사는 이사와 제3항에 따른 특별한 관계에 있는 사람이 아니어야 하며, 감사 중 1명은 법률 또는 회계에 관한 지식이 있는 사람 중에서 선임하여야 한다.
⑧ 제2항 각 호의 기관은 제2항에 따라 이사를 추천하기 위하여 매년 다음의 어느 하나에 해당하는 사람으로 이사 후보군을 구성하여 공고하여야 한다. 다만, 사회복지법인의 대표자, 사회복지사업을 하는 비영리법인 또는 단체의 대표자, 「사회보장급여의 이용 · 제공 및 수급권자 발굴에 관한 법률」 제41조에 따른 지역사회보장협의체의 대표자는 제외한다.
1. 사회복지 또는 보건의료에 관한 학식과 경험이 풍부한 사람
2. 사회복지를 필요로 하는 사람의 이익 등을 대표하는 사람
3. 「비영리민간단체 지원법」 제2조에 따른 비영리민간단체에서 추천한 사람
4. 「사회복지공동모금회법」 제14조에 따른 사회복지공동모금지회에서 추천한 사람

② 임원의 겸직 금지

▶ 법 제21조 제1~2항

① 이사는 법인이 설치한 사회복지시설의 장을 제외한 그 시설의 직원을 겸할 수 없다.
② 감사는 법인의 이사, 법인이 설치한 사회복지시설의 장 또는 그 직원을 겸할 수 없다.

(4) 법인의 재산과 해산 및 합병

① 재산의 구분

▶ 법 제23조 제1~3항

① 법인은 사회복지사업의 운영에 필요한 재산을 소유하여야 한다.
② 법인의 재산은 보건복지부령으로 정하는 바에 따라 기본재산과 보통재산으로 구분하며, 기본재산은 그 목록과 가액(價額)을 정관에 적어야 한다.
③ 법인은 기본재산에 관하여 다음 각 호의 어느 하나에 해당하는 경우에는 시·도지사의 허가를 받아야 한다.
1. 매도·증여·교환·임대·담보제공 또는 용도변경을 하려는 경우
2. 보건복지부령으로 정하는 금액 이상을 1년 이상 장기차입(長期借入)하려는 경우

② 재산의 범위

▶ 시행규칙 제12조 제1~2항

① 법 제23조의 규정에 의한 법인의 기본재산은 다음 각 호에 해당하는 재산으로 하고, 그 밖의 재산은 보통재산으로 한다.
1. 부동산
2. 정관에서 기본재산으로 정한 재산
3. 이사회의 결의에 의하여 기본재산으로 편입된 재산
② 제1항의 규정에 의한 기본재산은 다음 각 호와 같이 목적사업용 기본재산과 수익용 기본재산으로 구분한다.
1. 목적사업용 기본재산 – 법인이 사회복지시설 등을 설치하는 데 직접 사용하는 기본재산
2. 수익용 기본재산 – 법인이 그 수익으로 목적사업의 수행에 필요한 경비를 충당하기 위한 기본재산

③ 재산의 취득 보고

▶ 법 제24조

- 법인이 매수·기부채납(寄附採納), 후원 등의 방법으로 재산을 취득하였을 때에는 지체 없이 이를 법인의 재산으로 편입조치하여야 한다. 이 경우 법인은 그 취득사유, 취득재산의 종류·수량 및 가액을 매년 시·도지사에게 보고하여야 한다.

④ 법인설립의 허가 취소

> ▶ 법 제26조 제1항
>
> ① 시 · 도지사는 법인이 다음 각 호의 어느 하나에 해당할 때에는 기간을 정하여 시정명령을 하거나 설립허가를 취소할 수 있다. 다만, 제1호 또는 제7호에 해당할 때에는 설립허가를 취소하여야 한다.
> 1. 거짓이나 그 밖의 부정한 방법으로 설립허가를 받았을 때
> 2. 설립허가 조건을 위반하였을 때
> 3. 목적 달성이 불가능하게 되었을 때
> 4. 목적사업 외의 사업을 하였을 때
> 5. 정당한 사유 없이 설립허가를 받은 날부터 6개월 이내에 목적사업을 시작하지 않거나 1년 이상 사업실적이 없을 때
> 6. 법인이 운영하는 시설에서 반복적 또는 집단적 성폭력범죄 및 학대관련범죄가 발생한 때
> 6의2. 법인이 운영하는 시설에서 중대하고 반복적인 회계부정이나 불법행위가 발생한 때
> 7. 법인 설립 후 기본재산을 출연하지 아니한 때
> 8. 임원정수를 위반한 때
> 9. 이사 추천 규정을 위반하여 이사를 선임한 때
> 10. 임원의 해임명령을 이행하지 아니한 때
> 11. 그 밖에 이 법 또는 이 법에 따른 명령이나 정관을 위반하였을 때

⑤ 남은 재산의 처리

> ▶ 법 제27조 제1~2항
>
> ① 해산한 법인의 남은 재산은 정관으로 정하는 바에 따라 국가 또는 지방자치단체에 귀속된다.
>
> ② 제1항에 따라 국가 또는 지방자치단체에 귀속된 재산은 사회복지사업에 사용하거나 유사한 목적을 가진 법인에 무상으로 대여하거나 무상으로 사용 · 수익하게 할 수 있다. 다만, 해산한 법인의 이사 본인 및 그와 대통령령으로 정하는 특별한 관계에 있는 사람이 이사로 있는 법인에 대하여는 그러하지 아니하다.

⑥ 수익사업

▶ 법 제28조 제1~3항

① 법인은 목적사업의 경비에 충당하기 위하여 필요할 때에는 법인의 설립 목적 수행에 지장이 없는 범위에서 수익사업을 할 수 있다.
② 법인은 제1항에 따른 수익사업에서 생긴 수익을 법인 또는 법인이 설치한 사회복지시설의 운영 외의 목적에 사용할 수 없다.
③ 제1항에 따른 수익사업에 관한 회계는 법인의 다른 회계와 구분하여 회계처리 하여야 한다.

⑦ 합병

▶ 법 제30조 제1~2항

① 법인은 시 · 도지사의 허가를 받아 이 법에 따른 다른 법인과 합병할 수 있다. 다만, 주된 사무소가 서로 다른 시 · 도에 소재한 법인 간의 합병의 경우에는 보건복지부장관의 허가를 받아야 한다.
② 제1항에 따라 법인이 합병하는 경우 합병 후 존속하는 법인이나 합병으로 설립된 법인은 합병으로 소멸된 법인의 지위를 승계한다.

⑧ 다른 법률의 준용

▶ 법 제32조

법인에 관하여 이 법에서 규정한 사항을 제외하고는 「민법」과 「공익법인의 설립 · 운영에 관한 법률」을 준용한다.

4) 사회복지시설

(1) 사회복지시설의 설치와 운영

① 사회복지시설의 설치

▶ 법 제34조 제1~2항

① 국가나 지방자치단체는 사회복지시설을 설치 · 운영할 수 있다.

② 국가 또는 지방자치단체 외의 자가 시설을 설치·운영하려는 경우에는 보건복지부령으로 정하는 바에 따라 시장·군수·구청장에게 신고하여야 한다. 다만, 다음 각 호의 어느 하나에 해당하는 자는 시설의 설치·운영 신고를 할 수 없다.
1. 폐쇄명령을 받고 3년이 지나지 아니한 자
2. 임원의 결격사유에 해당하는 개인 또는 그 개인이 임원인 법인
③ 시장·군수·구청장은 제2항에 따른 신고를 받은 경우 그 내용을 검토하여 이 법에 적합하면 신고를 수리하여야 한다.
④ 시설을 설치·운영하는 자는 보건복지부령으로 정하는 재무·회계에 관한 기준에 따라 시설을 투명하게 운영하여야 한다.
⑤ 제1항에 따라 국가나 지방자치단체가 설치한 시설은 필요한 경우 사회복지법인이나 비영리법인에 위탁하여 운영하게 할 수 있다.

② 보험가입 의무

▶ 법 제34조 제1~2항

① 시설의 운영자는 다음 각 호의 손해배상책임을 이행하기 위하여 손해보험회사의 책임보험에 가입하거나 「사회복지사 등의 처우 및 지위 향상을 위한 법률」에 따른 한국 사회복지공제회의 책임공제에 가입하여야 한다.
1. 화재로 인한 손해배상책임
2. 화재 외의 안전사고로 인하여 생명·신체에 피해를 입은 보호대상자에 대한 손해배상책임
② 국가나 지방자치단체는 예산의 범위에서 제1항에 따른 책임보험 또는 책임공제의 가입에 드는 비용의 전부 또는 일부를 보조할 수 있다.

③ 시설의 안전점검

▶ 법 제34조의4 제1~4항

① 시설의 장은 시설에 대하여 정기 및 수시 안전점검을 실시하여야 한다.
② 시설의 장은 제1항에 따라 정기 또는 수시 안전점검을 한 후 그 결과를 시장·군수·구청장에게 제출하여야 한다.
③ 시장·군수·구청장은 제2항에 따른 결과를 받은 후 필요한 경우에는 시설의 운영자에게 시설의 보완 또는 개수(改修)·보수를 요구할 수 있으며, 이 경우 시설의 운영자는 요구에 따라야 한다.

④ 국가나 지방자치단체는 예산의 범위에서 안전점검, 시설의 보완 및 개수 · 보수에 드는 비용의 전부 또는 일부를 보조할 수 있다.

④ 사회복지관의 설치

▶ 법 제34조의5 제1~2항

① 사회복지시설 중 사회복지관은 지역복지증진을 위하여 다음 각 호의 사업을 실시할 수 있다.
  1. 지역사회의 특성과 지역주민의 복지욕구를 고려한 서비스 제공 사업
  2. 국가 · 지방자치단체 및 민간 부문의 사회복지서비스를 연계 · 제공하는 사례관리 사업
  3. 지역사회 복지공동체 활성화를 위한 복지자원 관리, 주민교육 및 조직화 사업
  4. 그 밖에 복지증진을 위한 사업으로서 지역사회에서 요청하는 사업

② 사회복지관은 모든 지역주민을 대상으로 사회복지서비스를 실시하되, 다음 각 호의 지역주민에게 우선 제공하여야 한다.
  1. 「국민기초생활보장법」에 따른 수급자 및 차상위계층
  2. 장애인, 노인, 한부모가족 및 다문화가족
  3. 직업 및 취업 알선이 필요한 사람
  4. 보호와 교육이 필요한 유아 · 아동 및 청소년
  5. 그 외 사회복지관의 사회복지서비스를 우선 제공할 필요가 있다고 인정되는 사람

⑤ 시설의 장

▶ 법 제35조 제1~2항

① 시설의 장은 상근(常勤)하여야 한다.

② 다음 각 호의 어느 하나에 해당하는 사람은 시설의 장이 될 수 없다.
  1. 임원의 결격사유의 어느 하나에 해당하는 사람
  2. 해임명령에 따라 해임된 날부터 5년이 지나지 아니한 사람
  3. 사회복지분야의 6급 이상 공무원으로 재직하다 퇴직한 지 3년이 경과하지 아니한 사람 중에서 퇴직 전 5년 동안 소속하였던 기초자치단체가 관할하는 시설의 장이 되고자 하는 사람

⑥ 종사자

▶ 법 제35조의2 제1~2항

① 사회복지법인과 사회복지시설을 설치·운영하는 자는 시설에 근무할 종사자를 채용할 수 있다.

② 다음 각 호의 어느 하나에 해당하는 사람은 사회복지법인 또는 사회복지시설의 종사자가 될 수 없다.

1. 제19조 제1항 제1호의7 또는 제1호의8에 해당하는 사람
2. 제1호에도 불구하고 종사자로 재직하는 동안 시설이용자를 대상으로 「성폭력범죄의 처벌 등에 관한 특례법」에 따른 성폭력범죄 및 「아동·청소년의 성보호에 관한 법률」에 따른 아동·청소년대상 성범죄를 저질러 금고 이상의 형 또는 치료감호를 선고받고 그 형이 확정된 사람

⑦ 운영위원회의 운영

▶ 법 제36조 제1~2항

① 시설의 장은 시설의 운영에 관한 다음 각 호의 사항을 심의하기 위하여 시설에 운영위원회를 두어야 한다. 다만, 보건복지부령으로 정하는 경우에는 복수의 시설에 공동으로 운영위원회를 둘 수 있다.

1. 시설운영계획의 수립·평가에 관한 사항
2. 사회복지 프로그램의 개발·평가에 관한 사항
3. 시설 종사자의 근무환경 개선에 관한 사항
4. 시설 거주자의 생활환경 개선 및 고충 처리 등에 관한 사항
5. 시설 종사자와 거주자의 인권보호 및 권익증진에 관한 사항
6. 시설과 지역사회의 협력에 관한 사항
7. 그 밖에 시설의 장이 운영위원회의 회의에 부치는 사항

② 운영위원회의 위원은 다음 각 호의 어느 하나에 해당하는 사람 중에서 관할 시장·군수·구청장이 임명하거나 위촉한다.

1. 시설의 장
2. 시설 거주자 대표
3. 시설 거주자의 보호자 대표
4. 시설 종사자의 대표
5. 해당 시·군·구 소속의 사회복지업무를 담당하는 공무원
6. 후원자 대표 또는 지역주민
7. 공익단체에서 추천한 사람
8. 그 외 시설의 운영 또는 사회복지에 관하여 전문적인 지식과 경험이 풍부한 사람

⑧ 시설의 휴지 · 재개 · 폐지 신고

▶ 법 제38조 제1~3항

① 시설의 설치 신고를 한 자는 지체 없이 시설의 운영을 시작하여야 한다.
② 시설의 운영자는 그 운영을 일정 기간 중단하거나 다시 시작하거나 시설을 폐지하려는 경우에는 보건복지부령으로 정하는 바에 따라 시장 · 군수 · 구청장에게 신고하여야 한다.
③ 시장 · 군수 · 구청장은 제2항에 따라 시설 운영이 중단되거나 시설이 폐지되는 경우에는 보건복지부령으로 정하는 바에 따라 시설 거주자의 권익을 보호하기 위하여 다음 각 호의 조치를 하고 신고를 수리하여야 한다.

1. 시설 거주자가 자립을 원하는 경우 자립을 할 수 있도록 지원하고 그 이행을 확인하는 조치
2. 시설 거주자가 다른 시설을 선택할 수 있도록 하고 그 이행을 확인하는 조치
3. 시설 거주자가 이용료 · 사용료 등의 비용을 부담하는 경우 납부한 비용 중 사용하지 아니한 금액을 반환하게 하고 그 이행을 확인하는 조치
4. 보조금 · 후원금 등의 사용 실태 확인과 이를 재원으로 조성한 재산 중 남은 재산의 회수조치
5. 그 밖에 시설 거주자의 권익 보호를 위하여 필요하다고 인정되는 조치

⑨ 시설의 개선, 사업의 정지, 시설의 폐쇄

▶ 법 제40조 제1항

① 보건복지부장관, 시 · 도지사 또는 시장 · 군수 · 구청장은 시설이 다음 각 호의 어느 하나에 해당할 때에는 그 시설의 개선, 사업의 정지, 시설의 장의 교체를 명하거나 시설의 폐쇄를 명할 수 있다.

1. 시설이 설치기준에 미달하게 되었을 때
2. 사회복지법인 또는 비영리법인이 설치 · 운영하는 시설의 경우 그 사회복지법인 또는 비영리법인의 설립허가가 취소되었을 때
3. 설치목적이 달성되었거나 그 밖의 사유로 계속하여 운영될 필요가 없다고 인정할 때
4. 회계부정이나 불법행위 또는 그 밖의 부당행위 등이 발견되었을 때
5. 신고를 하지 아니하고 시설을 설치 · 운영하였을 때
6. 운영위원회를 설치하지 아니하거나 운영하지 아니하였을 때
7. 정당한 이유 없이 보고 또는 자료 제출을 하지 아니하거나 거짓으로 하였을 때
8. 정당한 이유 없이 검사 · 질문을 거부 · 방해하거나 기피하였을 때

9. 시설에서 성폭력범죄 또는 아동 · 청소년대상 성폭력범죄가 발생한 때
10. 1년 이상 시설이 휴지상태에 있어 시장 · 군수 · 구청장이 재개를 권고하였음에도 불구하고 재개하지 아니한 때

⑩ 수용인원의 제한 및 초과시설

각 시설의 수용인원은 300명을 초과할 수 없다. 다만, 대통령령으로 정하는 경우에는 그러하지 아니하다(법 제41조). 대통령령으로 정하는 수용인원 300명 초과시설은 다음과 같다.

▶ 시행령 제19조

- 수용인원 300명을 초과할 수 있는 사회복지시설은 다음 각 호의 어느 하나에 해당하는 시설로 한다.
  1. 「노인복지법」 제32조에 따른 노인주거복지시설 중 양로시설과 노인복지주택
  2. 「노인복지법」 제34조에 따른 노인의료복지시설 중 노인요양시설
  3. 보건복지부장관이 사회복지시설의 종류, 지역별 사회복지시설의 수, 지역별 · 종류별 사회복지서비스 수요 및 사회복지사업 관련 종사자의 수 등을 고려하여 정하여 고시하는 기준에 적합하다고 시장 · 군수 · 구청장이 인정하는 사회복지시설

⑪ 시설의 평가

▶ 법 제43조의2 제1~2항

① 보건복지부장관과 시 · 도지사는 보건복지부령으로 정하는 바에 따라 시설을 정기적으로 평가(3년, 시행규칙 제27조의2)하고, 그 결과를 공표하거나 시설의 감독 · 지원 등에 반영할 수 있으며 시설 거주자를 다른 시설로 보내는 등의 조치를 할 수 있다.
② 보건복지부장관이나 시 · 도지사는 제1항의 평가 결과에 따라 시설 거주자를 다른 시설로 보내는 경우에는 시설의 폐지규정에 따른 조치를 하여야 한다.

⑫ 지도감독

> ▶ 법 제51조의5 제1~2항
>
> ① 보건복지부장관, 시·도지사 또는 시장·군수·구청장은 사회복지사업을 운영하는 자의 소관업무에 관하여 지도·감독을 하며, 필요한 경우 그 업무에 관하여 보고 또는 관계서류의 제출을 명하거나, 소속 공무원으로 하여금 사회복지법인의 사무소 또는 시설에 출입하여 검사 또는 질문을 하게 할 수 있다.
>
> ② 사회복지법인의 주된 사무소의 소재지와 시설의 소재지가 같은 시·도 또는 시·군·구에 있지 아니한 경우 그 시설의 업무에 관하여는 시설 소재지의 시·도지사 또는 시장·군수·구청장이 지도·감독 등을 한다. 이 경우 지도·감독 등을 위하여 필요할 때에는 사회복지법인의 업무에 대하여 사회복지법인의 주된 사무소 소재지의 시·도지사 또는 시장·군수·구청장에게 협조를 요청할 수 있다.

5) 사회복지협의회와 한국사회복지사협회

(1) 사회복지협의회

> ▶ 법 제33조 제1~2항
>
> ① 사회복지에 관한 다음 각 호의 업무를 수행하기 위하여 전국 단위의 한국사회복지협의회(중앙협의회)와 시·도 단위의 시·도 사회복지협의회(시·도협의회)를 두며, 필요한 경우에는 시·군·구 단위의 시·군·구 사회복지협의회(시·군·구협의회)를 둘 수 있다.
>
> 1. 사회복지에 관한 조사·연구 및 정책 건의
> 2. 사회복지 관련 기관·단체 간의 연계·협력·조정
> 3. 사회복지 소외계층 발굴 및 민간 사회복지 자원과의 연계·협력
> 4. 대통령령으로 정하는 사회복지사업의 조성 등
>
> ② 중앙협의회, 시·도협의회 및 시·군·구협의회는 이 법에 따른 사회복지법인으로 하되, 재산을 소유하여야 하는 규정은 적용하지 아니한다.

(2) 한국사회복지사협회

▶ 법 제46조 제1~3항
① 사회복지사는 사회복지에 관한 전문지식과 기술을 개발 · 보급하고, 사회복지사의 자질 향상을 위한 교육훈련을 실시하며, 사회복지사의 복지 증진을 도모하기 위하여 한국사회복지사협회를 설립한다. ② 협회는 법인으로 하되, 협회의 조직과 운영 등에 필요한 사항은 대통령령으로 정한다. ③ 협회에 관하여 이 법에서 규정한 사항을 제외하고는 「민법」 중 사단법인에 관한 규정을 준용한다.

6) 수급자의 권리보호

(1) 비밀누설 금지 및 압류금지

▶ 법 제47~48조
• 사회복지사업 또는 사회복지업무에 종사하였거나 종사하고 있는 사람은 그 업무 수행 과정에서 알게 된 다른 사람의 비밀을 누설하여서는 아니 된다. • 이 법 및 사회복지사업에 해당하는 27개의 각 법률에 따라 지급된 금품과 이를 받을 권리는 압류하지 못한다.

(2) 벌칙

① 5년 이하의 징역 또는 5천만 원 이하의 벌금

▶ 법 제53조 제1~2항
① 법인이 기본재산에 관하여 매도, 증여, 교환, 임대, 담보제공 또는 용도변경을 하고자 할 때와 보건복지부령으로 정하는 금액 이상을 1년 이상 장기차입하고자 할 때에 시 · 도지사의 허가를 받지 아니한 경우 ② 사회복지사업을 수행하는 자에게 지급된 국가 또는 지방자치단체의 보조금을 목적 외의 용도로 사용한 자

② 1년 이하의 징역 또는 1천만 원 이하의 벌금

▶ 법 제54조

1. 정당한 이유 없이 사회복지시설의 설치를 방해한 자
   1의2. 사회복지사 자격증을 다른 사람에게 빌려주거나 빌린 자
   1의3. 사회복지사 자격증을 빌려주거나 빌리는 것을 알선한 자
   1의4. 임원의 선임과 관련하여 금품, 향응 또는 재산상의 이익을 주고받거나 주고받을 것을 약속한 자
2. 수익사업에서 생긴 수익을 법인 또는 법인이 설치한 사회복지시설의 운영 외의 목적에 사용한 자
3. 국가 또는 지방자치단체 외의 자가 시장 · 군수 · 구청장에게 신고를 하지 아니하고 시설을 설치 · 운영한 자
4. 시설 운영이 중단되거나 시설이 폐지되는 경우와 사업의 정지 및 시설의 폐쇄명령을 받은 경우 정당한 이유 없이 시설 거주자를 다른 시설로 보내는 등 시설 거주자의 권익 보호조치를 기피하거나 거부한 자
5. 정당한 이유 없이 보건복지부장관, 시 · 도지사 또는 시장 · 군수 · 구청장의 시설 개선, 사업 정지, 시설장의 교체 명령이나 시설 폐쇄 명령을 이행하지 아니한 자
6. 사회복지사업 또는 사회복지업무에 종사하였거나 종사하고 있는 자로서 그 업무 수행 과정에서 알게 된 다른 사람의 비밀을 누설한 자
7. 정당한 이유 없이 보건복지부장관, 시 · 도지사 또는 시장 · 군수 · 구청장이 명령한 소관업무에 관한 보고를 하지 아니하거나 거짓으로 보고한 자, 자료를 제출하지 아니하거나 거짓 자료를 제출한 자, 검사 · 질문 · 회계감사를 거부 · 방해 또는 기피한 자

③ 300만 원 이하의 벌금

▶ 법 제55조

사회복지법인 및 사회복지시설을 설치, 운영하는 자가 사회복지사를 그 종사자로 채용하고 시 · 도시자 또는 시장 · 군수 · 구청장에게 사회복지사의 임면에 관한 사항을 보고하지 않은 경우

제3부
사회보험법, 공공부조법, 사회서비스법

제7장 ∷ 국민연금법

1. 국민연금법의 개관

1) 법의 목적 및 의의

「국민연금법」은 국민의 노령, 장애 또는 사망에 대하여 연금급여를 실시함으로써 국민의 생활 안정과 복지 증진에 이바지하는 것을 목적으로 한다(법 제1조). 국민연금은 가입자인 국민이 노령에 달하거나 장애 또는 사망하게 되는 경우 본인이나 그 유족에게 일정액의 연금을 지급함으로써 소득능력 상실 시에도 사회적 차원에서 대응하여 기본 생활을 보장하는 보편적 노후소득보장제도이다. 국민연금의 특성은 기여를 조건으로 하는 보험원칙이 적용되고, 법률로 가입이 강제되며 급여가 저소득층에 유리하게 되어 있어서 소득재분배 기능이 있다는 점이다. 또한 국가의 지급보장으로 안정성을 확보하고, 물가변동에 따른 실질가치가 보장되는 장점이 있다.

2) 입법배경 및 경과[1)]

(1) 입법배경과 적용확대

1960년대 추진된 경제개발계획으로 산업화, 도시화, 핵가족화, 노령화가 빠른 속도로 진행되고, 이로 인해 발생된 사회문제의 해결방안으로 1973년 「국민복지연금법」이 제정되어 1974년 1월부터 시행될 예정이었다. 그러나 1973년에 발생한 유류파동에 따른 경제불황으로 인해 시행이 무기한 연기되었다.[2)] 이후 경제가 다시 회

1) 박진화(2018). 사회보장론. 공동체, pp. 121-127 인용.

2) 국민복지연금법의 시행이 불발되었지만 1980년대 중반 국민연금법 검토의 출발점이 되었다는 데 중요한 의미가 있다(실록 국민의 연금, 2015).

복되고 노동시장 확대와 출생률 저하 등으로 국민연금제도에 대한 필요성이 증가되면서 1986년 기존의 국민복지연금이 「국민연금법」으로 변경되어 입법화되었다.[3] 법 제정 후 기금운용 등 효율적 관리운영을 위해 1987년 9월 18일 특수법인인 '국민연금관리공단'을 설립하고 1988년 1월부터 국민연금제도가 시행되었다. 적용대상은 우선 상대적으로 관리가 용이한 상시근로자 10인 이상 사업장 근로자 및 사업주를 대상으로 하였다. 보험료는 9%로 정하고 시행 시 우선 3%로 시작한 뒤 5년마다 2차례 3%씩 인상하여 1998년에는 최종 9%가 되도록 하였으며, 소득대체율[4]은 70%(40년 가입기준)로, 연금수급연령은 60세로 정하였다.

이후 1992년 1월에는 5인 이상 사업장으로 그 적용범위가 확대되었고, 1995년 7월에는 농어촌지역 주민(군지역)으로 제도가 확대되었으며, 1999년 4월부터는 도시지역 주민(자영자)으로 그 대상이 확대 적용되어 '전 국민 연금시대'가 열리게 되었다. 또한 2003년 7월부터는 5인 미만의 영세사업장, 근로자 1인 이상 법인·전문직종 사업장을 포괄함은 물론 임시·일용직과 시간제 근로자의 가입자격을 완화하였고, 2006년 1월에는 1인 이상의 전 사업장으로 확대됨으로써 사업장 적용범위 확대가 완료되었다.

〈표 7-1〉 국민연금제도의 적용범위 확대과정

	1988.1	1992.1	1995.7	1999.4	2003.7	2006.1
사업장 가입자	10인 이상 사업장	5인 이상 사업장	–	–	5인 미만 영세사업장, 1인 이상 법인·전문 직종 사업장	1인 이상 사업장
지역 가입자	–	–	농어촌 지역주민	도시지역 (자영자)	–	–
비고	제도시행			전국민 연금시대		사업장 확대완료

3) 「국민복지법」에서 복지라는 단어를 삭제한 이유는 복지라는 단어가 사회복지의 시혜적 의미를 내포하여 보험의 원리에 기초한 연금제도에 맞지 않는다는 인식 때문이었다(국민연금공단, 2008a).

4) 생애평균소득 대비 국민연금급여의 비율

또한 2009년 2월 6일 「국민연금과 직역연금의 연계에 관한 법률」이 제정되어 2009년 8월 7일부터 국민연금의 가입기간과 4개 직역연금의 재직기간을 연계하는 공적연금 연계제도가 실시되었다. 공적연금연계제도란 국민연금과 직역연금 수령을 위한 가입(재직) 기간을 채우지 못하고 이동하는 경우 각각 일시금으로만 받아야 했던 것을 연금 간 가입기간을 합하여 최소연계기간 10년(직역연금이 군인연금일 경우 20년)을 충족하면 두 연금을 모두 수급할 수 있도록 연계하는 제도이다. 그동안 4개의 직역연금(공무원연금, 군인연금, 사립학교교직원연금, 별정우체국직원연금) 간에는 재직기간을 합산할 수 있어 연금의 연계가 가능하였으나, 국민연금과 직역연금 간에는 상호연계가 되지 않아 각각 최소가입기간[5]을 채우지 못하는 경우 연금으로 수령할 수 없어 공적연금의 사각지대가 발생하였다. 따라서 이러한 문제를 해결하고 연금수급권을 확보하기 위해 이 법률이 제정되었다.

(2) 제도개혁

「국민연금법」은 개정을 통해 크게 세 차례의 제도개혁이 있었는데 1차 제도개혁은 1998년 12월 31일, 2차 개혁은 2007년 7월 23일, 3차 개혁은 2025년 4월 2일 개정을 통해 실시되었다.

① 제1차 국민연금법 개정 : 1998년 12월 31일(일부개정)

1992년 1월에 5인 이상 사업장으로 적용범위가 확대되고, 1995년 7월에는 농어촌지역 주민(군지역)으로 제도가 확대된 이후 아직 미적용 대상으로 남게 된 도시지역 주민에게까지 적용범위를 확대하고 연금급여 수준 및 수급연령을 조정하기 위해 1998년 12월 31일에 제1차 제도개혁을 실시하였다. 제1차 개정내용을 살펴보면 다음과 같다.

첫째, 적용대상 범위를 1999년 4월 1일부터 도시지역 주민(자영자)에게로 확대하고, 또한 5인 미만의 사업장 근로자와 임시·일용직 근로자 및 시간제 근로자도 단계적으로 적용범위에 포괄하기로 함으로써 전 국민의 연금시대를 실현하였다.

둘째, 연금재정의 안정성 제고를 위해 급여수준인 소득대체율을 시행 초기의

5) 국민연금 : 10년, 군인연금 : 20년, 공무원연금·사립학교교직원연금·별정우체국직원연금 : 10년

70%에서 60%로 하향 조정하였다(40년 가입자 기준). 또한 연금수급 개시연령을 2013년부터 5년 간격으로 1세씩 상향 조정하여 2033년에는 최종적으로 65세가 되도록 하였다.

② 제2차 국민연금법 개정 : 2007년 7월 23일(전부개정)

제1차 개정 후에도 여전히 국민연금의 장기 재정안정화 문제와 납부예외자 등 미적용자들의 국민연금 사각지대 문제들이 여전히 과제로 남아 이를 해결하기 위해 국민연금 개혁 법안이 국회에 제출되었다. 개혁 법안이 국회에서 논의되는 과정에서 노후소득보장의 사각지대를 해소한다는 명목으로 2007년 4월 「기초노령연금법」이 먼저 제정되고, 2007년 7월에 제2차 제도개혁을 위한 「국민연금법」이 개정되었다. 제2차 개정내용은 다음과 같다.

첫째, 국민연금기금의 소진연도를 좀 더 늦추기 위해 소득대체율을 제1차 개정에서 조정한 60%에서 40%로 인하하기로 하였다. 이를 위해 우선 2008년에는 50%로 하고, 2009년부터 매년 0.5%씩 단계적으로 인하하여 2028년에 최종적으로 40%가 되도록 하였다.

둘째, 출산과 군복무 기간에 대한 기간을 연금가입기간으로 인정해 주는 연금크레딧제도가 도입되었다. 연금크레딧이란 사회적으로 가치 있는 행위 혹은 불가피한 사유로 인해 보험료를 납부하지 못하는 기간이 발생하여 연금수급권이 발생하지 않거나 급여액이 적절한 수준에 미치지 못하는 것을 방지하기 위해 그 기간을 연금 가입기간으로 인정해 주는 제도이다(김수완, 2006 : 30).

먼저 출산장려를 위해 도입된 출산크레딧은 출산에 대한 기간을 연금 가입기간으로 인정해 주는 제도로, 첫째 자녀는 해당이 없으며, 둘째 자녀 12개월, 셋째 자녀부터는 자녀당 18개월씩 최장 50개월까지 추가로 국민연금 가입기간으로 인정하였다. 해당기간의 소득인정액은 소득수준에 상관없이 국민연금 A값[6]의 전액을 지원하고, 재원은 국가가 전부 또는 일부를 부담하기로 하였으며(국고와 연금기금이 함께 부담), 가입기간은 노령연금 산정 시 부 또는 모의 가입기간에 반영하도록 하였다. 그리고 군복무크레딧은 군복무 기간의 6개월을 국민연금 가입기간으로 인정해주는 제도로, 해당

6) A값이란 연금수급 전 3년간의 전체 가입자의 평균소득월액의 평균액으로 2025년의 경우 월 3,089,062원이다.

기간의 소득인정액은 국민연금 A값의 1/2을, 재원은 국가가 전부 부담하기로 하였다.

셋째, 유족연금 수급조건의 남녀차별을 폐지하였다. 이전에는 남성의 유족연금 수급자격으로 배우자 사망 당시 60세 이상이거나 장애등급 2급 이상이어야 하는 요건을 폐지하고, 남녀 모두 공통으로 최초의 수급기간을 5년에서 3년으로 하고 수급 재개연령을 50세에서 55세로 변경하였다.

넷째, 분할연금 수급권을 강화했다. 분할연금 지급정지 사유인 '재혼' 사유를 삭제하여 분할연금 수급자가 재혼 시에도 계속 지급받을 수 있게 하였다.

다섯째, 중복급여의 조정제도를 개선하였다. 2개 이상의 급여수급권(예 노령연금과 유족연금)이 발생하는 경우 선택에 의해 하나만 지급되던 방식에서 선택하지 아니한 급여가 유족연금일 경우 본인의 노령연금에다 선택하지 아니한 유족연금의 20%를 추가로 지급하도록 하였다(2017년 법 개정으로 현재는 30%로 변경되었음). 또한 선택하지 아니한 급여가 반환일시금일 경우 사망일시금 상당액을 추가 지급하는 것으로 되었다.

③ 제3차 국민연금법 개정 : 2025년 4월 2일[7](일부개정)

2007년 이후 18년 만에 단행된 제3차 개정에서는 국민연금의 지속가능성을 제고하고 노후소득보장 기능 강화에 초점을 맞추었다. 제3차 개정 내용은 다음과 같다.

첫째, 보험료율을 현행 9%에서 13%로 인상하였다. 보험료율은 1988년 제도 도입 당시 3%였으나 1993년 6%, 1998년 9%로 조정된 이후 계속 유지되어 왔다. 인상된 보험료는 국민부담을 고려하여 2026년부터 매년 0.5%씩 단계적으로 인상하여 2033년에 13%에 도달하도록 하였다.

둘째, 명목소득대체율을 43%로 인상하였다. 명목소득대체율은 은퇴 전 소득 대비 연금액의 비율을 나타내는 지표로 국민연금 도입 당시 70%, 1999년 60%, 2008년 50%로 낮아졌으며, 법률부칙에 따라 매년 0.5%씩 인하되어 2028년까지 40%로 조정될 예정이었다. 이에 따라 2025년 기준 41.5%인 명목소득대체율은 2026년에는 41%로 조정되어야 하나 개정을 통해 2026년부터는 43%로 고정된다.

---

7) 2025년 4월 2일 개정된 국민연금법은 2026년 1월 1일부터 시행된다. 따라서 출산크레딧은 이 법 시행 이후 첫째 자녀를 얻은 사람부터 적용하고, 군복무크레딧도 이 법 시행 이후 「병역법」에 따른 복무기간을 마친 사람부터 적용한다.

셋째, 국민연금제도에 대한 국민의 신뢰를 회복하기 위하여 국가가 연금급여의 지급을 보장한다는 점을 보다 명확히 규정하였다. 현행 국민연금법(제3조의2)은 연금급여가 안정적 · 지속적으로 지급되도록 필요한 시책을 수립할 국가의 의무를 규정하고 있으나, 개정을 통해 '국가는 연금급여의 안정적이고 지속적인 지급을 보장하여야 하며, 이에 필요한 시책을 수립 · 시행하여야 한다'고 규정함으로써 연금제도에 대한 국민들의 신뢰를 좀 더 높일 수 있도록 하였다.

넷째, 출산크레딧을 첫째 자녀부터 지원하도록 확대하고 최대 50개월까지만 인정하던 상한 규정도 폐지하였다. 현재는 둘째 자녀 12개월, 셋째 자녀 이상은 18개월씩 추가 가입 기간으로 인정하였으나 개정을 통해 첫째 자녀도 12개월을 가입 기간으로 인정하고, 상한 규정을 폐지함으로써 출산 가구에 대한 보상 수준과 다자녀에 대한 인센티브를 좀 더 강화하였다.

〈표 7-2〉 출산크레딧 인정기간

<table>
<tr><th>자녀 수</th><th>1자녀</th><th>2자녀</th><th>3자녀</th><th>4자녀</th><th>5자녀 이상</th></tr>
<tr><td>인정기간
(추가)</td><td>12개월</td><td>12개월
(12개월)</td><td>24개월
(18개월)</td><td>42개월
(18개월)</td><td rowspan="2">상한 없이
자녀당 18개월씩
추가로 인정함</td></tr>
<tr><td>합 계</td><td>12개월</td><td>24개월</td><td>42개월</td><td>60개월</td></tr>
</table>

다섯째, 군복무크레딧 역시 현재 6개월의 인정 기간을 최대 12개월로 확대하였다. 병역의무를 수행한 기간이 6개월 이상인 경우 6개월만 인정하던 크레딧을 복무기간(최대 12개월)으로 인정함으로써 사회적으로 가치 있는 활동인 군 복무 수행의 중요성도 인식하고, 군 복무에 따른 개인의 소득 활동 제약에 대한 보상도 강화하였다.

여섯째, 국민연금 사각지대를 완화하기 위하여 저소득 지역가입자에 대한 연금보험료 지원제도의 대상을 확대하였다. 기존에는 보험료 납부를 재개한 지역가입자를 대상으로 최대 12개월 동안 보험료의 절반을 지원하였으나, 이번 개정을 통해 지원 대상을 저소득 지역가입자로 확대하였다.

〈표 7-3〉 국민연금법의 주요 연혁

연월일	주요 내용
1973. 12. 24.	• 국민복지연금법 제정 – 1974년 1월 1일부터 시행예정이었으나 석유파동으로 시행연기
1986. 12. 31.	• 국민복지연금법 개정 → 국민연금법으로 개칭
1988. 01. 01.	• 국민연금제도 실시 ① 상시근로자 10인 이상 사업장에 적용 ② 소득대체율 70% ③ 보험료 9%(수정적립방식) – 시행초기 3%, 5년 간격으로 3%씩 상향하여 1998년부터 9%가 되게 함
1992. 01. 01.	• 사업장 적용범위 확대(5인 이상 사업장)
1995. 07. 01.	• 지역가입 시행(농어촌지역)
1998. 12. 31.	• 국민연금법 개정(1차) ① 적용범위 확대(도시지역 주민) ② 소득대체율 하향(70% ⇒ 60%) ③ 연금수급연령상향(60세 ⇒ 65세) – 2013년부터 5년 간격으로 1세씩 상향조정(2033년부터 65세가 되게 함)
2003. 07. 01.	• 사업장 적용범위 확대(1인 이상 법인 · 전문직종 사업장)
2006. 01. 01.	• 사업장 적용범위 확대(1인 이상 사업장)
2007. 07. 23.	• 국민연금법 개정(2차) ① 소득대체율 하향(60% ⇒ 40%) – 2008년 50%, 2009년부터는 매년 0.5%씩 하향, 2028년 40% ② 연금크레딧제도 신설(출산, 군복무) ③ 유족연금 수급조건 남녀차별 폐지 – 남녀모두 최초 수급 3년, 수급재개연령 55세 ④ 분할연금 수급권 강화 – 재혼 시 분할연금을 지급하지 않는다는 '재혼' 사유 삭제 ⑤ 중복급여 조정제도 개선
2025. 04. 02.	• 국민연금법 개정(3차) ① 보험료율 인상(9% → 13%) – 2026년부터 매년 0.5%씩 단계적으로 인상하여 2033년에 13%에 도달함 ② 소득대체율 인상(40% → 43%/2026년) ③ 연금크레딧 확대 – 출산크레딧 : 첫째 자녀 12개월 인정, 50개월 상한선 폐지 – 군복무크레딧 : 인정기간 6개월에서 최대 12개월로 확대

3) 법률용어의 정의

이 법에서 사용하는 용어의 뜻은 다음과 같다(법 제3조).

근로자	직업의 종류가 무엇이든 사업장에서 노무를 제공하고 그 대가로 임금을 받아 생활하는 자(법인의 이사와 그 밖의 임원 포함)를 말한다. 다만, 대통령령으로 정하는 자는 제외한다.
사용자	해당 근로자가 소속되어 있는 사업장의 사업주를 말한다.
소득	일정한 기간 근로를 제공하여 얻은 수입에서 대통령령으로 정하는 비과세소득을 제외한 금액 또는 사업 및 자산을 운영하여 얻는 수입에서 필요경비를 제외한 금액을 말한다.
평균소득월액	매년 사업장가입자 및 지역가입자 전원(全員)의 기준 소득월액을 평균한 금액을 말한다.
기준소득월액	연금보험료와 급여를 산정하기 위하여 국민연금가입자 소득월액을 기준으로 하여 정하는 금액을 말한다.
사업장가입자	사업장에 고용된 근로자 및 사용자로서 국민연금에 가입된 자를 말한다.
지역가입자	사업장가입자가 아닌 자로서 국민연금에 가입된 자를 말한다.
임의가입자	사업장가입자 및 지역가입자 외의 자로서 국민연금에 가입된 자를 말한다.
임의계속가입자	국민연금 가입자 또는 가입자였던 자로서 60세가 된 자가 국민연금공단에 계속가입 신청을 하여 가입된 자를 말한다.
연금보험료	국민연금사업에 필요한 비용으로서 사업장가입자의 경우에는 부담금 및 기여금의 합계액을, 지역가입자 · 임의가입자 및 임의계속가입자의 경우에는 본인이 내는 금액을 말한다.
부담금	사업장가입자의 사용자가 부담하는 금액을 말한다.
기여금	사업장가입자가 부담하는 금액을 말한다.
사업장	근로자를 사용하는 사업소 및 사무소를 말한다.
수급권	이 법에 따른 급여를 받을 권리를 말한다.
수급권자	수급권을 가진 자를 말한다.
수급자	이 법에 따른 급여를 받고 있는 자를 말한다.
초진일	장애의 주된 원인이 되는 질병이나 부상에 대하여 처음으로 의사의 진찰을 받은 날을 말한다.
완치일	장애의 주된 원인이 되는 질병이나 부상이 해당 질병이나 부상이 의학적으로 치유된 날, 더 이상 치료효과를 기대할 수 없는 경우로서 그 증상이 고정되었다고 인정되는 날, 증상의 고정성은 인정되지 아니하나, 증상의 정도를 고려할 때 완치된 것으로 볼 수 있는 날을 말한다.

2. 적용대상

1) 가입대상

국민연금 가입대상은 국내에 거주하는 국민으로서 18세 이상 60세 미만인 자이다. 다만, 「공무원연금법」, 「군인연금법」, 「사립학교교직원연금법」 및 「별정우체국법」을 적용받는 공무원, 군인, 교직원 및 별정우체국 직원, 그 밖에 대통령령으로 정하는 자는 제외한다(법 제6조). 그리고 「국민연금법」의 적용을 받는 사업장에 사용되고 있거나 국내에 거주하는 외국인의 경우도 당연히 국민연금의 당연가입자가 된다. 다만, 우리나라와 사회보장협정을 맺은 나라에서 파견된 근로자는 양국의 사회보장협정에서 정하는 바에 따른다.

> **※ 외국과의 사회보장협정(법 제127조)**
> 대한민국이 외국과 사회보장협정을 맺은 경우에는 이 법에도 불구하고 국민연금의 가입, 연금보험료의 납부, 급여의 수급요건, 급여액의 산정, 급여의 지급 등에 관하여 그 사회보장협정에서 정하는 바에 따른다.

2) 가입자 종류

(1) 사업장가입자

사업장가입자란 사업의 종류, 근로자의 수 등을 고려하여 대통령령으로 정하는 사업장(당연적용사업장)[8]에 종사하는 18세 이상 60세 미만의 근로자와 사용자로서 국민연금에 가입된 자를 말한다. 다만, 다음의 어느 하나에 해당하는 경우 사업장가입자에서 제외한다(법 제8조 제1항 제1호).

> 「공무원연금법」, 「공무원재해보상법」, 「사립학교교직원 연금법」 또는 「별정우체국법」에 따른 퇴직연금, 장해연금 또는 퇴직연금일시금이나 「군인연금법」에 따른 퇴역연금, 상이연금, 퇴역연금일시금을 받을 권리를 얻은 자. 다만, 퇴직연금 등 수급권자가 「국민연금과 직역연금의 연계에 관한 법률」에 따라 연계신청을 한 경우에는 그러하지 아니하다.

8) 당연적용사업장(시행령 제19조 제1항)
① 1인 이상의 근로자를 사용하는 사업장
② 주한 외국기관으로서 1인 이상의 대한민국 국민인 근로자를 사용하는 사업장

국민연금에 가입된 사업장에 종사하는 18세 미만의 근로자도 사용자의 동의 없이 당연가입자가 된다. 다만, 본인이 원하지 않을 경우 사업장 가입자가 되지 않을 수 있다. 그리고 「국민기초생활보장법」에 따른 생계급여 수급자 또는 의료급여 수급자의 경우 본인의 희망에 따라 사업장가입자가 되지 아니할 수 있다(법 제8조 제2~3항).

(2) 지역가입자

지역가입자란 사업장가입자가 아닌 자로서 국민연금에 가입된 자를 말한다. 국내에 거주하는 18세 이상 60세 미만의 국민으로서 사업장가입자가 아닌 사람은 당연히 지역가입자가 된다. 다만, 다음의 경우에는 지역가입자에서 제외된다(법 제9조 제1~5호).

1. 다음에 해당하는 자의 배우자로서 별도의 소득이 없는 자
   가. 국민연금 가입대상 제외자
   나. 사업장가입자, 지역가입자, 임의계속가입자
   다. 노령연금 수급권자 및 퇴직연금 등 수급권자
2. 퇴직연금 등 수급권자. 다만, 수급권자가 「국민연금과 직역연금의 연계에 관한 법률」에 따라 연계신청을 한 경우는 그러하지 아니하다.
3. 18세 이상 27세 미만인 자로서 학생이거나 군복무 등의 이유로 소득이 없는 자(연금보험료를 납부한 사실이 있는 자는 제외)
4. 「국민기초생활보장법」에 의한 생계급여 수급자 및 의료급여 수급자
5. 1년 이상 행방불명된 자

(3) 임의가입자

임의가입자란 사업장가입자 및 지역가입자 이외의 자로서 18세 이상 60세 미만인 자가 국민연금공단에 가입신청을 하여 가입된 경우를 말한다. 임의가입자는 강제가입과 달리 신청과 탈퇴가 본인의 신청에 의해 이루어진다(법 제10조 제1~2항).

(4) 임의계속가입자

임의계속가입자란 1개월 이상 가입기간이 있는 국민연금 가입자 또는 가입자였던 자로 60세가 된 자가 국민연금공단에 계속가입 신청을 하여 가입된 경우를 말한다. 즉, 60세에 도달하여 국민연금 가입자로서의 자격을 상실하였으나, 가입기간이 부족

하여 연금을 받지 못하거나 또는 가입기간을 연장하여 더 많은 연금을 받고자 하는 경우 65세에 달할 때까지 신청에 의하여 임의계속가입자로 가입할 수 있다. 다만, 보험료를 납부한 사실이 없거나, 노령연금을 지급받고 있거나, 반환일시금을 지급받은 경우에는 제외된다(법 제13조 제1항 제1호). 임의가입자와 마찬가지로 신청에 의해 탈퇴가 가능하다.

3) 가입자 자격의 취득 및 상실

(1) 가입자 자격의 취득 시기

종류별 가입자 자격의 취득 시기는 다음과 같다(법 제11조 제1~3항).

사업장가입자	① 사업장가입자는 다음의 어느 하나에 해당하게 된 날에 그 자격을 취득한다. 1. 사업장에 고용된 때 또는 그 사업장의 사용자가 된 때 2. 당연적용사업장으로 된 때
지역가입자	② 지역가입자는 다음의 어느 하나에 해당하게 된 날에 그 자격을 취득한다. 1. 사업장가입자의 자격을 상실한 때 2. 국민연금 가입대상 제외자(직역연금 가입자)에 해당하지 아니하게 된 때 3. 국민연금 가입대상 제외자, 사업장가입자, 지역가입자, 임의계속가입자, 노령연금 수급권자 및 퇴직연금 등 수급권자의 배우자로서 별도의 소득이 있게 된 때 4. 18세 이상 27세 미만인 자가 소득이 있게 된 때
임의가입자	③ 임의가입자는 가입 신청이 수리된 날에 자격을 취득한다.
임의계속 가입자	임의계속가입자는 가입 신청이 수리된 날에 자격을 취득한다(법 제13조 제1항).

(2) 가입자 자격의 상실시기

종류별 가입자 자격의 상실시기는 다음과 같다(법 제12조 제1~3항).

사업장 가입자	① 사업장가입자는 다음의 어느 하나에 해당하게 되면 해당하게 된 날의 다음 날에 자격을 상실한다(제5호는 해당하게 된 날에 상실). 1. 사망한 때 2. 국적을 상실하거나 국외로 이주한 때 3. 사용관계가 끝난 때 4. 60세가 된 때 5. 국민연금 가입 대상 제외자(직역연금 가입자)에 해당하게 된 때

지역 가입자	② 지역가입자는 다음의 어느 하나에 해당하게 되면 해당하게 된 날의 다음날에 그 자격을 상실한다(제3호와 제4호는 해당하게 된 날에 상실). 1. 사망한 때 2. 국적을 상실하거나 국외로 이주한 때 3. 국민연금 가입 대상 제외자(직역연금 가입자)에 해당하게 된 때 4. 사업장가입자의 자격을 취득한 때 5. 국민연금 가입대상 제외자, 사업장가입자, 지역가입자, 임의계속가입자, 노령연금 수급권자 및 퇴직연금 등 수급권자의 배우자로서 별도의 소득이 없게 된 때 6. 60세가 된 때
임의 가입자	③ 임의가입자는 다음의 어느 하나에 해당하게 되면 해당하게 된 날의 다음날에 그 자격을 상실한다(제6호와 제7호는 해당되게 된 날에 상실). 1. 사망한 때 2. 국적을 상실하거나 국외로 이주한 때 3. 탈퇴 신청이 수리된 때 4. 60세가 된 때 5. 3개월 이상 계속하여 연금보험료를 체납한 때 6. 사업장가입자 또는 지역가입자의 자격을 취득한 때 7. 국민연금 가입대상 제외자(직역연금 가입자)에 해당하게 된 때
임의계속 가입자	임의계속가입자는 다음의 어느 하나에 해당하게 된 날의 다음 날에 그 자격을 상실한다. 다만, 제3호의 경우 임의계속가입자가 납부한 마지막 연금보험료에 해당하는 달의 말일에 그 자격을 상실한다(법 제13조 제3항). 1. 사망한 때 2. 국적을 상실하거나 국외로 이주한 때 3. 탈퇴 신청이 수리된 때 4. 3개월 이상 계속하여 연금보험료를 체납한 때

(3) 가입자 자격 및 소득신고

사업장가입자의 사용자는 당연적용사업장에 해당된 사실, 사업장의 내용 변경 및 휴업·폐업 등에 관한 사항과 가입자 자격의 취득·상실, 가입자의 소득월액 등에 관한 사항을 국민연금공단에 신고하여야 한다. 그리고 지역가입자, 임의가입자 및 임의계속가입자는 가입자 본인이 자격의 취득·상실, 이름 또는 주소의 변경 및 소득에 관한 사항 등을 국민연금공단에 신고하여야 한다.

4) 가입기간의 계산 및 합산

(1) 가입기간 계산

국민연금 가입기간은 월 단위로 계산하되, 가입자의 자격을 취득한 날이 속하는 달의 다음 달부터 자격을 상실한 날의 전날이 속하는 달까지로 한다. 다만, 가입자가 자격을 취득한 날이 그 속하는 달의 초일인 경우, 임의계속가입자의 자격을 취득한 경우, 가입자가 희망하는 경우에는 자격을 취득한 날이 속하는 달을 가입기간에 산입한다. 가입기간을 계산할 때 연금보험료를 내지 아니한 기간은 가입기간에 산입하지 아니한다(법 제17조 제1~2항).

(2) 가입기간 추가 산입

① 군복무크레딧

다음의 어느 하나에 해당하는 자가 노령연금 수급권을 취득한 때에는 6개월(2026년 1월 1일부터는 복무기간/최대 12개월)을 가입기간에 추가로 산입한다. 다만, 「병역법」에 따른 병역의무를 수행한 기간이 6개월 미만인 경우에는 그러하지 아니한다(법 제18조 제1항).

1. 「병역법」에 따른 현역병
2. 「병역법」에 따른 전환복무를 한 사람
3. 「병역법」에 따른 상근예비역
4. 「병역법」에 따른 사회복무요원

다만, 병역의무를 수행한 기간의 전부 또는 일부가 「공무원연금법」, 「사립학교교직원연금법」, 「별정우체국법」에 따라 재직기간에 산정되거나 「군인연금법」에 따라 복무기간에 산입된 경우는 적용하지 않는다. 가입기간을 추가로 산입하는 데 필요한 재원은 국가가 전부를 부담한다(법 제18조 제2~3항).

② 출산크레딧

둘 이상의 자녀가 있는 가입자 또는 가입자였던 자가 노령연금수급권을 취득한 때에는 자녀가 2명인 경우에는 12개월, 3명 이상인 경우에는 둘째 자녀에 대하여 인정되는 12개월에 두 자녀를 초과하는 자녀 1명마다 18개월을 더한 개월 수를 가입기간에 추가로 산입한다. 다만, 추가로 산입하는 기간은 최대 50개월을 초과할 수 없다(법 제19조 제1항).

> 개정) 자녀가 있는 가입자 또는 가입자였던 자가 노령연금수급권을 취득한 때에는 자녀가 2명 이하인 경우에는 자녀 1명마다 12개월, 3명 이상인 경우에는 첫째 및 둘째 자녀에 대하여 인정되는 24개월에 2자녀를 초과하는 자녀 1명마다 18개월을 더한 개월 수를 가입기간에 추가로 산입한다(법 제19조 제1항)/시행일 : 2026년 1월 1일

추가 가입기간은 부모가 모두 가입자 또는 가입자였던 자인 경우에는 부와 모의 합의에 따라 2명 중 1명의 가입기간에만 산입하되, 합의하지 아니한 경우에는 균등 배분하여 각각의 가입기간에 산입한다. 가입기간을 추가로 산입하는데 필요한 재원은 국가가 전부 또는 일부를 부담한다(법 제19조 제2~3항).

③ 실업크레딧

다음에 해당하는 사람이 「고용보험법」에 따른 구직급여를 받는 경우 구직급여를 받는 기간을 가입기간으로 산입하기 위하여 국민연금공단에 신청하는 때에는 그 기간을 가입기간에 추가로 산입한다. 다만, 추가로 산입하는 기간은 1년을 초과할 수 없다(법 제19조의2 제1항).[9)]

> 1. 18세 이상 60세 미만인 사람 중 가입자 또는 가입자였을 것
> 2. 대통령령으로 정하는 재산 또는 소득이 보건복지부장관이 고시하는 기준 이하일 것[10)]

9) 실업크레딧의 인정소득은 실직 전 3개월간 평균소득의 50%에 해당하는 금액(최대 70만 원)으로 산정된 보험료(63,000원)에서 75%(47,250원)를 최대 1년간 지원한다. 이 경우 본인이 보험료의 25%를 반드시 납입해야 한다.

10) 재산세 과세표준의 합이 6억 원 이하 또는 연간종합소득(사업 및 근로소득 제외)이 1,680만 원 이하(보건복지부 고시 제2022-179호의 제2조)

3. 급여내용

1) 급여의 구성

국민연금급여는 기본연금액과 부양가족연금액으로 구성되어 있다.

(1) 기본연금액

기본연금액은 균등부분(A값)과 소득비례부분(B값)으로 구성되어 있으며 노령연금, 장애연금, 유족연금의 산정기초가 된다. A값은 연금수급 전 3년간 전체 가입자의 평균소득월액의 평균액이며, B값은 가입자 개인의 가입기간 중 매년 기준소득월액을 연금수급 전년도의 현재가치로 재평가한 생애 평균 기준소득월액이다. 기본연금액은 A값과 B값을 합한 금액에 1천분의 1천 200(2026년 1월 1일부터는 1천분의 1천290)을 곱한 금액으로 한다. 다만, 가입기간이 20년을 초과하면 그 초과하는 1년마다 산정된 금액에 1천분의 50을 곱한 금액을 가산한다(법 제51조 제1항).

산정된 기본연금액에서 노령연금과 유족연금은 가입기간에 따른 지급률을 곱하고, 장애연금은 장애등급에 따른 지급률을 곱해서 산정한 후 부양가족이 있는 경우 부양가족연금액을 합산한다.

이렇게 산정된 금액을 수급권자에게 적용할 때에는 연금 수급 2년 전 연도와 대비한 전년도의 전국소비자물가변동률을 기준으로 그 변동률에 해당하는 금액을 더하거나 빼되, 미리 국민연금심의위원회의 심의를 거쳐야 하며, 조정된 금액을 수급권자에게 적용할 때 그 적용 기간은 해당 조정연도 1월부터 12월까지로 한다(법 제51조 제2~3항).

국민연금급여 = 기본연금액 × 지급률 + 부양가족연금액
• 기본연금액 = (A값 + B값) × 1.2(2026년 1월 1일부터는 1.29)/20년 초과 1년당 5%씩 증가 – A값(균등부분) : 연금수급 전 3년간 전체가입자의 평균소득월액의 평균액 – B값(소득비례부분) : 가입자 개인의 가입기간 중 기준소득월액의 평균액 ※ 가입자 개인의 가입기간 중 매년 기준소득월액은 대통령령으로 정하는 바에 따라 보건복지부장관이 고시하는 연도별 재평가율에 의하여 연금수급 전년도의 현재가치로 환산하여 산정한다.

• 지급률
  1) 노령연금 지급률
    – 가입기간 20년 이상 : 100%(20년 초과 1년당 5%씩 증가)
    – 가입기간 10년 : 50%(10년 초과 1년당 5%씩 증가)
  2) 장애연금 지급률
    – 장애1급 100%, 2급 80%, 3급 60%, 4급(일시금) 225%
  3) 유족연금 지급률
    – 가입기간 10년 미만 40%, 10~20년 미만 50%, 20년 이상 60%

(2) 부양가족연금액

부양가족연금액은 수급권자에 의해 생계를 유지하고 있는 자에게 지급하는 급여로 기본연금액에 더하여 지급한다. 부양가족연금의 수급대상과 연금액, 그리고 부양가족에서 제외되는 경우는 다음과 같다(법 제52조 제1항, 제5항).

수급대상	1. 배우자 2. 19세 미만이거나 장애상태[11]에 있는 자녀(배우자가 혼인 전에 얻은 자녀 포함) 3. 60세 이상이거나[12] 장애상태에 있는 부모(부 또는 모의 배우자, 배우자의 부모 포함)
연금액[13] (2025년)	1. 배우자 : 연간 300,330원 2. 자녀와 부모 : 1인당 연간 200,160원
부양가족 제외사유	1. 사망한 때 2. 수급권자에 의한 생계유지의 상태가 끝난 때 3. 배우자가 이혼한 때 4. 자녀가 다른 사람의 양자가 되거나 파양(罷養)된 때 5. 자녀가 19세가 된 때(다만, 장애상태에 있는 자녀는 제외) 6. 장애상태에 있던 자녀 또는 부모가 그 장애상태에 해당하지 아니하게 된 때 7. 배우자가 혼인 전에 얻은 자녀와의 관계가 이혼으로 인하여 종료된 때 8. 재혼한 부 또는 모의 배우자와 수급자의 관계가 부모와 그 배우자의 이혼으로 인하여 종료된 경우

11) 장애연금 수급권자 구분에 따른 장애등급 1급 또는 2급에 해당하는 상태이거나, 장애인복지법에 따른 장애인 중 장애의 정도가 심한 장애인으로서 대통령령으로 정하는 장애 정도에 해당하는 상태(법 제52조의2).

12) 2013년 이후 출생년도에 따라 1~5세 상향조정(부모의 연령은 노령연금 지급연령과 같음)

13) 부양가족연금액은 1999년에 배우자는 연간 15만 원, 자녀와 부모는 연간 10만 원으로 설정되었고, 매년 전국소비자물가변동률에 따라 조정된다.

2) 급여의 종류

국민연금 급여는 노령연금, 장애연금, 유족연금, 반환일시금 및 사망일시금으로 구분된다.

(1) 노령연금

노령연금은 국민연금의 기초가 되는 급여로 가입기간, 연령, 소득활동 등에 따라 노령연금, 조기노령연금, 분할연금으로 구분된다. 노령연금의 수급개시연령은 2013년부터 출생연도별로 60세에서 1세씩 상향 조정되어 운영되고 있다.

〈표 7-4〉 출생연도별 노령연금 수급연령(부칙/법률 제8541호 제8조)

출생연도	수급개시연령		
	노령연금	조기노령연금	분할연금
1952년생 이전	60세	55세	60세
1953~1956년생	61세	56세	61세
1957~1960년생	62세	57세	62세
1961~1964년생	63세	58세	63세
1965~1968년생	64세	59세	64세
1969년생 이후	65세	60세	65세

① 노령연금

노령연금은 가입기간이 10년 이상이고 60세(수급연령 상향규정 적용 : 60~65세)[14]가 된 때부터 생존하는 동안 지급되는 연금이다(법 제61조 제1항). 노령연금액은 가입기간이 20년 이상일 경우는 기본연금액의 100%에 부양가족연금액을 가산한 금액을 지급한다. 가입기간이 10년일 경우에는 기본연금액의 50%에 해당하는 금액에 부양가족연금액을 가산한 금액을 지급하고, 10년을 초과하는 1년마다 기본연금액의 5%에 해당하는 금액을 추가한다(법 제63조 제1항).

14) 특수직종근로자는 55세가 된 때부터 개시된다.

가입기간 10년 : 기본연금액의 50% + 부양가족연금액	기본연금액은 가입기간 초과 1년당 5%씩 증가함
가입기간 15년 : 기본연금액의 75% + 부양가족연금액	
가입기간 20년 : 기본연금액의 100% + 부양가족연금액	

※ 연기연금제도(지급의 연기에 따른 가산, 법 제62조)

- 노령연금 수급권자로서 60세 이상 65세 미만인 자가 원하는 경우 65세 전까지의 기간(최대 5년)에 대해 지급을 연기할 수 있도록 하여 수급시점을 늦춤으로써 이자를 가산하여 연금급여액을 높이는 제도(매월 0.6%, 연 7.2%의 이자 가산).
- 연기비율은 50%, 60%, 70%, 80%, 90%, 100% 중에서 수급권자가 선택할 수 있음

노령연금 수급권자가 대통령령으로 정하는 소득이 있는 업무, 즉 연금수급 전 3년간 전체 가입자의 평균소득월액의 평균액(A값)을 초과하는 소득이 있는 업무에 종사하면 60세 이상 65세 미만인 기간에는 노령연금액(부양가족연금액 제외)에서 초과 소득구간별 감액률을 적용하여 감액 지급한다. 이때 감액하는 금액은 노령연금액의 1/2을 초과할 수 없다(법 제63조의2).

〈표 7-5〉 A값 초과소득구간별 감액률(법 제63조의2 제1~5호)

A값 초과 소득월액	감액산식	감액금액
100만 원 미만	초과 소득월액의 5%	0~5만 원 미만
100만 원 이상 200만 원 미만	5만 원+ (100만 원 초과 소득월액의 10%)	5~15만 원 미만
200만 원 이상 300만 원 미만	15만 원+ (200만 원 초과 소득월액의 15%)	15~30만 원 미만
300만 원 이상 400만 원 미만	30만 원+ (300만 원 초과 소득월액의 20%)	30~50만 원 미만
400만 원 이상	50만 원+ (400만 원 초과 소득월액의 25%)	50만 원 이상

② 조기노령연금

조기노령연금은 가입기간이 10년 이상인 가입자로서 55세(수급연령 상향규정 적용 : 55~60세) 이상인 자가 대통령령으로 정하는 소득이 있는 업무에 종사하지 아니하는 경우 본인의 희망에 의해 지급되는 연금이다. 연금수급 중 60세 이전에 소득이 있는 업무에 종사하게 되면 그 기간 동안은 연금지급이 정지된다. 조기노령연금의 급여액은 연령과 가입기간 모두 감액률을 적용한다.

55세(수급연령 상향규정 적용 : 55~60세)의 경우 기본연금액의 70%를 지급하고, 수급개시연령이 1세 증가할 때마다 기본연금액의 6%를 증액한다. 또한 가입기간이 10년일 경우 기본연금액의 50%를 지급하고 가입기간이 1년 증가할 때마다 기본연금액의 5%를 증액한다. 조기노령연금에도 부양가족연금이 가산된다.

※ 조기노령연금액의 예시

- 가입기간 10년, 55세인 경우 = 기본연금액의 50% × 70% + 부양가족연금
- 가입기간 11년, 56세인 경우 = 기본연금액의 55% × 76% + 부양가족연금

③ 분할연금

분할연금은 혼인기간이 5년 이상인 자가 이혼한 경우 배우자가 노령연금 수급권자가 되고 본인이 60세(수급연령 상향규정 적용 : 60~65세)에 도달하면 혼인기간에 해당하는 노령연금액(부양가족연금액 제외)을 균등하게 나누어 받는 연금이다. 재혼 여부에 관계없이 지급하며, 분할연금을 청구할 권리는 배우자가 노령연금 수급권자가 되고 본인이 60세(수급연령 상향규정 적용 : 60~65세)에 도달한 때부터 5년 이내에 청구하여야 한다(법 제64조 제1~3항).

분할연금 청구의 특례 (법 제64조의3)	① 분할연금 수급권자로서의 연령에 도달하기 이전에 이혼하는 경우에는 이혼의 효력이 발생하는 때부터 분할연금을 미리 청구할 수 있다. ② 제1항에 따른 분할연금 선청구는 이혼의 효력이 발생하는 때부터 3년 이내에 하여야 하며, 연령이 도달하기 이전에 분할연금 선청구를 취소할 수 있다(분할연금 선청구 및 취소는 1회에 한함). ③ 제1항에 따라 분할연금을 선청구한 경우라고 하더라도 분할연금 수급권의 요건을 모두 갖추게 된 때에 분할연금을 지급한다.

분할연금과 노령연금의 관계 (법 제65조)	① 분할연금 수급권은 그 수급권을 취득한 후에 배우자였던 자에게 생긴 사유로 노령연금 수급권이 소멸 · 정지되어도 영향을 받지 않는다. ② 수급권자에게 2 이상의 분할연금 수급권이 생기면 2 이상의 분할 연금액을 합산하여 지급한다. 다만, 2 이상의 분할연금 수급권과 다른 급여(노령연금 제외)의 수급권이 생기면 그 2 이상의 분할연금 수급권을 하나의 분할연금 수급권으로 보고 본인의 선택에 따라 분할연금과 다른 급여 중 하나만 지급하고 선택하지 아니한 분할 연금 또는 다른 급여의 지급은 정지된다. ③ 분할연금 수급권자는 유족연금을 지급할 때 노령연금 수급권자로 보지 아니한다. ④ 분할연금 수급권자에게 노령연금 수급권이 발생한 경우에는 분할 연금액과 노령연금액을 합산하여 지급한다.

(2) 장애연금

① 수급권자

장애연금은 가입자 또는 가입자였던 자가 질병이나 부상으로 신체상 또는 정신상의 장애가 있는 경우 '장애결정 기준일'부터 그 장애가 계속되는 기간 동안 장애 정도에 따라 지급하는 연금이다. '장애결정 기준일'이란 첫째, 초진일부터 1년 6개월이 지나기 전에 완치일이 있는 경우는 완치일, 둘째, 초진일부터 1년 6개월이 지날 때까지 완치일이 없는 경우에는 초진일부터 1년 6개월이 되는 날의 다음 날을 말한다. 장애연금은 다음의 두 가지 요건을 모두 충족하는 경우에 지급한다(법 제67조 제1항).

1. 해당 질병 또는 부상의 초진일 당시 연령이 18세(다만, 18세 전에 가입한 경우에는 가입자가 된 날) 이상이고 노령연금의 지급연령 미만일 것
2. 다음의 어느 하나에 해당할 것
   가. 해당 질병 또는 부상의 초진일 당시 연금보험료를 낸 기간이 가입대상 기간의 3분의 1 이상일 것
   나. 해당 질병 또는 부상의 초진일 5년 전부터 초진일까지의 기간 중 연금보험료를 낸 기간이 3년 이상일 것(가입대상 기간 중 체납기간이 3년 이상인 사람은 제외)
   다. 해당 질병 또는 부상의 초진일 당시 가입기간이 10년 이상일 것

② 장애연금액

장애연금액은 장애등급에 따라 다음과 같이 지급된다(법 제68조 제1~2항).

장애 1등급	기본연금액의 100% + 부양가족연금액	연금으로 지급
장애 2등급	기본연금액의 80% + 부양가족연금액	
장애 3등급	기본연금액의 60% + 부양가족연금액	
장애 4등급	기본연금액의 225%	일시보상금으로 지급

(3) 유족연금

① 수급권자

유족연금은 다음의 어느 하나에 해당되는 사람이 사망하면 그 유족에게 유족연금을 지급한다(법 제72조).

1. 노령연금 수급권자
2. 가입기간이 10년 이상인 가입자 또는 가입자였던 자
3. 연금보험료를 낸 기간이 가입대상 기간의 3분의 1 이상인 가입자 또는 가입자였던 자
4. 사망일 5년 전부터 사망일까지의 기간 중 연금보험료를 낸 기간이 3년 이상인 가입자 또는 가입자였던 자(가입대상 기간 중 체납기간이 3년 이상인 사람은 제외)
5. 장애등급 2급 이상인 장애연금 수급권자

② 유족의 범위

유족연금을 지급받을 수 있는 유족은 노령연금 수급권자 등이 사망할 당시 그에 의하여 생계를 유지하고 있던 다음의 자로 한다(제73조).

1. 배우자
2. 자녀(25세 미만이거나 장애상태에 있는 사람
3. 부모(배우자의 부모 포함, 60세 이상이거나 장애상태에 있는 사람)
4. 손자녀(19세 미만이거나 장애상태에 있는 사람)
5. 조부모(배우자의 조부모를 포함, 60세 이상이거나 장애상태에 있는 사람)

유족연금은 배우자 → 자녀 → 부모 → 손자녀 → 조부모 순으로 순위에 따라 최우선 순위자에게만 지급한다.[15] 같은 순위의 유족이 2명 이상이면 그 유족연금액을 똑같이 나누어 지급한다.

③ 유족연금액

유족연금액은 가입기간에 따라 다음과 같이 계산된 금액에 부양가족연금액을 더한 금액으로 한다. 다만, 노령연금 수급권자가 사망한 경우의 유족연금액은 사망한 자가 지급받던 노령연금액을 초과할 수 없다(법 제74조).

10년 미만	기본연금액의 40% + 부양가족연금액
10년 이상 20년 미만	기본연금액의 50% + 부양가족연금액
20년 이상	기본연금액의 60% + 부양가족연금액

④ 수급권 소멸사유

유족연금 수급권은 다음의 사유에 해당되면 소멸된다(법 제75조).

1. 수급권자가 사망한 때
2. 배우자인 수급권자가 재혼한 때
3. 자녀나 손자녀인 수급권자가 파양된 때
4. 장애상태에 해당하지 아니한 자녀인 수급권자가 25세가 된 때, 또는 장애상태에 해당하지 아니한 손자녀인 수급권자가 19세가 된 때

부모, 손자녀 또는 조부모인 유족의 유족연금 수급권은 가입자 또는 가입자였던 사람이 사망할 당시에 그 사람의 태아가 출생하여 수급권을 갖게 되면 소멸한다.

⑤ 수급권 정지 및 해제

유족연금의 수급권자인 배우자에 대하여는 수급권이 발생한 때부터 3년 동안 유족연금을 지급한 후 55세가 될 때까지 지급을 정지한다. 다만, 그 수급권자가 장애상태인 경우이거나, 가입자 또는 가입자였던 자의 25세 미만인 자녀 또는 장애상태인 자녀의 생계를 유지한 경우, 또는 대통령령으로 정하는 소득이 있는 업무에 종사하지 아니하는 경우에는 지급을 정지하지 아니한다(법 제76조 제1항).

자녀나 손자녀인 수급권자가 다른 사람에게 입양된 때에는 그에 해당하게 된 때

15) 부모 및 조부모의 유족연금 수급연령은 수급연령 상향규정(60~65세)을 적용한다.

부터 유족연금의 지급을 정지하고, 파양된 경우에는 본인의 신청에 의하여 파양된 때부터 지급정지를 해제한다. 또한 장애로 수급권을 취득한 자가 장애상태에 해당하지 아니하게 된 때에는 그에 해당하게 된 때부터 유족연금의 지급을 정지하고, 그 질병이나 부상이 악화되어 장애상태에 해당하게 된 경우에는 본인의 신청에 의하여 장애상태에 해당하게 된 때부터 지급정지를 해제한다(법 제76조 제5~8항).

(4) 반환일시금 및 사망일시금

① 반환일시금

반환일시금은 가입자 또는 가입자였던 자가 가입기간이 10년 미만으로 60세가 된 때, 사망한 때(유족연금이 지급되지 않는 경우), 국적을 상실하거나 국외로 이주한 때 본인이나 그 유족의 청구에 의해 일시금으로 지급하는 제도이다. 유족의 범위 및 청구의 순위는 유족연금의 경우를 준용한다. 반환일시금의 지급액은 가입자 또는 가입자였던 자가 납부한 연금보험료에 대통령령으로 정하는 이자를 더한 금액으로 한다(법 제77조 제1~3항).

② 사망일시금

사망일시금[16]은 다음의 어느 하나에 해당하는 사람이 사망한 때에 유족연금의 수급요건을 충족하는 유족이 없으면 그 배우자 · 자녀 · 부모 · 손자녀 · 조부모 · 형제자매 및 4촌 이내의 방계혈족(傍系血族)의 순으로 일시금을 지급하는 제도이다. 다만, 가출 · 실종 등 대통령령으로 정하는 경우에 해당하는 사람에게는 지급하지 아니하며, 4촌 이내 방계혈족의 경우에는 대통령령으로 정하는 바에 따라 다음의 어느 하나에 해당하는 사람의 사망 당시 그 사람에 의하여 생계를 유지하고 있던 사람에게만 지급한다.

1. 가입자 또는 가입자였던 사람
2. 노령연금 수급권자
3. 장애등급이 3급 이상인 장애연금 수급권자

16) 사망일시금은 유족연금 또는 반환일시금을 받지 못할 경우 장제부조적 · 보상적 성격으로 지급하는 급여이다.

지급금액은 가입자 또는 가입자였던 사람의 사망인 경우 반환일시금에 상당하는 금액을, 노령연금 수급권자와 장애등급 3급 이상인 장애연금 수급권자의 사망인 경우는 수급권자가 사망할 때까지 지급 받은 연금액이 가입자 또는 가입자였던 사람에 산정된 반환일시금보다 적은 경우 그 차액을 지급한다(법 제80조 제1~2항).

3) 연금지급 기간 및 지급시기

연금은 다음과 같이 지급하여야 할 사유가 생긴 날이 속하는 달의 다음 달부터 수급권이 소멸한 날이 속하는 달까지 지급한다.

- 노령연금은 60세(수급연령 상향규정 적용 : 60~65세) 생일
- 조기노령연금은 청구일
- 장애연금은 완치일 또는 초진일로부터 1년 6개월 경과일
- 유족연금은 사망일

연금은 매월 25일에 그달의 금액을 지급하되, 지급일이 토요일이나 공휴일이면 그 전날에 지급한다. 다만, 수급권이 소멸하거나 연금 지급이 정지된 경우에는 그 지급일 전에 지급할 수 있다. 연금은 지급을 정지하여야 할 사유가 생기면 그 사유가 생긴 날이 속하는 달의 다음 달부터 그 사유가 소멸한 날이 속하는 달까지는 지급하지 아니한다(법 제54조 제1~3항).

4) 중복급여의 조정

(1) 국민연금 급여 간 조정

수급권자에게 2개 이상의 급여수급권이 생기면 수급권자의 선택에 따라 그중 하나만 지급하고 다른 급여의 지급은 정지된다. 그럼에도 불구하고 본인의 노령연금과 유족연금 중 선택하지 않은 연금이 유족연금일 경우(선택한 급여가 반환일시금일 때는 제외) 본인의 노령연금에다 유족연금의 30%를 추가로 지급한다(법 제56조).

(2) 국민연금과 타 법률 간의 조정

장애연금 또는 유족연금의 수급권자가 이 법에 따른 장애연금 또는 유족연금의 지급사유와 같은 사유로 「근로기준법」, 「산업재해보상보험법」, 「선원법」, 「어선원 및 어선 재해보상보험법」에 해당하는 급여를 받을 수 있는 경우에는 「국민연금법」에 의한 장애연금액이나 유족연금액은 그 2분의 1에 해당하는 금액을 지급한다(법 제113조).

4. 재정 및 운영체계

1) 재 정

(1) 연금보험료

공단은 국민연금사업에 드는 비용에 충당하기 위하여 가입자와 사용자에게 가입기간 동안 매월 연금보험료를 부과하고, 건강보험공단이 이를 징수한다(법 제88조 제2항). 연금보험료는 사업장가입자의 경우 사업주의 부담금 및 본인의 기여금 합계액을, 지역가입자 · 임의가입자 및 임의계속가입자의 경우에는 본인이 내는 금액을 말한다.

연금보험료는 기준소득월액[17]의 1천분의 90(2026년 1월 1일부터는 1천분의 130)으로, 사업장가입자는 본인과 사용자가 각각 1천분의 45(2026년 1월 1일부터는 1천분의 65)에 해당하는 금액을 부담하고, 지역가입자 · 임의가입자 및 임의계속가입자는 1천분의 90(2026년 1월 1일부터는 1천분의 130)에 해당하는 금액을 본인이 모두 부담한다(법 제88조 제3~4항).[18]

연금보험료 납부의무자가 다음의 어느 하나에 해당하는 사유로 연금보험료를 낼 수 없으면 그 사유가 계속되는 기간에는 연금보험료를 내지 않을 수 있다(법 제91조 제1항).

---

17) 기준소득월액은 연금보험료와 급여를 산정하기 위해 가입자의 전년도 소득월액(전년도 연간소득총액÷총근무일수×30일)을 기준으로 하여 정하는 금액으로, 당해 연도 7월부터 이듬해 6월까지의 보험료에 적용한다.

18) 연금보험료는 2026년부터 2033년까지(1천분의 95-130) 매년 단계적으로 인상된다.

1. 사업 중단, 실직 또는 휴직 중인 경우
2. 병역법 제3조에 따른 병역의무를 수행하는 경우
3. 「초 · 중등교육법」 제2조나 「고등교육법」 제2조에 따른 학교에 재학 중인 경우
4. 「형의 집행 및 수용자 처우에 관한 법률」 제11조에 따라 교정시설에 수용 중인 경우
5. 종전의 「사회보호법」에 따른 보호감호시설이나 「치료감호법」에 따른 치료감호시설에 수용 중인 경우
6. 1년 미만 행방불명된 경우
7. 재해 · 사고 등으로 소득이 감소되거나 그 밖에 소득이 있는 업무에 종사하지 아니하는 경우로서 대통령령으로 정하는 경우

제1항에 따라 연금보험료를 내지 않은 기간(납부예외 기간)은 가입기간에 산입하지 않는다(법 제91조 제2항). 납부예외 기간의 전부 또는 일부에 상응하는 연금보험료(추납보험료)는 추후 납부를 신청할 수 있다(법 제92조 제1항).

연금보험료는 납부의무자가 다음 달 10일까지 내야 한다. 다만, 대통령령으로 정하는 농업 · 임업 · 축산업 또는 수산업을 경영하거나 이에 종사하는 자는 본인의 신청에 의하여 분기별 연금보험료를 해당 분기의 다음 달 10일까지 낼 수 있다(법 제89조 제1항).

(2) 국고 부담

국가는 매년 공단 및 건강보험공단이 국민연금사업을 관리 · 운영하는 데에 필요한 비용의 전부 또는 일부를 부담한다(법 제87조).

(3) 국민연금기금의 운영

보건복지부장관은 국민연금사업에 필요한 재원을 원활하게 확보하고, 이 법에 따른 급여에 충당하기 위한 책임준비금으로서 국민연금기금을 설치한다. 기금은 연금보험료, 기금운용 수익금, 적립금, 공단의 수입지출 결산상의 잉여금의 재원으로 조성한다(법 제101조). 조성된 기금은 보건복지부장관이 관리 · 운용하며, 재정의 장기적인 안정을 유지하기 위해 그 수익을 최대로 증대시킬 수 있도록 국민연금운용위원회에서 의결한 바에 따라 국민연금기금을 다음과 같은 방법으로 관리 · 운용한다(법 제102조).

1. 금융기관에 예입 또는 신탁
2. 공공사업을 위한 공공부문에 대한 투자
3. 증권의 매매 및 대여
4. 금융투자 상품지수에 관한 파생상품시장에서의 거래
5. 복지사업 및 대여사업
6. 기금의 본래 사업목적을 수행하기 위한 재산의 취득 및 처분
7. 그 밖에 기금의 증식을 위하여 대통령령으로 정하는 사업

2) 운영체계

(1) 보건복지부

국민연금제도의 운영에 대한 정책결정의 책임을 지고 있는 기관은 보건복지부이다. 보건복지부장관은 5년마다 국민연금재정 수지를 계산하고, 국민연금의 재정전망과 연금보험료의 조정 및 국민연금기금의 운용계획 등이 포함된 국민연금 운용 전반에 관한 계획을 수립하여 국무회의의 심의를 거쳐 대통령의 승인을 받아야 하며, 승인받은 계획을 국회에 제출하고 공시하여야 한다(법 제4조 제2항).

(2) 국민연금공단

① 업무

국민연금공단은 국민연금사업을 효율적으로 수행하기 위해 보건복지부장관의 위탁을 받아 설립된 기관이다. 국민연금공단의 업무는 다음과 같다(법 제25조).

1. 가입자에 대한 기록의 관리 및 유지
2. 연금보험료의 부과
3. 급여의 결정 및 지급
4. 가입자, 가입자였던 자, 수급권자 및 수급자를 위한 자금의 대여와 복지시설의 설치 · 운영 등 복지사업
5. 가입자 및 가입자였던 자에 대한 기금증식을 위한 자금 대여사업
6. 가입대상과 수급권자 등을 위한 노후준비서비스사업
7. 국민연금제도 · 재정계산 · 기금운용에 관한 조사연구

8. 국민연금에 관한 국제협력
9. 그 밖에 이 법 또는 다른 법령에 따라 위탁받은 사항
10. 그 밖에 국민연금사업에 관하여 보건복지부장관이 위탁하는 사항

② 임원

공단에 임원으로 이사장 1명, 상임이사 4명 이내, 이사 7명, 감사 1명을 두되, 이사에는 사용자 대표, 근로자 대표, 지역가입자 대표 각 1명 이상과 당연직 이사로서 보건복지부에서 국민연금업무를 담당하는 3급 국가공무원 또는 고위공무원단에 속하는 일반직 공무원 1명이 포함되어야 한다. 이사장은 보건복지부장관의 제청으로 대통령이 임면(任免)하고, 상임이사 · 이사(당연직 이사는 제외) 및 감사는 이사장의 제청으로 보건복지부장관이 임면한다. 상임이사 중 국민연금기금의 관리 · 운용에 관한 업무를 담당하는 이사(기금이사)는 경영 · 경제 및 기금 운용에 관한 지식과 경험이 풍부한 자 중에서 선임하여야 한다. 임원의 임기는 3년으로 한다. 다만, 당연직 이사의 임기는 그 재임기간으로 하고, 기금이사의 임기는 계약기간으로 한다(법 제30~32조).

(3) 국민연금심의위원회

① 업무

국민연금심의위원회는 국민연금사업에 관한 사항을 심의하기 위해 보건복지부 소속하에 있는 심의기구이다. 국민연금심의위원회의 심의사항은 다음과 같다(법 제5조 제1항).

1. 국민연금제도 및 재정 계산에 관한 사항
2. 급여에 관한 사항
3. 연금보험료에 관한 사항
4. 국민연금기금에 관한 사항
5. 그 밖에 국민연금제도의 운영과 관련하여 보건복지부장관이 회의에 부치는 사항

② 구성

국민연금심의위원회의 위원장은 보건복지부차관이고, 부위원장은 공익을 대표하는 위원 중에서 호선(互選)하며, 위원은 다음 구분에 따라 보건복지부장관이 지명하거나 위촉한다(법 제5조 제2항).

1. 사용자를 대표하는 위원으로서 사용자단체가 추천하는 자 4명
2. 근로자를 대표하는 위원으로서 근로자단체가 추천하는 자 4명
3. 지역가입자를 대표하는 위원으로서 다음의 자
   가. 농어업인 단체가 추천하는 자 2명
   나. 농어업인 단체 외의 자영자(自營者) 관련 단체가 추천하는 자 2명
   다. 소비자단체와 시민단체가 추천하는 자 2명
4. 공익을 대표하는 위원으로서 국민연금에 관한 전문가 5명

(4) 국민연금기금운용위원회

① 업무

국민연금기금운용위원회는 국민연금기금운용에 관한 사항을 심의·의결하기 위하여 보건복지부 소속하에 두는 최고 의사결정기구이다. 국민연금기금운용위원회의 심의·의결사항은 다음과 같다(법 제103조 제1항).

1. 사용자를 대표하는 위원으로서 사용자단체가 추천하는 자 3명
2. 근로자를 대표하는 위원으로서 노동조합을 대표하는 연합단체가 추천하는 자 3명
3. 지역가입자를 대표하는 위원으로서 다음의 자
   가. 농어업인 단체가 추천하는 자 2명
   나. 농어업인 단체 외의 자영자 관련 단체가 추천하는 자 2명
   다. 소비자단체 및 시민단체가 추천하는 자 2명
4. 관계 전문가로서 국민연금에 관한 학식과 경험이 풍부한 자 2명

② 구성

국민연금기금운용위원회는 위원장인 보건복지부장관, 당연직 위원인 기획재정부차관·농림축산식품부차관·산업통상자원부차관·고용노동부차관과 공단 이사장 및 위원장이 위촉하는 다음 각 호의 위원으로 구성한다(법 제103조 제2항).

1. 기금운용지침에 관한 사항
2. 기금을 관리기금에 위탁할 경우 예탁 이자율의 협의에 관한 사항
3. 기금운용 계획에 관한 사항
4. 기금의 운용내용과 사용내용에 관한 사항
5. 그 밖에 중요한 사항으로서 운용위원회 위원장이 회의에 부치는 사항

5. 권리구제와 벌칙

1) 권리구제

(1) 심사청구

가입자의 자격, 기준소득월액, 연금보험료, 그 밖의 이 법에 따른 징수금과 급여에 관한 공단 또는 건강보험공단의 처분에 이의가 있는 자는 그 처분을 한 국민연금공단 또는 건강보험공단에 심사청구를 할 수 있다. 심사청구는 그 처분이 있음을 안 날부터 90일 이내에 문서(전자문서 포함)로 하여야 하며, 처분이 있은 날부터 180일을 경과하면 이를 제기하지 못한다. 다만, 정당한 사유로 그 기간에 심사청구를 할 수 없었음을 증명하면 그 기간이 지난 후에도 심사청구를 할 수 있다. 심사청구 사항을 심사하기 위하여 공단에 국민연금심사위원회를 두고, 건강보험공단에 징수심사위원회를 둔다(법 제108~109조).

(2) 재심사청구

심사청구에 대한 결정에 불복하는 자는 그 결정통지를 받은 날부터 90일 이내에 대통령령으로 정하는 사항을 적은 재심사청구서에 따라 국민연금재심사위원회에 재심사를 청구할 수 있다. 재심사청구 사항을 심사하기 위하여 보건복지부에 국민연금재심사위원회를 둔다. 재심사위원회의 재심사와 재결에 관한 절차에 관하여는 「행정심판법」을 준용하며, 재심사청구 사항에 대한 재심사위원회의 재심사는 「행정심판법」에 따른 행정심판으로 본다(법 제110~112조).

2) 벌 칙

(1) 벌칙

이 법에서 정하는 벌칙은 다음과 같다(법 제128조 제1~3항).

3년 이하의 징역 또는 3천만 원 이하의 벌금	거짓이나 그 밖의 부정한 방법으로 급여를 받은 자
3년 이하의 징역 또는 1천만 원 이하의 벌금	가족관계등록 전산정보의 공동이용에 따른 전산정보자료를 목적 외의 다른 용도로 이용하거나 활용한 자
1년 이하의 징역 또는 1천만 원 이하의 벌금	1. 부담금의 전부 또는 일부를 사업장가입자에게 부담하게 하거나 임금에서 기여금을 공제할 때 기여금을 초과하는 금액을 사업장가입자의 임금에서 공제한 사용자 2. 납부기한까지 정당한 사유 없이 연금보험료를 내지 않은 사용자 3. 근로자가 가입자로 되는 것을 방해하거나 부담금의 증가를 기피할 목적으로 정당한 사유 없이 근로자의 승급 또는 임금인상을 하지 아니하거나 해고나 그 밖의 불리한 대우를 한 사용자 4. 공단에 종사하였거나 종사하는 경우에 업무를 수행하면서 알게 된 비밀을 누설한 자

(2) 과태료

이 법에서 정하는 과태료는 다음과 같다(법 제131조 제1~2항).

50만 원 이하의 과태료	1. 사업장가입자 자격 및 소득 등에 관한 신고를 하지 아니하거나 거짓으로 신고한 사용자 2. 공단 또는 공단의 직원이 서류나 그 밖의 자료 제출을 요구하거나 조사 · 질문을 할 때 이를 거부 · 기피 · 방해하거나 거짓으로 답변한 사용자
10만 원 이하의 과태료	1. 지역가입자, 임의가입자 및 임의계속가입자가 자격의 취득 · 상실, 이름 또는 주소의 변경 및 소득에 관한 사항 등과, 수급권의 발생 · 변경 · 소멸 등에 관련된 사항을 신고하지 아니한 자 2. 공단으로부터 가입자 등에 대한 통지를 받은 사용자가 해당 사업장가입자 또는 그 자격을 상실한 자에게 통지를 하되, 그 통지를 받을 자의 소재지를 알 수 없어 통지할 수 없는 경우에는 공단에 통지하여야 함에도 통지를 하지 아니한 자 3. 공단 또는 공단의 직원이 서류나 그 밖의 소득 · 재산 등에 관한 자료의 제출을 요구하거나 조사 · 질문할 때 이를 거부 · 기피 · 방해하거나 거짓으로 답변한 가입자, 가입자였던 자 또는 수급권자

제8장 ∶ 국민건강보험법

1. 국민건강보험법의 개관

1) 법의 목적 및 의의

「국민건강보험법」은 국민의 질병 · 부상에 대한 예방 · 진단 · 치료 · 재활과 출산 · 사망 및 건강증진에 대하여 보험급여를 실시함으로써 국민보건 향상과 사회보장 증진에 이바지함을 목적으로 한다(법 제1조). 국민건강보험은 사회보험 방식을 통하여 국민의 건강을 확보하고, 소득유지와 생활의 안정을 함께 도모하는 사회보장제도이다. 따라서 국민건강보험은 기본적인 진료비 보장과 질병치료는 물론 건강진단 · 재활 및 예방의 범위까지 포함하는 적극적이고 포괄적인 의미를 가지는 제도이다.

2) 입법배경 및 경과[1)]

(1) 의료보험법 입법과 확대과정(조합방식)

우리나라의 의료보험제도는 1963년의 「의료보험법」 제정으로부터 시작된다. 그러나 초기의 「의료보험법」은 법률 제정과정에서 가입방법이 강제가입제에서 임의가입제로 바뀌었기 때문에 사회보험으로서의 의의를 상실하였다. 이후 1976년 12월에 「의료보험법」이 전면 개정되면서 1977년 7월 1일부터 500인 이상 사업장 근로자를 당연적용 대상으로 하여 강제가입 의료보험이 실시되었다. 이때는 직장별로 의료보험조합을 별도로 구성하고 독립채산제 방식에 따른 조합방식을 채택하였으므로 의

1) 박진화(2018). 사회보장론. 공동체, pp. 150-153 인용.

료보험을 실시하기 위해 486개의 조합이 설립되었다. 또한 1977년 12월 31일에는 공무원 및 사립학교교직원을 대상으로 하는 「공무원 및 사립학교교직원 의료보험법」이 제정되어 1979년 1월부터 실시되었다.

이후 사업장 근로자의 당연적용 대상 범위는 1979년 4월 300인 이상 사업장, 1980년 10월 100인 이상 사업장, 1982년 12월 16인 이상 사업장, 1988년 7월 5인 이상 사업장으로 확대되었다. 한편 전두환 정부의 국민복지 3대 정책(국민연금제도와 최저임금제 실시, 의료보험의 전 국민 확대) 중 하나인 의료보험 확대방안으로 1988년 1월부터 농어촌지역 의료보험이 실시되었고, 이듬해 1989년 7월부터는 도시지역 의료보험이 실시되었다. 이로써 우리나라 전 국민에 대한 의료보험이 실시되었다.

(2) 국민의료보험법 입법(부분통합 방식)

1989년 7월부터 전 국민에 대한 의료보험이 실시되었지만 의료보험제도는 「의료보험법」에 기반을 둔 직장의료보험조합(139개)과 지역의료보험조합(227개), 그리고 「공무원 및 사립학교교직원 의료보험법」에 기반을 둔 공무원 및 사립학교교직원 의료보험관리공단(1개)에 의해 운영되었다. 이에 따라 의료보험 통합에 대한 논의가 꾸준히 전개되어 1997년 12월 31일 「국민의료보험법」이 제정되었다. '국민의료보험관리공단' 출범 후 1988년 10월부터 실시된 국민의료보험은 직장의료보험조합은 일단 제외하고, 먼저 1개의 공무원 및 사립학교교직원 의료보험조합과 227개의 지역의료보험조합만 통합하는 부분통합을 하였다.

(3) 국민건강보험법 입법(완전통합 방식)

김대중 정부 출범 후 1999년 2월 8일에 「국민건강보험법」이 제정되고 2000년 7월 1일부터 시행되었다. 이에 따라 139개의 직장의료보험조합과 국민의료보험관리공단이 통합되어 국민건강보험공단으로 업무가 단일화되었다. 이로써 그동안 조합주의와 통합주의 간에 계속해 오던 논쟁은 끝나고 완전 통합주의 방식으로 변경되었다. 그러나 이때 재정에 대한 부분은 통합하지 않고 당분간 각각 분리하여 관리하기로 하였고, 이후 2003년 7월 1일에 보험재정도 일원화되었다.

〈표 8-1〉 의료보험의 통합과정

의료보험법	국민의료보험법	국민건강보험법
직장의료보험조합(139개)	직장의료보험조합(139개)	국민건강보험공단 (2000.7.1)
지역의료보험조합(227개)	국민의료보험관리공단 (1998.10.1)	
공교의료보험관리공단(1개)		

〈표 8-2〉 국민건강보험법의 주요 연혁

연월일	주요 내용	운영 방식
1963. 12. 16	• 의료보험법 제정(임의적용)	조합 방식
1976. 12. 22	• 의료보험법 개정(강제적용)	
1977. 07. 01	• 의료보험법 시행(500인 이상 사업장 실시, 486개 조합 설립)	
1977. 12. 31	• 공무원 및 사립학교교직원 의료보험법 제정	
1979. 01. 01	• 공무원 및 사립학교교직원 의료보험법 시행	
1979. 04. 07	• 사업장 적용범위 확대(300인 이상 사업장)	
1980. 10. 31	• 사업장 적용범위 확대(100인 이상 사업장)	
1982. 12. 21	• 사업장 적용범위 확대(16인 이상 사업장)	
1988. 01. 01	• 지역의료보험 실시(농어촌지역)	
1988. 07. 22	• 사업장 적용범위 확대(5인 이상 사업장)	
1989. 07. 01	• 지역의료보험 확대(도시지역) → 전 국민 의료보험시대	
1997. 12. 31	• 국민의료보험법 제정	부분 통합 방식
1988. 10. 01	• 국민의료보험법 시행(국민의료보험관리공단 출범) – 공무원 및 사립학교교직원 의료보험조합(1개)+지역의료보험조합(227개)	
1999. 02. 08	• 국민건강보험법 제정	완전 통합 방식
2000. 07. 01	• 국민건강부험법 시행 – 직장의료보험조합(139개)과 국민의료보험공단 통합 – 국민건강보험공단으로 업무 단일화(완전 통합)	
2000. 12. 29	• 사업장 적용범위 확대(1인 이상 사업장, 2001년 1월부터 실시)	
2003. 07. 01	• 직장재정과 지역재정 통합(국민건강보험의 실질적인 통합)	
2009. 05. 02	• 4대 사회보험료 통합 징수(2011년 1월부터 실시)	

3) 법률용어의 정의

이 법에서 사용하는 용어의 뜻은 다음과 같다(법 제3조).

근로자	직업의 종류와 관계없이 근로의 대가로 보수를 받아 생활하는 사람(법인의 이사와 그 밖의 임원 포함)으로서 공무원 및 교직원을 제외한 사람을 말한다.
사용자	다음의 어느 하나에 해당하는 자를 말한다. 가. 근로자가 소속되어 있는 사업장의 사업주 나. 공무원이 소속되어 있는 기관의 장으로서 대통령령으로 정하는 사람 다. 교직원이 소속되어 있는 사립학교(사립학교교직원연금법 제3조에 규정된 사립학교)를 설립 · 운영하는 자
사업장	사업소나 사무소를 말한다.
공무원	국가나 지방자치단체에서 상시 공무에 종사하는 사람을 말한다.
교직원	사립학교나 사립학교의 경영기관에서 근무하는 교원과 직원을 말한다.

2. 적용대상

1) 가입대상

국내에 거주하는 모든 국민은 국민건강보험의 가입자 또는 피부양자가 된다. 다만, 「의료급여법」에 따라 의료급여를 받는 사람과 「독립유공자예우에 관한 법률」 및 「국가유공자 등 예우 및 지원에 관한 법률」에 따라 의료보호를 받는 사람은 제외한다(법 제5조 제1항). 따라서 기초생활수급자나 유공자 등으로 보험료를 납부하지 않는 의료급여 대상자를 제외한 모든 국민은 국민건강보험의 가입자가 된다. 가입 제외 대상자의 경우도 보험료를 납부하지 않지만 국가 및 지방자치단체의 재정으로 조성된 의료급여기금에서 급여비용을 부담하므로 국민건강보험 가입자와 같은 건강보장급여를 받을 수 있다.

2) 가입자 종류

가입자는 직장가입자와 지역가입자로 구분한다.

(1) 직장가입자

직장가입자는 모든 사업장의 근로자 및 사용자와 공무원 및 교직원과 그 피부양자로 구성된다. 직장가입자의 제외대상은 다음의 어느 하나에 해당하는 경우이다(법 제6조 제2항).

> 1. 고용기간이 1개월 미만인 일용근로자
> 2. 「병역법에」 따른 현역병, 전환복무된 사람 및 군간부후보생
> 3. 선거에 당선되어 취임하는 공무원으로서 매월 보수 또는 보수에 준하는 급료를 받지 아니하는 사람
> 4. 그 밖에 사업장의 특성, 고용형태 및 사업의 종류 등을 고려하여 대통령령으로 정하는 사업장의 근로자 및 사용자와 공무원 및 교직원

피부양자는 직장가입자의 ① 배우자, ② 직계존속(배우자의 직계존속 포함), ③ 직계비속(배우자의 직계비속 포함) 및 그 배우자, ④ 형제 · 자매(30세 미만, 65세 이상, 장애인, 국가유공자 등) 중 직장가입자에 의해 주로 생계를 의존하는 사람으로서 소득 및 재산이 보건복지부령으로 정하는 기준 이하에 해당하는 사람을 말한다(법 제5조 제2항).

> **※ 피부양자의 소득 및 재산 요건(시행규칙 제2조 제1항 제2호 관련 별표 1의2)[2]**
> - 직장가입자의 피부양자가 되려면 다음의 소득요건과 재산요건을 모두 충족하여야 함
> - 두 가지 요건을 모두 충족하지 못하는 경우 피부양자에서 제외하여 지역가입자로 전환됨
>
> 1. 소득요건
>   소득합계액(근로소득, 이자소득, 배당소득, 연금소득 등)이 연간 2,000만 원 이하이면서, 사업소득이 없을 것. 다만, 사업자등록이 되어있지 않은 경우와 장애인, 국가유공자, 보훈보상대상자 등은 사업소득 합계액 500만 원까지는 사업소득이 없는 것으로 봄
> 2. 재산요건
>   「지방세법」 제110조에 따른 재산세 과세표준의 합이 5억 4천만 원 초과 9억 원 이하이면서 소득합계액이 연간 1,000만 원 이하이거나, 재산세 과세표준의 합이 5억 4천만 원 이하일 것(형제 · 자매의 경우는 1억 8천만 원 이하일 것)

(2) 지역가입자

지역가입자는 직장가입자와 그 피부양자를 제외한 가입자를 말한다. 지역가입자의 경우 세대주 외의 피부양자도 모두 가입자가 되는데 직장가입자처럼 피부양자라는 명칭을 쓰지 않고 세대원이라는 명칭을 사용한다.

---
2) 2022년 9월 1일 개정

(3) 외국인에 대한 특례

국내에 체류하는 재외국민 또는 외국인으로서 적용대상 사업장의 근로자, 공무원 또는 교직원이고 직장가입자의 제외대상에 해당되지 않으면서 다음의 어느 하나에 해당하는 경우에는 직장가입자가 된다(법 제109조 제2항).

> 1. 「주민등록법」에 따라 등록한 사람
> 2. 「재외동포의 출입국과 법적 지위에 관한 법률」에 따라 국내 거소 신고를 한 사람
> 3. 「출입국관리법」에 따라 외국인 등록을 한 사람

직장가입자에 해당하지 아니하는 국내 체류 외국인 등이 다음의 요건을 모두 갖춘 경우에는 지역가입자가 된다(법 제109조 제3항).

> 1. 국내에 6개월 이상 거주하였거나 해당 기간 동안 국내에 지속적으로 거주할 것으로 예상할 수 있는 사유로서 보건복지부령으로 정하는 사유에 해당될 것
> 2. 다음 각 목의 어느 하나에 해당할 것
>   가. 「주민등록법」에 따라 등록한 사람, 또는 「재외동포의 출입국과 법적 지위에 관한 법률」에 따라 국내 거소 신고를 한 사람
>   나. 「출입국관리법」에 따라 외국인 등록을 한 사람으로서 보건복지부령으로 정하는 체류자격이 있는 사람

3) 가입자 자격의 취득 · 변동 · 상실 시기

(1) 가입자 자격취득 시기

가입자는 국내에 거주하게 된 날에 직장가입자 또는 지역가입자의 자격을 얻는다. 다만, 다음의 어느 하나에 해당하는 사람은 그 해당되는 날에 각각 자격을 얻는다(법 제8조 제1항).

> 1. 수급권자이었던 사람은 그 대상자에서 제외된 날
> 2. 직장가입자의 피부양자이었던 사람은 그 자격을 잃은 날
> 3. 유공자 등 의료보호 대상자이었던 사람은 그 대상자에서 제외된 날
> 4. 건강보험의 적용을 신청한 유공자 등 의료보호 대상자는 그 신청한 날

가입자의 자격을 얻은 경우 그 직장가입자의 사용자 및 지역가입자의 세대주는 그 명세를 보건복지부령으로 정하는 바에 따라 자격을 취득한 날부터 14일 이내에 보험자에게 신고하여야 한다(법 제8조 제2항).

(2) 가입자 자격변동 시기

가입자는 다음의 어느 하나에 해당하게 된 날에 그 자격이 변동된다(법 제9조 제1항).

1. 지역가입자가 적용대상 사업장의 사용자로 되거나, 근로자 · 공무원 또는 교직원으로 사용된 날
2. 직장가입자가 다른 적용대상 사업장의 사용자로 되거나 근로자 등으로 사용된 날
3. 직장가입자인 근로자 등이 그 사용관계가 끝난 날의 다음날
4. 적용대상 사업장에 휴업 · 폐업에 따른 사유가 발생한 날의 다음날
5. 지역가입자가 다른 세대로 전입한 날

가입자의 자격이 변동된 경우 직장가입자의 사용자와 지역가입자의 세대주는 그 명세를 보건복지부령으로 정하는 바에 따라 자격이 변동된 날부터 14일 이내에 보험자에게 신고하여야 한다(법 제9조 제1항).

(3) 가입자 자격상실 시기

가입자는 다음의 어느 하나에 해당하게 된 날에 그 자격을 잃는다(법 제10조 제1항).

1. 사망한 날의 다음 날
2. 국적을 잃은 날의 다음 날
3. 국내에 거주하지 아니하게 된 날의 다음 날
4. 직장가입자의 피부양자가 된 날
5. 수급권자가 된 날
6. 건강보험을 적용받고 있던 사람이 유공자 등 의료보호 대상자가 되어 건강보험의 적용배제 신청을 한 날

가입자의 자격을 잃은 경우 직장가입자의 사용자와 지역가입자의 세대주는 그 명세를 보건복지부령으로 정하는 바에 따라 자격을 잃은 날부터 14일 이내에 보험자에게 신고하여야 한다(법 제10조 제2항).

3. 급여내용

1) 급여의 종류

(1) 요양급여

① 요양급여의 종류

요양급여는 가입자 및 피부양자의 질병 · 부상 · 출산 등에 대해 요양기관이 실시하는 의료서비스로 현물급여이다. 요양급여의 종류는 다음과 같다(법 제41조 제1항).

> 1. 진찰 · 검사, 2. 약제 · 치료재료의 지급, 3. 처치 · 수술 및 그 밖의 치료,
> 4. 예방 · 재활, 5. 입원, 6. 간호, 7. 이송(移送) 등

② 요양기관의 종류

요양급여(간호와 이송은 제외)는 다음 각 호의 요양기관에서 실시한다(법 제42조 제1항).

> 1. 「의료법」에 따라 개설된 의료기관
> 2. 「약사법」에 따라 등록된 약국
> 3. 「약사법」 제91조에 따라 설립된 한국희귀의약품센터
> 4. 「지역보건법」에 따라 설치된 보건소 · 보건의료원 및 보건지소
> 5. 「농어촌 등 보건의료를 위한 특별조치법」에 따라 설치된 보건진료소

③ 요양급여비용의 청구와 지급

요양기관은 공단에 요양급여비용의 지급을 청구할 수 있다. 요양급여비용을 청구하려는 요양기관은 심사평가원에 요양급여비용의 심사청구를 하여야 하며, 심사청구를 받은 심사평가원은 이를 심사한 후 지체 없이 그 내용을 공단과 요양기관에 알려야 한다. 이 경우 요양급여비용에 대한 심사청구는 공단에 대한 요양급여비용의 청구로 본다.

심사내용을 통보받은 공단은 지체 없이 그 내용에 따라 요양급여비용을 요양기관에 지급한다. 이때 이미 낸 본인일부부담금이 통보된 금액보다 더 많으면 요양기관에 지급할 금액에서 더 많이 낸 금액을 공제하여 해당 가입자에게 지급하여야 한다. 공단은 심사평가원이 요양급여의 적정성을 평가하여 공단에 통보하면 그 평가 결과에 따라 요양급여비용을 가산하거나 감액 조정하여 지급한다(제47조 제1~3항, 제6항).

(2) 요양비

요양비는 가입자나 피부양자가 보건복지부령으로 정하는 긴급하거나 그 밖의 부득이한 사유로 요양기관과 비슷한 기능을 하는 기관으로서 보건복지부령으로 정하는 기관(준요양기관)에서 질병 · 부상 · 출산 등에 대하여 요양을 받거나, 요양기관이 아닌 장소에서 출산한 경우에 그 요양급여에 상당하는 금액을 지급하는 현금급여를 말한다.

준요양기관은 보건복지부장관이 정하는 요양비 명세서나 요양 명세를 적은 영수증을 요양을 받은 사람에게 내주어야 하며, 요양을 받은 사람은 그 명세서나 영수증을 공단에 제출하여야 한다. 준요양기관은 요양을 받은 가입자나 피부양자의 위임이 있는 경우 공단에 요양비의 지급을 직접 청구할 수 있다. 이 경우 공단은 지급이 청구된 내용의 적정성을 심사하여 준요양기관에 요양비를 지급할 수 있다(법 제49조 제1~3항).

(3) 건강검진

건강검진은 가입자와 피부양자에 대한 질병의 조기 발견과 그에 따른 요양급여를 실시하는 현물급여이다. 건강검진의 종류 및 대상은 다음과 같다(법 제52조 제2항).

일반건강검진	• 직장가입자, 세대주인 지역가입자, 20세 이상인 지역가입자 및 20세 이상인 피부양자
암검진	• 암의 종류별 검진주기와 연령기준 등에 해당하는 사람[3]
영유아건강검진	• 6세 미만의 가입자 및 피부양자

건강검진은 2년마다 1회 이상 실시하되 비사무직 직장가입자는 1년에 1회 실시한다. 다만, 암검진은 「암관리법」 시행령에서 정한 바에 따르며, 영유아건강검진은 영유아의 나이 등을 고려하여 보건복지부장관이 정하여 고시하는 바에 따라 검진주기와 검진횟수를 다르게 할 수 있다(시행령 제25조 제1~3항).

3) 암의 종류별 검진주기와 연령기준 등(암관리법 시행령 제8조 제2항 관련 별표 1)

암의 종류	검진주기	연령기준 등
위암	2년	40세 이상의 남 · 여
간암	6개월	40세 이상의 남 · 여 중 간암발생 고위험군
대장암	1년	50세 이상의 남 · 여
유방암	2년	40세 이상의 여성
자궁경부암	2년	20세 이상의 여성
폐암	2년	54세 이상 74세 이하의 남 · 녀 중 폐암발생 고위험군

(4) 부가급여

부가급여는 임신·출산(유산 및 사산 포함) 진료비를 말한다. 임신·출산 진료비 지원 대상은 다음과 같다(시행령 제23조 제2항).

> 1. 임신·출산한 가입자 또는 피부양자
> 2. 2세 미만인 가입자 또는 피부양자(2세 미만 영유아)의 법정대리인(출산한 가입자 또는 피부양자가 사망한 경우에 한정함)

공단은 위 제2항 각 호의 어느 하나에 해당하는 사람에게 다음의 구분에 따른 비용을 결제할 수 있는 임신·출산 진료비 이용권을 발급할 수 있다(시행령 제23조 제3항).

> 1. 임신·출산한 가입자 또는 피부양자의 진료에 드는 비용
> 2. 임신·출산한 가입자 또는 피부양자의 약제·치료재료의 구입에 드는 비용
> 3. 2세 미만 영유아의 진료에 드는 비용
> 4. 2세 미만 영유아에게 처방된 약제·치료재료의 구입에 드는 비용

이용권을 사용할 수 있는 기간은 이용권을 발급받은 날부터 임신·출산한 가입자 또는 피부양자는 출산일(유산 및 사산의 경우 그 해당일)부터 2년이 되는 날까지, 2세 미만 영유아의 법정대리인은 2세 미만 영유아의 출생일부터 2년이 되는 날까지로 한다. 이용권으로 결제할 수 있는 금액의 상한은 100만 원(다태아인 경우 140만 원)이다. 다만, 보건복지부장관이 필요하다고 인정하여 고시하는 경우에는 상한을 초과하여 결제할 수 있다(시행령 제23조 제6~7항).

(5) 장애인 보조기기 급여

장애인 보조기기 급여는 장애인에 대한 특례로 「장애인복지법」에 따라 등록한 장애인인 가입자 및 피부양자가 구입한 보조기기에 대해 지원하는 급여를 말한다. 공단은 「장애인복지법」에 따라 등록한 장애인인 가입자 및 피부양자에게는 「장애인·노인 등을 위한 보조기기 지원 및 활용촉진에 관한 법률」 제3조 제2호에 따른 보조기기[4]에 대하여 보험급여를 할 수 있다. 장애인인 가입자 또는 피부양자에게 보조기

4) 보조기기"란 장애인등의 신체적·정신적 기능을 향상·보완하고 일상 활동의 편의를 돕기 위하여 사용하는 각종 기계·기구·장비로서 보건복지부령으로 정하는 것을 말한다.

기를 판매한 자는 가입자나 피부양자의 위임이 있는 경우 공단에 보험급여를 직접 청구할 수 있다. 이 경우 공단은 지급이 청구된 내용의 적정성을 심사하여 보조기기를 판매한 자에게 보조기기에 대한 보험급여를 지급할 수 있다(법 제51조 제1~2항).

2) 본인일부부담금 및 본인부담상한제

요양급여를 받는 자는 대통령령으로 정하는 바에 따라 비용의 일부를 본인이 부담한다. 본인이 연간 부담하는 본인일부부담금의 총액이 대통령령으로 정하는 금액(본인부담상한액)을 초과한 경우에는 공단이 그 초과 금액을 부담하여야 한다. 본인부담상한액은 가입자의 소득수준 등에 따라 정한다(법 제44조 제1~3항).

3) 급여의 제한과 정지

(1) 급여의 제한

공단은 보험급여를 받을 수 있는 사람이 다음의 어느 하나에 해당하면 보험급여를 하지 아니한다(법 제53조 제1항).

1. 고의 또는 중대한 과실로 인한 범죄행위에 그 원인이 있거나 고의로 사고를 일으킨 경우
2. 고의 또는 중대한 과실로 공단이나 요양기관의 요양에 관한 지시에 따르지 아니한 경우
3. 고의 또는 중대한 과실로 보험급여를 할 때 필요한 문서와 그 밖의 물건의 제출을 거부하거나 질문 또는 진단을 기피한 경우
4. 업무 또는 공무로 생긴 질병 · 부상 · 재해로 다른 법령에 따른 보험급여나 보상(報償) 또는 보상(補償)을 받게 되는 경우

(2) 급여의 정지

보험급여를 받을 수 있는 사람이 다음의 어느 하나에 해당하면 그 기간에는 보험급여를 하지 아니한다. 다만, 제2호 및 제3호의 경우에는 제60조(현역병 등에 대한 요양급여)에 따른 요양급여를 실시한다(법 제54조).

1. 국외에 체류하는 경우
2. 「병역법」에 따른 현역병, 전환복무된 사람 및 군간부후보생에 해당하게 된 경우
3. 교도소, 그 밖에 이에 준하는 시설에 수용되어 있는 경우

※ 현역병 등에 대한 요양급여(법 제60조 제1항)

- 공단은 현역병 등에 해당하는 사람이 요양기관에서 대통령령으로 정하는 요양급여를 받은 경우 그에 따라 공단이 부담하는 비용(요양급여비용)과 요양비를 법무부장관 · 국방부장관 · 경찰청장 · 소방청장 또는 해양경찰청장으로부터 예탁받아 지급할 수 있다.
- 이 경우 법무부장관 · 국방부장관 · 경찰청장 · 소방청장 또는 해양경찰청장은 예산상 불가피한 경우 외에는 연간 들어갈 것으로 예상되는 요양급여비용과 요양비를 대통령령으로 정하는 바에 따라 미리 공단에 예탁하여야 한다.

4. 재정 및 운영체계

1) 재 정

(1) 보험료

공단은 건강보험사업에 드는 비용에 충당하기 위하여 보험료의 납부의무자로부터 보험료를 징수한다. 보험료는 가입자의 자격을 취득한 날이 속하는 달의 다음 달부터 가입자의 자격을 잃은 날의 전날이 속하는 달까지 징수한다. 다만, 가입자의 자격을 매월 1일에 취득한 경우에는 그 달부터 징수한다. 보험료를 징수할 때 가입자의 자격이 변동된 경우에는 변동된 날이 속하는 달의 보험료는 변동되기 전의 자격을 기준으로 징수한다. 다만, 가입자의 자격이 매월 1일에 변동된 경우에는 변동된 자격을 기준으로 징수한다(법 제69조 제1~3항).

① 직장가입자의 월별 보험료

직장가입자의 월별 보험료는 보수월액보험료와 소득월액보험료로 구분 산정한다. 보수월액보험료는 직장가입자가 지급받는 보수월액에 보험료율을 곱하여 얻은 금액으로 한다. 그리고 소득월액보험료는 직장가입자의 보수월액에 포함된 보수를 제외한 소득(보수 외 소득)이 대통령령으로 정하는 금액을 초과하는 경우 그 초과소득을 12로 나누어 소득월액으로 하고 보험료율을 곱하여 얻은 금액으로 한다(법 제69조 제4항). 직장가입자의 월별 보험료 산정내용은 다음과 같다.

1. 보수월액보험료 = 보수월액 × 보험료율(7.09%/2025년)
• 보수월액이란 직장가입자의 연간 보수총액을 그해 근무한 개월 수로 나눈 금액 • 보수란 근로의 대가로 받은 봉급, 급료, 보수, 세비, 상여금, 수당, 그 밖의 유사한 금품 등으로 퇴직금, 현상금, 번역료 및 원고료, 비과세근로소득 등은 제외한다(시행령 제33조 제1항). • 직장가입자가 전년도 신고한 보수월액으로 당해 연도의 건강보험료를 부과한 후 당해 연도의 보수총액을 신고받아 차액을 정산함
2. 소득월액보험료 = (연간 보수 외 소득-대통령령으로 정한 금액) × 1/12 × 보험료율
• 소득월액이란 직장가입자의 보수월액에 포함된 보수를 제외한 소득(이자, 배당, 사업, 연금, 기타소득)이 대통령령으로 정한 금액(2,000만 원/2025년 기준)을 초과하는 경우 초과 금액을 12로 나누어 산정된 금액

② 지역가입자의 월별 보험료

지역가입자의 월별 보험료액은 소득과 재산에 따라 각각 산정한 금액을 합산한 금액으로 한다. 이 경우 보험료액은 세대 단위로 산정한다(법 제69조 제5항).

> 1. 소득 : 지역가입자의 소득월액에 보험료율을 곱하여 얻은 금액
> 2. 재산 : 재산보험료 부과점수에 부과점수당 금액을 곱하여 얻은 금액

첫째, 소득월액은 지역가입자의 연간소득을 12개월로 나눈 값을 보건복지부령으로 정하는 바에 따라 평가하여 산정한 값이다. 소득의 범위는 소득세법에 따라 산정한 이자소득, 배당소득, 사업소득, 근로소득, 연금소득, 기타소득으로 한다. 이 경우 비과세 소득은 제외한다(법 제72조 제2항, 시행령 제41조).

둘째, 재산보험료 부과점수는 지역가입자가 속한 세대의 재산보험료 부담능력을 표시하는 점수이다. 지역가입자의 토지, 주택, 건축물, 선박, 항공기의 재산세 과세표준 금액과 임차주택에 대한 보증금 및 월세 금액을 보건복지부령으로 정하는 기준에 따라 평가한 금액을 합산한 금액에서 기본공제를 뺀 금액을 등급별로 구분하여 산정한다(시행령 제42조 제1항).

다만, 대통령령으로 정하는 지역가입자가 실제 거주를 목적으로 대통령령으로 정하는 기준 이하의 주택을 구입 또는 임차하기 위하여 금융회사 대출이나 주택도시

기금을 재원으로 하는 대출 등 보건복지부장관이 정하여 고시하는 대출을 받고 그 사실을 공단에 통보하는 경우에는 해당 대출금액을 대통령령으로 정하는 바에 따라 평가하여 재산보험료부과점수 산정 시 제외한다(법 제72조 제1항).

지역가입자의 월별보험료 산정방식은 다음과 같다.

구분	산정방식
소득월액 28만 원 이하 세대	월별 건강보험료 = 소득월액최저보험료 + {재산(전월세 등 포함)보험료 부과점수 × 부과점수당 금액}
소득월액 28만 원 초과 세대	월별 건강보험료 = (소득월액 × 건강보험료율) + {재산(전월세 등 포함)보험료 부과점수 × 부과점수당 금액}

- 소득월액 : 연간소득을 12개월로 나눈 금액
- 소득월액최저보험료 : 19,780원(2025년)
- 재산보험료 부과점수 : 가입자 재산총액에서 재산기본공제액을 공제한 금액의 점수
- 재산기본공제액 : 최대 1억 원
- 재산점수 등급 : 60등급 체계(1등급 22점~60등급 2,341점)
- 부과점수당 금액 : 208.4원(2025년)

③ 보험료율

직장가입자의 보험료율은 1천분의 80의 범위 내에서 매년 건강보험정책심의위원회의 의결을 거쳐 대통령령으로 정한다. 국외에서 업무에 종사하고 있는 직장가입자에 대한 보험료율은 정해진 보험료율의 100분의 50으로 한다. 지역가입자의 보험료부과점수당 금액은 건강보험정책심의위원회의 의결을 거쳐 대통령령으로 정한다(법 제73조 제1~3항).

④ 보험료액의 상한과 하한

월별 보험료액은 가입자의 보험료 평균액의 일정 비율에 해당하는 금액을 고려하여 대통령령으로 정하는 기준에 따라 상한 및 하한을 정한다.[5] 월별 보험료액의 상한과 하한의 기준은 다음과 같다(시행령 제32조).

5) 2025년 기준 직장가입자의 보수월액보험료 상한액은 9,008,340원(본인부담 4,504,170원), 직장가입자의 소득월액보험료 및 지역가입자의 월별보험료 상한액은 4,504,170원, 직장가입자의 보수월액보험료와 지역가입자의 월별보험료 하한액은 19,780원이다(보건복지부고시 제2024-289호).

상한	1. 직장가입자의 보수월액보험료 – 보험료가 부과되는 연도의 전전년도 직장가입자 평균 보수월액보험료의 30배에 해당하는 금액을 고려하여 보건복지부장관이 정하여 고시하는 금액 2. 직장가입자의 소득월액보험료 및 지역가입자의 월별 보험료액 – 보험료가 부과되는 연도의 전전년도 평균 보수월액보험료의 15배에 해당하는 금액을 고려하여 보건복지부장관이 정하여 고시하는 금액
하한	1. 직장가입자의 보수월액보험료 – 보험료가 부과되는 연도의 전전년도 평균 보수월액보험료의 1천분의 75 이상에서 1천분의 85 미만의 범위에서 보건복지부장관이 정하여 고시하는 금액 2. 지역가입자의 월별 보험료액 – 직장가입자의 보수월액보험료(하한액)의 100분의 90 이상 100분의 100 이하의 범위에서 보건복지부장관이 정하여 고시하는 금액

⑤ 보험료의 면제

공단은 직장가입자와 지역가입자가 다음의 어느 하나에 해당하면 직장가입자의 보험료를 면제하거나, 지역가입자의 보험료 산정에서 보험료부과점수를 제외한다. 다만 국외에 체류하는 직장가입자의 경우 국내에 거주하는 피부양자가 없을 때만 보험료를 면제한다(법 제74조 1~2항).

1. 국외에 체류하는 경우(1개월 이상의 기간으로서 대통령령으로 정하는 기간 이상)
2. 「병역법」에 따른 현역병, 전환복무된 사람 및 군간부후보생에 해당하게 된 경우
3. 교도소, 그 밖에 이에 준하는 시설에 수용되어 있는 경우

보험료의 면제나 보험료의 산정에서 제외되는 보험료부과점수에 대하여는 급여정지 사유가 생긴 날이 속하는 달의 다음 달부터 사유가 없어진 날이 속하는 달까지 적용한다. 다만, 급여정지 사유가 매월 1일에 없어진 경우나, 국외에 체류하는 가입자 또는 그 피부양자가 국내에 입국하여 입국일이 속하는 달에 보험급여를 받고 그 달에 출국하는 경우에는 그 달의 보험료를 면제하지 아니하거나 보험료의 산정에서 보험료부과점수를 제외하지 아니한다(법 제74조 제3항).

⑥ 보험료의 경감

다음의 어느 하나에 해당하는 가입자 중 보건복지부령으로 정하는 가입자에 대하여는 그 가입자 또는 그 가입자가 속한 세대의 보험료의 일부를 경감할 수 있다(법 제75조 제1항).

1. 섬 · 벽지(僻地) · 농어촌 등 대통령령으로 정하는 지역에 거주하는 사람
2. 65세 이상인 사람
3. 「장애인복지법」에 따라 등록한 장애인
4. 「국가유공자 등 예우 및 지원에 관한 법률」에 따른 국가유공자
5. 휴직자
6. 그 밖에 생활이 어렵거나 천재지변 등의 사유로 보험료를 경감할 필요가 있다고 보건복지부장관이 정하여 고시하는 사람

⑦ 보험료의 부담

직장가입자의 보수월액보험료는 직장가입자와 다음의 구분에 따른 자가 각각 보험료액의 100분의 50씩 부담한다. 다만, 직장가입자가 교직원으로서 사립학교에 근무하는 교원이면 보험료액은 그 직장가입자가 100분의 50을, 사용자가 100분의 30을, 국가가 100분의 20을 각각 부담한다(법 제76조 제1항).

1. 직장가입자가 근로자인 경우에는 사업주
2. 직장가입자가 공무원인 경우에는 그 공무원이 소속되어 있는 국가 또는 지방자치단체
3. 직장가입자가 교직원(사립학교에 근무하는 교원은 제외)인 경우에는 사용자(사립학교를 설립 · 운영하는 자)

직장가입자의 소득월액보험료는 직장가입자가 부담하고, 지역가입자의 보험료는 그 가입자가 속한 세대의 지역가입자 전원이 연대하여 부담한다(법 제76조 제2~3항).

⑧ 보험료의 납부의무

직장가입자의 보수월액보험료는 사용자가, 소득월액보험료는 직장가입자가 납부한다. 그리고 지역가입자의 보험료는 그 가입자가 속한 세대의 지역가입자 전원이

연대하여 납부한다. 다만, 소득 및 재산이 없는 미성년자와 소득 및 재산 등을 고려하여 대통령령으로 정하는 기준에 해당하는 미성년자는 납부의무를 부담하지 아니한다. 사용자는 보수월액보험료 중 직장가입자가 부담하여야 하는 그달의 보험료액을 그 보수에서 공제하여 납부하여야 한다. 이 경우 직장가입자에게 공제액을 알려야 한다(법 제77조 제1~3항).

(2) 정부 재정 지원

국가는 매년 예산의 범위 안에서 당해 연도 보험료 예상수입액의 14%에 상당하는 금액을 국고에서 국민건강보험공단에 지원한다. 이 재원은 가입자 및 피부양자에 대한 보험급여, 건강보험사업에 대한 운영비, 보험료 경감에 대한 지원 등에 사용한다. 또한 공단은 「국민건강증진법」에 따라 국민건강증진기금에서 자금을 지원받을 수 있다. 이 재원은 건강검진 등 건강증진에 관한 사업, 가입자와 피부양자의 흡연으로 인한 질병에 대한 보험급여, 가입자와 피부양자 중 65세 이상 노인에 대한 보험급여 등에 사용한다(법 제108조 제1~4항).

2) 운영체계

(1) 보건복지부

국민건강보험의 운영을 관장하고 있는 기관은 보건복지부이다. 보건복지부장관은 건강보험정책심의위원회의 심의를 거쳐 5년마다 국민건강보험종합계획을 수립하여야 한다. 또한 수립된 종합계획에 따라 매년 연도별 시행계획을 건강보험정책심의위원회의 심의를 거쳐 수립·시행하며, 매년 시행계획에 따른 추진실적을 평가한다(법 제3조의2 제1~3항).

(2) 국민건강보험공단

① 업무

국민건강보험공단은 건강보험사업을 직접적으로 관리 운영하는 집행기관으로 건강보험의 보험자이다. 국민건강보험공단의 업무는 다음과 같다(법 제14조 제1항).

1. 가입자 및 피부양자의 자격 관리
2. 보험료와 그 밖에 이 법에 따른 징수금의 부과 · 징수
3. 보험급여의 관리
4. 가입자 및 피부양자의 질병의 조기발견 · 예방 및 건강관리를 위하여 요양급여 실시 현황과 건강검진 결과 등을 활용하여 실시하는 예방사업으로서 대통령령으로 정하는 사업
5. 보험급여비용의 지급
6. 자산의 관리 · 운영 및 증식사업
7. 의료시설의 운영
8. 건강보험에 관한 교육훈련 및 홍보
9. 건강보험에 관한 조사연구 및 국제협력
10. 이 법에서 공단의 업무로 정하고 있는 사항
11. 「국민연금법」, 「고용보험 및 산업재해보상보험의 보험료징수 등에 관한 법률」, 「임금채권보장법」 및 「석면피해구제법」에 따라 위탁받은 업무
12. 그 밖에 이 법 또는 다른 법령에 따라 위탁받은 업무
13. 그 밖에 건강보험과 관련하여 보건복지부장관이 필요하다고 인정한 업무

② 임원

공단은 임원으로서 이사장 1명, 이사 14명 및 감사 1명을 둔다. 이 경우 이사장, 이사 중 5명 및 감사는 상임으로 한다. 이사장은 「공공기관의 운영에 관한 법률」 제29조에 따른 임원추천위원회가 복수로 추천한 사람 중에서 보건복지부장관의 제청으로 대통령이 임명한다. 상임이사는 보건복지부령으로 정하는 추천절차를 거쳐 이사장이 임명한다. 이사장의 임기는 3년, 이사와 감사의 임기는 각각 2년으로 한다(법 제20조 제3항, 제7항).

(3) 건강보험정책심의위원회

① 업무

건강보험정책에 관한 다음의 사항을 심의 · 의결하기 위해 보건복지부 소속하에 건강보험정책심의위원회를 둔다(제4조 제1항).

1. 국민건강종합계획 및 시행계획에 관한 사항
2. 요양급여의 기준
3. 요양급여비용에 관한 사항
4. 직장가입자의 보험료율
5. 지역가입자의 보험료 부과점수당 금액
6. 그 밖에 건강보험에 관한 주요 사항으로서 대통령령으로 정하는 사항

② 구성

심의위원회는 위원장 1명과 부위원장 1명을 포함하여 25명의 위원으로 구성한다. 심의위원회의 위원장은 보건복지부차관이 되고, 부위원장은 아래 제4호의 위원 중에서 위원장이 지명하는 사람이 된다. 심의위원회의 위원은 다음에 해당하는 사람을 보건복지부장관이 임명 또는 위촉한다(제4조 제2~4항).

1. 근로자단체 및 사용자단체가 추천하는 각 2명
2. 시민단체, 소비자단체, 농어업인단체 및 자영업자단체가 추천하는 각 1명
3. 의료계를 대표하는 단체 및 약업계를 대표하는 단체가 추천하는 8명
4. 다음에 해당하는 8명
   가. 대통령령으로 정하는 중앙행정기관 소속 공무원 2명
   나. 국민건강보험공단의 이사장 및 건강보험심사평가원의 원장이 추천하는 각 1명
   다. 건강보험에 관한 학식과 경험이 풍부한 4명

(4) 건강보험심사평가원

① 업무

건강보험심사평가원은 요양기관에서 지급한 요양급여비용을 심사하고 요양급여의 적정성을 평가하기 위해 설립된 기관으로 공단과는 별도의 법인이다. 건강보험심사평가원은 다음의 업무를 관장한다(법 제63조 제1항).

1. 요양급여비용의 심사
2. 요양급여의 적정성 평가
3. 심사기준 및 평가기준의 개발
4. 제1호부터 제3호까지의 규정에 따른 업무와 관련된 조사연구 및 국제협력
5. 다른 법률에 따라 지급되는 급여비용의 심사 또는 의료의 적정성 평가에 관하여 위탁받은 업무
6. 그 밖에 이 법 또는 다른 법령에 따라 위탁받은 업무
7. 건강보험과 관련하여 보건복지부장관이 필요하다고 인정한 업무
8. 그 밖에 보험급여 비용의 심사와 보험급여의 적정성 평가와 관련하여 대통령령으로 정하는 업무

② 임원

심사평가원에 임원으로서 원장, 이사 15명 및 감사 1명을 둔다. 이 경우 원장, 이사 중 4명 및 감사는 상임으로 한다. 원장은 임원추천위원회가 복수로 추천한 사람 중에서 보건복지부장관의 제청으로 대통령이 임명한다. 상임이사는 보건복지부령으로 정하는 추천절차를 거쳐 원장이 임명한다. 원장의 임기는 3년, 이사와 감사의 임기는 각각 2년으로 한다(법 제65조 제1~3항, 제7항).

③ 진료심사평가위원회

심사평가원의 업무를 효율적으로 수행하기 위하여 심사평가원에 진료심사평가위원회를 둔다. 진료심사평가위원회는 위원장을 포함하여 90명 이내의 상근 심사위원과 1천 명 이내의 비상근 심사위원으로 구성하며, 진료과목별 분과위원회를 둘 수 있다(법 제66조 제1~2항).

5. 권리구제와 벌칙

1) 권리구제

(1) 이의신청

가입자 및 피부양자의 자격, 보험료 등 보험급여, 보험급여비용에 관한 공단의 처분에 이의가 있는 자는 공단에 이의신청을 할 수 있다. 요양급여비용 및 요양급여의 적정성 평가 등에 관한 심사평가원의 처분에 이의가 있는 공단, 요양기관 또는 그 밖의 자는 심사평가원에 이의신청을 할 수 있다. 이의신청은 처분이 있음을 안 날부터 90일 이내에 문서(전자문서 포함)로 하여야 하며 처분이 있은 날부터 180일을 지나면 제기하지 못한다. 다만, 정당한 사유로 그 기간에 이의신청을 할 수 없었음을 소명한 경우에는 그러하지 아니하다(법 제87조 제1~3항).

(2) 심판청구

이의신청에 대한 결정에 불복하는 자는 그 결정통지를 받은 날부터 90일 이내에 건강보험분쟁조정위원회에 심판청구를 할 수 있다. 심판청구를 하려는 자는 대통령령으로 정하는 심판청구서를 처분을 한 공단 또는 심사평가원에 제출하거나, 건강보험분쟁조정위원회에 제출하여야 한다. 심판청구를 심리 · 의결하기 위하여 보건복지부에 건강보험분쟁조정위원회를 둔다(법 제88조 제1~2항).

(3) 행정소송

공단 또는 심사평가원의 처분에 이의가 있는 자와 심판청구에 대한 결정에 불복하는 자는 「행정소송법」에서 정하는 바에 따라 행정소송을 제기할 수 있다(법 제91조).

2) 벌 칙

(1) 벌칙

이 법에서 정하는 벌칙은 다음과 같다(법 제115조 제1~5항, 제116~117조).

5년 이하의 징역 또는 5천만 원 이하의 벌금	가입자 및 피부양자의 개인정보를 누설하거나 직무상 목적 외의 용도로 이용 또는 정당한 사유 없이 제3자에게 제공한 자
3년 이하의 징역 또는 3천만 원 이하의 벌금	1. 대행청구단체의 종사자로서 거짓이나 그 밖의 부정한 방법으로 요양급여비용을 청구한 자 2. 업무를 수행하면서 알게 된 정보(제1호의 개인정보는 제외)를 누설하거나 직무상 목적 외의 용도로 이용 또는 제3자에게 제공한 자
3년 이하의 징역 또는 1천만 원 이하의 벌금	가족관계등록 전산정보의 공동이용에 따른 전산정보자료를 목적 외의 용도로 이용하거나 활용한 자
2년 이하의 징역 또는 2천만 원 이하의 벌금	거짓이나 그 밖의 부정한 방법으로 보험급여를 받거나 타인으로 하여금 보험급여를 받게 한 자
1년 이하의 징역 또는 1천만 원 이하의 벌금	1. 선별급여 실시에 대한 관리를 위반하여 선별급여를 제공한 요양기관의 개설자 2. 대행청구단체가 아닌 자로 하여금 대행하게 한 자 3. 근로자의 권익보호(가입자가 되는 것을 방해)를 위반한 사용자 4. 업무정지 규정을 위반한 요양기관의 개설자
1천만 원 이하의 벌금	요양 · 약제의 지급 등 보험급여에 관한 보고 또는 서류 제출을 하지 아니한 자, 거짓으로 보고하거나 거짓 서류를 제출한 자, 검사나 질문을 거부 · 방해 또는 기피한 자
500만 원 이하의 벌금	정당한 이유 없이 요양급여를 거부하거나, 요양비 지급을 위한 요양비 명세서나 요양 명세를 적은 영수증을 내주지 아니한 자

(2) 과태료

이 법에서 정하는 과태료는 다음과 같다(법 제19조 제3~4항).

500만 원 이하의 과태료	1. 사업장 신고를 하지 아니하거나 거짓으로 신고한 사용자 2. 정당한 사유 없이 사용자와 가입자가 거주지 변경이나 보수 및 소득에 대한 신고 · 서류제출을 하지 아니하거나 거짓으로 신고 · 서류제출을 한 자 3. 정당한 사유 없이 보고나 검사규정을 위반하여 보고 · 서류제출을 하지 아니하거나 거짓으로 보고 · 서류제출을 한 자 4. 행정처분을 받은 사실 또는 행정처분절차가 진행 중인 사실을 지체 없이 알리지 아니한 자 5. 정당한 사유 없이 제101조 제2항을 위반하여 서류를 제출하지 아니하거나 거짓으로 제출한 자
100만 원 이하의 과태료	1. 서류를 보존하지 아니한 자(요양급여 5년, 처방전 3년) 2. 공단 등의 감독에 따른 명령을 위반한 자 3. 국민건강보험과 같은 유사명칭 사용금지를 위반한 자

제9장 : 노인장기요양보험법

1. 노인장기요양보험법의 개관

1) 법의 목적 및 의의

「노인장기요양법」은 노후의 건강증진 및 생활안정을 도모하고 그 가족의 부담을 덜어줌으로써 국민의 삶의 질을 향상하도록 함을 목적으로 한다(법 제1조). 노인장기요양보험은 고령이나 노인성질병 등으로 인하여 6개월 이상 동안 혼자서 일상생활을 수행하기 어려운 노인 등에게 신체활동 또는 가사지원 등의 장기요양급여를 사회적 연대원리에 의해 제공하는 사회보험제도이다. 즉, 치매 · 중풍의 노화 및 노인성 질환 등으로 인하여 혼자 힘으로 일상생활을 영위하기 어려운 대상자에게 요양시설이나 재가장기요양기관을 통해 신체활동 또는 가사지원 등의 서비스를 제공하는 제도이다.

2) 입법배경 및 경과[1)]

우리나라는 노인인구 비율이 지난 2000년에 7.2%로 고령화사회(aging society)에 진입했고, 2017년 말에는 14.2%로 고령사회(aged society)에 진입했다. 그리고 2026년에는 20.8%로 초고령사회(super-aged society)에 진입할 것으로 전망되고 있다. 이와 같이 인구고령화 속도가 빠른 만큼 치매 · 중풍 등으로 장기요양을 필요로 하는 노인 또한 급속하게 증가하고 있으며, 그에 따라 노인요양보호 비용도 급격히 증가하게 되었다. 그러나 오늘날 우리 사회는 핵가족화, 여성 경제활동참여 증가, 부양가치관 등의 변화로 노인에 대한 가정돌봄은 이미 한계에 도달하였다. 그럼에도 불구하고 중산 · 서민층

1) 박진화(2018). 사회보장론. 공동체, pp. 174-176 인용.

노인들이 이용할 수 있는 요양시설은 절대적으로 부족하였고 비용 또한 큰 부담이 되었다. 이러한 노인돌봄 문제를 해결하고 향후 압축적으로 진행될 인구고령화 시대에 대비하기 위해 2001년부터 노인장기요양보험제도가 구체적으로 논의되기 시작했다.

2001년 8월 15일 대통령(김대중)의 광복절 경축사에서 노인요양보장제도 도입을 제시하였으며, 2002년 대통령 선거 시 대통령(노무현) 공약사항에 포함되었다. 2003년 3월에서 2004년 2월까지 '공적노인요양보장추진기획단'이 설치 · 운영되었고, 2004년 3월부터 2005년 2월까지 '공적노인요양보장제도실행위원회'가 구성 · 운영되어 '공적노인요양보장제도 실시모형 최종보고서'가 제출되었다. 이를 기초로 2005년 10월 19일에서 11월 8일까지 입법예고가 되고, 2006년 2월 16일 정부안(노인수발보험법)이 국회에 제출되었다. 논의과정에서 법안 명칭이 「노인장기요양보험법」으로 변경되어 2007년 4월 2일 국회를 통과하였으며, 2008년 7월 1일부터 시행되었다. 「노인장기요양보험법」 도입 시 장기요양등급은 3등급 체계로 시작하였으나, 2014년 6월 25일 개정을 통해 5등급 체계(치매특별등급 신설)로 변경되었으며, 2018년부터는 인지지원등급을 신설하여 신체기능과 무관하게 치매노인에게 장기요양서비스를 제공하도록 하였다.

〈표 9-1〉 노인장기요양보험법의 주요 연혁

연월일	주요 내용
2001. 08. 15.	• 광복절 경축사에서 대통령(김대중)이 제도 도입 제시
2002	• 제16대 대통령 선거 후보(노무현) 공약사항에 포함됨
2003. 03.~2004. 02.	• 공적노인요양보장추진기획단 설치, 운영
2004. 03.~2005. 02.	• 공적노인요양보장제도실행위원회 구성, 운영
2005. 07.~2006. 03.	• 1차 시범사업 실시(6개 시 · 군 · 구 65세 이상 기초수급자 노인 대상)
2006. 04.~2007. 04.	• 2차 시범사업 실시(8개 시 · 군 · 구 65세 이상 노인 대상)
2007. 04. 02.	• 노인장기요양보험법 제정
2007. 05.~2008. 06.	• 3차 시범사업 실시(13개 시 · 군 · 구 65세 이상 노인 대상)
2008. 07. 01.	• 노인장기요양보험제도 시행(3등급 체계)
2014. 06. 25.	• 노인장기요양등급체계 변경(3등급 → 5등급), 치매특별등급 신설
2016. 07. 01.	• 치매전담형 장기요양기관 도입
2018. 01. 01.	• 인지지원등급 신설

3) 법률용어의 정의

이 법에서 사용하는 용어의 뜻은 다음과 같다(법 제2조).

용어	정의
노인 등	65세 이상의 노인 또는 65세 미만의 자로서 치매 · 뇌혈관성 질환 등 대통령령으로 정하는 노인성 질병을 가진 자를 말한다.
장기요양급여	6개월 이상 동안 혼자서 일상생활을 수행하기 어렵다고 인정되는 자에게 신체활동 · 가사활동의 지원 또는 간병 등의 서비스나 이에 갈음하여 지급하는 현금 등을 말한다.
장기요양사업	장기요양보험료, 국가 및 지방자치단체의 부담금 등을 재원으로 하여 노인 등에게 장기요양급여를 제공하는 사업을 말한다.
장기요양기관	제31조에 따라 지정을 받은 기관으로서 장기요양급여를 제공하는 기관을 말한다.
장기요양요원	장기요양기관에 소속되어 노인 등의 신체활동 또는 가사활동 지원 등의 업무를 수행하는 자를 말한다.

2. 적용대상

1) 가입대상

장기요양보험 가입자는 「국민건강보험법」에 따른 가입자로 한다(법 제7조 제3항). 그러므로 「의료급여법」에 따라 의료급여를 받는 사람과 「독립유공자예우에 관한 법률」 및 「국가유공자 등 예우 및 지원에 관한 법률」에 따라 의료보호를 받는 사람을 제외한 국내에 거주하는 모든 국민은 장기요양보험의 가입자 또는 피부양자가 된다. 「국민건강보험법」과 마찬가지로 의료보호를 받는 사람은 가입대상에서 제외되지만 국가 및 지방자치단체가 장기요양급여 비용을 부담하기 때문에 보험료를 납부하지 않더라도 노인장기요양보험 가입자와 동일한 급여를 받을 수 있다.

한편 「외국인근로자의 고용 등에 관한 법률」에 따른 외국인근로자 등 대통령령으로 정하는 외국인이 신청하는 경우 보건복지부령으로 정하는 바에 따라 장기요양보험 가입자에서 제외할 수 있다(법 제7조 제4항). 「외국인근로자의 고용 등에 관한 법률」에 따른 외국인근로자 등 대통령령으로 정하는 외국인이란 다음의 어느 하나에 해당하는 사람을 말한다(시행령 제3조의2).

> 1. 「외국인근로자의 고용 등에 관한 법률」에 따른 외국인근로자로서 「국민건강보험법」 제109조 제2항에 따라 직장가입자가 된 외국인
> 2. 「출입국관리법」 제10조에 따라 산업연수활동을 할 수 있는 체류자격을 가지고 지정된 산업체에서 연수하고 있는 외국인으로서 「국민건강보험법」 제109조 제2항에 따라 직장가입자가 된 외국인

2) 급여대상

장기요양보험 가입자 및 피부양자, 의료급여수급권자 등이 장기요양보험 급여를 받기 위해서는 먼저 장기요양인정을 받아야 한다. 장기요양인정이란 일정한 절차에 따라 장기요양급여를 받을 수 있는 권리(수급권)을 부여하는 것을 말한다.

(1) 장기요양인정 신청자격

장기요양인정을 신청할 수 있는 자는 65세 이상의 노인 또는 65세 미만의 자로서 치매·뇌혈관성 질환 등의 노인성 질병을 가진 자로 장기요양보험가입자 또는 그 피부양자이거나, 또는 의료급여 수급권자이어야 한다(법 제12조).

(2) 장기요양인정 신청절차

장기요양인정 신청절차는 다음과 같다(법 제13~17조).

본인 및 가족의 장기요양인정 신청	① 장기요양인정을 신청하려는 자는 장기요양인정신청서에 의사나 한의사의 소견서를 첨부하여 국민건강보험공단에 신청한다(의사소견서는 공단이 등급판정위원회에 자료를 제출하기 전까지 제출할 수 있다). ② 거동이 현저하게 불편하거나 도서·벽지 지역에 거주하여 의료기관을 방문하기 어려운 자 등은 의사소견서를 제출하지 않을 수 있다.

장기요양인정 신청의 조사	① 공단은 신청서를 접수한 후 소속직원으로 하여금 다음의 사항을 조사하게 한다. 1. 신청인의 심신상태 2. 신청인에게 필요한 장기요양급여의 종류 및 내용 3. 그 밖에 장기요양에 필요한 사항으로 보건복지부령으로 정하는 사항을 방문조사하게 한다. ② 조사자는 조사일시, 장소 및 조사를 담당하는 자의 인적사항 등을 미리 신청인에게 통보하여야 한다.

등급판정 및 판정기간	① 공단은 조사가 완료된 때 조사결과서, 신청서, 의사소견서, 그 밖에 심의에 필요한 자료를 등급판정위원회에 제출하여야 한다. ② 등급판정위원회는 신청인이 신청자격요건을 충족하고 6개월 이상 동안 혼자서 일상생활을 수행하기 어렵다고 인정하는 경우 심신상태 및 장기요양이 필요한 정도 등 대통령령으로 정하는 등급판정기준에 따라 수급자로 판정한다. ③ 등급판정위원회는 심의 · 판정을 하는 때 신청인과 그 가족, 의사소견서를 발급한 의사 등 관계인의 의견을 들을 수 있다. ④ 등급판정위원회는 신청인이 신청서를 제출한 날부터 30일 이내에 장기요양등급판정을 완료하여야 한다. 다만, 신청인에 대한 정밀조사가 필요한 경우 등 기간 이내에 등급판정을 완료할 수 없는 부득이한 사유가 있는 경우 30일 이내의 범위에서 이를 연장할 수 있다.

장기요양인정서 및 개인별장기요양 이용계획서 송부	① 공단은 등급판정위원회가 장기요양인정 및 등급판정의 심의를 완료한 경우 지체 없이 다음의 사항이 포함된 장기요양인정서를 작성하여 수급자에게 송부하여야 한다. 1. 장기요양등급 2. 장기요양급여의 종류 및 내용 3. 그 밖에 장기요양급여에 관한 사항으로서 보건복지부령으로 정하는 사항 ② 공단은 수급자로 판정받지 못한 신청인에게 그 내용 및 사유를 통보하여야 한다. ③ 공단은 장기요양급여를 원활히 이용할 수 있도록 장기요양급여 월 한도액 범위 안에서 개인별장기요양이용계획서를 작성하여 이를 함께 송부하여야 한다.

(3) 장기요양인정의 유효기간과 갱신

장기요양인정의 유효기간은 최소 1년 이상으로서 대통령령(2년)으로 정한다. 장기요양급여를 계속하여 받고자 하는 경우 공단에 장기요양인정의 갱신을 신청하여야 한다. 갱신 신청은 유효기간이 만료되기 전 30일까지 신청을 완료하여야 한다(법 제19~20조). 장기요양인정의 갱신 결과 직전 등급과 같은 등급으로 판정된 경우 갱신된 장기요양인정의 유효기간은 1등급은 4년, 2등급부터 4등급까지는 3년, 5등급과 인지지원등급은 2년으로 한다(시행령 제8조 제1항).

(4) 등급판정기준

등급판정기준은 다음과 같다(시행령 제7조 제1항).

1등급	일상생활에서 전적으로 다른 사람의 도움이 필요한 상태로 장기요양인정 점수가 95점 이상
2등급	일상생활에서 상당 부분 다른 사람의 도움이 필요한 상태로 장기요양인정 점수가 75점 이상 95점 미만인 자
3등급	일상생활에서 부분적으로 다른 사람의 도움이 필요한 상태로 장기요양인정 점수가 60점 이상 75점 미만인 자
4등급	심신의 기능상태 장애로 일상생활에서 일정 부분 다른 사람의 도움이 필요한 상태로 장기요양인정 점수가 51점 이상 60점 미만인 자
5등급	치매환자(노인성 질병에 한정)로서 장기요양인정 점수가 45점 이상 51점 미만인 자
인지지원등급	치매환자(노인성 질병에 한정)로서 장기요양인정 점수가 45점 미만인 자

3. 급여내용

1) 급여의 대상과 제공 방법

장기요양급여는 1~5등급 및 인지지원등급의 장기요양인정을 받은 사람을 대상으로 하며, 장기요양인정서와 개인별장기요양이용계획서가 도달한 날부터 장기요양급여를 받을 수 있다. 단, 돌봄 가족이 없는 등 대통령령이 정하는 부득이한 사유가 있는 경우에는 장기요양인정신청서를 제출한 날부터 장기요양인정서가 도달하는 날까지의 기간 중에도 장기요양급여를 받을 수 있다. 수급자는 장기요양급여를 받으려면 장기요양기관에 장기요양인정서와 개인별장기요양이용계획서를 제시하여야 한다. 다만, 수급자가 장기요양인정서 및 개인별장기요양이용계획서를 제시하지 못하는 경우 장기요양기관은 공단에 전화나 인터넷 등을 통하여 그 자격 등을 확인할 수 있다. 장기요양기관은 수급자가 제시한 장기요양인정서와 개인별장기요양이용계획서를 바탕으로 장기요양급여 제공 계획서를 작성하고 수급자의 동의를 받아 그 내용을 공단에 통보하여야 한다(법 제27조 제1~4항).

2) 급여의 종류

장기요양급여의 종류는 현물급여인 재가급여와 시설급여, 그리고 현금급여인 특별현금급여가 있다.

(1) 재가급여

재가급여는 가정에서 타인으로부터 신체활동서비스, 가사활동서비스, 간호 및 진료 서비스 등을 받는 급여를 의미한다. 재가급여는 노인복지법 제31조에 따른 노인복지시설 중 재가노인복지시설에서 급여를 제공한다. 재가급여의 종류는 다음과 같다(법 제23조 제1항 제1호).

방문요양	장기요양요원이 수급자의 가정 등을 방문하여 신체활동 및 가사활동 등을 지원하는 장기요양급여
방문목욕	장기요양요원이 목욕설비를 갖춘 장비를 이용하여 수급자의 가정 등을 방문하여 목욕을 제공하는 장기요양급여
방문간호	장기요양요원인 간호사 등이 의사, 한의사 또는 치과의사의 지시서에 따라 수급자의 가정 등을 방문하여 간호, 진료의 보조, 요양에 관한 상담 및 구강위생 등을 제공하는 장기요양급여
주 · 야간보호	수급자를 하루 중 일정한 시간 동안 장기요양기관에 보호하여 신체활동 지원 및 심신기능의 유지 · 향상을 위한 교육 · 훈련 등을 제공하는 장기요양급여
단기보호	수급자를 보건복지부령으로 정하는 범위 안에서 일정 기간 동안 장기요양기관에 보호하여 신체활동 지원 및 심신기능의 유지 · 향상을 위한 교육 · 훈련 등을 제공하는 장기요양급여
기타 재가보호	수급자의 일상생활 · 신체활동 지원 및 인지기능의 유지 · 향상에 필요한 용구를 제공하거나 가정을 방문하여 재활에 관한 지원 등을 제공하는 장기요양급여로서 대통령령으로 정하는 것

(2) 시설급여

시설급여는 장기요양기관에 장기간 입소한 수급자에게 신체활동 지원 및 심신기능의 유지 · 향상을 위한 교육 · 훈련 등을 제공하는 장기요양급여이다(법 제23조 제1항 제2호). 시설급여는 노인복지법 제31조에 따른 노인복지시설 중 노인의료복지시설(노인요양시설, 노인요양공동생활가정)[2)]에서 급여를 제공한다.

(3) 특별현금급여

특별현금급여는 도서 · 벽지지역 등 요양시설이 없어 불가피하게 가족 등으로부터 요양을 받는 경우에 지원되는 현금급여이다. 특별현금급여에는 가족요양비, 특례요양비, 요양병원 간병비가 있으며, 현재 가족요양비만 시행되고 있다.

① 가족요양비

가족요양비는 수급자가 부득이 가족 등으로부터 방문요양에 상당하는 장기요양급여를 받을 때 해당 수급자에게 지급하는 급여이다.[3)] 가족요양비를 지급받기 위해서는 다음의 요건 중 하나에 해당되어야 한다(법 제24조 제1항).

1. 도서 · 벽지 등 장기요양기관이 현저히 부족한 지역으로서 보건복지부장관이 정하여 고시하는 지역에 거주하는 자
2. 천재지변이나 그 밖에 이와 유사한 사유로 인하여 장기요양기관이 제공하는 장기요양급여를 이용하기가 어렵다고 보건복지부장관이 인정하는 자
3. 신체 · 정신 또는 성격 등 대통령령으로 정하는 사유로 인하여 가족 등으로부터 장기요양을 받아야 하는 자

② 특례요양비

수급자가 장기요양기관이 아닌 노인요양시설 등의 기관에서 재가 또는 시설급여에 상당한 장기요양급여를 받은 경우 해당 장기요양급여 비용의 일부를 해당 수급

2) 노인요양시설은 입소정원 10명 이상인 시설이고, 노인요양공동생활가정은 입소정원 5명 이상 9명 이하인 시설을 말한다(노인복지법 시행규칙 제22조 제1항 관련 별표 4).

3) 가족요양비는 월 223,000원을 지급한다(시행령 제12조, 장기요양급여 제공기준 및 급여비용 산정방법 등에 관한 고시 제79조).

자에게 특례요양비로 지급할 수 있다(법 제25조 제1항).

③ 요양병원간병비

요양병원간병비는 수급자가 「의료법」 제3조 제2항 제3호 라목에 따른 요양병원에 입원한 때 장기요양에 사용되는 비용의 일부를 요양병원간병비로 지급할 수 있다(법 제26조 제1항).

> ※ 요양병원(의료법 제3조 제2항 제3호 라목)
> 1. 「정신보건법」에 따른 정신의료기관 중 정신병
> 2. 「장애인복지법」에 따른 의료재활시설

3) 급여의 월 한도액

장기요양급여는 월 한도액 범위 안에서 제공한다. 월 한도액은 장기요양인정서의 장기요양등급 및 장기요양급여의 종류 등을 고려하여 산정한다(법 제28조 제1항). 재가급여(복지용구 제외)의 월 한도액은 장기요양위원회의 심의를 거쳐 등급별로 보건복지부장관이 정하여 고시하고, 시설급여의 월 한도액은 장기요양급여에 소요되는 장기요양기관의 각종 비용과 운영현황 등을 고려하여 등급별로 보건복지부장관이 정하여 고시하는 1일당 급여비용에 월간 일수를 곱하여 산정한다(시행규칙 제22조 제1~2항).

4) 급여의 제한

공단은 장기요양급여를 받고 있는 자가 정당한 사유 없이 조사나 자료제출에 따른 요구에 응하지 아니하거나 답변을 거절한 경우 장기요양급여의 전부 또는 일부를 제공하지 아니하게 할 수 있다. 또한 공단은 장기요양급여를 받고 있거나 받을 수 있는 자가 장기요양기관이 거짓이나 그 밖의 부정한 방법으로 장기요양급여비용을 받는 데에 가담한 경우 장기요양급여를 중단하거나 1년의 범위에서 장기요양급여의 횟수 또는 제공 기간을 제한할 수 있다(법 제29조 제1~2항).

5) 급여제공의 기본 원칙

장기요양급여는 다음의 네 가지 기본 원칙을 고려하여 제공된다(법 제3조 제1~4항).

① 장기요양급여는 노인 등이 자신의 의사와 능력에 따라 최대한 자립적으로 일상생활을 수행할 수 있도록 제공하여야 한다.
② 장기요양급여는 노인 등의 심신상태 · 생활환경과 노인 등 및 그 가족의 욕구 · 선택을 종합적으로 고려하여 필요한 범위 안에서 이를 적정하게 제공하여야 한다.
③ 장기요양급여는 노인 등이 가족과 함께 생활하면서 가정에서 장기요양을 받는 재가급여를 우선적으로 제공하여야 한다.
④ 장기요양급여는 노인 등의 심신상태나 건강 등이 악화되지 아니하도록 의료서비스와 연계하여 이를 제공하여야 한다.

4. 재정 및 운영체계

1) 재 정

노인장기요양보험의 재정은 가입자의 장기요양보험료와 정부의 재정지원, 그리고 본인일부부담금으로 이루어진다.

(1) 장기요양보험료

① 보험료 징수 및 산정

공단은 장기요양사업에 사용되는 비용에 충당하기 위하여 장기요양보험료를 징수한다. 공단은 건강보험료와 장기요양보험료를 통합 징수하되 장기요양보험료와 건강보험료를 구분하여 고지하여야 하며, 각각의 독립회계로 관리하여야 한다(법 제8조 제1~3항).

장기요양보험료는 「국민건강보험법」의 월별보험료 산정방법에 따라 산정한 보험료액에서 「국민건강보험법」에 따라 경감 또는 면제되는 비용을 공제한 금액에 건강보험료율 대비 장기요양보험료율의 비율을 곱하여 산정한 금액으로 한다. 장기요양보험료율은 보건복지부장관 소속인 장기요양위원회의 심의를 거쳐 대통령령으로 정해진다(법 제9조 제1~2항).

장기요양보험료 산정방식
(산정된 월별 건강보험료액–경감 또는 면제 비용) × 장기요양보험료율(0.9182%/2025년) / 건강보험료율(7.09%/2025년)

② 보험료 감면

「장애인복지법」에 따른 장애인 또는 이와 유사한 자로서 대통령령으로 정하는 자가 장기요양보험가입자 또는 그 피부양자인 경우 등급판정에 따른 수급자로 결정되지 못한 때 대통령령으로 정하는 바에 따라 장기요양보험료의 전부 또는 일부를 감면할 수 있다(법 제10조).

(2) 정부의 재정지원

국가는 매년 예산의 범위 안에서 당해 연도 장기요양보험료 예상 수입액의 100분의 20에 상당하는 금액을 공단에 지원한다. 그리고 국가와 지방자치단체는 대통령령으로 정하는 바에 따라 의료급여수급권자의 장기요양급여비용, 의사소견서 발급비용, 방문간호지시서 발급비용 중 공단이 부담하여야 할 비용 및 관리운영비의 전액을 부담한다. 이 경우 지방자치단체가 부담하는 금액은 보건복지부령으로 정하는 바에 따라 특별시·광역시·특별자치시·도·특별자치도와 시·군·구가 분담한다(제58조 제1~3항).

(3) 본인일부부담금

재가급여는 당해 장기요양급여비용의 100분의 15를, 시설급여는 당해 장기요양급여 비용의 100분의 20을 수급자가 부담한다. 다만, 수급자 중 「국민기초생활보장법」에 따른 의료급여 수급자는 그러하지 아니하다(법 제40조 제1항). 다음의 장기요양급여에 대한 비용은 수급자 본인이 전부 부담한다(법 제40조 제2항).

> 1. 이 법의 규정에 따른 급여의 범위 및 대상에 포함되지 아니하는 장기요양급여
> 2. 수급자가 장기요양인정서에 기재된 장기요양급여의 종류 및 내용과 다르게 선택하여 장기요양급여를 받은 경우 그 차액
> 3. 장기요양급여의 월 한도액을 초과하는 장기요양급여

다음의 어느 하나에 해당하는 자에 대해서는 본인일부부담금의 60%의 범위에서 보건복지부장관이 정하는 바에 따라 차등하여 감경할 수 있다(법 제40조 제3항).

> 1. 「국민기초생활보장법」에 따른 의료급여 수급자를 제외한 의료급여 수급권자
> 2. 소득 · 재산 등이 보건복지부장관이 정하여 고시하는 일정 금액 이하인 자. 다만, 도서 · 벽지 · 농어촌 등의 지역에 거주하는 자에 대하여 따로 금액을 정할 수 있다.
> 3. 천재지변 등 보건복지부령으로 정하는 사유로 인하여 생계가 곤란한 자

2) 운영체계

(1) 보건복지부

장기요양보험제도의 운영을 관장하는 기관은 보건복지부이다. 보건복지부장관은 노인 등에 대한 장기요양급여를 원활하게 제공하기 위하여 5년 단위로 다음의 내용이 포함된 장기요양기본계획을 수립 · 시행하여야 한다. 지방자치단체의 장은 수립된 장기요양기본계획에 따라 세부 시행계획을 수립 · 시행하여야 한다(법 제6조 제1~2항).

> 1. 연도별 장기요양급여 대상인원 및 재원조달 계획
> 2. 연도별 장기요양기관 및 장기요양 전문인력 관리 방안
> 3. 장기요양요원의 처우에 관한 사항
> 4. 그 밖에 노인 등의 장기요양에 관한 사항으로서 대통령령으로 정하는 사항

또한 장기요양사업의 실태를 파악하기 위해 3년마다 다음의 사항에 관한 조사를 정기적으로 실시하고 그 결과를 공표하여야 한다(법 제6조의2 제1항).

1. 장기요양인정에 관한 사항
2. 장기요양등급판정위원회의 판정에 따라 장기요양급여를 받을 사람의 규모, 그 급여의 수준 및 만족도에 관한 사항
3. 장기요양기관에 관한 사항
4. 장기요양요원의 근로조건, 처우 및 규모에 관한 사항
5. 그 밖에 장기요양사업에 관한 사항으로서 보건복지부령으로 정하는 사항

(2) 국민건강보험공단

국민건강보험공단은 보건복지부의 위탁을 받은 공법인으로 보험자로서의 위치를 가지고 장기요양사업의 관리운영을 하며, 다음의 업무를 관장한다(법 제48조 제2항).

1. 장기요양보험가입자 및 그 피부양자와 의료급여 수급권자의 자격관리
2. 장기요양보험료의 부과·징수
3. 신청인에 대한 조사
4. 등급판정위원회의 운영 및 장기요양등급 판정
5. 장기요양인정서의 작성 및 표준장기요양이용계획서의 제공
6. 장기요양급여의 관리 및 평가
7. 수급자에 대한 정보제공·안내·상담 등 장기요양급여 관련 이용지원에 관한 사항
8. 재가 및 시설 급여비용의 심사 및 지급과 특별현금급여의 지급
9. 장기요양급여 제공내용 확인
10. 장기요양사업에 관한 조사·연구 및 홍보
11. 노인성질환예방사업
12. 이 법에 따른 부당이득금의 부과·징수 등
13. 장기요양급여의 제공기준을 개발하고 장기요양급여비용의 적정성을 검토하기 위한 장기요양기관의 설치 및 운영
14. 그 밖에 장기요양사업과 관련하여 보건복지부장관이 위탁한 업무

(3) 장기요양등급판정위원회

장기요양인정 및 장기요양등급판정 등을 심의하기 위하여 공단에 장기요양등급판정위원회를 둔다. 등급판정위원회는 특별자치시·특별자치도·시·군·구 단위로 설치한다. 다만, 인구 수 등을 고려하여 하나의 특별자치시·특별자치도·시·군·

구에 2 이상의 등급판정위원회를 설치하거나 2 이상의 특별자치시 · 특별자치도 · 시 · 군 · 구를 통합하여 하나의 등급판정위원회를 설치할 수 있다(법 제53조 제1~2항).

등급판정위원회는 위원장 1인을 포함하여 15인의 위원으로 구성하며, 위원의 임기는 3년(공무원은 재임기간)으로 한다. 등급판정위원회 위원은 다음의 자 중에서 공단 이사장이 위촉한다. 이 경우 특별자치시장 · 특별자치도지사 · 시장 · 군수 · 구청장이 추천한 위원은 7인, 의사 또는 한의사가 1인 이상 각각 포함되어야 한다(법 제53조 제3~5항).

1. 「의료법」에 따른 의료인
2. 「사회복지사업법」에 따른 사회복지사
3. 특별자치시 · 특별자치도 · 시 · 군 · 구 소속 공무원
4. 그 밖에 법학 또는 장기요양에 관한 학식과 경험이 풍부한 자

(4) 장기요양위원회

장기요양보험료율, 가족요양비, 특례요양비, 요양병원 간병비의 지급기준, 재가 및 시설 급여비용, 그 밖에 대통령령으로 정하는 주요 사항을 심의하기 위하여 보건복지부장관 소속으로 장기요양위원회를 둔다(법 제45조).

장기요양위원회는 위원장 1인, 부위원장 1인을 포함한 16인 이상 22인 이하의 위원으로 구성하며, 위원장은 보건복지부차관이 되고, 부위원장은 위원 중에서 위원장이 지명한다. 위원장이 아닌 위원은 다음의 자 중에서 보건복지부장관이 임명 또는 위촉한 자로 하고, 각각 동수로 구성하여야 한다(법 제46조 제1~3항).

1. 근로자단체, 사용자단체, 시민단체, 노인단체, 농어업인 단체 또는 자영자단체를 대표하는 자
2. 장기요양기관 또는 의료계를 대표하는 자
3. 대통령령으로 정하는 관계 중앙행정기관의 고위공무원단 소속 공무원, 장기요양에 관한 학계 또는 연구계를 대표하는 자, 공단 이사장이 추천하는 자

(5) 장기요양요원지원센터

국가와 지방자치단체는 장기요양요원의 권리를 보호하기 위하여 장기요양요원지원센터를 설치·운영할 수 있다. 장기요양요원지원센터는 다음의 업무를 수행한다. 장기요양요원지원센터의 설치·운영 등에 필요한 사항은 보건복지부령으로 정하는 바에 따라 해당 지방자치단체의 조례로 정한다(법 제47조의2 제1~3항).

1. 장기요양요원의 권리 침해에 관한 상담 및 지원
2. 장기요양요원의 역량강화를 위한 교육지원
3. 장기요양요원에 대한 건강검진 등 건강관리를 위한 사업
4. 그 밖에 장기요양요원의 업무 등에 필요하여 대통령령으로 정하는 사항

(6) 장기요양기관

① 장기요양기관의 지정

재가급여 또는 시설급여를 제공하는 장기요양기관을 운영하려는 자는 보건복지부령으로 정하는 장기요양에 필요한 시설 및 인력을 갖추어 소재지를 관할 구역으로 하는 특별자치시장·특별자치도지사·시장·군수·구청장으로부터 지정을 받아야 한다. 장기요양기관으로 지정을 받을 수 있는 시설은 「노인복지법」 제31조에 따른 노인복지시설[4] 중 대통령령으로 정하는 시설[5]로 한다. 특별자치시장·특별자치도지사·시장·군수·구청장이 지정을 하려는 경우에는 다음의 사항을 검토하여 장기요양기관을 지정하여야 한다. 이 경우 특별자치시장·특별자치도지사·시장·군수·구청장은 공단에 관련 자료의 제출을 요청하거나 그 의견을 들을 수 있다(법 제31조 제1~3항).

---

4) 노인복지법 제31조(노인복지시설의 종류)
① 노인주거복지시설 : 양로시설, 노인공동생활가정, 노인복지주택
② 노인의료복지시설 : 노인요양시설, 노인요양공동생활가정
③ 노인여가복지시설 : 노인복지관, 경로당, 노인교실
④ 재가노인복지시설 : 방문요양서비스, 주·야간보호서비스, 단기보호서비스, 방문목욕서비스, 그 밖의 서비스
⑤ 노인보호전문기관, ⑥ 노인일자리지원기관, ⑦ 학대피해노인전용쉼터

5) 노인복지시설 중 대통령령으로 정하는 시설이란 노인의료복지시설(노인요양시설, 노인요양공동생활가정)과 재가노인복지시설을 말한다. 노인요양시설과 노인요양공동생활가정은 시설급여 장기요양기관으로, 재가노인복지시설은 재가급여 장기요양기관으로 특별자치시장·특별자치도지사·시장·군수·구청장으로부터 지정을 받는다.

1. 장기요양기관을 운영하려는 자의 장기요양급여 제공 이력 2. 장기요양기관을 운영하려는 자 및 그 기관에 종사하려는 자가 이 법, 「사회복지사업법」 또는 「노인복지법」 등 장기요양기관의 운영과 관련된 법에 따라 받은 행정처분의 내용 3. 장기요양기관의 운영 계획 4. 해당 지역의 노인인구 수 및 장기요양급여 수요 등 지역 특성 5. 그 밖에 특별자치시장 · 특별자치도지사 · 시장 · 군수 · 구청장이 장기요양기관으로 지정하는 데 필요하다고 인정하여 정하는 사항

특별자치시장 · 특별자치도지사 · 시장 · 군수 · 구청장은 장기요양기관을 지정한 때 지체 없이 지정 명세를 공단에 통보하여야 한다. 재가급여를 제공하는 장기요양기관 중 의료기관이 아닌 자가 설치 · 운영하는 장기요양기관이 방문간호를 제공하는 경우에는 방문간호의 관리책임자로서 간호사를 둔다. 장기요양기관의 지정절차와 그 밖에 필요한 사항은 보건복지부령으로 정한다(법 제31조 제4~6항).

② 장기요양기관 지정의 유효기간과 갱신

장기요양기관 지정의 유효기간은 지정을 받은 날부터 6년으로 한다(법 제32조의3). 장기요양기관의 장은 지정의 유효기간이 끝난 후에도 계속하여 그 지정을 유지하려는 경우에는 소재지를 관할구역으로 하는 특별자치시장 · 특별자치도지사 · 시장 · 군수 · 구청장에게 지정 유효기간이 끝나기 90일 전까지 지정 갱신을 신청하여야 한다. 갱신 신청을 받은 특별자치시장 · 특별자치도지사 · 시장 · 군수 · 구청장은 갱신 심사에 필요하다고 판단되는 경우에는 장기요양기관에 추가자료의 제출을 요구하거나 소속 공무원으로 하여금 현장심사를 하게 할 수 있다. 지정 갱신이 지정 유효기간 내에 완료되지 못한 경우에는 심사 결정이 이루어질 때까지 지정이 유효한 것으로 본다. 특별자치시장 · 특별자치도지사 · 시장 · 군수 · 구청장은 갱신 심사를 완료한 경우 그 결과를 지체 없이 해당 장기요양기관의 장에게 통보하여야 한다(법 제32조의4 제1~4항).

③ 장기요양기관의 의무

가. 장기요양급여 제공 관련 의무(법 제35조 제1~6항)

1. 장기요양기관은 수급자로부터 장기요양급여신청을 받은 때 장기요양급여의 제공을 거부하여서는 아니 된다. 다만, 입소정원에 여유가 없는 경우 등 정당한 사유가 있는 경우는 그러하지 아니하다.
2. 장기요양기관은 장기요양급여의 제공 기준 · 절차 및 방법 등에 따라 장기요양급여를 제공하여야 한다.
3. 장기요양기관의 장은 장기요양급여를 제공한 수급자에게 장기요양급여비용에 대한 명세서를 교부하여야 한다.
4. 장기요양기관의 장은 장기요양급여 제공에 관한 자료를 기록 · 관리하여야 하며, 장기 요양기관의 장 및 그 종사자는 장기요양급여 제공에 관한 자료를 거짓으로 작성하여서는 아니 된다.
5. 장기요양기관은 「의료급여법」에 따라 면제받거나, 보건복지부령에 따른 감경대상자의 감경 금액 외에 영리를 목적으로 수급자가 부담하는 재가 및 시설 급여비용을 면제하거나 감경하는 행위를 하여서는 아니 된다.
6. 누구든지 영리를 목적으로 금전, 물품, 노무, 향응, 그 밖의 이익을 제공하거나 제공할 것을 약속하는 방법으로 수급자를 장기요양기관에 소개, 알선 또는 유인하는 행위 및 이를 조장하는 행위를 하여서는 아니 된다.

나. 폐쇄회로 텔레비전 설치(법 제33조의2 제1~4항)

장기요양기관을 운영하는 자는 노인학대 방지 등 수급자의 안전과 장기요양기관의 보안을 위하여 「개인정보 보호법」 및 관련 법령에 따른 폐쇄회로 텔레비전을 설치 · 관리하여야 한다. 다만, 다음의 어느 하나에 해당하는 경우에는 그러하지 아니하다.

1. 재가급여만을 제공하는 경우
2. 장기요양기관을 운영하는 자가 수급자 전원 또는 그 보호자 전원의 동의를 받아 특별자치시장 · 특별자치도지사 · 시장 · 군수 · 구청장에게 신고한 경우
3. 장기요양기관을 설치 · 운영하는 자가 수급자, 그 보호자 및 장기요양기관 종사자 전원의 동의를 받아 「개인정보 보호법」 및 관련 법령에 따른 네트워크 카메라를 설치한 경우

폐쇄회로 텔레비전을 설치 · 관리하는 자는 수급자 및 장기요양기관 종사자 등 정보주체의 권리가 침해되지 아니하도록 다음의 사항을 준수하여야 한다.

1. 노인학대 방지 등 수급자의 안전과 장기요양기관의 보안을 위하여 최소한의 영상정보만을 적법하고 정당하게 수집하고, 목적 외의 용도로 활용하지 아니하도록 할 것
2. 수급자 및 장기요양기관 종사자 등 정보주체의 권리가 침해받을 가능성과 그 위험 정도를 고려하여 영상정보를 안전하게 관리할 것
3. 수급자 및 장기요양기관 종사자 등 정보주체의 사생활 침해를 최소화하는 방법으로 영상정보를 처리할 것

장기요양기관을 운영하는 자는 폐쇄회로 텔레비전에 기록된 영상정보를 60일 이상 보관하여야 한다. 국가 또는 지방자치단체는 제1항에 따른 폐쇄회로 텔레비전 설치비의 전부 또는 일부를 지원할 수 있다.

다. 영상정보 열람 금지 및 허용(법 제33조의3 제1~2항)

폐쇄회로 텔레비전을 설치 · 관리하는 자는 다음의 어느 하나에 해당하는 경우를 제외하고는 영상정보를 열람하게 하여서는 아니 된다.

1. 수급자가 자신의 생명 · 신체 · 재산상의 이익을 위하여 본인과 관련된 사항을 확인할 목적으로 열람 시기 · 절차 및 방법 등 보건복지부령으로 정하는 바에 따라 요청하는 경우
2. 수급자의 보호자가 수급자의 안전을 확인할 목적으로 열람 시기 · 절차 및 방법 등 보건복지부령으로 정하는 바에 따라 요청하는 경우
3. 「개인정보 보호법」에 따른 공공기관이 「노인복지법」 법령에서 정하는 노인의 안전업무 수행을 위하여 요청하는 경우
4. 범죄의 수사와 공소의 제기 및 유지, 법원의 재판업무 수행을 위하여 필요한 경우
5. 그 밖에 노인 관련 안전업무를 수행하는 기관으로서 보건복지부령으로 정하는 자가 업무의 수행을 위하여 열람시기 · 절차 및 방법 등 보건복지부령으로 정하는 바에 따라 요청하는 경우

장기요양기관을 운영하는 자는 설치 목적과 다른 목적으로 폐쇄회로 텔레비전을 임의로 조작하거나 다른 곳을 비추는 행위, 녹음기능을 사용하거나 보건복지부령으

로 정하는 저장장치 이외의 장치 또는 기기에 영상정보를 저장하는 행위를 하여서는 아니 된다.

라. 장기요양요원의 보호(법 제35조의4 제1~2항)

장기요양기관의 장은 장기요양요원이 다음의 어느 하나에 해당하는 경우로 인한 고충의 해소를 요청하는 경우 업무의 전환 등 대통령령으로 정하는 바에 따라 적절한 조치를 하여야 한다.

> 1. 수급자 및 그 가족이 장기요양요원에게 폭언 · 폭행 · 상해 또는 성희롱 · 성폭력 행위를 하는 경우
> 2. 수급자 및 그 가족이 장기요양요원에게 법 제28조의2의 급여외행위의 제공을 요구하는 경우
> (법 제28조의2 : 수급자의 가족만을 위한 행위, 수급자 또는 그 가족의 생업을 지원하는 행위, 그 밖에 수급자의 일상생활에 지장이 없는 행위의 제공을 요구하는 행위)

장기요양기관의 장은 장기요양요원에게 장기요양요원에게 급여외행위, 수급자가 부담하여야 할 본인부담금의 전부 또는 일부를 부담하도록 요구하는 행위를 하여서는 아니 된다.

④ 장기요양기관의 지정 취소 및 업무정지

특별자치시장 · 특별자치도지사 · 시장 · 군수 · 구청장은 장기요양기관이 다음의 어느 하나에 해당하는 경우 그 지정을 취소하거나 6개월의 범위에서 업무정지를 명할 수 있다. 다만, 제1호, 제2호의2 또는 제7호에 해당하는 경우에는 지정을 취소하여야 한다(법 제37조 제1항).

> **1. 거짓이나 그 밖의 부정한 방법으로 지정을 받은 경우**
> 2. 제31조 제2항(시설 및 인력)에 따른 지정기준에 적합하지 아니한 경우
> **2의2. 결격사유의 어느 하나에 해당하게 된 경우.** 다만, 대표자 결격사유에 해당하게 된 법인의 경우 3개월 이내에 그 대표자를 변경하는 때에는 그러하지 아니하다.
> 3. 장기요양기관의 의무를 위반하여 장기요양급여를 거부한 경우
> 3의2. 본인일부부담금을 면제하거나 감경하는 행위를 한 경우

3의3. 수급자를 소개, 알선 또는 유인하는 행위 및 이를 조장하는 행위를 한 경우
4. 거짓이나 그 밖의 부정한 방법으로 재가 및 시설 급여비용을 청구한 경우
5. 자료제출 명령에 따르지 아니하거나 거짓으로 자료제출을 한 경우, 질문 또는 검사를 거부·방해 또는 기피하거나 거짓으로 답변한 경우
6. 장기요양기관의 종사자 등이 다음의 어느 하나에 해당하는 행위를 한 경우
   가. 수급자의 신체에 폭행을 가하거나 상해를 입히는 행위
   나. 수급자에게 성적 수치심을 주는 성폭행, 성희롱 등의 행위
   다. 자신의 보호·감독을 받는 수급자를 유기하거나 의식주를 포함한 기본적 보호 및 치료를 소홀히 하는 방임행위
7. 업무정지 기간 중에 장기요양급여를 제공한 경우

특별자치시장·특별자치도지사·시장·군수·구청장은 제1항에 따라 지정을 취소하거나 업무정지명령을 한 경우에는 지체 없이 그 내용을 공단에 통보하고, 보건복지부령으로 정하는 바에 따라 보건복지부장관에게 통보한다. 이 경우 시장·군수·구청장은 관할 특별시장·광역시장 또는 도지사를 거쳐 보건복지부장관에게 통보하여야 한다(법 제37조 제2항).

⑤ 재지정 금지

다음의 어느 하나에 해당하는 자는 제31조에 따라 장기요양기관으로 지정받을 수 없다(법 제37조 제8항).

1. 지정취소를 받은 후 3년이 지나지 아니한 자(법인인 경우 그 대표자 포함)
2. 업무정지명령을 받고 업무정지기간이 지나지 아니한 자(법인인 경우 그 대표자 포함)

⑥ 장기요양기관의 폐업 및 휴업

장기요양기관의 장은 폐업하거나 휴업하고자 하는 경우 폐업이나 휴업 예정일 전 30일까지 특별자치시장·특별자치도지사·시장·군수·구청장에게 신고하여야 한다. 신고를 받은 특별자치시장·특별자치도지사·시장·군수·구청장은 지체 없이 신고 명세를 공단에 통보하여야 한다. 특별자치시장·특별자치도지사·시장·군

수 · 구청장은 장기요양기관의 장이 유효기간이 끝나기 30일 전까지 지정 갱신 신청을 하지 아니하는 경우 그 사실을 공단에 통보하여야 한다(법 제36조 제1~2항).

장기요양기관의 장은 장기요양기관을 폐업하거나 휴업하려는 경우 또는 장기요양기관의 지정 갱신을 하지 아니하려는 경우 보건복지부령으로 정하는 바에 따라 수급자의 권익을 보호하기 위하여 다음 각 호의 조치를 취하여야 한다(법 제36조 제3항).

1. 해당 장기요양기관을 이용하는 수급자가 다른 장기요양기관을 선택하여 이용할 수 있도록 계획을 수립하고 이행하는 조치
2. 해당 장기요양기관에서 수급자가 부담한 비용 중 정산하여야 할 비용이 있는 경우 이를 정산하는 조치
3. 그 밖에 수급자의 권익 보호를 위하여 필요하다고 인정되는 조치로서 보건복지부령으로 정하는 조치

특별자치시장 · 특별자치도지사 · 시장 · 군수 · 구청장은 제1항에 따라 폐업 · 휴업 신고를 접수한 경우 또는 장기요양기관의 장이 유효기간이 끝나기 30일 전까지 지정 갱신 신청을 하지 아니한 경우 장기요양기관의 장이 수급자의 권익을 보호하기 위한 조치를 취하였는지의 여부를 확인하고, 인근지역에 대체 장기요양기관이 없는 경우 등 장기요양급여에 중대한 차질이 우려되는 때에는 장기요양기관의 폐업 · 휴업 철회 또는 지정 갱신 신청을 권고하거나 그 밖의 다른 조치를 강구하여야 한다(법 제36조 제4항).

특별자치시장 · 특별자치도지사 · 시장 · 군수 · 구청장은 「노인복지법」 제43조에 따라 노인의료복지시설 등(장기요양기관이 운영하는 시설인 경우에 한한다)에 대하여 사업정지 또는 폐지 명령을 하는 경우 지체 없이 공단에 그 내용을 통보하여야 한다(법 제36조 제5항).

장기요양기관의 장은 제1항에 따라 폐업 · 휴업 신고를 할 때 또는 장기요양기관의 지정 갱신을 하지 아니하여 유효기간이 만료될 때 보건복지부령으로 정하는 바에 따라 장기요양급여 제공 자료를 공단으로 이관하여야 한다. 다만, 휴업 신고를 하는 장기요양기관의 장이 휴업 예정일 전까지 공단의 허가를 받은 경우에는 장기요양급여 제공 자료를 직접 보관할 수 있다(법 제36조 제6항).

5. 권리구제와 벌칙

1) 권리구제

(1) 이의신청

장기요양인정 · 장기요양등급 · 장기요양급여 · 부당이득 · 장기요양급여비용 또는 장기요양보험료 등에 관한 공단의 처분에 이의가 있는 자는 공단에 이의신청을 할 수 있다. 이의신청은 처분이 있은 날부터 90일 이내에 문서로 하여야 한다. 다만, 정당한 사유로 본문의 기간 이내에 이의신청을 할 수 없었음을 소명한 때는 그러하지 아니하다. 공단은 장기요양심사위원회를 구성하여 이의신청 사건을 심의하게 하여야 한다(법 제55조 제1~3항).

(2) 심사청구

이의신청에 대한 결정에 불복하는 자는 결정처분을 받은 날부터 90일 이내에 장기요양심판위원회에 심사청구를 할 수 있다. 심판위원회는 보건복지부장관 소속으로 두고, 위원장 1인을 포함한 20인 이내의 위원으로 구성한다. 심판위원회의 위원은 관계 공무원, 법학, 그 밖에 장기요양사업 분야의 학식과 경험이 풍부한 자 중에서 보건복지부장관이 임명 또는 위촉한다(법 제56조 제1~3항).

(3) 행정소송

공단의 처분에 이의가 있는 자와 이의신청 또는 심사청구에 대한 결정에 불복하는 자는 「행정소송법」으로 정하는 바에 따라 행정소송을 제기할 수 있다(법 제57조).

2) 벌 칙

(1) 벌칙

이 법에서 정하는 벌칙은 다음과 같다(법 제67조 제1~4항).

3년 이하의 징역 또는 3천만 원 이하의 벌금	1. 거짓이나 그 밖의 부정한 방법으로 장기요양급여비용을 청구한 자 2. 「개인정보 보호법」 및 관련 법령에 따른 설치의무를 위반하여 폐쇄회로 텔레비전의 설치 목적과 다른 목적으로 폐쇄회로 텔레비전을 임의로 조작하거나 다른 곳을 비추는 행위를 한 자 3. 녹음기능을 사용하거나 보건복지부령으로 정하는 저장장치 이외의 장치 또는 기기에 영상정보를 저장한 자
2년 이하의 징역 또는 2천만 원 이하의 벌금	1. 지정받지 아니하고 장기요양기관을 설치 · 운영하거나 거짓이나 그 밖의 부정한 방법으로 지정받은 자 2. 안전성 확보에 필요한 조치를 하지 아니하여 영상정보를 분실 · 도난 · 유출 · 변조 또는 훼손당한 자 3. 본인일부부담금을 면제 또는 감경하는 행위를 한 자 4. 수급자를 소개, 알선, 유인하는 행위를 하거나 이를 조장한 자 5. 업무수행 중 알게 된 비밀을 누설한 자
1년 이하의 징역 또는 1천만 원 이하의 벌금	1. 정당한 사유 없이 장기요양급여의 제공을 거부한 자 2. 거짓이나 그 밖의 부정한 방법으로 장기요양급여를 받거나 다른 사람으로 하여금 장기요양급여를 받게 한 자 3. 정당한 사유 없이 권익보호조치를 하지 아니한 사람 4. 지정취소 또는 업무정지된 장기요양기관의 장이 해당 기관에서 수급자가 부담한 비용을 정산하지 아니한 자
1천만 원 이하의 벌금	자료제출 명령에 따르지 아니하거나 거짓으로 자료제출을 한 장기요양기관 또는 의료기관이나 질문 또는 검사를 거부 · 방해 또는 기피하거나 거짓으로 답변한 장기요양기관 또는 의료기관

(2) 과태료

이 법에서 정하는 과태료는 다음과 같다(법 제69조 제1~2항).

500만 원 이하의 과태료	1. 변경지정을 받지 아니하거나 변경신고를 하지 아니한 자 또는 거짓이나 그 밖의 부정한 방법으로 변경지정을 받거나 변경신고를 한 자 2. 장기요양기관에 관한 정보를 게시하지 아니하거나 거짓으로 게시한 자 3. 수급자에게 장기요양급여비용에 대한 명세서를 교부하지 아니하거나 거짓으로 교부한 자 4. 장기요양급여 제공 자료를 기록 · 관리하지 아니하거나 거짓으로 작성한 사람 5. 장기요양원에게 급여외행위의 제공을 요구하거나, 수급자가 부담하여야 할 본인부담금의 전부 또는 일부를 부담하도록 요구하는 행위를 한 자 6. 폐업 · 휴업 신고 또는 자료이관을 하지 아니하거나 거짓이나 그 밖의 부정한 방법으로 신고한 자 7. 행정제재처분을 받았거나 그 절차가 진행 중인 사실을 양수인등에게 지체 없이 알리지 아니한 자 8. 거짓이나 그 밖의 부정한 방법으로 수급자에게 장기요양급여비용을 부담하게 한 자 9. 보고 또는 자료제출 요구 · 명령에 따르지 아니하거나 거짓으로 보고 또는 자료제출을 한 자나 질문 또는 검사를 거부 · 방해 또는 기피하거나 거짓으로 답변한 자 10.. 거짓이나 그 밖의 부정한 방법으로 장기요양급여비용 청구에 가담한 사람 11. 이 법에 따른 장기요양보험 사업을 수행하는 자가 아닌 자로서 노인장기요양보험 또는 이와 유사한 용어를 사용한 자
300만 원 이하의 과태료	1. 폐쇄회로 텔레비전을 설치하지 아니하거나 설치 · 관리의무를 위반한 자 2. 영상정보 열람금지 대상이 아닌 경우의 영상정보 열람 요청에 응하지 아니한 자

제10장 : 산업재해보상보험법

1. 산업재해보상보험법의 개관

1) 법의 목적 및 의의

「산업재해보상보험법」은 산재보험사업을 시행하여 근로자의 업무상의 재해를 신속하고 공정하게 보상하며, 재해근로자의 재활 및 사회 복귀를 촉진하기 위하여 이에 필요한 보험시설을 설치 · 운영하고, 재해 예방과 그 밖에 근로자의 복지 증진을 위한 사업을 시행하여 근로자 보호에 이바지하는 것을 목적으로 한다(법 제1조). 산업재해보상보험(약칭 산재보험)은 산업사회의 고유한 문제인 업무상 부상과 질병, 장해 또는 사망으로 인한 소득상실을 보전함과 동시에 요양서비스와 재활서비스를 충분히 제공하여 성공적인 직업복귀를 도모하는 제도로 우리나라에서 가장 먼저 도입된 사회보험제도이다.

산재보험제도는 사업장 단위로 적용되는 정부주도의 강제보험으로 보험제도를 통해 근로자 및 그 유족을 보호하고, 사업주 간의 위험을 분산하는 기능을 가진다. 또한 국민연금, 국민건강보험 등 근로자와 사업주가 보험료를 각각 절반씩 부담하는 다른 사회보험과 달리 사업주가 보험료를 전액 부담함으로써 보험료의 납부자와 수혜자가 다르다는 특징을 가진다. 따라서 산재보험의 보험자는 정부(근로복지공단)가 되고, 가입자는 사업주, 수급자는 업무상의 재해근로자가 된다.

2) 입법배경 및 경과[1)]

1948년 정부 수립 후 우리나라는 업무상 재해보상에 대한 별다른 법률이 제정되어 있지 않아 이 당시 재해근로자의 유일한 구제방법은 「민법」에 의한 과실책임주의였다. 이후 1953년 5월 10일 「근로기준법」이 제정되었는데, 「근로기준법」 제8장에서 업무상 재해를 입은 경우 근로자를 고용한 사업주는 과실 유무를 불문하고 재해근로자에게 보상하도록 하는 '무과실책임에 의한 재해보상제도'를 규정하였다. 근로관계를 규정하는 「근로기준법」에 재해보상을 규정한 것은 아주 획기적이었으나 산재보상이 사업주 개인의 재산에 의존했기 때문에 대형 사고가 날 경우 기업이 도산하거나 경제적 능력이 없는 경우에는 사실상 재해보상이 제대로 이루어지지 않았다.

이러한 문제를 해결하기 위해 1960년대 초에 전문 30조로 된 「산재보험법」의 초안을 만들어 보건사회부 산하 사회보장제도심의위원회의 심의를 거쳐 1963년 10월 8일에 국가재건최고회의에서 의결하고, 마침내 1963년 11월 5일에 법률로 공포되었다. 그리고 그 다음 해인 1964년 7월 1일부터 상시 500인 이상 근로자를 사용하는 광업 및 제조업을 대상으로 강제적용 실시되었다. 우리나라 최초의 사회보험인 산재보험은 사용자에게는 재해보상책임을 분산시킴으로써 산업재해보상으로 인한 재정상의 부담을 덜어주었고, 근로자에게는 재해보상 청구권의 간소화로 신속하게 보상을 받을 수 있도록 하였다. 또한 국가가 보험자 역할을 담당하기 때문에 보상의 안정성도 확보할 수 있게 되었다.

이후 1965년에는 근로자 200인 이상 사업장으로 그 적용범위를 확대하였고, 1966년에는 150인 이상, 1967년에는 100인 이상, 1969년에 50인 이상, 1972년에는 30인 이상, 1973년에는 16인 이상 사업장에 적용범위가 확대되었다. 1977년에는 최저보상기준제도가 도입되었고, 1982년에는 10인 이상 사업장으로 적용범위가 확대되면서 법 제정 당시 11일 이상 요양이 필요한 경우에만 보상하던 요양급여의 인정기준이 4일 이상 요양이 필요한 경우로 완화되었으며, 상병보상연금제도와 장해특별급여제도가 도입되었다. 또한 1995년에는 노동부에서 주관하던 산재보험의 관리운영을 근

1) 박진화(2018). 사회보장론. 공동체, pp. 193-196 인용.

로복지공단에 위탁하였고, 1992년에는 일부 업종을 제외하고는 원칙적으로 5인 이상 사업장으로 적용범위가 확대되었으며. 2000년 7월 1일부터는 1인 이상 사업장으로 적용대상이 확대되어 거의 모든 사업장에 산재보험이 적용되었다.

2008년 7월 1일 개정을 통해서는 업무상 재해의 인정기준 명시, 특수형태근로종사자의 산재보험 적용, 산재근로자의 사회 · 직업 복구를 촉진하기 위한 직업재활급여 도입, 업무상질병판정위원회 설치 등이 포함되었고, 권리구제 및 심의 기능도 강화됨으로써 산재보험제도가 획기적으로 발전하는 계기가 되었다. 2010년에는 정부의 공공기관 선진화 추진계획에 따라 한국산재의료원을 근로복지공단에 통합하여 산재환자에 대한 요양 및 재활서비스를 종합적으로 제공함으로써 산재보험업무의 효율성을 높였고, 2011년 1월 1일부터는 산재보험의 징수업무를 국민건강보험공단에 위탁하여 수행하도록 하였다.

2012년 12월 18일 개정에서는 성차별적 요소를 없애기 위해 유족보상연금 수급자격자의 범위에서 남자배우자에 대한 연령제한을 삭제하고, 유족의 생활안정을 도모하기 위하여 자녀 또는 손자녀 등에 대한 유족보상연금 수급자격자 연령범위를 18세 미만에서 19세 미만까지로 상향하였다. 2017년 10월 24일 개정에서는 산업재해의 한 종류로 출퇴근재해를 신설하여 통상적인 경로와 방법으로 출퇴근하던 중 발생한 사고에 대하여 업무상 재해로 인정함으로써 근로자의 복지를 증진하려고 하였다. 2018년 6월 12일 개정에서는 '폐질(廢疾)'이라는 어려운 한자를 보다 이해하기 쉬운 말인 '중증요양상태'로 변경하였고, 유족보상연금 수급자격자가 자녀인 경우에는 수급자격자 연령범위를 19세에서 25세 미만으로 확대하였다.

2019년 1월 15일 개정에서는 업무상 질병의 인정기준에 직장 내 괴롭힘, 고객의 폭언 등 업무상 정신적 스트레스가 원인이 되어 발생한 질병을 추가함으로써 업무상 재해를 폭넓게 인정할 수 있는 제도적 장치를 갖추려고 하였고, 2022년 1월 11일 개정에서는 임신 중인 근로자가 업무수행 과정에서 유해인자의 취급이나 노출로 인하여 출산한 자녀에게 부상, 질병 또는 장해가 발생하거나 그 자녀가 사망한 경우 업무상의 재해로 인정함으로써 '건강손상자녀'를 근로자로 보아 보험급여 청구권을 인정하고, 요양급여, 장해급여, 간병급여, 장례비 및 직업재활급여를 지급하도록 하였다.

2022년 6월 10일 개정에서는 그동안 산재보험을 적용받기 위해서는 특정사업에의 전속성 요건을 충족해야 하는 '특수형태근로종사자'에 대한 특례를 삭제하고, 기존 특수형태근로종사자 및 온라인 플랫폼 종사자 등을 포괄하는 개념으로 관련 종사자를 '노무제공자'로 재정의하면서 특정사업에의 전속성 요건을 폐지함으로써 이 법을 통한 보호 범위를 보다 확대하고자 하였다.

〈표 10-1〉 산재보험법의 주요 연혁

연월일	주요 내용
1963. 11. 05.	• 「산재보험법」 제정
1964. 07. 01.	• 「산재보험법」 시행(상시근로자 500인 이상 사업장)
1965~1969	• 적용사업장 확대(200인 이상/ 150인 이상/ 100인 이상/ 50인 이상 사업)
1972~1973	• 적용사업장 확대(30인 이상/ 16인 이상 사업장)
1982. 01. 01.	• 요양급여 인정기준 완화(11일 이상 요양 → 4일 이상 요양)
1982. 07. 01.	• 적용사업장 확대(10인 이상 사업장)
1983. 01. 01.	• 상병보상연금제도 도입, 장해특별급여제도 도입
1987. 05. 15.	• 적용사업장 확대(5인 이상 사업장)
1995. 05. 01.	• 근로복지공단에 산재보험사업 위탁
2000. 07. 01.	• 적용사업장 확대(1인 이상 사업장)
2008. 07. 01.	• 업무상 재해의 인정기준 명시, 특수형태근로종사자의 산재보험 적용, 직업재활급여 신설, 권리구제 및 심의기능 강화
2010. 01. 27.	• 한국산재의료원과 근로복지공단 통합
2011. 01. 01.	• 보험료 징수업무 국민건강보험공단에 통합
2012. 12. 18.	• 유족보상연금의 성차별적 요소 삭제(남편에 대한 연령제한 삭제) • 자녀와 손자녀의 유족보상연금 수급자격 연령범위 상향(18세 미만 → 19세 미만)
2017. 10. 24.	• 출퇴근재해 보상제도 도입
2018. 06. 12.	• '폐질(廢疾)'을 '중증요양상태'로 용어 변경 • 자녀의 유족보상연금 수급자격 연령범위 상향(19세 미만 → 25세 미만)
2019. 01. 15.	• 업무상질병 인정기준 확대(직장 내 괴롭힘, 고객의 폭언 등 업무상 정신적 스트레스가 원인이 되어 발생한 질병 추가)
2022. 01. 11.	• 건강손상자녀를 '근로자'로 보아 보험급여 청구권 인정
2022. 06. 10.	• '특수형태근로종사자'를 '노무제공자'로 재정의(특정사업에의 전속성 요건 폐지)

3) 법률용어의 정의

이 법에서 사용하는 용어의 뜻은 다음과 같다(법 제5조).

업무상의 재해	업무상의 사유에 따른 근로자의 부상 · 질병 · 장해 또는 사망을 말한다.
근로자 임금 평균임금 통상임금	「근로기준법」에 따른 근로자, 임금, 평균임금, 통상임금을 말한다. 다만, 「근로기준법」에 따라 임금 또는 평균임금을 결정하기 어렵다고 인정되면 고용노동부장관이 정하여 고시하는 금액을 해당 임금 또는 평균임금으로 한다.[2]
유족	사망한 자의 배우자(사실상 혼인관계에 있는 자 포함) · 자녀 · 부모 · 손자녀 · 조부모 또는 형제자매를 말한다.
치유	부상 또는 질병이 완치되거나 치료의 효과를 더 이상 기대할 수 없고 그 증상이 고정된 상태에 이르게 된 것을 말한다.
장해	부상 또는 질병이 치유되었으나 정신적 또는 육체적 훼손으로 인하여 노동능력이 상실되거나 감소된 상태를 말한다.
중증요양상태	업무상의 부상 또는 질병에 따른 정신적 또는 육체적 훼손으로 노동능력이 상실되거나 감소된 상태로서 그 부상 또는 질병이 치유되지 아니한 상태를 말한다.
진폐 (塵肺)	분진을 흡입하여 폐에 생기는 섬유증식성(纖維增殖性) 변화를 주된 증상으로 하는 질병을 말한다.
출퇴근	취업과 관련하여 주거와 취업장소 사이의 이동 또는 한 취업장소에서 다른 취업장소로의 이동을 말한다.

2. 적용대상

1) 적용사업

「산재보험법」은 근로자를 사용하는 모든 사업 또는 사업장에 적용한다. 다만, 위험률 · 규모 및 장소 등을 고려하여 대통령령으로 정하는 사업은 산재보험의 적용대

2) 근로기준법상의 임금, 평균임금, 통상임금의 정의

임금	사용자가 근로의 대가로 근로자에게 임금, 봉급, 그 밖에 어떠한 명칭으로든지 지급하는 모든 금품(법 제2조 제1항 제5호)
평균임금	이를 산정하여야 할 사유가 발생한 날 이전 3개월 동안에 그 근로자에게 지급된 임금의 총액을 그 기간의 총일수로 나눈 금액(법 제2조 제1항 제6호)
통상임금	근로자에게 정기적이고 일률적으로 소정(所定)근로 또는 총 근로에 대하여 지급하기로 정한 시간급 금액, 일급 금액, 주급 금액, 월급 금액 또는 도급 금액(시행령 제6조 제1항)

상이 되지 않는다(법 제6조). 대통령령으로 정하는 적용제외사업은 다음의 어느 하나에 해당하는 사업 또는 사업장을 말한다(시행령 제2조 제1항).

1. 「공무원 재해보상법」 또는 「군인 재해보상법」에 따라 재해보상이 되는 사업. 다만, 「공무원 재해보상법」 제60조에 따라 순직유족급여 또는 위험직무순직유족급여에 관한 규정을 적용받는 경우는 제외한다.
2. 「선원법」, 「어선원 및 어선 재해보상보험법」 또는 「사립학교교직원 연금법」에 따라 재해보상이 되는 사업
3. 가구 내 고용활동
4. 농업, 임업(벌목업은 제외한다), 어업 및 수렵업 중 법인이 아닌 자의 사업으로 상시 근로자 수가 5명 미만인 사업

2) 가입자의 종류

(1) 당연가입자

「산재보험법」을 적용받는 사업의 사업주는 당연히 산재보험의 보험가입자가 된다(고용산재보험료징수법 제5조 제3항). 당연적용 보험가입자가 된 경우에는 그 보험관계가 성립한 날부터 14일 이내에, 사업의 폐업 · 종료 등으로 인하여 보험관계가 소멸한 경우에는 그 보험관계가 소멸한 날부터 14일 이내에 공단에 보험관계의 성립 또는 소멸 신고를 하여야 한다(고용산재보험료징수법 제11조 제1항).

(2) 임의가입자

당연적용 사업장에 해당하지 않는 사업의 사업주는 공단의 승인을 얻어 산재보험에 임의가입할 수 있다. 보험계약을 해지할 경우 공단의 승인을 받아야 한다(보험료징수법 제5조 제4~5항).

(3) 의제가입자

산재보험의 당연적용사업이 사업규모의 변동 등의 사유로 적용제외사업에 해당하게 되었을 때에는 그 사업주 및 근로자는 그날부터 산재보험에 임의가입한 것으로 본다. 산재보험에 의제가입된 사업주가 그 사업의 운영 중에 근로자를 고용하지

않게 된 경우에는 그날부터 1년의 범위 안에서 근로자를 사용하지 않은 기간 동안에도 보험에 가입한 것으로 본다(고용산재보험료징수법 제6조 제2~3항).

(4) 특례가입자

① 국외사업에 대한 특례(법 제121조 제1~2항)

> ① 국외 근무기간에 발생한 근로자의 재해를 보상하기 위하여 우리나라가 당사국이 된 사회보장에 관한 조약이나 협정으로 정하는 국가나 지역에서의 사업에 대하여는 고용노동부장관이 금융위원회와 협의하여 지정하는 자(보험회사)에게 이 법에 따른 보험사업을 자기의 계산으로 영위하게 할 수 있다.
> ② 보험회사는 「보험업법」에 따른 사업방법에 따라 보험사업을 영위한다. 이 경우 보험회사가 지급하는 보험급여는 「산재보험법」에 따른 보험급여보다 근로자에게 불이익하여서는 아니 된다.

② 해외파견자에 대한 특례(법 제122조 제1~2항)

> ① 보험가입자가 대한민국 밖의 지역에서 하는 사업에 근로시키기 위하여 파견하는 자에 대하여 공단에 보험 가입 신청을 하여 승인을 받으면 해외파견자를 그 가입자의 대한민국 영역 안의 사업에 사용하는 근로자로 보아 「산재보험법」을 적용할 수 있다.
> ② 해외파견자의 보험급여의 기초가 되는 임금액은 그 사업에 사용되는 같은 직종 근로자의 임금액 및 그 밖의 사정을 고려하여 고용노동부장관이 정하여 고시하는 금액으로 한다.

③ 현장실습생에 대한 특례(법 제123조 제1~2항)

> ① 「산재보험법」이 적용되는 사업에서 현장실습을 하고 있는 학생 및 직업 훈련생 중 고용노동부장관이 정하는 현장실습생은 그 사업에 사용되는 근로자로 본다.
> ② 현장실습생이 실습과 관련하여 입은 재해는 업무상의 재해로 보아 보험급여를 지급한다.

④ 학생연구자에 대한 특례(법 제123조의2 제1~4항)

① 「연구실 안전환경 조성에 관한 법률」에 따른 대학·연구기관등은 「산재보험법」의 적용을 받는 사업으로 본다.
② 「연구실 안전환경 조성에 관한 법률」에 따른 연구활동 종사자 중 대학·연구기관 등이 수행하는 연구개발과제에 참여하는 대통령령으로 정하는 학생 신분의 연구자는 이 법을 적용할 때에는 그 사업의 근로자로 본다.
③ 제2항에 따라 이 법의 적용을 받는 학생연구자에 대한 보험 관계의 성립·소멸 및 변경, 보험료의 산정·신고·납부, 보험료나 그 밖에 징수금의 징수에 필요한 사항은 보험료징수법에서 정하는 바에 따른다.
④ 학생연구자에 대한 보험급여의 산정 기준이 되는 평균임금은 고용노동부장관이 고시하는 금액으로 한다.

⑤ 중·소기업 사업주에 대한 특례(법 제124조 제1~3항)

① 대통령령으로 정하는 중·소기업 사업주(근로자를 사용하지 않는 사업주 포함)[3]는 공단의 승인을 받아 자기 또는 유족을 보험급여를 받을 수 있는 자로 하여 보험에 가입할 수 있다.
② 제1항에 따른 중·소기업 사업주의 배우자(사실상 혼인관계에 있는 사람을 포함) 또는 4촌 이내의 친족으로서 대통령령으로 정하는 요건을 갖추어 해당 사업에 노무를 제공하는 사람[4]은 공단의 승인을 받아 보험에 가입할 수 있다.
③ 제1항에 따른 중·소기업 사업주 및 제2항에 따른 중·소기업 사업주의 배우자 또는 4촌 이내의 친족은 이 법을 적용할 때에는 이 법을 적용할 때에는 근로자로 본다.

⑥ 국민기초생활보장법상의 수급자에 대한 특례(법 제126조 제1~2항)

① 「근로기준법」에 따른 근로자가 아닌 자로서 「국민기초생활보장법」에 따른 자활급여 수급자 중 고용노동부장관이 정하여 고시하는 사업에 종사하는 자는 「산재보험법」의 적용을 받는 근로자로 본다.
② 자활급여 수급자의 보험료 산정 및 보험급여의 기초가 되는 임금액은 자활급여 수급자가 제1항의 사업에 참여하여 받는 자활급여로 한다.

---

3) 대통령령으로 정하는 중·소기업 사업주란 다음 각 호의 어느 하나에 해당하는 자를 말한다(시행령 제122조 제1항).
 1. 보험가입자로서 300명 미만의 근로자를 사용하는 사업주
 2. 근로자를 사용하지 않는 사람. 다만 노무제공자는 제외한다.

4) 중·소기업 사업주로부터 노무 제공에 대한 보수를 받지 않고 해당 사업에 노무를 제공하는 사람을 말한다(시행령 제122조 제4항).

3. 급여내용

1) 업무상 재해의 인정기준

(1) 인정기준과 구분

산재보험의 급여를 받기 위해서는 먼저 근로자의 재해가 '업무상 재해'로 인정을 받아야 한다. '업무상 재해'란 업무상의 사유에 따른 근로자의 부상 · 질병 · 장해 또는 사망을 말한다(법 제5조 제1호). 업무상 재해의 인정기준은 '업무상 사고', '업무상 질병', '출퇴근 재해'로 구분된다. 따라서 근로자가 이 세 가지 중 어느 하나에 해당하는 사유로 부상 · 질병 또는 장해가 발생하거나 사망하면 업무상의 재해로 본다. 다만, 업무와 재해 사이에 상당인과관계(相當因果關係)가 없는 경우에는 그러하지 아니하다(법 제37조 제1항).

① 업무상 사고

업무상 사고의 인정기준은 다음과 같다(법 제37조 제1항 제1호).

> 가. 근로자가 근로계약에 따른 업무나 그에 따르는 행위를 하던 중 발생한 사고
> 나. 사업주가 제공한 시설물 등을 이용하던 중 그 시설물 등의 결함이나 관리소홀로 발생한 사고
> 다. 사업주가 주관하거나 사업주의 지시에 따라 참여한 행사나 행사준비 중에 발생한 사고
> 라. 휴게시간 중 사업주의 지배관리하에 있다고 볼 수 있는 행위로 발생한 사고
> 마. 그 밖에 업무와 관련하여 발생한 사고

② 업무상 질병

업무상 질병의 인정기준은 다음과 같다(법 제37조 제1항 제2호).

> 가. 업무수행 과정에서 물리적 인자(因子), 화학물질, 분진, 병원체, 신체에 부담을 주는 업무 등 근로자의 건강에 장해를 일으킬 수 있는 요인을 취급하거나 그에 노출되어 발생한 질병
> 나. 업무상 부상이 원인이 되어 발생한 질병
> 다. 「근로기준법」 제76조의2에 따른 직장 내 괴롭힘, 고객의 폭언 등으로 인한 업무상 정신적 스트레스가 원인이 되어 발생한 질병
> 라. 그 밖에 업무와 관련하여 발생한 질병

업무상 질병의 인정 여부를 심의하기 위하여 공단 소속 기관에 업무상질병판정위원회를 둔다(법 제38조 제1항).

③ 출퇴근 재해

출퇴근 재해의 인정기준은 다음과 같다(법 제37조 제1항 제3호).

> 가. 사업주가 제공한 교통수단이나 그에 준하는 교통수단을 이용하는 등 사업주의 지배관리 하에서 출퇴근하는 중 발생한 사고
> 나. 그 밖에 통상적인 경로와 방법으로 출퇴근하는 중 발생한 사고

(2) 인정제외

근로자의 고의·자해행위나 범죄행위 또는 그것이 원인이 되어 발생한 부상·질병·장해 또는 사망은 업무상의 재해로 보지 아니한다. 다만, 그 부상·질병·장해 또는 사망이 정상적인 인식능력 등이 뚜렷하게 저하된 상태에서 한 행위로 발생한 경우로서 대통령령으로 정하는 사유[5]가 있으면 업무상의 재해로 본다(법 제37조 제2항).

또한 출퇴근 경로 일탈 또는 중단이 있는 경우에는 해당 일탈 또는 중단 중의 사고 및 그 후의 이동 중의 사고에 대하여는 출퇴근 재해로 보지 아니한다. 다만, 일탈 또는 중단이 일상생활에 필요한 행위로서 대통령령으로 정하는 사유가 있는 경우에는 출퇴근 재해로 본다. 또한 출퇴근 경로와 방법이 일정하지 아니한 직종으로 대통령령으로 정하는 경우에는 출퇴근 재해를 적용하지 아니한다(법 제37조 제3~4항).

2) 급여의 종류

산재보험급여의 종류에는 요양급여, 휴업급여, 장해급여, 간병급여, 유족급여, 상병(傷病)보상연금, 장례비, 직업재활급여가 있다. 다만, 진폐에 따른 보험급여의 종류

5) 대통령령으로 정하는 사유(시행령 제36조)
① 업무상의 사유로 발생한 정신질환으로 치료를 받았거나 받고 있는 사람이 정신적 이상 상태에서 자해행위를 한 경우
② 업무상의 재해로 요양 중인 사람이 그 업무상의 재해로 인한 정신적 이상 상태에서 자해행위를 한 경우
③ 그 밖에 업무상의 사유로 인한 정신적 이상 상태에서 자해행위를 하였다는 것이 의학적으로 인정되는 경우

는 요양급여, 간병급여, 장례비, 직업재활급여, 진폐보상연금 및 진폐유족연금으로 하고, 임신 중 업무상 사유로 인한 건강손상자녀[6]에 대한 보험급여의 종류는 요양급여, 장해급여, 간병급여, 장례비, 직업재활급여로 한다(법 제36조 제1항).

(1) 요양급여

요양급여는 근로자가 업무상 사유로 부상을 당하거나 질병에 걸린 경우에 그 근로자에게 지급하는 현물급여이다. 요양급여는 산재보험 의료기관에서 요양을 받게 한다. 다만, 부득이한 경우에는 요양에 갈음하여 요양비를 지급할 수 있다. 부상 또는 질병이 3일 이내의 요양으로 치유할 수 있으면 요양급여를 지급하지 아니한다(법 제40조 제1~3항).

① 요양급여의 범위

요양급여의 범위는 다음과 같다(법 제40조 제4항).

1. 진찰 및 검사
2. 약제 또는 진료재료와 의지(義肢), 그 밖의 보조기의 지급
3. 처치, 수술, 그 밖의 치료
4. 재활치료
5. 입원
6. 간호 및 간병
7. 이송
8 그 밖에 고용노동부령으로 정하는 사항

② 산재보험 의료기관

업무상의 재해를 입은 근로자의 요양을 담당할 산재보험 의료기관은 다음과 같다(법 제43조 제1항).

---

6) 임신 중인 근로자가 업무수행 과정에서 유해인자의 취급이나 노출로 인하여, 출산한 자녀에게 부상, 질병 또는 장해가 발생하거나 그 자녀가 사망한 경우 업무상의 재해로 본다. 이 경우 그 출산한 자녀는 이 법을 적용할 때 해당 업무상 재해의 사유가 발생한 당시 임신한 근로자가 속한 사업의 근로자로 본다(법 제91조의12). 건강손상자녀에 대한 장해등급 판정은 18세 이후에 한다(법 제91조의13).

1. 근로복지공단에 두는 의료기관
2. 「의료법」에 따른 상급종합병원
3. 「의료법」 제3조에 따른 의료기관(의원, 조산원, 병원, 종합병원)과 「지역보건법」에 따른 보건소(보건의료원 포함)로서 고용노동부령으로 정하는 인력 · 시설 등의 기준에 해당하는 의료기관 또는 보건소 중 공단이 지정한 의료기관 또는 보건소

③ 건강보험의 우선적용

요양급여를 신청한 후 산재보험 수급권자로 결정되기 전에는 「국민건강보험법」 또는 「의료급여법」에 따른 요양급여를 받을 수 있다. 건강보험 요양급여 등을 받은 자가 「국민건강보험법」 또는 「의료급여법」에 따른 본인일부부담금을 산재보험 의료기관에 납부한 후에 이 법에 따른 요양급여 수급권자로 결정된 경우에는 그 납부한 본인일부부담금 중 산재보험의 요양급여에 해당하는 금액을 공단에 청구할 수 있다(법 제42제 제1~2항).

④ 재요양

요양급여를 받은 자가 치유 후 요양의 대상이 되었던 업무상의 부상 또는 질병이 재발하거나 치유 당시보다 상태가 악화되어 이를 치유하기 위한 적극적인 치료가 필요하다는 의학적 소견이 있으면 다시 요양급여(재요양)를 받을 수 있다(법 제51조 제1항).

(2) 휴업급여

① 휴업급여 수준

휴업급여는 업무상 사유로 부상을 당하거나 질병에 걸린 근로자에게 요양으로 취업하지 못한 기간에 대하여 지급하되, 1일당 지급액은 평균임금의 100분의 70에 상당하는 금액으로 한다. 다만, 취업하지 못한 기간이 3일 이내이면 지급하지 아니한다(법 제52조).

휴업급여 = 평균임금 × 70% × 요양으로 취업하지 못한 기간(일수)
• 평균임금의 최고보상기준 금액(일) : 258,132원/2025년(고용노동부고시 제2024-65) • 최저보상기준 금액은 별도의 산정방식(법 제54조 제1~2항)에 의함 ※ 평균임금이란 이를 산정하여야 할 사유가 발생한 날 이전 3개월 동안에 그 근로자에게 지급한 임금 총액을 그 기간의 총일수로 나눈 금액(근로기준법 제2조 제1항 제6호)

② 저소득 근로자의 휴업급여

저소득 근로자의 휴업급여는 다음과 같다(법 제54조 제1~2항).

1. 평균임금의 100분의 70으로 산정한 1일당 휴업급여 지급액이 최저보상기준 금액[7] 100분의 80보다 적거나 같으면 평균임금의 100분의 90에 상당하는 금액을 1일당 휴업급여 지급액으로 한다. 다만, 평균임금의 100분의 90에 상당하는 금액이 최저보상기준 금액의 100분의 80보다 많은 경우에는 최저보상기준 금액의 100분의 80에 상당하는 금액을 1일당 휴업급여 지급액으로 한다.
2. 산정한 휴업급여가 최저임금보다 적으면 그 최저임금액을 그 근로자의 1일당 휴업급여 지급액으로 한다.

③ 고령자의 휴업급여

휴업급여(재요양기간 중의 휴업급여 포함)를 받는 자가 61세가 되면 [별표 1]의 산식에 따라 산정한다(65세 이후는 65세와 같음). 다만, 61세 이후에 취업 중인 자가 업무상의 재해로 요양하거나 61세 전에 업무상 질병으로 장해급여를 받은 자가 61세 이후에 그 업무상 질병으로 최초로 요양하는 경우에는 업무상 재해로 요양을 시작한 날부터 2년간 휴업급여의 감액을 적용하지 아니한다(법 제55조, 시행령 제51조).

〈표 10-2〉 고령자의 휴업급여 지급기준(법 제55조 관련 별표 1)

연 령	지급기준
61세	1일당 휴업급여 지급액 × 66/70
62세	1일당 휴업급여 지급액 × 62/70
63세	1일당 휴업급여 지급액 × 58/70
64세	1일당 휴업급여 지급액 × 54/70
65세	1일당 휴업급여 지급액 × 50/70

④ 재요양기간 중의 휴업급여

재요양을 받는 자에 대하여는 재요양 당시의 임금을 기준으로 산정한 평균임금의

7) 2025년 기준 최저보상기준 금액 80,240원

100분의 70에 상당하는 금액을 1일당 휴업급여 지급액으로 한다. 산정한 1일당 휴업급여 지급액이 최저임금액보다 적거나 재요양 당시 평균임금 산정의 대상이 되는 임금이 없으면 최저임금액을 1일당 휴업급여 지급액으로 한다(법 제56조 제1~2항).

(3) 장해급여

장해급여는 근로자가 업무상의 사유로 부상을 당하거나 질병에 걸려 치유된 후 신체 등에 장해가 있는 경우에 그 근로자에게 지급한다. 장해급여는 장해등급에 따라 장해보상연금 또는 장해보상일시금으로 지급한다. 장해보상연금 또는 장해보상일시금은 수급권자의 선택에 따라 지급한다. 다만, 대통령령으로 정하는 노동력을 완전히 상실한 장해등급의 근로자에게는 장해보상연금을 지급하고, 장해급여 청구사유 발생 당시 대한민국 국민이 아닌 자로서 외국에서 거주하고 있는 근로자에게는 장해보상일시금을 지급한다(법 제57조 제1~3항).

장해보상연금 또는 진폐보상연금의 수급권자가 다음의 어느 하나에 해당하면 그 수급권이 소멸한다(법 제58조).

1. 사망한 경우
2. 대한민국 국민이었던 수급권자가 국적을 상실하고 외국에서 거주하고 있거나 외국에서 거주하기 위하여 출국하는 경우
3. 대한민국 국민이 아닌 수급권자가 외국에서 거주하기 위하여 출국하는 경우
4. 장해등급 또는 진폐장해등급이 변경되어 장해보상연금 또는 진폐보상연금의 지급대상에서 제외되는 경우

(4) 간병급여

간병급여는 요양급여를 받은 자 중 치유 후(요양종결) 의학적으로 상시 또는 수시로 간병이 필요하여 실제로 간병을 받는 자에게 지급한다(법 제61조 제1항). 요양급여 비용에는 간병비가 포함되어 있어 요양기간 동안에는 큰 문제가 없었으나, 요양 이후에 장해가 남아 지속적인 간병이 필요한 근로자를 위해 간병급여가 신설되어 2000년 7월 1일부터 지급되었다. 간병급여는 상시간병급여와 수시간병급여로 나누어진다.

(5) 유족급여

① 유족급여의 종류 및 급여

유족급여는 근로자가 업무상의 사유로 사망한 경우에 그 유족에게 지급한다. 유족급여는 유족보상연금이나 유족보상일시금으로 하되, 유족보상일시금은 근로자가 사망할 당시 유족보상연금을 받을 수 있는 자격자가 없는 경우에 지급한다(법 제62조 제1~2항).

② 유족보상연금 수급자격자의 범위

유족보상연금 수급자격자의 범위는 근로자가 사망할 당시 그 근로자와 생계를 같이 하던 유족 중 배우자와 다음의 어느 하나에 해당하는 사람을 말한다(법 제63조 제1항).

1. 부모 또는 조부모로서 각각 60세 이상인 사람
2. 자녀로서 25세 미만인 사람
2의2 손자녀로서 25세 미만인 사람
3. 형제자매로서 19세 미만이거나 60세 이상인 사람
4. 제1호부터 제3호까지의 규정 중 어느 하나에 해당하지 아니하는 자녀 · 부모 · 손자녀 · 조부모 또는 형제자매로서 「장애인복지법」 제2조에 따른 장애인 중 고용노동부령으로 정한 장애정도에 해당하는 사람[8]

수급자격자의 범위를 산정할 때 근로자가 사망할 당시 태아(胎兒)였던 자녀가 출생한 경우에는 출생한 때부터 근로자가 사망할 당시 그 근로자와 생계를 같이 하고 있던 유족으로 본다. 유족보상연금을 받을 권리의 순위는 배우자, 자녀, 부모, 손자녀, 조부모 및 형제자매의 순서로 한다(법 제63조 제2~3항). 같은 순위의 수급권자가 2명 이상이면 유족급여는 그 유족에게 똑같이 나누어서 지급한다.

③ 유족보상연금 수급자격자의 자격 상실

유족보상연금 수급자격자인 유족이 다음 각 호의 어느 하나에 해당하면 그 자격을 잃는다(법 제64조 제1항).

8) "고용노동부령으로 정한 장애정도에 해당하는 사람"이란 「장애인복지법」 시행규칙 [별표 1]에 따른 장애의 정도가 심한 장애를 말한다(시행규칙 제51조).

1. 사망한 경우
2. 재혼한 때(배우자만 해당. 재혼에는 사실상 혼인관계에 있는 경우를 포함)
3. 사망한 근로자와의 친족관계가 끝난 경우
4. 자녀가 25세가 된 때

4의2. 손자녀가 25세가 된 때

4의3. 형제자매가 19세가 된 때

5. 장애인이었던 자로서 그 장애상태가 해소된 경우
6. 근로자가 사망할 당시 대한민국 국민이었던 유족보상연금 수급자격자가 국적을 상실하고 외국에서 거주하고 있거나 외국에서 거주하기 위하여 출국하는 경우
7. 대한민국 국민이 아닌 유족보상연금 수급자격자가 외국에서 거주하기 위해 출국하는 경우

유족보상연금을 받을 권리가 있는 유족보상연금 수급자격자가 그 자격을 잃은 경우에 유족보상연금을 받을 권리는 같은 순위자가 있으면 같은 순위자에게, 같은 순위자가 없으면 다음 순위자에게 이전된다. 그리고 유족보상연금 수급권자가 3개월 이상 행방불명이면 대통령령으로 정하는 바에 따라 연금 지급을 정지하고, 같은 순위자가 있으면 같은 순위자에게, 같은 순위자가 없으면 다음 순위자에게 유족보상연금을 지급한다(법 제64조 제2~3항).

(6) 상병보상연금

요양급여를 받는 근로자가 요양을 시작한 지 2년이 지난 날 이후에도 ① 그 부상이나 질병이 치유되지 아니한 상태이고, ② 그 부상이나 질병에 따른 중증요양 상태의 정도가 대통령령으로 정하는 중증요양 상태등급 기준에 해당되며, ③ 요양으로 인하여 취업하지 못하였을 경우에 휴업급여 대신 상병보상연금을 지급한다. 상병보상연금은 중증요양 상태등급에 따라 지급한다(법 제66조 제1~2항).

(7) 장례비

장례비는 근로자가 업무상의 사유로 사망한 경우에 지급하되, 평균임금의 120일분에 상당하는 금액을 그 장례를 지낸 유족에게 지급한다. 다만, 장례를 지낼 유족이 없거나 그 밖에 부득이한 사유로 유족이 아닌 자가 장례를 지낸 경우에는 평균임

금의 120일분에 상당하는 금액의 범위에서 실제 드는 비용을 그 장례를 지낸 자에게 지급한다(법 제71조 제1항).

(8) 직업재활급여

직업재활급여의 종류는 다음과 같다(법 제72조 제1항).

1. 장해급여 또는 진폐보상연금을 받은 자나 장해급여를 받을 것이 명백한 자로서 대통령령으로 정하는 자 중 취업을 위하여 직업훈련이 필요한 자에 대하여 실시하는 직업훈련에 드는 비용 및 직업훈련수당
2. 업무상의 재해가 발생할 당시의 사업에 복귀한 장해급여자에 대하여 사업주가 고용을 유지하거나 직장적응훈련 또는 재활운동을 실시하는 경우(직장적응훈련의 경우에는 직장 복귀 전에 실시한 경우도 포함)에 각각 지급하는 직장복귀지원금, 직장적응훈련비 및 재활운동비

(9) 특별급여(장해특별급여와 유족특별급여)

보험가입자(사업주)의 고의 또는 과실로 발생한 업무상의 재해로 근로자가 장해를 입거나 사망한 경우에 근로자는 사업주를 상대로 민사상 손해배상청구를 할 수 있다. 그러나 민사상 손해배상청구는 소송비용이나 시간이 많이 소요되므로 수급권자와 사업주가 합의할 경우 손해배상청구를 포기하고 이에 갈음하여 「산재보험법」에서 민사상 손해배상액과 동일한 배상을 받을 수 있도록 하였는데 이를 특별급여라 한다. 특별급여에는 장해특별급여와 유족특별급여가 있다.

① 장해특별급여

장해특별급여 내용은 다음과 같다(법 제78조 제1~3항).

① 보험가입자의 고의 또는 과실로 발생한 업무상의 재해로 근로자가 장해등급 또는 진폐장해등급에 해당하는 장해를 입은 경우에 수급권자가 「민법」에 따른 손해배상청구에 갈음하여 장해특별급여를 청구하면 장해급여 또는 진폐보상연금 외에 장해특별급여를 지급할 수 있다. 다만, 근로자와 보험가입자 사이에 장해특별급여에 관하여 합의가 이루어진 경우에 한한다.

② 수급권자가 장해특별급여를 받으면 동일한 사유에 대하여 보험가입자에게 「민법」이나 그

밖의 법령에 따른 손해배상을 청구할 수 없다.
③ 공단은 장해특별급여를 지급하면 그 급여액 모두를 보험가입자로부터 징수한다.

② 유족특별급여

유족특별급여 내용은 다음과 같다(법 제79조 제1~2항).

① 보험가입자의 고의 또는 과실로 발생한 업무상의 재해로 근로자가 사망한 경우에 수급권자가 「민법」에 따른 손해배상청구에 갈음하여 유족특별급여를 청구하면 유족급여 또는 진폐유족연금 외에 유족특별급여를 지급할 수 있다.
② 수급권자가 유족특별급여를 받으면 동일한 사유에 대하여 보험가입자에게 「민법」이나 그 밖의 법령에 따른 손해배상을 청구할 수 없다.
③ 공단은 유족특별급여를 지급하면 그 급여액 모두를 보험가입자로부터 징수한다.

3) 급여의 산정기준

보험급여를 산정하는 경우 해당 근로자의 평균임금을 산정하여야 할 사유가 발생한 날부터 1년이 지난 이후에는 매년 전체 근로자의 임금평균액 증감률에 따라 평균임금을 증감하되, 그 근로자의 연령이 60세에 도달한 이후에는 소비자물가변동률에 따라 평균임금을 증감하도록 한다(법 제36조 제3항).

보험급여(진폐보상연금 및 진폐유족연금은 제외)를 산정할 때 해당 근로자의 근로형태가 특이하여 평균임금을 적용하는 것이 적당하지 아니하다고 인정되는 경우로서 대통령령으로 정하는 경우에는 대통령령으로 정하는 산정방법에 따라 산정한 금액을 평균임금으로 한다. 보험급여를 산정할 때 진폐 등 대통령령으로 정하는 직업병으로 보험급여를 받게 되는 근로자에게 그 평균임금을 적용하는 것이 근로자의 보호에 적당하지 아니하다고 인정되면 대통령령으로 정하는 산정방법에 따라 산정한 금액을 그 근로자의 평균임금으로 한다(법 제36조 제5~6항).

보험급여(장례비는 제외한다)를 산정할 때 그 근로자의 평균임금 또는 위의 제3항부터 제6항까지의 규정에 따라 보험급여의 산정기준이 되는 평균임금이 「고용정책 기본법」에 따른 상용근로자 5명 이상 사업체의 전체 근로자의 임금 평균액[9])의 1.8배

(최고보상기준 금액)를 초과하거나, 2분의 1(최저보상기준 금액)보다 적으면 그 최고보상기준 금액이나 최저보상기준 금액을 각각 그 근로자의 평균임금으로 하되, 최저보상기준 금액이 「최저임금법」에 따른 시간급 최저임금액에 8을 곱한 금액(최저임금액)보다 적으면 그 최저임금액을 최저 보상기준 금액으로 한다. 다만, 휴업급여 및 상병보상연금을 산정할 때에는 최저보상기준 금액을 적용하지 아니한다(법 제36조 제7항).[10]

4) 다른 법에 의한 보상 및 배상과의 관계

수급권자가 이 법에 따라 보험급여를 받았거나 받을 수 있으면 보험가입자는 동일한 사유에 대하여 「근로기준법」에 따른 재해보상책임이 면제된다. 또한 수급권자가 동일한 사유에 대하여 이 법에 따른 보험급여를 받으면 보험가입자는 그 금액의 한도 내에서 「민법」이나 그 밖의 법령에 따른 손해배상의 책임이 면제된다. 이 경우 장해보상연금 또는 유족보상연금을 받고 있는 자는 장해보상일시금 또는 유족보상일시금을 받은 것으로 본다(법 제80조 제1~2항).

수급권자가 동일한 사유로 「민법」이나 그 밖의 법령에 따라 이 법의 보험급여에 상당한 금품을 받으면 근로복지공단은 그 받은 금품을 대통령령으로 정하는 방법에 따라 환산한 금액의 한도 내에서 이 법에 따른 보험급여를 지급하지 아니한다. 다만, 수급권자가 지급받은 것으로 보게 되는 장해보상일시금 또는 유족보상일시금에 해당하는 연금액에 대하여는 그러하지 아니하다(법 제80조 제3항).

요양급여를 받는 근로자가 요양을 시작한 후 3년이 지난 날 이후에 상병보상연금을 지급받고 있으면 그 사용자는 그 3년이 지난 날 이후에는 「근로기준법」 제84조[11]에 따른 일시보상금을 지급한 것으로 본다(법 제80조 제4항).

---

9) 최고보상기준 금액과 최저보상기준 금액의 산정 기준이 되는 임금 평균액은 「고용정책기본법」 제17조의 고용구조 및 인력수요 등에 관한 통계에 따른 전전 보험연도의 7월 1일부터 직전 보험연도의 6월 30일까지 상용근로자 5명 이상 사업체의 전체 근로자를 대상으로 산정한 근로자 1명당 월별 월평균 임금총액의 합계를 365로 나눈 금액으로 한다(시행령 제26조).

10) 2025년 기준 1일 최고보상기준 금액 258,132원, 최저보상기준 금액 80,240원(고용노동부고시 제2024-65)

11) 근로자가 요양을 시작한 지 2년이 지나도 부상 또는 질병이 완치되지 아니하는 경우에는 사용자는 그 근로자에게 평균임금 1,340일분의 일시보상을 하여 그 후의 이 법에 따른 모든 보상책임을 면할 수 있다(근로기준법 제84조).

4. 재정 및 운영체계

1) 재 정

(1) 보험료

① 보험료 산정 방법

사업주가 부담하여야 할 산재보험료는 그 사업주가 경영하는 사업에 종사하는 근로자의 개인별 보수총액에서 다음의 산재보험료율을 각각 곱한 금액을 합한 금액으로 한다. 다만, 「산재보험법」 제37조 제4항(출퇴근 재해 제외 업종)에 해당하는 경우에는 같은 종류의 사업에 적용되는 산재보험료율만을 곱하여 산정한다(고용산재보험료징수법 제13조 제5항).

산재보험료 = (근로자의 개인별 보수총액 × ①) + (근로자의 개인별 보수총액 × ②)
① : 같은 종류의 사업에 적용되는 산재보험료율 ② : 출퇴근 재해(법 제37조 제1항 제3호 나목)[12]에 적용되는 산재보험료율

같은 종류의 사업에 적용되는 산재보험료율은 매년 6월 30일 현재 과거 3년 동안의 보수총액에 대한 산재보험급여총액(업무상 사고, 업무상 질병, 출퇴근 재해 중 가목)의 비율을 기초로 하여, 「산재보험법」에 따른 연금 등 산재보험급여에 드는 금액, 재해예방 및 재해근로자의 복지 증진에 드는 금액 등의 비용을 고려하여 사업의 종류별로 구분하여 고용노동부령으로 정한다(고용산재보험료징수법 제14조 제3항).

출퇴근 재해 인정기준 중 나목에 해당하는 업무상의 재해에 관한 산재보험료율은 사업의 종류를 구분하지 아니하고 그 재해로 인하여 「산재보험법」에 따른 연금 등

12) 「산재보험법」의 업무상 재해의 인정기준(제37조 제1항)
제1호 : 업무상 사고
제2호 : 업무상 질병
제3호 : 출퇴근 재해
가목 : 사업주가 제공한 교통수단이나 그에 준하는 교통수단을 이용하는 등 사업주의 지배관리 하에서 출퇴근하는 중 발생한 사고
나목 : 그 밖에 통상적인 경로와 방법으로 출퇴근하는 중 발생한 사고

산재보험급여에 드는 금액, 재해예방 및 재해근로자의 복지 증진에 드는 비용 등을 고려하여 고용노동부령으로 정한다(고용산재보험료징수법 제14조 제7항).

② 보수총액 신고

보험료를 납부하기 위해 사업주는 전년도에 근로자에게 지급한 보수총액 등을 매년 3월 15일까지 근로복지공단에 신고하여야 한다(고용산재보험료징수법 제16조의10 제1항). 공단은 사업주가 신고한 근로자의 개인별 보수총액에 보험료율을 곱한 금액을 합산하여 사업주가 실제로 납부하여야 할 보험료를 산정한다(고용산재보험료징수법 제16조의9 제1항).

③ 개산보험료와 확정보험료

건설업(건설장비운영업 제외)과 벌목업의 사업주는 1년 동안에 사용할 근로자에게 지급할 보수총액의 추정액에 산재보험료율을 곱하여 산정한 금액(개산보험료)을 그 보험연도의 3월 31일까지 근로복지공단에 신고 · 납부하여야 한다(고용산재보험료징수법 제17조 제1항).

사업주는 보험연도의 말일까지 사용한 근로자에게 지급한 보수총액에 산재보험료율을 곱하여 산정한 금액(확정보험료)을 다음 보험연도의 3월 31일까지 근로복지공단에 신고하여야 한다(고용산재보험료징수법 제19조 제1항).

(2) 국가의 부담 및 지원

국가는 회계연도마다 예산의 범위에서 보험사업의 사무 집행에 드는 비용을 일반회계에서 부담하여야 하며, 국가는 예산의 범위에서 보험사업에 드는 비용의 일부를 지원할 수 있다(법 제3조 제1~2항).

2) 운영체계

(1) 고용노동부

산재보험사업은 고용노동부장관이 관장한다. 고용노동부장관은 보험사업을 효율적으로 관리 · 운영하기 위하여 조사 · 연구 사업 등을 할 수 있다. 고용노동부장관은 필요하다고 인정하면 이 업무의 일부를 대통령령으로 정하는 자에게 대행하게 할 수 있다(법 제9조 제1~2항).

(2) 근로복지공단

고용노동부장관의 위탁을 받아 이 법의 목적을 달성하기 위한 사업을 효율적으로 수행하기 위하여 근로복지공단을 설립한다. 공단은 다음의 사업을 수행한다(법 제11조 제1항).

1. 보험가입자와 수급권자에 관한 기록의 관리 · 유지
2. 「고용산재보험료징수법」에 따른 보험료와 그 밖의 징수금의 징수
3. 보험급여의 결정과 지급
4. 보험급여 결정 등에 관한 심사청구의 심리 · 결정
5. 산업재해보상보험시설의 설치 · 운영

5의2. 업무상 재해를 입은 근로자 등의 진료 · 요양 및 재활

5의3. 재활보조기구의 연구개발 · 검정 및 보급

5의4. 보험급여 결정 및 지급을 위한 업무상 질병 관련 연구

5의5. 근로자 등의 건강을 유지 · 증진하기 위하여 필요한 건강진단 등 예방사업

6. 근로자의 복지 증진을 위한 사업
7. 그 밖에 정부로부터 위탁받은 사업
8. 제5호 · 제5호의2부터 제5호의5까지 · 제6호 및 제7호에 따른 사업에 딸린 사업

(3) 산업재해보상보험 및 예방심의위원회

산업재해보상보험 및 예방에 관한 중요 사항을 심의하기 위하여 고용노동부에 산업재해보상보험 및 예방심의위원회를 둔다. 위원회는 근로자를 대표하는 자, 사용자를 대표하는 자 및 공익을 대표하는 자로 구성하되, 그 수는 각각 같은 수로 한다. 또한 위원회는 그 심의사항을 검토하고, 위원회의 심의를 보조하기 위하여 위원회에 전문위원회를 둘 수 있다. 위원회의 기능은 다음과 같다(시행령 제3조).

1. 요양급여의 범위나 비용 등 요양급여의 산정기준에 관한 사항
2. 산재보험료율의 결정에 관한 사항
3. 산업재해보상보험 및 예방기금의 운용계획 수립에 관한 사항
4. 산업안전·보건 업무와 관련되는 주요 정책 및 산업재해 예방에 관한 중·장기 기본계획
5. 그 밖에 고용노동부장관이 산업재해보상보험사업 및 산업안전·보건업무에 관하여 심의에 부치는 사항

5. 권리구제 및 벌칙

1) 권리구제

(1) 심사청구

보험급여 결정 등에 불복하는 자는 근로복지공단에 심사청구를 할 수 있다. 심사청구는 그 보험급여 결정 등을 한 공단의 소속 기관을 거쳐 공단에 제기하여야 한다. 심사청구는 보험급여 결정 등이 있음을 안 날부터 90일 이내에 하여야 한다. 심사청구를 심의하기 위하여 공단에 관계 전문가 등으로 구성되는 산업재해보상보험 심사위원회를 둔다(법 제103조 제1~3항).

(2) 재심사 청구

심사청구에 대한 결정에 불복하는 자는 산업재해보상보험재심사위원회에 재심사 청구를 할 수 있다. 재심사 청구는 심사청구에 대한 결정이 있음을 안 날부터 90일 이내에 제기하여야 한다(법 제106조 제1항, 제3항).

2) 벌 칙

(1) 벌칙

이 법에서 정하는 벌칙은 다음과 같다(법 제127조 제1~4항).

3년 이하의 징역 또는 3천만 원 이하의 벌금	1. 가족관계등록 전산정보의 공동이용에 따른 전산정보자료를 목적 외의 용도로 이용하거나 활용한 자 2. 산재보험 의료기관이나 약국의 종사자로서 거짓이나 그 밖의 부정한 방법으로 진료비나 약제비를 지급받은 자
2년 이하의 징역 또는 2천만 원 이하의 벌금	1. 거짓이나 그 밖의 부정한 방법으로 보험급여를 받은 자 2. 거짓이나 그 밖의 부정한 방법으로 보험급여를 받도록 시키거나 도와준 자 3. 보험급여를 신청한 것을 이유로 근로자를 해고하거나 그 밖에 근로자에게 불이익한 처우를 한 사업주
2년 이하의 징역 또는 1천만 원 이하의 벌금	공단의 임직원이나 그 직에 있었던 자로서 그 직무상 알게 된 비밀을 누설한 경우

(2) 과태료

이 법에서 정하는 과태료는 다음과 같다(법 제129조 제1~3항).

300만 원 이하의 과태료	플랫폼 운영자에 대한 자료제공 요청에 따른 자료 또는 정보의 제공 요청에 따르지 아니한 자
200만 원 이하의 과태료	1. 근로복지공단 또는 이와 비슷한 명칭을 사용한 자 2. 공단이 아닌 자에게 진료비를 청구한 자
100만 원 이하의 과태료	1. 요양기간을 연장할 필요가 있을 경우 공단에 진료계획을 제출하여야 하지만 정당한 사유 없이 제출하지 아니하는 자 2. 심사청구에 대한 심리를 위한 질문에 답변하지 아니하거나 거짓된 답변을 하거나 검사를 거부 · 방해 또는 기피한 자 3. 보험사업에 관한 필요한 보고 또는 관계서류를 요구하였을 때 보고를 하지 아니하거나 거짓된 보고를 한 자 또는 서류나 물건의 제출 명령에 따르지 아니한 자 4. 보험급여에 관한 결정, 심사청구의 심리 · 결정 등을 위하여 확인이 필요할 경우에 공단의 소속 직원의 질문에 답변을 거부하거나 조사를 거부 · 방해 또는 기피한 자

제11장 : 고용보험법

1. 고용보험법의 개관

1) 법의 목적 및 의의

「고용보험법」은 실업의 예방, 고용의 촉진 및 근로자 등의 직업능력 개발과 향상을 꾀하고, 국가의 직업지도와 직업소개 기능을 강화하며, 근로자 등이 실업한 경우에 생활에 필요한 급여를 실시하여 근로자의 생활안정과 구직활동을 촉진함으로써 경제 · 사회 발전에 이바지하는 것을 목적으로 한다(법 제1조). 고용보험은 전통적 의미의 실업보험사업을 비롯하여 고용안정사업 및 직능력사업 등의 노동시장정책을 적극적으로 연계하여 통합적으로 실시하는 사회보험제도로 근로자에게는 실업급여와 능력개발 비용을, 사업주에게는 고용 유지와 교육훈련비용을 지원하는 제도이다. 즉, 실직근로자에게 실업급여를 지급하는 것은 물론 그 외에 실업예방과 고용촉진 등을 위한 고용안정사업, 근로자의 생애 직업능력 개발을 위한 직업능력개발사업을 상호 연계하여 실시하는 사회보장제도임과 동시에 적극적 노동시장정책의 수단으로 간주되고 있다. 따라서 실업보험이 실직자의 생계를 지원하는 사후적 · 소극적인 사회보장제도인 반면, 고용보험은 실직자에 대한 생계지원은 물론 재취업을 촉진하고 사전적 · 적극적 차원의 종합적인 인력정책 수단이라고 할 수 있다.

2) 입법배경 및 경과[1)]

1980년대 후반부터 나타난 인력수급 불균형의 문제, 산업구조 조정에 따른 고용조정지원 문제, 직업훈련 강화 등에 대한 제도적 수단으로서의 고용보험에 대한 관

1) 박진화(2018). 사회보장론. 공동체, pp. 221-223 인용.

심이 고조되면서 고용보험제도 도입이 본격적으로 논의되기 시작했다. 이후 정부의 논의는 1991년 8월 제7차 경제사회발전 5개년(1992~1996년) 계획을 통해서이다. 이에 따라 1992년 5월 고용보험연구기획단이 발족되어 연구가 급속하게 이루어졌으며, 1993년 5월에는 그동안 연구한 결과를 바탕으로 고용보험제도 안을 마련하여 정부에 제출하였다. 또한 고용보험 조기실시에 대한 노총과 경총의 중앙노사합의가 대정부 건의사항으로 채택됨에 따라 정부는 그해 7월 신경제 5개년 계획의 대국민 발표를 통해 「고용보험법」 시행을 고지하였다.

고용보험연구기획단이 제출한 안을 기초로 하여 1993년 12월 27일 「고용보험법」이 제정되었고, 1995년 7월 1일부터 제도가 시행하였다. 시행 당시 실업급여는 근로자 30인 이상 사업장, 고용안정사업 및 직업능력개발사업은 70인 이상 사업장을 당연적용 대상으로 하였다. 제정 당시 고용보험의 사업내용은 실업자의 소득을 보장하는 실업급여와 실업예방 및 취업촉진을 위한 고용안정사업 및 직업능력개발사업의 3개의 주요 사업으로 구성되었다.

제도 도입 이후 고용보험의 적용대상은 빠르게 확대되었다. 1998년 1월 1일부터 실업급여는 10인 이상, 고용안정 · 직업능력개발사업은 50인 이상 사업장으로, 1998년 3월 1일부터는 실업급여 대상을 5인 이상 사업장으로, 1998년 7월 1일부터는 고용안정사업과 직업능력개발사업 대상을 5인 이상 사업장으로, 1998년 10월 1일부터는 상시근로자 4인 이하인 농업 · 어업 · 임업 · 수렵업 등 일부 업종을 제외하고 근로자 1인 이상의 전 사업장으로 확대되었다. 그리고 2002년 12월 30일 농업 · 어업 · 임업 · 수렵업 중 상시근로자 4인 이하의 근로자를 고용하는 법인에게까지 적용범위를 확대했으며, 2004년 1월 1일부터는 일용근로자와, 월 60시간(주 15시간) 이상 시간제 근로자에게도 적용을 확대하기로 했다. 이로써 농업 · 어업 · 임업 · 수렵업 중 상시근로자 4인 이하의 근로자를 고용하는 비법인 사업장의 근로자를 제외한 모든 사업장 및 사업장의 근로자가 고용보험의 적용대상이 되었다.

한편 「남녀고용평등과 일 · 가정 양립지원에 관한 법률」에 산전후휴가급여 및 육아휴직급여를 사회보험에서 분담할 수 있도록 규정함에 따라 2001년 8월 14일 모성보호 관련 3법(근로기준법, 남녀고용평등법, 고용보험법)이 개정되면서 그해 11월 1일부터 육아휴직급여와 산전후휴가급여(2012년부터 출산전후휴가급여로 명칭이 변경됨)가 고용보험에서 지급되었다. 산전후휴가급여는 기존의 60일에서 90일로 확대되었고, 늘어난 30일분의 급여와 신설된 육아휴직급여를 고용보험에서 지원함으로써 출산·양육의 비용에 대한 사회적 분담이 이루어지게 되었다. 30일만 고용보험에서 지원하던 산전후휴가급여는 2005년 12월 31일 법 개정을 통하여 우선지원대상기업에 대해서는 90일 모두 고용보험에서 지원하도록 하였다(대기업은 그대로 30일만 지급). 이후 2012년 1월 22일부터는 육아휴직 대신 선택할 수 있는 육아기 근로시간 단축급여가 신설되어 고용보험에서 지원하고 있다.

변화하는 노동시장의 수요에 적절히 대처하고, 고용안정사업과 직업능력개발사업을 연계해 적극적 노동시장정책을 효율적으로 추진하기 위해 2006년 1월 1일부터는 고용안정사업과 직업능력개발사업을 통합하였다. 또한 2012년 1월 22일부터는 자영업자의 생활안정과 재취업을 지원하기 위해 근로자를 사용하지 않거나 50인 미만의 근로자를 사용하는 자영업자도 본인이 희망하는 경우 고용보험(실업급여)에 가입할 수 있도록 했다. 그리고 2013년 6월 4일 개정을 통해서는 65세 이상자에게 고용보험을 확대하여 기존의 고용안정·직업능력개발사업 외에 실업급여에도 가입할 수 있도록 하였다.

〈표 11-1〉 고용보험법의 주요 연혁

연월일	주요 내용
1993. 12. 27.	•「고용보험법」 제정
1995. 07. 01.	•「고용보험법」 시행 – 실업급여 30인 이상, 고용안정 · 직업능력개발사업 70인 이상 사업장
1998. 01. 01.	• 실업급여 10인 이상, 고용안정 · 직업능력개발사업 50인 이상 사업장으로 적용 확대
1998. 03. 01.	• 실업급여 5인 이상 사업장으로 적용확대
1998. 07. 01.	• 고용안정 · 직업능력개발사업 5인 이상 사업장으로 적용확대
1998. 10. 01.	• 실업급여와 고용안정 · 직업능력개발사업 모두 1인 이상 사업장으로 확대 – 상시근로자 4인 이하인 농업 · 어업 · 임업 · 수렵업은 적용 제외
2001. 11. 01.	• 모성보호급여(육아휴직급여, 산전후휴가급여) 지급
2002. 12. 30.	• 농업 · 어업 · 임업 · 수렵업 중 4인 이하의 근로자를 고용하는 법인에 적용확대

2004. 01. 01.	• 일용근로자, 월 60시간(주 15시간) 이상 시간제 근로자에게 적용확대
2006. 01. 01.	• 고용안정사업과 직업능력개발사업 통합 – 65세 이상자에 대한 고용안정 · 직업능력개발사업 적용(실업급여 제외)
2012. 01. 22.	• 자영업자에 고용보험(실업급여) 적용확대(임의가입) – 근로자를 사용하지 않거나 50인 미만의 근로자를 사용하는 자영업자
2013. 06. 04.	• 65세 이상자에 대한 실업급여 적용(65세 이후에 고용된 자 제외)
2016. 05. 29.	• 실업크레딧 제도 신설(동년 8월부터 시행)

3) 법률용어의 정의

이 법에서 사용하는 용어의 뜻은 다음과 같다(법 제2조).

피보험자	1. 「고용산재보험료징수법」에 따라 보험에 가입되거나 가입된 것으로 보는 근로자, 예술인 또는 노무제공자를 말한다. 2. 「고용산재보험료징수법」에 따라 고용보험에 가입하거나 가입된 것으로 보는 자영업자를 말한다.
이직(離職)	피보험자와 사업주 사이의 고용관계가 끝나게 되는 것(예술인 및 노무제공자의 경우에는 문화예술용역 관련 계약 또는 노무제공계약이 끝나는 것)을 말한다.
실업	근로의 의사와 능력이 있음에도 불구하고 취업하지 못한 상태에 있는 것을 말한다.
실업의 인정	직업안정기관의 장이 수급자격자가 실업한 상태에서 적극적으로 직업을 구하기 위하여 노력하고 있다고 인정하는 것을 말한다.
보수	근로소득에서 대통령령으로 정하는 금품을 뺀 금액을 말한다.
일용근로자	1개월 미만 동안 고용되는 사람을 말한다.

2. 적용대상

1) 적용대상 및 적용제외 사업장

이 법은 근로자를 사용하는 모든 사업 또는 사업장에 적용된다. 다만, 산업별 특성 및 규모 등을 고려하여 대통령령으로 정하는 사업에 대하여는 적용하지 아니한다. 또한 이 법은 예술인 또는 노무제공자의 노무를 제공받는 사업에 적용하되, 제5장의2(예술인인 피보험자에 대한 고용보험 특례) 또는 제5장의3(노무제공자인 피보험자에 대한 고용보험 특례)에서 규정된 사항에 한정하여 각각 적용한다(법 제8조 제1~2항).

대통령령으로 정하는 적용제외사업은 다음과 같다(시행령 제2조 제1항).

1. 농업 · 임업 및 어업 중 법인이 아닌 자가 상시 4명 이하의 근로자를 사용하는 사업
2. 총 공사금액이 2천만 원 미만인 공사이거나, 연면적이 100㎡ 이하인 건축물의 건축 또는 200㎡ 이하인 건축물의 대수선 공사
3. 가구 내 고용활동 및 달리 분류되지 아니한 자가소비 생산활동

2) 적용제외 근로자

다음의 어느 하나에 해당하는 사람에게는 이 법을 적용하지 아니한다(법 제10조, 시행령 제3조).

1. 1개월간 소정근로시간이 60시간 미만인 사람(주 15시간 미만인 사람 포함), 다만 3개월 이상 계속하여 근로를 제공하는 사람과 1개월 미만 동안 고용되는 일용근로자는 제외한다.
2. 국가공무원법과 지방공무원법에 따른 공무원, 다만 별정직공무원과 임기제공무원의 경우는 본인의 의사에 따라 고용보험(실업급여에 한함)에 가입할 수 있다.
3. 사립학교교직원 연금법의 적용을 받는 사람
4. 그 밖에 대통령령으로 정하는 사람(별정우체국 직원)

65세 이후에 고용(65세 전부터 피보험 자격을 유지하던 사람이 65세 이후에 계속하여 고용된 경우는 제외)되거나 자영업을 개시한 사람에게는 실업급여 및 육아휴직급여 등을 적용하지 아니한다(법 제10조 제2항).

3) 가입자의 종류

(1) 당연가입자

「고용보험법」을 적용받는 사업의 사업주와 근로자는 고용보험의 당연적용 가입자가 된다(고용산재보험료징수법 제5조 제1항). 당연적용 보험가입자가 된 경우에는 그 보험관계가 성립한 날부터 14일 이내에, 사업의 폐업 · 종료 등으로 인하여 보험관계

가 소멸한 경우에는 그 보험관계가 소멸한 날부터 14일 이내에 공단에 보험관계의 성립 또는 소멸 신고를 하여야 한다(고용산재보험료징수법 제11조 제1항).

(2) 임의가입자

당연적용 사업장에 해당하지 않는 사업의 사업주가 근로자(적용제외 근로자는 제외) 과반수의 동의를 얻어 공단의 승인을 받으면 그 사업의 사업주와 근로자는 고용보험에 가입 할 수 있다(고용산재보험료징수법 제5조 제2항). 임의가입자가 보험계약을 해지할 경우 사업주는 근로자 과반수의 동의를 받고 해지할 수 있다(고용산재보험료징수법 제5조 제6항).

(3) 의제가입자

고용보험의 당연적용사업이 사업규모의 변동 등의 사유로 적용제외사업에 해당하게 되었을 때에는 그 사업주 및 근로자는 그날부터 고용보험에 임의가입한 것으로 본다(고용산재보험료징수법 제6조 제1항). 고용보험에 의제가입된 사업주가 그 사업의 운영 중에 근로자를 고용하지 않게 된 경우에는 그 날부터 1년의 범위 안에서 근로자를 사용하지 않은 기간 동안에도 보험에 가입한 것으로 본다(고용산재보험료징수법 제6조 제3항).

4) 피보험자격 취득일과 상실일

(1) 피보험자격 취득일

근로자인 피보험자는 이 법이 적용되는 사업에 고용된 날에 피보험자격을 취득한다. 다만, 적용 제외 근로자였던 사람이 이 법의 적용을 받게 된 경우에는 그 적용을 받게 된 날에, 보험관계 성립일 전에 고용된 근로자의 경우에는 그 보험관계가 성립한 날에 피보험자격을 취득한다. 자영업자인 피보험자는 보험관계가 성립한 날에 피보험자격을 취득한다(법 제13조 제1~2항).

(2) 피보험자격 상실일

근로자인 피보험자는 다음 각 호의 어느 하나에 해당하는 날에 각각 그 피보험자격을 상실하고, 자영업자인 피보험자는 보험관계가 소멸한 날에 피보험자격을 상실한다(법 제14조 제1~2항).

1. 근로자인 피보험자가 적용 제외 근로자에 해당하게 된 경우에는 그 적용 제외 대상자가 된 날
2. 보험관계가 소멸한 경우에는 그 보험관계가 소멸한 날
3. 근로자인 피보험자가 이직한 경우에는 이직한 날의 다음 날
4. 근로자인 피보험자가 사망한 경우에는 사망한 날의 다음 날

3. 급여내용(사업내용)

고용보험은 이 법의 목적을 이루기 위해 고용보험사업으로 고용안정 · 직업능력개발 사업, 실업급여, 육아휴직급여 및 출산전후휴가급여 등을 실시한다(법 제4조 제1항).

1) 고용안정 · 직업능력개발사업

고용노동부장관은 피보험자 및 피보험자였던 사람, 그 밖에 취업할 의사를 가진 사람에 대한 실업의 예방, 취업의 촉진, 고용기회의 확대, 직업능력 개발 · 향상의 기회 제공 및 지원, 그 밖에 고용안정과 사업주에 대한 인력 확보를 지원하기 위하여 고용안정 · 직업능력개발사업을 실시한다. 고용노동부장관은 고용안정 · 직업능력개발사업을 실시할 때에는 근로자의 수, 고용안정 · 직업능력개발을 위하여 취한 조치 및 실적 등 대통령령으로 정하는 기준에 해당하는 기업을 우선적으로 고려하여야 한다. 이 법에 규정되어 있는 세부사업은 다음과 같다(법 제20~34조).

① 고용창출 지원
② 고용조정 지원
③ 지역고용의 촉진
④ 고령자 등 고용촉진의 지원
⑤ 건설근로자 직업능력개발 지원
⑥ 고용안정 및 취업촉진
⑦ 고용촉진시설에 대한 지원
⑧ 사업주에 대한 직업능력개발훈련의 지원
⑨ 피보험자 등에 대한 직업능력개발 지원

⑩ 직업능력개발훈련시설에 대한 지원
⑪ 직업능력개발의 촉진
⑫ 건설근로자 등의 직업능력개발 지원
⑬ 고용정보의 제공 및 고용지원 기반의 구축
⑭ 지방자치단체 등에 대한 지원

2) 실업급여

실업급여는 구직급여와 취업촉진수당으로 구분한다(법 제37조 제1항).

(1) 구직급여

① 수급요건

구직급여는 이직한 근로자인 피보험자가 다음의 수급요건을 모두 갖춘 경우에 지급한다. 다만, 제5호와 제6호는 최종 이직 당시 일용근로자였던 사람만 해당한다(법 제40조 제1항).

1. 기준기간 피보험 단위기간이 합산하여 180일 이상일 것
2. 근로의 의사와 능력이 있음에도 불구하고 취업하지 못한 상태에 있을 것
3. 이직사유가 중대한 귀책사유로 인한 해고나 자발적 이직이 아닐 것
4. 재취업을 위한 노력을 적극적으로 할 것
5. 다음 각 목의 어느 하나에 해당할 것
   가. 수급자격 인정신청일 이전 1개월 동안의 근로일수가 10일 미만일 것
   나. 건설일용근로자로서 수급자격 인정신청일 이전 14일간 연속하여 근로내역이 없을 것
6. 최종 이직일 이전 기준기간의 피보험 단위기간 중 다른 사업에서 수급자격의 제한 사유에 해당하는 사유로 이직한 사실이 있는 경우에는 그 피보험 단위기간 중 90일 이상을 일용근로자로 근로하였을 것

기준기간은 이직일 이전 18개월로 하되, 피보험자가 다음의 어느 하나에 해당하는 경우에는 각 호의 구분에 따른 기간을 기준기간으로 한다(법 제40조 제2항).

> 1. 이직일 이전 18개월 동안에 질병 · 부상, 그 밖에 대통령령으로 정하는 사유로 계속하여 30일 이상 보수의 지급을 받을 수 없었던 경우에는 18개월에 그 사유로 보수를 지급받을 수 없었던 일수를 가산한 기간을 기준기간(3년을 초과할 때에는 3년)으로 한다.
> 2. 다음 각 목의 요건에 모두 해당하는 경우 : 이직일 이전 24개월
>   가. 이직 당시 1주 소정근로시간이 15시간 미만이고, 1주 소정근로일수가 2일 이하인 근로자로 근로하였을 것
>   나. 이직일 이전 24개월 동안의 피보험 단위기간 중 90일 이상을 가목의 요건에 해당하는 근로자로 근로하였을 것

② 피보험 단위기간

근로자의 피보험 단위기간은 피보험기간 중 보수 지급의 기초가 된 날을 합하여 계산한다. 다만, 자영업자인 피보험자의 피보험 단위기간은 수급자격과 관련된 폐업 당시 적용 사업에의 보험가입기간 중에서 실제로 납부한 고용보험료에 해당하는 기간을 피보험기간으로 한다. 피보험 단위기간을 계산할 때에는 최후로 피보험자격을 취득한 날 이전에 구직급여를 받은 사실이 있는 경우에는 그 구직급여와 관련된 피보험자격 상실일 이전의 피보험 단위기간은 넣지 아니한다(법 제41조 제1~2항).

③ 실업의 신고

구직급여를 지급받으려는 사람은 이직 후 지체 없이 직업안정기관에 출석하여 실업을 신고하여야 한다. 다만, 「재난 및 안전관리 기본법」에 따른 재난으로 출석하기 어려운 경우 등 고용노동부령으로 정하는 사유가 있는 경우에는 고용정보시스템을 통하여 신고할 수 있다. 실업의 신고에는 구직 신청과 수급자격의 인정신청을 포함하여야 한다. 구직급여를 지급받기 위하여 실업을 신고하려는 사람은 이직하기 전 사업의 사업주에게 피보험 단위기간, 이직 전 1일 소정근로시간 등을 확인할 수 있는 자료(이직확인서)의 발급을 요청할 수 있다. 이 경우 요청을 받은 사업주는 고용노동부령으로 정하는 바에 따라 이직확인서를 발급하여 주어야 한다(법 제 42조 제1~3항).

④ 수급자격의 인정

구직급여를 지급받으려는 사람은 직업안정기관의 장으로부터 수급요건을 갖추었다

는 사실(수급자격)을 인정하여 줄 것을 신청하여야 한다. 직업안정기관의 장은 수급자격의 인정신청을 받으면 그 신청인에 대한 수급자격의 인정 여부를 결정하고, 대통령령으로 정하는 바에 따라 신청인에게 그 결과를 알려야 한다(법 제43조 제1항~제2항).

⑤ 실업의 인정

구직급여는 수급자격자가 실업한 상태에 있는 날 중에서 직업안정기관의 장으로부터 실업의 인정을 받은 날에 대하여 지급한다. 실업의 인정을 받으려는 수급자격자는 실업신고를 한 날부터 계산하여 1주부터 4주의 범위에서 직업안정기관의 장이 지정한 날에 출석하여 재취업을 위한 노력을 하였음을 신고하여야 하고, 직업안정기관의 장은 직전 실업인정일의 다음 날부터 그 실업인정일까지의 각각의 날에 대하여 실업의 인정을 한다. 다만, 다음 각 호에 해당하는 사람에 대한 실업의 인정 방법은 고용노동부령으로 정하는 기준에 따른다(법 제44조 제1항~제2항).

1. 직업능력개발 훈련 등을 받는 수급자격자
2. 천재지변, 대량 실업의 발생 등 대통령령으로 정하는 사유가 발생한 경우의 수급자격자
3. 그 밖에 대통령령으로 정하는 수급자격자

실업의 인정을 받기 위해 직업안정기관의 장이 지정한 날에 출석하여 재취업을 위한 노력을 하였음을 신고하여야 함에도 불구하고 수급자격자가 다음의 어느 하나에 해당하면 직업안정기관에 출석할 수 없었던 사유를 적은 증명서를 제출하여 실업의 인정을 받을 수 있다(법 제44조 제3항).

1. 질병이나 부상으로 직업안정기관에 출석할 수 없었던 경우로서 그 기간이 계속하여 7일 미만인 경우
2. 직업안정기관의 직업소개에 따른 구인자와의 면접 등으로 직업안정기관에 출석할 수 없었던 경우
3. 직업안정기관의 장이 지시한 직업능력개발 훈련 등을 받기 위하여 직업안정기관에 출석할 수 없었던 경우
4. 천재지변이나 그 밖의 부득이한 사유로 직업안정기관에 출석할 수 없었던 경우

⑥ 이직사유에 따른 수급자격의 제한

피보험자가 다음 각 호의 어느 하나에 해당한다고 직업안정기관의 장이 인정하는 경우에는 수급자격이 없는 것으로 본다(법 제58조).

1. 중대한 귀책사유(歸責事由)로 해고된 피보험자로서 다음 각 목의 어느 하나에 해당하는 경우
   가. 「형법」 또는 직무와 관련된 법률을 위반하여 금고 이상의 형을 선고받은 경우
   나. 사업에 막대한 지장을 초래하거나 재산상 손해를 끼친 경우로서 고용노동부령으로 정하는 기준에 해당하는 경우
   다. 정당한 사유 없이 근로계약 또는 취업규칙 등을 위반하여 장기간 무단결근한 경우
2. 자기 사정으로 이직한 피보험자로서 다음 각 목의 어느 하나에 해당하는 경우
   가. 전직 또는 자영업을 하기 위하여 이직한 경우
   나. 중대한 귀책사유가 있는 사람이 해고되지 아니하고 사업주의 권고로 이직한 경우
   다. 그 밖에 고용노동부령으로 정하는 정당한 사유에 해당하지 아니하는 사유로 이직한 경우

⑦ 임금일액(기초일액)

임금일액의 산정기준은 다음과 같다(법 제45조 제1항~제5항).

① 구직급여의 산정 기초가 되는 임금일액(기초일액)은 수급자격의 인정과 관련된 마지막 이직 당시 「근로기준법」 제2조 제1항 제6호[2)]에 따라 산정된 평균임금으로 한다.

② 산정된 평균임금이 「근로기준법」에 따른 그 근로자의 통상임금보다 적을 경우에는 그 통상임금액을 기초일액으로 한다.

③ 평균임금과 통상임금으로 기초일액을 산정하는 것이 곤란한 경우와 보험료를 기준보수를 기준으로 낸 경우에는 기준보수를 기초일액으로 한다. 다만, 보험료를 기준보수로 낸 경우에도 평균임금과 통상임금으로 산정한 기초일액이 기준보수보다 많은 경우에는 그러하지 아니하다.

④ 평균임금, 통상임금, 기준보수를 기준으로 산정된 기초일액이 그 수급자격자의 이직 전 1일 소정근로시간에 이직일 당시 적용되던 「최저임금법」에 따른 시간 단위에 해당하는 최저임금액을 곱한 금액(최저기초일액)보다 낮은 경우에는 최저기초일액을 기초일액으로 한다.

⑤ 제1항부터 제3항까지의 규정에도 불구하고 이들 규정에 따라 산정된 기초일액이 보험의 취지 및 일반 근로자의 임금 수준 등을 고려하여 대통령령으로 정하는 금액을 초과하는 경우에는 대통령령으로 정하는 금액을 기초일액으로 한다.

⑧ 구직급여일액

구직급여일액은 다음의 구분에 따른 금액으로 한다(법 제46조 제1항).

> 1. 구직급여일액은 그 수급자격자의 기초일액에 100분의 60을 곱한 금액으로 한다.
> 2. 최저기초일액을 적용하는 경우에는 그 수급자격자의 기초일액에 100분의 80을 곱한 금액으로 한다(최저구직급여일액).

기초일액에 100분의 60을 곱한 금액으로 산정된 구직급여일액이 최저구직급여일액보다 낮은 경우에는 최저구직급여일액을 그 수급자격자의 구직급여일액으로 하여 소정급여일수를 곱해서 산정한다(법 제46조 제2항).

구직급여액 = 임금일액(이직 당시 산정된 평균임금) × 60% × 소정급여일수	
임금일액 상한액	110,000원(시행령 제68조)/2025년 기준
최저구직급여일액	이직 당시 최저임금법상 시간급 최저임금의 80% × 1일 소정근로시간[3]

⑨ 수급기간 및 수급일수

구직급여는 이 법에 따로 규정이 있는 경우 외에는 그 구직급여의 수급자격과 관련된 이직일의 다음 날부터 계산하기 시작하여 12개월 내에 소정급여일수를 한도로 하여 지급한다. 12개월의 기간 중 임신 · 출산 · 육아, 그 밖에 대통령령으로 정하는 사유로 취업할 수 없는 사람이 그 사실을 수급기간에 직업안정기관에 신고한 경우에는 12개월의 기간에 그 취업할 수 없는 기간을 가산한 기간(4년을 넘을 때에는 4년)에 소정급여일수를 한도로 하여 구직급여를 지급한다(법 제48조 제1~2항).

실업의 신고일로부터 7일간은 대기기간으로 보아 구직급여를 지급하지 아니한다.

2) 「근로기준법」 제2조 제1항 제6호
"평균임금"이란 이를 산정하여야 할 사유가 발생한 날 이전 3개월 동안에 그 근로자에게 지급된 임금의 총액을 그 기간의 총일수로 나눈 금액을 말한다. 근로자가 취업한 후 3개월 미만인 경우도 이에 준한다.

3) 근로계약서에 작성된 근로자의 1일 근로시간(4-8시간)을 말한다.

다만, 최종 이직 당시 건설일용근로자였던 사람에 대해서는 실업의 신고일부터 계산하여 구직급여를 지급한다(법 제49조 제1항).

⑩ 소정급여일수

하나의 수급자격에 따라 구직급여를 지급받을 수 있는 날(소정급여일수)은 대기기간이 끝난 다음날부터 계산하기 시작하여 피보험기간과 연령에 따라 [별표 1]에서 정한 일수가 되는 날까지로 한다. 수급자격자가 소정급여일수 내에 임신·출산·육아, 그 밖에 대통령령으로 정하는 사유로 수급기간을 연장한 경우에는 그 기간만큼 구직급여를 유예하여 지급한다(법 제50조 제1항~제2항).

〈표 11-2〉 구직급여의 소정급여일수(법 제50조 제1항 관련, 별표 1)

연령 (이직일 기준)	피보험기간				
	1년 미만	1년 이상 3년 미만	3년 이상 5년 미만	5년 이상 10년 미만	10년 이상
50세 미만	120일	150일	180일	210일	240일
50세 이상 및 장애인	120일	180일	210일	240일	270일

⑪ 훈련연장급여

직업안정기관의 장은 수급자격자의 연령·경력 등을 고려할 때 재취업을 위하여 직업능력개발 훈련 등이 필요하면 그 수급자격자에게 직업능력개발 훈련 등을 받도록 지시할 수 있다. 직업안정기관의 장은 직업능력개발 훈련 등을 받도록 지시한 경우에는 수급자격자가 그 직업능력개발 훈련 등을 받는 기간 중 실업의 인정을 받은 날에 대하여는 소정급여일수를 초과하여 구직급여를 연장하여 지급할 수 있다. 이 경우 연장하여 지급하는 구직급여의 지급 기간은 대통령령으로 정하는 기간(2년)을 한도로 한다(법 제51조 제1항~제2항). 훈련연장급여의 일액은 해당 수급자격자의 구직급여일액의 100분의 100으로 한다(법 제54조 제2항).

⑫ 개별연장급여

직업안정기관의 장은 취업이 특히 곤란하고 생활이 어려운 수급자격자로서 대통령령으로 정하는 사람에게는 실업의 인정을 받은 날에 대하여 소정급여일수를 연장하여 지급할 수 있다. 개별연장급여는 60일의 범위 내에서 대통령령으로 정하는 기간 동안 지급한다(법 제52조 제1항). 개별연장급여의 일액은 해당 수급자격자의 구직급여일액의 100분의 70을 곱한 금액으로 한다(법 제54조 제2항).

⑬ 특별연장급여

고용노동부장관은 실업의 급증 등 대통령령으로 정하는 사유가 발생한 경우에 60일의 범위에서 수급자격자가 실업의 인정을 받은 날에 대하여 소정급여일수를 초과하여 구직급여를 연장하여 지급할 수 있다. 특별연장급여의 일액은 해당 수급자격자의 구직급여일액의 100분의 70을 곱한 금액으로 한다(법 제54조 제2항).

⑭ 질병 등의 특례

수급자격자가 실업의 신고를 한 이후에 질병·부상 또는 출산으로 취업이 불가능하여 실업의 인정을 받지 못한 날에 대하여 수급자격자의 청구에 의해 구직급여일액에 해당하는 금액(상병급여)을 구직급여를 갈음하여 지급할 수 있다. 다만, 구직급여의 지급이 정지된 기간에 대하여는 상병급여(傷病給與)를 지급하지 아니한다. 상병급여를 지급할 수 있는 일수는 그 수급자격자에 대한 구직급여 소정급여일수에서 그 수급자격에 의하여 구직급여가 지급된 일수를 뺀 일수를 한도로 한다. 이 경우 상병급여를 지급받은 사람에 대하여 이 법의 규정을 적용할 때에는 상병급여의 지급 일수에 상당하는 일수분의 구직급여가 지급된 것으로 본다(법 제63조 제1~2항).

(2) 취업촉진수당

취업촉진수당은 적극적 취업활동을 장려하기 위해 지급하는 급여로, 조기재취업수당, 직업능력개발수당, 광역구직활동비, 이주비가 있다.

① 조기재취업수당

조기재취업수당은 수급자격자가 구직급여일수가 남아있는 상태에서 안정된 직업에 재취직하거나 스스로 영리를 목적으로 하는 사업을 영위하는 경우로서 대통령령으로 정하는 기준에 해당하면 지급한다(법 제64조 제1항). 조기재취업수당의 지급기준은 대기기간이 지난 후 재취업한 날의 전날을 기준으로 소정급여일수를 2분의 1 이상 남기고, 12개월 이상 계속하여 고용된 경우와 12개월 이상 계속하여 사업을 영위한 경우이다(시행령 제84조). 조기재취업수당 금액은 구직급여일액에 미지급일수의 2분의 1을 곱한 금액으로 한다(시행령 제85조).

② 직업능력개발수당

직업능력개발수당은 수급자격자가 직업안정기관의 장이 지시한 직업능력개발훈련 등을 받는 경우에 그 직업능력개발훈련 등을 받는 기간에 대하여 지급되는 급여이다(법 제65조 제1항). 직업능력개발수당의 금액은 교통비, 식대 등 직업훈련 등의 수강에 필요한 비용을 고려하여 고용노동부장관이 결정하여 고시하는 금액으로 한다(시행령 제88조 제2항).

③ 광역구직활동비

광역구직활동비는 수급자격자가 직업안정기관의 소개에 따라 광범위한 지역에 걸쳐 구직활동을 하는 경우에 대통령령이 정하는 기준에 따라 직업안정기관의 장이 필요하다고 인정하면 지급한다(법 제66조 제1항). 이 경우 대통령령이 정하는 광역구직활동비의 지급요건은 다음과 같다(시행령 제89조 제1항).

> 1. 구직활동에 드는 비용이 구직활동을 위하여 방문하는 사업장의 사업주로부터 지급되지 아니하거나 지급되더라도 그 금액이 광역 구직활동비의 금액에 미달할 것
> 2. 수급자격자의 거주지로부터 구직활동을 위하여 방문하는 사업장까지의 거리가 25㎞ 이상일 것(시행규칙 제111조 제1항)

광역구직활동비의 금액은 구직활동에 통상 드는 비용으로 하되, 운임과 숙박료로 나누어 산정한다. 운임은 실비로 지급하고, 숙박료는 고용노동부장관이 고시하는 금액을 기준으로 한다(시행규칙 제111조 제3~4항).

④ 이주비

이주비는 수급자격자가 취업(1년 이상의 근로계약)하거나 직업안정기관의 장이 지시한 직업능력개발훈련 등을 받기 위하여 그 주거를 이전하는 경우에 대통령령이 정하는 기준에 따라 직업안정기관의 장이 필요하다고 인정하면 지급할 수 있다. 이주비의 금액은 수급자격자 및 그 수급자격자에 의존하여 생계를 유지하는 동거 친족의 이주에 일반적으로 드는 비용으로 한다(법 제67조 제1~2항). 이주비의 지급요건은 다음과 같다(시행령 제90조 제1항).

1. 취업하거나 직업훈련 등을 받게 된 경우로서 고용노동부장관이 정하는 기준에 따라 신청지 관할 직업안정기관의 장이 주거의 변경이 필요하다고 인정할 것
2. 해당 수급자격자를 고용하는 사업주로부터 주거 이전에 드는 비용이 지급되지 아니하거나 지급되더라도 그 금액이 이주비에 미달할 것
3. 취업을 위한 이주인 경우 1년 이상의 근로계약 기간을 정하여 취업할 것

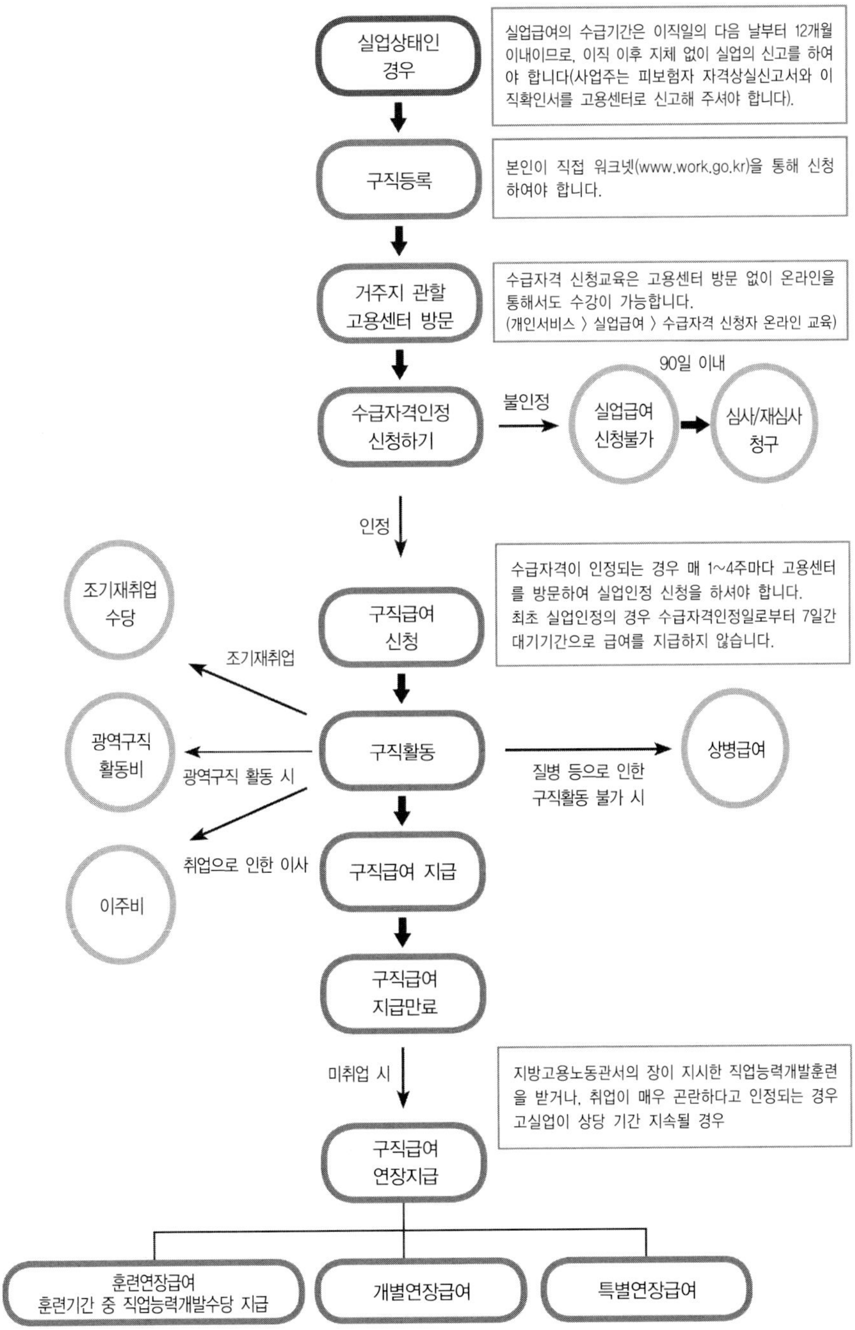

|그림 11-1| 실업급여 지급절차

출처 : 고용보험 홈페이지.

(3) 자영업자 고용보험제도

자영업자 고용보험의 가입대상은 근로자를 사용하지 아니하거나 50인 미만의 근로자를 사용하는 사업주(개인사업장은 사업주, 법인은 대표이사)로서, 본인이 희망하는 경우에 공단의 승인을 받아 가입이 가능하다. 가입 시 고용안정 · 직업능력개발사업 및 실업급여에 모두 가입해야 한다.

① 실업급여의 종류

자영업자인 피보험자의 실업급여의 종류는 구직급여와 취업촉진수당으로 구분한다. 다만, 연장급여와 조기재취업 수당은 제외한다(법 제69조의2).

② 구직급여의 수급자격

구직급여는 폐업한 자영업자인 피보험자가 다음의 요건을 모두 갖춘 경우에 지급한다(법 제69조의3).

> 1. 폐업일 이전 24개월간 자영업자인 피보험자로서 갖춘 피보험 단위기간이 합산하여 1년 이상일 것
> 2. 근로의 의사와 능력이 있음에도 불구하고 취업을 하지 못한 상태에 있을 것
> 3. 폐업사유가 수급자격의 제한 사유에 해당하지 아니할 것
> 4. 재취업을 위한 노력을 적극적으로 할 것

③ 기초일액

자영업자 구직급여의 산정기초가 되는 기초일액은 다음의 구분에 따른 기간 동안 본인이 납부한 보험료의 산정기초가 되는 기준보수액[4]을 전부 합산한 후에 그 기간의 총일수로 나눈 금액으로 한다(법 제69조의4).

---

4) 소득이 불규칙한 자영업자의 특성을 고려하여 보험료 및 구직급여의 기준이 되는 소득은 고용노동부 장관이 고시하는 기준보수 중에서 선택을 한다. 2025년 현재 기준보수는 7등급으로 되어 있으며, 선택하는 등급에 따라 납부하는 보험료와 구직급여액은 달라진다(1등급/182만 원, 2등급/208만 원, 3등급/234만 원, 4등급/260만 원, 5등급/286만 원, 6등급/312만 원, 7등급/338만 원).

1. 수급자격과 관련된 피보험기간이 3년 이상인 경우 : 마지막 폐업일 이전 3년의 피보험기간 2. 수급자격과 관련된 피보험기간이 3년 미만인 경우 : 수급자격과 관련된 그 피보험기간

④ 구직급여일액

자영업자인 피보험자로서 폐업한 수급자격자에 대한 구직급여일액은 그 수급자격자의 기초일액에 100분의 60을 곱한 금액으로 한다(법 제69조의5).

자영업자 구직급여액 = 구직급여일액(일평균 기준보수 × 60%) × 소정급여일수

⑤ 소정급여일수

소정급여일수는 대기기간이 끝난 다음 날부터 계산하기 시작하여 피보험기간에 따라 [별표 2]에서 정한 일수가 되는 날까지로 한다(법 제69조의5~6).

〈표 11-3〉 자영업자의 구직급여 소정급여일수(법 제69조의6 관련, 별표 2)

구 분	가입기간(피보험기간)			
	1~3년 미만	3~5년 미만	5~10년 미만	10년 이상
급여일수	120일	150일	180일	210일

3) 육아휴직급여 등

(1) 육아휴직급여

사업주는 임신 중인 여성 근로자가 모성을 보호하거나 근로자가 만 8세 이하 또는 초등학교 2학년 이하의 자녀를 양육하기 위하여 휴직을 신청하는 경우에 이를 허용하여야 한다. 육아휴직의 기간은 1년 이내로 한다. 다만, 다음의 어느 하나에 해당하는 근로자의 경우 6개월 이내에서 추가로 육아휴직을 사용할 수 있다(남녀고용평등법 제19조 제1~2항).

> 1. 같은 자녀를 대상으로 부모가 모두 육아휴직을 각각 3개월 이상 사용한 경우의 부 또는 모
> 2. 「한부모가족지원법」 제4조 제1호[5]의 부 또는 모
> 3. 고용노동부령으로 정하는 장애아동의 부 또는 모

사업주는 육아휴직을 이유로 해고나 그 밖의 불리한 처우를 하여서는 아니 되며, 육아휴직 기간에는 그 근로자를 해고하지 못한다. 다만, 사업을 계속할 수 없는 경우에는 그러하지 아니하다. 사업주는 육아휴직을 마친 후에는 휴직 전과 같은 업무 또는 같은 수준의 임금을 지급하는 직무에 복귀시켜야 한다. 또한 육아휴직 기간은 근속기간에 포함한다(남녀고용평등법 제19조 제3~4항).

① 수급요건

고용노동부장관은 「남녀고용평등과 일 · 가정 양립 지원에 관한 법률」 제19조에 따라 사업주로부터 육아휴직을 30일 이상 부여 받은 피보험자 중 육아휴직을 시작한 날 이전에 피보험 단위기간이 합산하여 180일 이상인 피보험자에게 육아휴직급여를 지급한다. 육아휴직급여는 육아휴직 개시일 이후 1개월부터 육아휴직이 끝난 날 이후 12개월 이내에 신청하여야 한다. 다만, 해당 기간에 대통령령으로 정하는 사유로 육아휴직 급여를 신청할 수 없었던 사람은 그 사유가 끝난 후 30일 이내에 신청하여야 한다(법 제70조 제1~2항).

② 급여수준 및 지급

육아휴직 급여는 구분에 따른 금액을 월별 지급액으로 한다(시행령 제95조 제1항).

> 1. 육아휴직 시작일부터 3개월까지 : 육아휴직 시작일을 기준으로 한 월 통상임금에 해당하는 금액. 다만, 해당 금액이 250만 원을 넘는 경우에는 250만 원으로 하고, 해당 금액이 70만 원보다 적은 경우에는 70만 원으로 한다.

---

5) 가. 배우자와 사별 또는 이혼하거나 배우자로부터 유기(遺棄)된 자
나. 정신이나 신체의 장애로 장기간 노동능력을 상실한 배우자를 가진 자
다. 교정시설 · 치료감호시설에 입소한 배우자 또는 병역복무 중인 배우자를 가진 사람
라. 미혼자(사실혼(事實婚) 관계에 있는 자는 제외한다)
마. 가목부터 라목까지에 규정된 자에 준하는 자로서 여성가족부령으로 정하는 자

> 2. 육아휴직 4개월째부터 6개월째까지 : 육아휴직 시작일을 기준으로 한 월 통상임금에 해당하는 금액. 다만, 해당 금액이 200만 원을 넘는 경우에는 200만 원으로 하고, 해당 금액이 70만 원보다 적은 경우에는 70만 원으로 한다.
> 3. 육아휴직 7개월째부터 종료일까지 : 육아휴직 시작일을 기준으로 한 월 통상임금의 100분의 80에 해당하는 금액. 다만, 해당 금액이 160만 원을 넘는 경우에는 160만 원으로 하고, 해당 금액이 70만 원보다 적은 경우에는 70만 원으로 한다.

③ 급여의 제한

피보험자가 육아휴직 기간 중에 그 사업에서 이직한 경우에는 그 이직하였을 때부터 육아휴직 급여를 지급하지 아니한다. 또한 피보험자가 육아휴직 기간 중에 취업을 한 경우에는 그 취업한 기간에 대해서는 육아휴직 급여를 지급하지 아니한다(법 제73조 제1~2항).

(2) 육아기 근로시간 단축

사업주는 근로자가 만 12세 이하 또는 초등학교 6학년 이하의 자녀를 양육하기 위하여 근로시간의 단축을 신청하는 경우에 이를 허용하여야 한다. 다만, 대체인력 채용이 불가능한 경우, 정상적인 사업 운영에 중대한 지장을 초래하는 경우 등 대통령령으로 정하는 경우에는 그러하지 아니하다. 사업주가 육아기 근로시간 단축을 허용하지 아니하는 경우에는 해당 근로자에게 그 사유를 서면으로 통보하고 육아휴직을 사용하게 하거나 출근 및 퇴근 시간 조정 등 다른 조치를 통하여 지원할 수 있는지를 해당 근로자와 협의하여야 한다. 단축 후 근로시간은 주당 15시간 이상이어야 하고 35시간을 넘어서는 아니 된다. 육아기 근로시간 단축의 기간은 1년 이내로 한다(남녀고용평등법 제19조의2 제1~4항).

① 수급요건

고용노동부장관은 육아기 근로시간 단축을 30일 이상 실시한 피보험자 중 육아기 근로시간 단축을 시작한 날 이전에 피보험 단위기간이 합산하여 180일 이상인 피보험자에게 육아기 근로시간 단축급여를 지급한다. 육아기 근로시간 단축 급여를 지급받으려는 사람은 육아기 근로시간 단축을 시작한 날 이후 1개월부터 끝난 날 이후 12개월 이내에 신청하여야 한다(법 제73조의2 제1~2항).

② 급여수준

육아기 근로시간 단축 급여액은 다음의 계산식에 따라 산정한다. 다만, 지급대상 기간이 1개월을 채우지 못하는 경우에는 산출된 금액을 그 달의 일수로 나누어 산출한 금액에 그 달에 육아기 근로시간 단축을 사용한 일수를 곱하여 산정한다(시행령 104조의2).

(매주 최초 10시간 단축분) 육아기 근로시간 단축 개시일을 기준으로 근로기준법에 따라 산정한 월 통상임금에 해당하는 금액(상한액 220만 원, 하한액 50만 원)	×	10(주당 근로시간이 10시간 미만인 경우 실제 단축한 시간) / 단축 전 소정근로시간
(나머지 근로시간 단축분) 육아기 근로시간 단축 개시일을 기준으로 근로기준법에 따라 산정한 월 통상임금의 80%에 해당하는 금액(상한액 150만 원, 하한액 50만 원)	×	(단축 전 소정근로시간 − 단축 후 소정근로시간 − 10) / 단축 전 소정근로시간

(3) 출산전후휴가급여

사용자는 임신 중의 여성에게 출산 전과 출산 후를 통하여 90일(다태아일 경우에는 120일)의 출산전후휴가를 주어야 한다. 이 경우 휴가 기간의 배정은 출산 후에 45일(다태아일 경우에는 60일) 이상이 되어야 한다. 또한 임신 중인 여성이 유산 또는 사산한 경우 유산·사산휴가를 주어야 한다(근로기준법 제74조 제1항, 제3항).

① 수급요건

고용노동부장관은 「남녀고용평등과 일·가정 양립 지원에 관한 법률」 제18조에 따라 피보험자가 「근로기준법」 제74조에 따른 출산전후휴가 또는 유산·사산휴가를 받은 경우와 「남녀고용평등과 일·가정 양립 지원에 관한 법률」 제18조의2에 따른 배우자 출산휴가 또는 같은 법 제18조의3에 따른 난임치료휴가를 받은 경우로서 다음의 요건을 모두 갖춘 경우에 출산전후휴가 급여를 지급한다(법 제75조 제1항).

1. 휴가가 끝난 날 이전의 피보험 단위기간이 합산하여 180일 이상일 것
2. 휴가를 시작한 날[출산전후휴가 또는 유산 · 사산휴가를 받은 피보험자가 속한 사업장이 우선지원 대상기업이 아닌 경우에는 휴가 시작 후 60일(한 번에 둘 이상의 자녀를 임신한 경우에는 75일)이 지난 날로 본다] 이후 1개월부터 휴가가 끝난 날 이후 12개월 이내에 신청할 것. 다만, 그 기간에 대통령령으로 정하는 사유로 출산전후휴가 급여 등을 신청할 수 없었던 사람은 그 사유가 끝난 후 30일 이내에 신청하여야 한다.

② 급여수준

출산전후휴가 급여 등은 다음의 휴가 기간에 대하여 「근로기준법」의 통상임금(휴가를 시작한 날을 기준으로 산정)에 해당하는 금액을 지급한다(법 제76조 제1항).

1. 「근로기준법」 제74조에 따른 출산전후휴가 또는 유산 · 사산휴가 기간. 다만, 우선지원 대상기업이 아닌 경우에는 휴가 기간 중 60일(한 번에 둘 이상의 자녀를 임신한 경우에는 75일)을 초과한 일수(30일을 한도로 하되, 미숙아를 출산한 경우에는 40일, 한 번에 둘 이상의 자녀를 임신한 경우에는 45일을 한도로 함)로 한정한다.
2. 「남녀고용평등과 일 · 가정 양립 지원에 관한 법률」 제18조의2에 따른 배우자 출산휴가 기간. 다만, 피보험자가 속한 사업장이 우선지원 대상기업인 경우로 한정한다.
3. 「남녀고용평등과 일 · 가정 양립 지원에 관한 법률」 제18조의3에 따른 난임치료휴가 기간 중 최초 2일. 다만, 피보험자가 속한 사업장이 우선지원 대상기업인 경우로 한정한다.

지급금액은 대통령령으로 정하는 바에 따라 그 상한액[6]과 하한액을 정할 수 있다. 상한액과 하한액의 기준은 다음과 같다(시행령 제101조).

1. 상한액 : 다음 각 목의 사항을 고려하여 매년 고용노동부장관이 고시하는 금액
   가. 출산전후휴가급여 수급자들의 평균적인 통상임금 수준
   나. 물가상승률
   다. 「최저임금법」에 따른 최저임금
   라. 그 밖에 고용노동부장관이 필요하다고 인정하는 사항

6) 우선지원대상기업 근로자의 통상임금이 상한액보다 높을 경우 최초 60일(다태아 75일)에 대해서는 그 차액을 사업주가 지급하여야 한다. 차액을 사업주가 지급하는 것은 근로기준법(제75조 제4항)에 출산전후 휴가기간 중 최초 60일(다태아 75일)은 유급으로 한다고 규정되어 있기 때문이다.

2. 하한액 : 출산전후휴가 또는 유산 · 사산휴가 또는 「남녀고용평등과 일 · 가정 양립 지원에 관한 법률」 제18조의2에 따른 배우자 출산휴가기간 시작일 당시 적용되던 「최저임금법」에 따른 시간급 최저임금액보다 그 근로자의 시간급 통상임금이 낮은 경우에는 시간급 최저임금액을 시간급 통상임금으로 하여 산정된 출산전후휴가 급여 등의 지원기간 중 통상임금에 상당하는 금액

4. 재정 및 운영체계

1) 재 정

(1) 보험료

보험사업에 드는 비용에 충당하기 위하여 보험가입자로부터 고용안정 · 직업능력개발사업 및 실업급여의 보험료를 징수한다. 고용보험 가입자인 근로자가 부담하여야 하는 고용보험료는 자기의 보수총액에 실업급여의 보험료율의 2분의 1을 곱한 금액으로 한다(고용산재보험료징수법 제13조 제1~2항).

사업주가 부담하여야 하는 고용보험료는 그 사업에 종사하는 고용보험 가입자인 근로자의 개인별 보수총액에 고용안정 · 직업능력개발사업의 보험료율을 곱한 금액과 실업급여의 보험료율의 2분의 1을 곱하여 산출한 각각의 금액을 합한 금액으로 한다(고용산재보험료징수법 제13조 제4항).

① 실업급여 보험료(사업주와 근로자 각각 50%씩 부담)
보험료 = 근로자 개인별 월평균보수 총액 × 실업급여 보험료율
② 고용안정 · 직업능력개발사업 보험료(사업주 전액 부담)
보험료 = 근로자 개인별 월평균 보수총액 × 고용안정 · 직업능력개발사업의 보험료율

고용보험료율은 보험수지의 동향과 경제상황 등을 고려하여 1000분의 30의 범위에서 고용안정 · 직업능력개발사업의 보험료율 및 실업급여의 보험료율로 구분하여

대통령령으로 정한다. 고용보험료율을 결정하거나 변경하려면 고용보험위원회의 심의를 거쳐야 한다(법 제14조 제1~2항).

〈표 11-4〉 고용보험료율(고용산재보험료징수법 시행령 제12조 제1~2항)

구 분		근로자	사업주
실업급여		0.9%	0.9%
고용안정 · 직업능력개발사업	150인 미만 기업	-	0.25%
	150인 이상 기업(우선지원대상기업)	-	0.45%
	150인 이상~1000인 미만 기업(우선지원대상기업 제외)	-	0.65%
	1000인 이상 기업 및 국가, 지방자치단체가 직접 행하는 사업	-	0.85%

「고용산재보험료징수법」에 따라 징수된 고용안정 · 직업능력개발사업의 보험료 및 실업급여의 보험료는 각각 그 사업에 드는 비용에 충당한다. 다만, 실업급여의 보험료는 육아휴직급여 및 출산전후휴가급여 등에 드는 비용에 충당할 수 있다. 그러나 자영업자인 피보험자로부터 징수된 고용안정 · 직업능력개발사업의 보험료 및 실업급여의 보험료는 각각 자영업자인 피보험자를 위한 그 사업에 드는 비용에 충당한다(법 제6조 제1~3항).

(2) 국고부담

국가는 매년 보험사업에 드는 비용의 일부를 일반회계에서 부담하여야 하며, 매년 예산의 범위에서 보험사업의 관리 · 운영에 드는 비용을 부담할 수 있다(법 제5조 제1~2항).

2) 운영체계

고용보험은 고용노동부장관이 관장한다. 고용보험의 구체적 집행업무는 지방고용노동청의 고용센터와 근로복지공단이 나누어서 담당하고 있다. 지방고용노동청의 고용센터는 실업급여 지급, 육아휴직급여 · 육아기 근로시간 단축 급여 · 출산전후휴가급여 업무, 고용안정 · 직업능력개발사업에 관련된 각종 지원업무를 수행하고 있다. 근로복지공단은 고용보험 적용, 고용보험 피보험자 관리업무(피보험자격 취득과 상실신고, 이직확인서 신고, 근로내용 확인 신고 등) 등을 수행하고 있다.

고용보험에 관한 주요 정책의 결정은 고용보험위원회의 심의를 거쳐 고용노동부 장관에 의해 이루어진다. 고용보험위원회는 이 법 및 「고용산재보험료징수법」의 시행에 관한 주요 사항을 심의하기 위하여 고용노동부에 설치된 기구로, 심의사항을 사전에 검토 · 조정하기 위해 고용보험운영전문위원회 및 고용보험평가전문위원회를 두고 있다. 고용보험위원회의 심의사항은 다음과 같다(법 제7조 제2항).

1. 보험제도 및 보험사업의 개선에 관한 사항
2. 「고용산재보험료징수법」에 따른 보험료율의 결정에 관한 사항
3. 보험사업의 평가에 관한 사항
4. 기금운용 계획의 수립 및 기금의 운용 결과에 관한 사항
5. 그 밖에 위원장이 보험제도 및 보험사업과 관련하여 위원회의 심의가 필요하다고 인정하는 사항

5. 권리구제 및 벌칙

1) 권리구제

(1) 심사청구

피보험자격의 취득 · 상실에 대한 확인, 실업급여 및 육아휴직급여와 출산전후휴가급여 등에 관한 처분에 이의가 있는 자는 고용보험심사관에게 심사를 청구할 수 있다. 심사의 청구는 확인 또는 처분이 있음을 안 날부터 90일 이내에 하여야 한다(법 제87조 제1~2항). 고용보험심사관은 심사청구를 받으면 30일 이내에 그 심사청구에 대한 결정을 하여야 한다. 다만, 부득이한 사정으로 그 기간에 결정할 수 없을 때에는 1차에 한하여 10일을 넘지 아니하는 범위에서 그 기간을 연장할 수 있다(법 제89조 제2항).

(2) 재심사청구

심사청구에 대한 결정에 이의가 있는 자는 고용보험심사위원회에 재심사를 청구할 수 있다. 재심사의 청구는 심사청구에 대한 결정이 있음을 안 날부터 90일 이내에 제기하여야 한다(법 제87조 제1~2항). 심사 및 재심사의 청구는 시효중단에 관하여 재판상의 청구로 본다.

2) 벌 칙

(1) 벌칙

이 법에서 정하는 벌칙은 다음과 같다(법 제116조 제1~제2항).

5년 이하의 징역 또는 5천만 원 이하의 벌금	사업주와 공모하여 거짓이나 그 밖의 부정한 방법으로 다음 각 호에 따른 지원금 또는 급여를 받은 자와 공모한 사업주 1. 고용안정 · 직업능력개발 사업의 지원금 2. 실업급여 3. 육아휴직급여, 육아기 근로시간 단축급여 및 출산전후휴가 급여등 4. 예술인과 노무제공자의 구직급여 및 출산전후급여등
3년 이하의 징역 또는 3천만 원 이하의 벌금	1. 피보험자격의 확인 청구를 이유로 근로자를 해고하거나 그 밖에 근로자에게 불이익한 처우를 한 사업주 2. 거짓이나 그 밖의 부정한 방법으로 고용안정 · 직업능력개발 사업의 지원금, 실업급여 · 육아휴직 급여 및 출산전후휴가 급여 등을 받은 자

(2) 과태료

이 법에서 정하는 과태료는 다음과 같다(법 제118조 제1~2항).

300만 원 이하의 과태료	1. 피보험자격에 관한 신고를 위반하여 신고를 하지 아니하거나 거짓으로 신고한 자 2. 이직확인서를 발급하여 주지 아니하거나 거짓으로 작성하여 발급하여 준 자 3. 이직확인서를 제출하지 아니하거나 거짓으로 작성하여 제출한 자 4. 보고 등의 요구에 따르지 아니하여 보고를 하지 아니하거나 거짓으로 보고한 자, 같은 요구에 따르지 아니하여 문서를 제출하지 아니하거나 거짓으로 적은 문서를 제출한 자 또는 출석하지 아니한 자

	5. 보고 등의 요구에 따르지 아니하여 증명서를 내주지 아니한 자 6. 조사에 따른 질문에 답변하지 아니하거나 거짓으로 진술한 자 또는 조사를 거부·방해하거나 기피한 자 7. 노무제공플랫폼사업자로서 요청한 자료 또는 정보의 제공 요청에 따르지 아니한 자 8. 노무제공플랫폼사업자로서 노무제공자의 피보험자격의 신고와 관련된 자료 또는 정보를 보관하지 아니한 자
100만 원 이하의 과태료	1. 요구된 보고를 하지 아니하거나 거짓으로 보고한 자, 문서를 제출하지 아니하거나 거짓으로 적은 문서를 제출한 자 또는 출석하지 아니한 자 2. 조사에 따른 질문에 답변하지 아니하거나 거짓으로 진술한 자 또는 검사를 거부·방해하거나 기피한 자

제12장 : 국민기초생활보장법

1. 국민기초생활보장법의 개관

1) 법의 목적 및 의의

「국민기초생활보장법」은 생활이 어려운 사람에게 필요한 급여를 실시하여 이들의 최저생활을 보장하고 자활을 돕는 것을 목적으로 한다(법 제1조). 이러한 목적은 기존의 「생활보호법」에 의한 국가재량의 자선적 생활보호급여에서 법적인 보장을 받는 권리성 급여로 전환하였다는 의미를 가지고 있다. 「국민기초생활보장법」은 「헌법」상의 생존권 보장의 이념을 실현하기 위한 공공부조제도로, 생활이 어려운 자에게 필요한 급여를 행하여 이들의 최저생계를 보장해 줌으로써 인간다운 생활을 구체적으로 실현하기 위한 법적 제도이다. 즉, 생계급여, 주거급여, 의료급여, 교육급여, 해산급여, 장제급여를 통해 저소득층의 생활상 곤란을 완화시켜 주고, 자활급여를 제공함으로써 빈곤에 처한 사람들이 스스로 자립 · 자활할 수 있도록 조성해 준다.

2) 입법배경 및 경과[1)]

광복 후 우리나라 최초의 공공부조는 1961년에 제정된 「생활보호법」이었다. 「생활보호법」은 지난 40년간 근로무능력자(65세 이상 노인, 18세 미만의 아동, 임산부, 장애인 등)를 수혜대상자로 하여 단순생계 중심의 생활보호를 실시해 왔다. 그러다 1997년 이후 IMF 경제위기 및 구조조정에 따른 대량실업으로 근로능력 있는 빈곤인구가 급

1) 박진화(2018). 사회보장론. 공동체, pp. 252-255 인용.

증하고 노숙자 및 가정해체 등 사회문제가 확대되었다. 하지만 기존의 「생활보호법」은 근로능력자에게는 생계비를 지급하지 않는 것이 원칙이었으므로 최후의 사회적 안전망으로서의 한계가 있었다. 따라서 모든 국민이 「헌법」 제34조에 보장된 '인간다운 생활을 할 권리'를 제도적으로 보장할 수 있는 사회안전망이 절실히 필요하게 되었다. 이에 근로능력에 관계없이 국가의 보호를 필요로 하는 저소득층의 기본적인 생활을 국가가 보장하되, 단순 생계지원이 아닌 수급자의 자립자활을 촉진하는 생산적 복지지향적인 종합적 빈곤대책의 필요성이 대두되었다. 이러한 공감대를 바탕으로 1998년 45개 시민단체가 '「국민기초생활보장법」 제정추진연대회의'를 구성하여 제정을 청원하였고, 여야와 정부가 합의하여 1999년 9월 7일 「국민기초생활보장법」이 제정되었다. 그리고 모의적용사업을 거쳐 후 2000년 10월 1일 제도가 시행되었다.

국민기초생활보장제도가 시행되고, 2002년 1~12월에 재산의 소득환산제 시행 준비를 거친 후 2003년 1월 1일부터 재산의 소득환산제가 실시되었다. 또한 2004년 3월 5일 법 개정을 통해 부양의무자 범위를 수급권자의 직계혈족 및 그 배우자, 생계를 같이하는 2촌 이내의 혈족에서 수급권자의 1촌 이내의 직계혈족 및 그 배우자, 생계를 같이하는 2촌 이내의 혈족으로 축소했으며, 2005년 12월 31일 법 개정에 의해 다시 수급권자의 1촌 이내의 직계혈족 및 그 배우자로 축소하였다.

2014년 12월 30일 법 개정(2015년 7월 1일 시행)에서는 국민기초생활보장제도의 외형적 틀이 변화되었는데, 그동안의 통합급여체계가 개별급여체계로 전환되었다. 통합급여체계에서는 단일기준인 최저생계비로 모든 급여의 선정기준과 급여수준을 결정하였지만, 개별급여체계(맞춤형 급여체계)에서는 상대기준선 방식인 중위소득개념을 도입하여 급여별(생계급여, 주거급여, 의료급여, 교육급여)로 선정기준과 급여수준이 다층화되었다.

〈표 12-1〉 국민기초생활보장법의 주요 연혁

연월일	주요 내용
1999. 09. 07.	• 「국민기초생활보장법」 제정 – 별정직 사회복지전문요원 → 사회복지전담공무원으로 전환(자산조사 준비)
2000. 10. 01.	• 「국민기초생활보장법」 시행(자활사업 실시)

2003. 01. 01.	• 재산의 소득환산제 시행
2004. 03. 05.	• 부양의무자 규정 축소 개정(2005년 7월 1일부터 적용) – 수급권자의 직계혈족 및 그 배우자, 생계를 같이하는 2촌 이내의 혈족
2005. 12. 31.	• 부양의무자 규정 축소 개정(2007년 1월 1일부터 적용) – 수급권자의 직계혈족 및 그 배우자
2014. 12. 30.	• 통합급여체계를 개별급여체계로 전환(2015년 7월 1일 시행) – 선정기준선의 다층화(최저생계비의 단일화 → 급여별 기준중위소득)

3) 법률용어의 정의

이 법에서 사용하는 용어의 뜻은 다음과 같다(법 제2조).

수급권자	이 법에 따른 급여를 받을 수 있는 자격을 가진 사람을 말한다.
수급자	이 법에 따른 급여를 받는 사람을 말한다.
수급품	이 법에 따라 수급자에게 지급하거나 대여하는 금전 또는 물품을 말한다.
보장기관	이 법에 따른 급여를 실시하는 국가 또는 지방자치단체를 말한다.
부양의무자	수급권자를 부양할 책임이 있는 사람으로서 수급권자의 1촌의 직계혈족 및 그 배우자를 말한다. 다만, 사망한 1촌의 직계혈족의 배우자는 제외한다.
최저보장수준	국민의 소득 · 지출 수준과 수급권자의 가구유형 등 생활실태, 물가상승률 등을 고려하여 급여의 종류별로 공표하는 금액이나 보장수준을 말한다.
최저생계비	국민이 건강하고 문화적인 생활을 유지하기 위하여 필요한 최소한의 비용으로서 보건복지부장관이 계측하는 금액을 말한다.
개별가구	법에 따른 급여를 받거나 이 법에 따른 자격요건에 부합하는지에 관한 조사를 받는 기본 단위로서 수급자 또는 수급권자로 구성된 가구를 말한다. 이 경우 개별가구의 범위 등 구체적인 사항은 대통령령으로 정한다.
소득인정액	보장기관이 급여의 결정 및 실시 등에 사용하기 위하여 산출한 개별가구의 소득평가액과 재산의 소득환산액을 합산한 금액을 말한다.
차상위계층	수급권자에 해당하지 아니하는 계층으로서 소득인정액이 대통령령으로 정하는 기준 이하인 계층[2]을 말한다.
기준중위소득	보건복지부장관이 급여의 기준 등에 활용하기 위하여 중앙생활보장위원회의 심의 · 의결을 거쳐 고시하는 국민 가구소득의 중위값을 말한다.

2. 적용대상

1) 수급권자 선정기준

수급권자는 「국민기초생활보장법」에 따른 급여를 받을 수 있는 자격을 가진 사람을 말한다(법 제2조 제1호). 수급권자가 되려면 가구의 소득인정액이 급여별 선정기준 금액(보건복지부장관이 중앙생활보장위원회의 심의·의결을 거쳐 결정) 이하인 사람으로서, 부양의무자가 없거나 부양의무자가 있어도 부양능력이 없거나 부양을 받을 수 없는 자이다. 즉, 근로능력과 연령에 관계없이 가구의 소득인정액과 부양의무자 기준을 동시에 충족해야 된다(교육급여와 주거급여는 부양의무자 기준을 적용하지 아니함).

(1) 소득인정액 산정

소득인정액은 보장기관이 급여의 결정 및 실시 등에 사용하기 위하여 산출한 개별가구의 소득평가액과 재산의 소득환산액을 합산한 금액을 말한다(법 제2조 제9호).

① 개별가구의 소득평가액

개별가구의 소득평가액은 개별가구의 실제 소득에도 불구하고 보장기관이 급여의 결정 및 실시 등에 사용하기 위하여 산출한 금액으로 근로소득, 사업소득, 재산소득, 이전소득을 합한 개별가구의 실제 소득에서 장애·질병·양육 등 가구 특성에 따른 지출요인, 근로를 유인하기 위한 요인, 그 밖에 추가적인 지출요인에 해당하는 금액을 감하여 산정한다(법 제6조의3 제1항).

② 재산의 소득환산액

재산의 소득환산액은 개별가구의 재산가액에서 기본재산액(기초생활의 유지에 필요하다고 보건복지부장관이 정하여 고시하는 재산액) 및 부채를 공제한 금액에 소득환산율을 곱하여 산정한다. 이 경우 소득으로 환산하는 재산의 범위는 일반재산, 금융재산, 자동차를 말한다(법 제6조의3 제2항).

---

2) 대통령령으로 정하는 기준 이하인 계층이란 소득인정액이 기준 중위소득의 100분의 50 이하인 사람을 말한다(시행령 제3조).

〈표 12-2〉 소득인정액 산정방식

소득인정액	① 소득평가액 + ② 재산의 소득환산액
① 소득평가액 = 실제소득 − 가구특성별 지출비용 − 근로소득공제	
실제소득	근로소득, 사업소득, 재산소득, 사적이전소득, 부양비(의료급여에 한함), 공적이전소득, 보장기관 확인소득
가구특성별 지출비용	장애인, 아동, 만성질환자 중 특별히 생계비가 많이 소요되는 가구에 지원하는 비용(장애인연금, 장애수당, 양육수당, 만성질환자의 지속적 의료비 등)
근로소득공제	근로를 통해 얻은 소득에 대해 30% 공제[3]
② 재산의 소득환산액 = (재산가액-기본재산액-부채) × 재산종류별 소득환산율	
재산가액	▸ 재산의 종류 : 일반재산(주거용 재산), 금융재산, 자동차[4] – 일반재산 중 주거용 재산의 인정 범위(서울 17,200만 원, 경기 15,100만 원, 광역 · 세종 · 창원 14,600만 원, 그 외 지역 11,200만 원)
기본재산액[5]	▸ 기본재산액은 소득환산에서 제외되는 재산가액 – 서울 9,900만 원, 경기 8,000만 원, 광역 · 세종 · 창원 7,700만 원, 그 외 지역 5,300만 원[6]
부채	– 공공기관의 대출금, 법에 근거한 공제회 대출금, 법원에 의하여 확인된 사채(판결문, 화해 · 조정조서) 등
재산의 소득환산율	– 일반재산 : 월 4.17%, 주거용 재산 : 월 1.04%, 금융재산 : 월 6.26%, 자동차 : 월 100%[7]

출처 : 보건복지부(2025). 2025년 기초생활보장사업안내.

3) 65세 이상 노인층의 근로소득은 20만 원 추가 공제(20만 원+30%)

4) 재산의 범위에서 제외하는 자동차(시행령 제5조의4의 별표 1)
   1. 「장애인복지법」 제39조 및 같은 법 시행규칙 제26조의 규정에 의한 장애인사용자동차로서 장애의 정도가 심한 장애인인 수급(권)자 본인의 직접적 이동수단으로 활용되고 있는 배기량 2,000cc 미만의 자동자 1대
   2. 「국가유공자 등 예우 및 지원에 관한 법률」 제6조의4에 따라 상이등급 1급부터 3급까지의 판정을 받은 수급(권)자 또는 「보훈보상대상자 지원에 관한 법률」 제6조에 따라 상이등급 1급부터 3급까지의 판정을 받은 수급(권)자 본인의 직접적 이동수단으로 활용되고 있는 배기량 2,000cc 미만의 자동차 1대
   3. 생계유지를 위한 직접적인 수단이 되는 자동차 1대(배기량 2,000cc 미만의 승용차, 11인승 이상의 승합차, 화물자동차, 특수자동차 등)

5) 기본재산액 공제순서 : 주거용재산 → 일반재산 → 금융재산

6) 국민기초생활보장법 시행령 제5조의4 별표 2

7) 일반재산 환산율(4.17%)을 적용하는 자동차(시행령 제5조의4의 별표 2)
   장애인사용자동차로서 배기량 2,000cc 미만의 승용차, 11인승 이상 15인승 이하의 승합차, 1톤 이하의 화물자동차, 장애의 정도가 심한 장애인인 수급자 본인이 직접적인 이동수단으로 활용하고 있는 배기량 2,500cc 미만 자동차, 배기량 260cc 이하의 이륜자동차 등

(2) 부양의무자 기준

부양의무자는 수급권자를 부양할 책임이 있는 사람으로서 수급권자의 1촌의 직계혈족(부모, 아들, 딸) 및 그 배우자(며느리, 사위, 계부, 계모)를 말한다(법 제2조 제5호). 다만, 사망한 1촌의 직계혈족의 배우자는 부양의무자 범위에서 제외된다(배우자가 사망한 며느리, 사위, 계부, 계모).

① 부양능력이 없는 경우

부양의무자가 다음의 어느 하나에 해당하는 경우에는 부양능력이 없는 것으로 본다(법 제8조의2 제1항).

1. 기준 중위소득 수준을 고려하여 대통령령으로 정하는 소득 · 재산 기준 미만인 경우
2. 직계존속 또는 「장애인연금법」에 의한 중증장애인인 직계비속을 자신의 주거에서 부양하는 경우로서 보건복지부장관이 정하여 고시하는 경우
3. 그 밖에 질병, 교육, 가구 특성 등으로 부양능력이 없다고 보건복지부장관이 정하는 경우

② 부양을 받을 수 없는 경우

부양의무자가 다음의 어느 하나에 해당하는 경우에는 부양을 받을 수 없는 것으로 본다(법 제8조의2 제2항).

1. 부양의무자가 「병역법」에 따라 징집되거나 소집된 경우
2. 부양의무자가 「해외이주법」 제2조의 해외이주자에 해당하는 경우
3. 부양의무자가 「형의 집행 및 수용자의 처우에 관한 법률」 및 「치료감호법」 등에 따른 교도소, 구치소, 치료감호시설 등에 수용 중인 경우
4. 부양의무자에 대하여 실종선고 절차가 진행 중인 경우
5. 부양의무자가 제32조의 보장시설에서 급여를 받고 있는 경우
6. 부양의무자의 가출 또는 행방불명으로 경찰서 등 행정관청에 신고된 후 1개월이 지났거나 가출 또는 행방불명 사실을 시장 · 군수 · 구청장이 확인한 경우
7. 부양의무자가 부양을 기피하거나 거부하는 경우
8. 그 밖에 부양을 받을 수 없는 것으로 보건복지부장관이 정하는 경우

(3) 외국인에 대한 특례

국내에 체류하고 있는 외국인(출입국관리법 제31조에 따라 외국인 등록을 한 사람) 중 대한민국 국민과 혼인하여 본인 또는 배우자가 임신 중이거나, 대한민국 국적의 미성년 자녀를 양육하고 있거나 배우자의 대한민국 국적인 직계존속과 생계나 주거를 같이하고 있는 사람으로서 대통령령으로 정하는 사람이 이 법에 따른 급여를 받을 수 있는 자격을 가진 경우에는 수급권자가 된다(법 제5조의2). 또한 대한민국 국민인 배우자와 이혼하거나 그 배우자가 사망한 사람으로서 대한민국 국적의 미성년 자녀를 양육하고 있는 사람 또는 사망한 배우자의 태아를 임신하고 있는 사람으로서 「국민기초생활보장법」에 따른 급여를 받을 수 있는 자격을 가진 경우에는 수급권자가 된다(시행령 제4조 제2항).

3. 급여내용

1) 급여의 기본 원칙과 기준

(1) 급여의 기본 원칙

첫째, 급여는 수급자가 자신의 생활의 유지·향상을 위하여 그의 소득, 재산, 근로능력 등을 활용하여 최대한 노력하는 것을 전제로 이를 보충·발전시키는 것을 기본 원칙으로 한다. 둘째, 부양의무자의 부양과 다른 법령에 따른 보호는 이 법에 따른 급여에 우선하여 행하여지는 것으로 한다. 다만, 다른 법령에 따른 보호의 수준이 이 법에서 정하는 수준에 이르지 아니하는 경우에는 나머지 부분에 관하여 이 법에 따른 급여를 받을 권리를 잃지 아니한다(법 제3조 제1~2항).

(2) 급여의 기준

첫째, 급여는 건강하고 문화적인 최저생활을 유지할 수 있는 것이어야 한다. 둘째, 급여의 기준은 수급자의 연령, 가구규모, 거주지역, 그 밖의 생활여건 등을 고려하여 급여의 종류별로 보건복지부장관이 정하거나 급여를 지급하는 소관 중앙행정기관의 장이 보건복지부장관과 협의하여 정한다. 셋째, 보장기관은 이 법에 따른 급여를 개별가구 단위로 실시하되, 「장애인복지법」 제32조에 따라 등록한 장애인 중 장애의 정도가 심한 장애인으로서 보건복지부장관이 정하는 사람에 대한 급여 등 특히 필요하다고 인정하는 경우에는 개인 단위로 실시할 수 있다(법 제4조 제1~3항).

2) 최저보장수준과 기준중위소득

(1) 최저보장수준

최저보장수준이란 국민의 소득 · 지출 수준과 수급권자의 가구 유형 등 생활실태, 물가상승률 등을 고려하여 급여의 종류별로 공표하는 금액이나 보장수준을 말한다(법 제2조 제6호). 보건복지부장관 또는 소관 중앙행정기관의 장은 급여의 종류별 수급자 선정기준 및 최저 보장수준을 결정하여야 하며, 매년 8월 1일까지 중앙생활보장위원회의 심의 · 의결을 거쳐 다음 연도의 급여의 종류별 수급자 선정기준 및 최저보장수준을 공표하여야 한다(법 제6조 제1~2항).

(2) 기준중위소득

기준중위소득은 보건복지부장관이 급여의 기준 등에 활용하기 위하여 중앙생활보장위원회의 심의 · 의결을 거쳐 고시하는 국민 가구소득의 중위 값을 말한다(법 제2조 제11호). 기준 중위소득은 통계청이 공표하는 통계자료의 가구 경상소득(근로소득, 사업소득, 재산소득, 이전소득을 합산한 소득)의 중간 값에 최근 가구소득 평균 증가율, 가구규모에 따른 소득수준의 차이 등을 반영하여 가구규모별로 산정한다(법 제16조의2 제1항).

2025년 기준 기준 중위소득과 급여별 수급자 선정기준은 다음과 같다.

〈표 12-3〉 기준 중위소득과 급여별 수급자 선정기준(2025년)

(단위 : 원/ 월)

구 분	1인 가구	2인 가구	3인 가구	4인 가구	5인 가구
기준중위소득	2,392,013	3,932,658	5,025,353	6,097,773	7,108,192
생계급여 (기준 중위소득의 32%)	765,444	1,258,451	1,608,113	1,951,278	2,274,621
의료급여 (기준 중위소득의 40%)	956,805	1,573,063	2,010,141	2,439,109	2,843,277
주거급여 (기준 중위소득의 48%)	1,148,166	1,887,676	2,412,169	2,926,931	3,411,932
교육급여 (기준 중위소득의 50%)	1,196,007	1,966,329	2,512,677	3,048,887	3,554,096

※ 생계급여 수급자 선정기준인 기준 중위소득 32%는 동시에 생계급여 지급기준에 해당
출처 : 보건복지부(2025). 2025년 기초생활보장사업안내.

3) 급여의 종류

이 법에 따른 급여의 종류에는 생계급여, 주거급여, 의료급여, 교육급여, 해산급여, 장제급여, 자활급여가 있다. 수급권자에 대한 급여는 수급자의 필요에 따라 종류별 급여의 전부 또는 일부를 실시하는 것으로 한다. 차상위계층에 속하는 사람에 대한 급여는 보장기관이 차상위자의 가구별 생활여건을 고려하여 예산의 범위에서 주거급여, 의료급여, 교육급여, 장제급여, 자활급여의 전부 또는 일부를 실시할 수 있다. 이 경우 차상위자에 대한 급여의 기준 및 절차 등에 관하여 필요한 사항은 대통령령으로 정한다(법 제7조 제1~3항).

(1) 생계급여

① 생계급여의 내용

생계급여는 수급자에게 의복, 음식물 및 연료비와 기타 일상생활에 기본적으로 필요한 금품을 지급하여 그 생계를 유지하게 하도록 하는 것으로 한다. 생계급여 수급권자는 부양의무자가 없거나, 부양의무자가 있어도 부양능력이 없거나 부양을 받

을 수 없는 사람으로서[8] 그 소득인정액이 중앙생활보장위원회의 심의·의결을 거쳐 결정하는 생계급여 선정기준 이하인 사람이어야 한다. 이 경우 생계급여 선정기준은 기준 중위소득의 100분의 30[9] 이상으로 한다(법 제8조 제1~2항).

생계급여의 최저보장수준은 생계급여와 소득인정액을 포함하여 생계급여 선정기준 이상이 되도록 하여야 한다. 보장시설에 위탁하여 생계급여를 실시하는 경우에는 보건복지부장관이 정하는 고시에 따라 그 선정기준 등을 달리 정할 수 있다(법 제8조 제3~4항).

- 생계급여 = 가구별 생계급여 선정기준액(기준 중위소득의 30%) − 소득인정액
- 생계급여의 최저보장수준(생계급여 + 소득인정액) ≥ 가구별 생계급여 선정기준액

② 생계급여의 방법

생계급여는 금전을 지급하는 것으로 한다. 다만, 금전으로 지급할 수 없거나 금전으로 지급하는 것이 적당하지 아니하다고 인정하는 경우에는 물품을 지급할 수 있다. 수급품은 대통령령으로 정하는 바에 따라 매월 정기적으로 지급하여야 한다. 다만, 특별한 사정이 있는 경우에는 그 지급방법을 다르게 정하여 지급할 수 있다. 수급품은 수급자에게 직접 지급한다. 다만, 보장시설이나 타인의 가정에 위탁하여 생계급여를 실시하는 경우에는 그 위탁받은 사람에게 이를 지급할 수 있다. 이 경우 보장기관은 보건복지부장관이 정하는 바에 따라 정기적으로 수급자의 수급 여부를 확인하여야 한다(법 제9조 제1~3항).

생계급여는 보건복지부장관이 정하는 바에 따라 수급자의 소득인정액 등을 고려하여 차등지급할 수 있다. 보장기관은 대통령령으로 정하는 바에 따라 근로능력이 있는 수급자에게 자활에 필요한 사업에 참가할 것을 조건으로 하여 생계급여를 실시할 수 있다. 이 경우 보장기관은 자활지원계획을 고려하여 조건을 제시하여야 한다(법 제9조 제1~5항).

---

8) 생계급여 부양의무자 기준은 단계적으로 완화되어 2021년 10월부터는 전면 폐지되었으나, 부모 또는 자녀가구가 연 기준 1.3억 원을 초과하는 고소득자거나, 12억 원을 초과하는 재산을 소유하고 있는 경우는 생계급여 대상에서 제외된다(보건복지부 보도자료, 2024.07.25).

9) 2025년 생계급여 선정기준은 기준 중위소득의 100분의 32

(2) 주거급여

주거급여는 수급자에게 주거안정에 필요한 임차료, 수선유지비, 그 밖의 수급품 등을 지급하는 급여를 말한다. 주거급여에 관하여 필요한 사항은 따로 법률에서 정한다(법 제11조 제1~2항).

주거급여 수급권자는 소득인정액이 중앙생활보장위원회의 심의 · 의결을 거쳐 결정하는 주거급여 선정기준 이하인 사람으로 한다. 이 경우 주거급여 선정기준은 기준 중위소득의 100분의 43 이상[10]으로 한다(주거급여법 제5조). 주거급여는 임차료와 자가 가구를 위한 수선유지비로 구분된다.

① 임차료

임차료는 타인의 주택 등에 거주하는 사람으로서 국토교통부장관이 정하는 사람에게 지급한다. 임차료의 지급기준은 국토교통부장관이 수급자의 가구규모, 소득인정액, 거주형태, 임차료 부담수준 및 제3항의 지역별 기준임대료 등을 고려하여 정한다. 국토교통부장관은 임차료의 지급수준을 정하기 위하여 가구규모, 「주거기본법」 제17조의 최저주거기준 등을 고려하여 지역별 기준임대료를 정할 수 있다(주거급여법 제7조 제1~3항).

임차료는 「국민기초생활보장법」 제27조의2 제1항에 따라 수급자 명의의 지정된 계좌로 지급하여야 한다. 다만, 수급자가 국가, 지방자치단체, 한국토지주택공사 또는 지방공기업이 임대하는 주택 등을 임차한 경우에는 해당 수급자와 임대차계약을 체결한 임대인 명의의 지정된 계좌로 지급할 수 있으며, 국토교통부령으로 정하는 불가피한 사유가 있는 경우에는 국토교통부령으로 정하는 바에 따라 그 지급방법을 달리할 수 있다(주거급여법 제7조 제4항).

10) 2025년 주거급여 선정기준은 기준 중위소득의 100분의 48

〈표 12-4〉 지역별 · 가구별 임차가구 기준임대료(2025년)

(단위 : 원/ 월)

구 분	1급지(서울)	2급지(경기 · 인천)	3급지(광역 · 세종시)	4급지(그 외 지역)
1인 가구	352,000	281,000	228,000	191,000
2인 가구	395,000	314,000	254,000	215,000
3인 가구	470,000	375,000	302,000	256,000
4인 가구	545,000	433,000	351,000	297,000
5인 가구	564,000	448,000	363,000	307,000
6인 가구	667,000	531,000	428,000	363,000

출처 : 국토교통부(2025). 2025년 주거급여사업안내.

② 수선유지비

수선유지비는 주택 등을 소유하고 그 주택 등에 거주하는 사람에게 지급한다. 수선유지비의 지급기준은 국토교통부장관이 수급자의 가구규모, 소득인정액, 수선유지비 소요액, 주택의 노후도 등을 고려하여 정한다. 수선유지비를 현금으로 지급하는 경우에는 「국민기초생활보장법」 제27조의2 제1항에 따라 수급자 명의의 지정된 계좌로 지급하여야 한다. 다만, 국토교통부령으로 정하는 불가피한 사유가 있는 경우에는 국토교통부령으로 정하는 바에 따라 그 지급방법을 달리할 수 있다(주거급여법 제8조 제1~3항).

〈표 12-5〉 자가 가구 수선비용 및 수선주기(2025년)

구 분	경보수	중보수	대보수
수선비용	590만 원	1,095만 원	1,601만 원
수선주기	3년	5년	7년

출처 : 국토교통부(2025). 2025년 주거급여사업안내.

(3) 의료급여

의료급여는 수급자에게 건강한 생활을 유지하는 데 필요한 각종 검사 및 치료 등을 지급하는 것으로 한다. 의료급여 수급권자는 부양의무자가 없거나, 부양의무자가 있어도 부양능력이 없거나 부양을 받을 수 없는 사람으로서 그 소득인정액이 중앙생활보장위원회의 심의 · 의결을 거쳐 결정하는 의료급여 선정기준 이하인 사람으로 한다. 이 경우 의료급여 선정기준은 기준 중위소득의 100분의 40 이상으로 한다. 의료급여에 필요한 사항은 따로 법률에서 정한다(법 제12조의3 제1~3항).

(4) 교육급여

교육급여는 수급자에게 입학금, 수업료, 학용품비, 그 밖의 수급품을 지급하는 것으로 하되, 학교의 종류 · 범위 등에 관하여 필요한 사항은 대통령령으로 정한다. 교육급여는 교육부장관의 소관으로 한다(법 제12조 제1~2항).

교육급여 수급권자는 부양의무자가 없거나, 부양의무자가 있어도 부양능력이 없거나 부양을 받을 수 없는 사람으로서 그 소득인정액이 중앙생활보장위원회의 심의 · 의결을 거쳐 결정하는 교육급여 선정기준 이하인 사람으로 한다. 이 경우 교육급여 선정기준은 기준 중위소득의 100분의 50 이상으로 한다. 교육급여의 신청 및 지급 등에 대하여는 「초 · 중등교육법」에 따른 교육비 지원절차를 준용한다(법 제12조 제3~4항).

> **※ 교육급여의 적용특례(법 제12조의2)**
> 교육급여 수급권자를 선정하는 경우에는 교육급여와 「초 · 중등교육법」의 교육비 지원과의 연계 · 통합을 위하여 부양의무자 기준을 충족하여야 함에도 불구하고 소득인정액이 교육급여 선정기준 이하인 사람을 수급권자로 본다.

〈표 12-6〉 교육급여 지원내역(2025년)

지원항목	학교급	지원금액	비 고
교육활동지원비	초	487,000원	연 1회 지급
	중	679,000원	
	고	768,000원	
교과서비	고	해당 학년의 정규 교육과정에 편성된 교과목의 교과서 금액 전체	고교 무상교육 미실시 학교 재학 시 실비로 지원
입학금 및 수업료	고	연도별 · 급지별 학교장이 고지한 금액 전부	

출처 : 보건복지부(2025). 2025년 기초생활보장사업안내.

(5) 해산급여

해산급여는 생계급여, 주거급여, 의료급여 중 하나 이상의 급여를 받는 수급자에게 조산(助産), 분만 전과 분만 후에 필요한 조치와 보호를 실시하는 것으로 한다. 해산급여는 보건복지부령으로 정하는 바에 따라 보장기관이 지정하는 의료기관에 위탁하여 실시할 수 있다. 해산급여에 필요한 수급품은 보건복지부령으로 정하는 바에 따라 수급자나 그 세대주 또는 세대주에 준하는 사람에게 지급한다. 다만, 그 급여를 의료기관에 위탁하는 경우에는 수급품을 그 의료기관에 지급할 수 있다(법 제13조 제1~3항).

(6) 장제급여

장제급여는 생계급여, 주거급여, 의료급여 중 하나 이상의 급여를 받는 수급자가 사망한 경우 사체의 검안(檢案) · 운반 · 화장 또는 매장, 그 밖의 장제조치를 하는 것으로 한다. 장제급여는 보건복지부령으로 정하는 바에 따라 실제로 장제를 실시하는 사람에게 장제에 필요한 비용을 지급하는 것으로 한다. 다만, 그 비용을 지급할 수 없거나 비용을 지급하는 것이 적당하지 아니하다고 인정하는 경우에는 물품을 지급할 수 있다(법 제14조 제1~2항).

(7) 자활급여

자활급여는 수급자의 자활을 돕기 위하여 다음의 급여를 실시하는 것으로 한다(법 제15조 제1항).

1. 자활에 필요한 금품의 지급 또는 대여
2. 자활에 필요한 근로능력의 향상 및 기능습득의 지원
3. 취업알선 등 정보의 제공
4. 자활을 위한 근로기회의 제공
5. 자활에 필요한 시설 및 장비의 대여
6. 창업교육, 기능훈련 및 기술 · 경영지도 등 창업지원
7. 자활에 필요한 자산형성 지원
8. 그 밖에 대통령령으로 정하는 자활을 위한 각종 지원

4) 급여의 실시절차

(1) 급여의 신청

수급권자와 그 친족, 그 밖의 관계인은 관할 시장·군수·구청장에게 수급권자에 대한 급여를 신청할 수 있다. 차상위자가 급여를 신청하려는 경우에도 같다. 사회복지 전담공무원은 이 법에 따른 급여를 필요로 하는 사람이 누락되지 않도록 하기 위하여 관할지역에 거주하는 수급권자에 대한 급여를 직권으로 신청할 수 있다. 이 경우 수급권자의 동의를 구하여야 하며 수급권자의 동의는 수급권자의 신청으로 볼 수 있다(법 제21조 제1~2항).

수급권자와 그 친족 등이 급여신청을 할 때나 사회복지 전담공무원이 급여신청을 하는 것에 수급권자가 동의하였을 때에는 수급권자와 부양의무자는 다음의 자료 또는 정보 제공에 대하여 동의한다는 서면을 제출하여야 한다(법 제21조 제3항).

1. 금융자산 및 금융거래의 내용에 대한 자료 또는 정보 중 예금의 평균잔액과 그 밖에 대통령령으로 정하는 자료 또는 정보
2. 신용정보 중 채무액과 그 밖에 대통령령으로 정하는 자료 또는 정보
3. 보험에 가입하여 낸 보험료와 그 밖에 대통령령으로 정하는 자료 또는 정보

(2) 신청에 의한 조사

시장·군수·구청장은 급여신청이 있는 경우에는 사회복지 전담공무원으로 하여금 급여의 결정 및 실시 등에 필요한 다음의 사항을 조사하게 하거나 수급권자에게 보상기관이 지정하는 의료기관에서 검진을 받게 할 수 있다(법 제22조 제1항).

1. 부양의무자의 유무 및 부양능력 등 부양의무자와 관련된 사항
2. 수급권자 및 부양의무자의 소득·재산에 관한 사항
3. 수급권자의 근로능력, 취업상태, 자활욕구 등 자활지원계획 수립에 필요한 사항
4. 그 밖에 수급권자의 건강상태, 가구 특성 등 생활실태에 관한 사항

시장 · 군수 · 구청장은 제1항에 따라 급여를 신청한 수급권자 또는 그 부양의무자의 소득, 재산 및 건강상태 등을 확인하기 위하여 필요한 자료를 확보하기 곤란한 경우 보건복지부령으로 정하는 바에 따라 수급권자 또는 부양의무자에게 필요한 자료의 제출을 요구할 수 있다(법 제22조 제2항). 보장기관은 수급권자 또는 부양의무자가 조사 또는 자료제출 요구를 2회 이상 거부 · 방해 또는 기피하거나 검진 지시에 따르지 아니하면 급여신청을 각하(却下)할 수 있다(법 제22조 제8항).

(3) 금융정보 등의 제공 요청

보건복지부장관은 「금융실명거래 및 비밀보장에 관한 법률」과 「신용정보의 이용 및 보호에 관한 법률」에도 불구하고 수급권자와 그 부양의무자가 제출한 동의 서면을 전자적 형태로 바꾼 문서에 의하여 금융기관 등의 장에게 금융정보 · 신용정보 또는 보험정보의 제공을 요청할 수 있다. 보건복지부장관은 제23조에 따른 확인조사를 위하여 필요하다고 인정하는 경우 「금융실명거래 및 비밀보장에 관한 법률」과 「신용정보의 이용 및 보호에 관한 법률」에도 불구하고 대통령령으로 정하는 기준에 따라 인적사항을 적은 문서 또는 정보통신망으로 금융기관 등의 장에게 수급자와 부양의무자의 금융정보 등을 제공하도록 요청할 수 있다(법 제23조의2 제1~2항).

(4) 급여의 결정 및 통지

시장 · 군수 · 구청장은 제22조에 따라 조사를 하였을 때에는 지체 없이 급여 실시 여부와 급여의 내용을 결정하여야 한다. 차상위계층을 조사한 시장 · 군수 · 구청장은 급여개시일이 속하는 달에 급여 실시 여부와 급여내용을 결정하여야 한다. 시장 · 군수 · 구청장은 제1항 및 제2항에 따라 급여 실시 여부와 급여 내용을 결정하였을 때는 그 결정의 요지, 급여의 종류 · 방법 및 급여의 개시시기 등을 서면으로 수급권자 또는 신청인에게 통지하여야 한다(법 제26조 제1~3항).

신청인에 대한 통지는 급여의 신청일부터 30일 이내에 하여야 한다. 다만, 다음의 어느 하나에 해당하는 경우에는 신청일부터 60일 이내에 통지할 수 있다. 이 경우 통지서에 그 사유를 구체적으로 밝혀야 한다(법 제26조 제4항).

1. 부양의무자의 소득 · 재산 등의 조사에 시일이 걸리는 특별한 사유가 있는 경우
2. 수급권자 또는 부양의무자가 관계 법률에 따른 조사나 자료제출 요구를 거부 · 방해 또는 기피하는 경우

(5) 급여의 실시

급여 실시 및 급여내용이 결정된 수급자에 대한 급여는 급여의 신청일부터 시작한다. 다만, 보건복지부장관 또는 소관 중앙행정기관의 장이 매년 결정 · 공표하는 급여의 종류별 수급자 선정기준의 변경으로 인하여 매년 1월에 새로 수급자로 결정되는 사람에 대한 급여는 해당 연도의 1월 1일을 그 급여개시일로 한다. 시장 · 군수 · 구청장은 급여 실시 여부의 결정을 하기 전이라도 수급권자에게 급여를 실시하여야 할 긴급한 필요가 있다고 인정할 때에는 급여의 일부를 실시할 수 있다(법 제27조 제1~2항).

(6) 급여의 지급방법

보장기관이 급여를 금전으로 지급할 때에는 수급자의 신청에 따라 수급자 명의의 지정된 계좌로 입금하여야 한다. 급여수급계좌의 해당 금융기관은 이 법에 따른 급여와 지방자치단체가 실시하는 급여만이 급여수급계좌에 입금되도록 관리하여야 한다(법 제27조의2 제1~2항). 수급자가 금융회사 등이 없는 지역에 거주하거나 정보통신장애 등 부득이한 사유가 있는 경우에는 해당 금전을 수급자에게 직접 지급할 수 있다(시행령 제6조 제4항).

(7) 급여의 대리수령

보장기관은 수급자가 다음의 어느 하나에 해당하는 경우에는 수급자 또는 후견인의 동의를 받아 급여를 수급자의 배우자, 직계혈족 또는 3촌 이내의 방계혈족 명의의 계좌에 입금할 수 있다(법 제27조의3 제1항).

> 1. 피성년후견인인 경우
> 2. 채무불이행으로 금전채권이 압류된 경우
> 3. 그 밖에 대통령령으로 정하는 사유로 본인 명의의 계좌를 개설하기 어려운 경우

(8) 확인 조사

시장·군수·구청장은 수급자 및 수급자에 대한 급여의 적정성을 확인하기 위하여 매년 연간조사계획을 수립하고 관할구역의 수급자를 대상으로 제22조 제1항 각 호의 사항을 매년 1회 이상 정기적으로 조사하여야 하며, 특히 필요하다고 인정하는 경우에는 보장기관이 지정하는 의료기관에서 검진을 받게 할 수 있다. 다만, 보건복지부장관이 정하는 사항은 분기마다 조사하여야 한다(법 제23조 제1항).

(9) 차상위계층에 대한 조사

시장·군수·구청장은 급여의 종류별 수급자 선정기준의 변경 등에 의하여 수급권자의 범위가 변동함에 따라 다음 연도에 이 법에 따른 급여가 필요할 것으로 예측되는 수급권자의 규모를 조사하기 위하여 보건복지부령으로 정하는 바에 따라 차상위계층에 대하여 조사할 수 있다. 시장·군수·구청장은 조사를 하려는 경우 조사대상자의 동의를 받아야 한다. 이 경우 조사대상자의 동의는 다음 연도의 급여신청으로 본다(법 제24조 제1~2항).

(10) 자활지원계획의 수립

시장·군수·구청장은 수급자의 자활을 체계적으로 지원하기 위하여 보건복지부장관이 정하는 바에 따라 신청조사, 확인조사, 금융정보 및 차상위계층의 조사 결과를 고려하여 수급자 가구별로 자활지원계획을 수립하고 그에 따라 이 법에 따른 급여를 실시하여야 한다. 보장기관은 수급자의 자활을 위하여 필요한 경우에는 「사회복지사업법」 등 다른 법률에 따라 보장기관이 제공할 수 있는 급여가 있거나 민간기관 등이 후원을 제공하는 경우 자활지원계획에 따라 급여를 지급하거나 후원을 연계할 수 있다. 시장·군수·구청장은 수급자의 자활여건 변화와 급여 실시 결과를 정기적으로 평가하고 필요한 경우 자활지원계획을 변경할 수 있다(법 제28조 제1~3항).

(11) 급여의 변경

보장기관은 수급자의 소득·재산·근로능력 등이 변동된 경우에는 직권으로 또는 수급자나 그 친족, 그 밖의 관계인의 신청에 의하여 그에 대한 급여의 종류·방법 등을 변경할 수 있다. 급여의 변경은 서면으로 그 이유를 구체적으로 밝혀 수급자에게 통지하여야 한다(법 제29조 제1~2항).

(12) 급여의 중지

보장기관은 ① 수급자에 대한 급여의 전부 또는 일부가 필요 없게 된 경우나, ② 수급자가 급여의 전부 또는 일부를 거부한 경우에는 급여의 전부 또는 일부를 중지하여야 한다. 또한 근로능력이 있는 수급자가 자활사업 참가의 조건을 이행하지 아니하는 경우 조건을 이행할 때까지 근로능력이 있는 수급자 본인의 생계급여의 전부 또는 일부를 지급하지 아니할 수 있다(법 제30조 제1~2항).

4. 재정 및 운영체계

1) 재정(비용)

국민기초생활보장제도 실시에 따른 비용을 보장비용이라 하고, 보장비용은 ① 보장업무에 드는 인건비와 사무비, ② 생활보장위원회의 운영에 드는 비용, ③ 급여 실시 비용, ④ 그 밖에 보장업무에 드는 비용을 말한다(법 제42조).

(1) 보장비용의 부담구분

보장비용의 부담은 다음의 구분에 따른다(법 제43조 제1항).

1. 국가 또는 시·도가 직접 수행하는 보장업무에 드는 비용은 국가 또는 해당 시·도가 부담한다.
2. 보건복지부장관, 소관 중앙행정기관의 장과 시·도지사가 수급자를 각각 국가나 해당 지방자치단체가 경영하는 보장시설에 입소하게 하거나 다른 보장시설에 위탁하여 급여를 실시

> 할 경우 급여의 실시비용은 국가 또는 해당 시·도가 부담한다.
> 3. 시·군·구가 수행하는 보장업무에 드는 비용 중 인건비와 사무비, 생활보장위원회의 운영에 드는 비용은 해당 시·군·구가 부담한다.
> 4. 시·군·구가 수행하는 보장업무에 드는 비용 중 급여 실시 비용과 그 밖에 보장업무에 드는 비용은 시·군·구의 재정여건, 사회보장비 지출 등을 고려하여 국가, 시·도 및 시·군·구가 다음 각 목에 따라 차등하여 분담한다.
>   가. 국가는 시·군·구 보장비용의 총액 중 100분의 40 이상 100분의 90 이하를 부담한다.
>   나. 시·도는 시·군·구 보장비용의 총액에서 가목의 국가부담분을 뺀 금액 중 100분의 30 이상 100분의 70 이하를 부담하고, 시·군·구는 시·군·구 보장비용의 총액 중 국가와 시·도가 부담하는 금액을 뺀 금액을 부담한다. 다만, 특별자치시·특별자치도는 시·군·구 보장비용의 총액 중에서 국가가 부담하는 금액을 뺀 금액을 부담한다.

(2) 비용의 징수

수급자에게 부양능력을 가진 부양의무자가 있음이 확인된 경우에는 보장비용을 지급한 보장기관은 생활보장위원회의 심의·의결을 거쳐 그 비용의 전부 또는 일부를 그 부양의무자로부터 부양의무의 범위에서 징수할 수 있다. 속임수나 그 밖의 부정한 방법으로 급여를 받거나 타인으로 하여금 급여를 받게 한 경우에는 보장비용을 지급한 보장기관은 그 비용의 전부 또는 일부를 그 급여를 받은 사람 또는 급여를 받게 한 자로부터 징수할 수 있다. 징수할 금액은 각각 부양의무자 또는 부정수급자에게 통지하여 징수하고, 부양의무자 또는 부정수급자가 이에 응하지 아니하는 경우 국세 또는 지방세 체납처분의 예에 따라 징수한다(법 제46조 제1~3항).

2) 운영체계

(1) 보장기관

보장기관이란 「국민기초생활보장법」에 따른 급여를 실시하는 국가 또는 지방자치단체를 말한다(법 제2조 제4호). 이 법에 따른 급여는 수급권자 또는 수급자의 거주지를 관할하는 시·도지사와 시장·군수·구청장(교육급여인 경우에는 시·도교육감)이 실시한다. 다만, 주거가 일정하지 아니한 경우에는 수급권자 또는 수급자가 실제 거주하는 지역을 관할하는 시장 · 군수 · 구청장이 실시한다(법 제19조 제1항).

보장기관은 수급권자 · 수급자 · 차상위계층에 대한 조사와 수급자 결정 및 급여의 실시 등 이 법에 따른 보장업무를 수행하게 하기 위하여 「사회복지사업법」 제14조에 따른 사회복지 전담공무원을 배치하여야 한다. 이 경우 자활급여업무를 수행하는 사회복지 전담공무원은 따로 배치하여야 한다(법 제19조 제4항).

수급자의 최저생활을 보장하기 위하여 소관 중앙행정기관의 장은 3년마다 소관별로 기초생활보장 기본계획을 수립하여 보건복지부장관에게 제출하여야 한다. 보건복지부장관 및 소관 중앙행정기관의 장은 실태조사 결과를 고려하여 급여기준의 적정성 등에 대한 평가를 실시할 수 있으며, 이와 관련하여 전문적인 조사 · 연구 등을 공공기관 또는 민간 법인 · 단체 등에 위탁할 수 있다(법 제20조의2 제1~2항).

보건복지부장관은 기초생활보장 기본계획 및 평가결과를 종합하여 기초생활보장 종합계획을 수립하여 중앙생활보장위원회의 심의를 받아야 한다. 또한 보건복지부장관은 수급권자, 수급자 및 차상위계층 등의 규모 · 생활 실태 파악, 최저생계비 계측 등을 위하여 3년마다 실태조사를 실시 · 공표하여야 한다(법 제20조의2 제3~4항).

(2) 생활보장위원회

생활보장위원회는 「국민기초생활보장법」에 의한 생활보장사업의 기획 · 조사 · 실시 등에 관한 사항을 심의 · 의결하기 위하여 보건복지부와 시 · 도 및 시 · 군 · 구에 각각 두는 기구이다. 보건복지부에 두는 생활보장위원회를 중앙생활보장위원회라고 하며, 위원장을 포함하여 16명 이내의 위원으로 구성되고 위원장은 보건복지부장관이 된다. 시 · 도 및 시 · 군 · 구에 두는 생활보장위원회는 지방생활보장위원회라 하고 위원장은 해당 시 · 도지사 또는 시장 · 군수 · 구청장이 된다.

① 중앙생활보장위원회

보건복지부에 두는 중앙생활보장위원회의 심의 · 의결사항은 다음과 같다(법 제20조 제2항).

> 1. 기초생활보장 종합계획의 수립
> 2. 소득인정액 산정방식과 기준 중위소득의 결정
> 3. 급여의 종류별 수급자 선정기준과 최저보장수준의 결정
> 4. 급여기준의 적정성 등 평가 및 실태조사에 관한 사항
> 5. 급여의 종류별 누락 · 중복, 차상위계층의 지원사업 등에 대한 조정
> 6. 자활기금의 적립 · 관리 및 사용에 관한 지침의 수립
> 7. 그 밖에 위원장이 회의에 부치는 사항

② 지방생활보장위원회

지방생활보장위원회의 심의 · 의결사항은 다음과 같다(시행령 제29조 제1~2항).

> ① 시 · 도에 두는 지방생활보장위원회의 심의 · 의결사항은 다음과 같다.
> 1. 시 · 도의 생활보장사업 기본방향 및 시행계획의 수립에 관한 사항
> 2. 해당 시 · 도가 실시하는 급여에 관한 사항
> 3. 자활기금의 설치 · 운용에 관한 사항
> 4. 자활지원계획에 관한 사항
> 5. 그 밖에 시 · 도지사가 회의에 부치는 사항
>
> ② 시 · 군 · 구에 두는 생활보장위원회의 심의 · 의결사항은 다음과 같다.
> 1. 시 · 군 · 구의 생활보장사업 기본방향 및 시행계획의 수립에 관한 사항
> 2. 급여를 받을 자격이 있는 수급권자에 해당하지 아니하여도 생활이 어려운 사람의 보호를 위해 보건복지부장관 또는 소관 중앙행정기관의 장이 정하는 급여의 결정에 관한 사항
> 3. 연간 조사계획에 관한 사항
> 4. 해당 시 · 군 · 구가 실시하는 급여에 관한 사항
> 5. 자활기금의 설치 · 운용에 관한 사항
> 6. 자활지원계획에 관한 사항
> 7. 보장비용 징수 제외 및 결정, 금품의 반환 · 징수 · 감면 관련 사항 및 결손처분 관련 사항
> 8. 그 밖에 시장 · 군수 · 구청장이 회의에 부치는 사항

(3) 보장시설

보장시설이란 「국민기초생활보장법」에 따른 급여를 실시하는「사회복지사업법」에 따른 사회복지시설로서 보건복지부령으로 정하는 시설을 말한다(법 제32조).

1. 「장애인복지법」에 따른 장애인 거주시설
2. 「노인복지법」에 따른 노인주거복지시설 및 노인의료복지시설
3. 「아동복지법」에 따른 아동복지시설 및 통합시설
4. 「정신건강증진 및 정신질환자 복지서비스 지원에 관한 법률」에 따른 정신요양시설 및 정신재활시설
5. 「노숙인 등의 복지 및 자립지원에 관한 법률」에 따른 노숙인재활시설 및 노숙인요양시설
6. 「가정폭력방지 및 피해자보호 등에 관한 법률」에 따른 가정폭력피해자 보호시설
7. 「성매매방지 및 피해자보호 등에 관한 법률」에 따른 성매매피해자 등을 위한 지원시설
8. 「성폭력방지 및 피해자보호 등에 관한 법률」에 따른 성폭력피해자보호시설
9. 「한부모가족지원법」에 따른 한부모가족복지시설
10. 「사회복지사업법」에 따른 사회복지시설 중 결핵 및 한센병요양시설
11. 그 밖에 보건복지부령으로 정하는 시설

5. 권리구제 및 벌칙

1) 권리구제

(1) 시 · 도지사에 대한 이의신청

수급자나 급여 또는 급여 변경을 신청한 사람은 시장 · 군수 · 구청장(교육급여인 경우에는 시 · 도교육감)의 처분에 대하여 이의가 있는 경우에는 그 결정의 통지를 받은 날부터 90일 이내에 해당 보장기관을 거쳐 시 · 도지사(특별자치시장 · 특별자치도지사 및 시 · 도교육감의 처분에 이의가 있는 경우에는 해당 특별자치시장 · 특별자치도지사 및 시 · 도교육감)에게 서면 또는 구두로 이의를 신청할 수 있다. 이 경우 구두로 이의신청을 접수한 보장기관의 공무원은 이의 신청서를 작성할 수 있도록 협조하여야 한다. 이의신청을 받은 시장 · 군수 · 구청장은 10일 이내에 의견서와 관계 서류를 첨부하여 시 · 도지사에게 보내야 한다(법 제38조 제1~2항).

(2) 시 · 도지사의 처분

시 · 도지사가 시장 · 군수 · 구청장으로부터 이의 신청서를 받았을 때(특별자치시

장 · 특별자치도지사 및 시 · 도교육감의 경우에는 직접 이의신청을 받았을 때)에는 30일 이내에 필요한 심사를 하고 이의신청을 각하 또는 기각하거나 해당 처분을 변경 또는 취소하거나 그 밖에 필요한 급여를 명하여야 한다. 시 · 도지사는 처분 등을 하였을 때에는 지체 없이 신청인과 해당 시장 · 군수 · 구청장에게 각각 서면으로 통지하여야 한다(법 제39조 제1~2항).

(3) 보건복지부에 대한 이의신청

시 · 도지사의 처분 등에 대하여 이의가 있는 사람은 그 처분 등의 통지를 받은 날부터 90일 이내에 시 · 도지사를 거쳐 보건복지부장관(주거급여 또는 교육급여인 경우에는 소관 중앙행정기관의 장을 말하며, 보건복지부장관에게 한 이의신청은 소관 중앙행정기관의 장에게 한 것으로 본다)에게 서면 또는 구두로 이의를 신청할 수 있다. 이 경우 구두로 이의신청을 접수한 보장기관의 공무원은 이의 신청서를 작성할 수 있도록 협조하여야 한다. 시 · 도지사는 이의신청을 받으면 10일 이내에 의견서와 관계 서류를 첨부하여 보건복지부장관 또는 소관 중앙행정기관의 장(주거급여 또는 교육급여인 경우에 한정)에게 보내야 한다(법 제40조 제1~2항).

(4) 이의신청의 결정 및 통지

보건복지부장관 또는 소관 중앙행정기관의 장은 이의 신청서를 받았을 때에는 30일 이내에 필요한 심사를 하고 이의신청을 각하 또는 기각하거나 해당 처분의 변경 또는 취소의 결정을 하여야 한다. 보건복지부장관 또는 소관 중앙행정기관의 장은 제1항에 따른 결정을 하였을 때에는 지체 없이 시 · 도지사 및 신청인에게 각각 서면으로 결정내용을 통지하여야 한다. 이 경우 소관 중앙행정기관의 장이 결정내용을 통지하는 때에는 그 사실을 보건복지부장관에게 알려야 한다(법 제41조 제1~2항).

2) 벌 칙

(1) 벌칙

이 법의 벌칙 대상은 다음과 같다(법 제48~50조).

5년 이하의 징역 또는 5천만 원 이하의 벌금	업무수행 중 취득한 금융정보 등을 사용 · 제공 또는 누설한 자
3년 이하의 징역 또는 3천만 원 이하의 벌금	보장기관의 공무원 또는 공무원이었던 사람이 수급권자와 부양의무자에 대한 정보 또는 자료를 사용하거나 제공한 자
1년 이하의 징역 또는 1천만 원 이하의 벌금, 구류, 또는 과료	1. 거짓이나 그 밖의 부정한 방법으로 급여를 받거나 다른 사람으로 하여금 급여를 받게 한 자 2. 급여의 대리수령자(배우자 등)로서 지급받은 급여를 목적 외의 용도로 사용한 자
1년 이하의 징역 또는 1천만 원 이하의 벌금	자활복지개발원의 임직원 또는 임직원이었던 자로서 직무상 알게 된 비밀을 누설하거나 다른 용도로 사용한 자
300만 원 이하의 벌금, 구류 또는 과료	수급자의 급여 위탁을 정당한 사유 없이 거부한 자나 종교상의 행위를 강제한 자

(2) 과태료

이 법에서 정하는 과태료는 다음과 같다(법 제50조의2 제1항).

300만 원 이하의 과태료	1. 자활기업의 보고서 제출에 따른 사업보고서를 제출하지 아니하거나 거짓 또는 그 밖의 부정한 방법으로 작성하여 제출한 자 2. 자활기업의 지도 · 감독에 따른 보고 또는 관계 서류의 제출을 하지 아니하거나 거짓으로 보고 또는 관계 서류의 제출을 한 자 3. 자활기업의 지도 · 감독 결과에 따른 시정명령을 이행하지 아니한 자 4. 자활기업 또는 이와 유사한 명칭을 사용한 자

제13장 : 기타 공공부조법

1. 의료급여법

1) 의료급여법의 개관

(1) 법의 목적 및 의의

「의료급여법」은 생활이 어려운 사람에게 의료급여를 함으로써 국민보건의 향상과 사회복지의 증진에 이바지함을 목적으로 한다(법 제1조). 의료급여제도는 「국민기초생활보장법」에 의한 수급자 등 생활유지능력이 없거나 경제능력을 상실한 사람들을 대상으로 정부가 의료서비스를 제공하는 공공부조제도로, 국민건강보험제도와 함께 의료보장정책의 중요한 수단이 되고 있다.

(2) 입법배경 및 경과

1961년 「생활보호법」이 제정되어 동법 제5조에 의료보호에 관한 규정을 둠으로써 의료보호가 처음으로 법제화되었다. 의료보호는 생활보호 대상자를 중심으로 주로 국·공립의료기관에서 무료진료를 실시하는 수준이었고, 의료의 내용이 빈약하여 의료보장으로서의 실효를 거둘 수 없었다. 이러한 현실을 감안하여 1977년 1월 4일에 '의료보호에 관한 규칙'을 보건사회부령으로 제정·시행하고 1977년 12월 31일에 「의료보호법」이 제정되었다. 이후 의료보호 대상자의 확대와 전 국민 의료보험체제의 확립에 따른 의료보장 여건의 변화에 부응하기 위해 1991년 3월 8일 「의료보호법」을 전면 개정하였으며, 1999년 9월 7일 「국민기초생활보장법」이 제정된 후 '의료보호'를 '의료급여'로 변경함에 따라 2001년 5월 24일 「의료급여법」으로 전문이 개정되어 동년 10월 1일부터 시행되었다.

의료급여제도는 대상자 및 급여범위를 지속적으로 확대하는 등 저소득층을 위한 의료보장제도로서 많은 발전을 거듭해 왔다. 개정내용을 살펴보면, 먼저 2003년 5월 15일 개정에서는 중요 무형문화재 명예보유자가 「의료급여법」을 적용받도록 하였고, 2004년 3월 5일 개정에서는 「입양촉진 및 절차에 관한 특례법」에 의해 국내에 입양된 18세 미만의 아동에 대하여도 의료급여를 실시하기로 하였으며, 2013년 6월 12일 개정에서는 의료급여가 반드시 필요한 사람에게 지급될 수 있도록 이재민, 노숙인 등 수급권자 자격에 관한 기준을 보완하였다. 그리고 2014년 1월 28일 개정을 통해 의료급여의 심사·조정에 관한 급여비용 심사기관의 이의신청에 대한 불복이 있는 경우 종전에는 중앙행정심판위원회(국민권익위원회 소속)가 아닌 「국민건강보험법」에 따른 건강보험분쟁조정위원회(보건복지부 소속)에 심판을 청구하도록 하여 심판청구의 공정 및 객관성과 전문성을 확보하고 국민의 권리보호 증진에 이바지하고자 하였다.

〈표 13-1〉 의료급여법의 주요 연혁

연월일	주요 내용
1977. 12. 31.	• 「의료보호법」 제정
2001. 05. 24.	• 「의료급여법」으로 전문 개정(2001년 10월 1일부터 시행)
2003. 05. 15.	• 적용범위 확대(중요 무형문화재 명예보유자)
2004. 03. 05.	• 적용범위 확대(국내에 입양된 18세 미만의 아동)
2013. 06. 12.	• 이재민, 노숙인 등 수급권자 자격에 관한 기준 보완
2014. 01. 28.	• 심판청구기관 변경(중앙행정심판위원회 → 건강보험분쟁조정위원회)

(3) 법률용어의 정의

이 법에서 사용하는 용어의 뜻은 다음과 같다(법 제2조).

수급권자	이 법에 따라 의료급여를 받을 수 있는 자격을 가진 사람을 말한다.
의료급여기관	수급권자에 대한 진료·조제 또는 투약 등을 담당하는 의료기관 및 약국 등을 말한다.
부양의무자	수급권자를 부양할 책임이 있는 사람으로서 수급권자의 1촌 직계혈족 및 그 배우자를 말한다.

2) 적용대상

(1) 수급권자의 범위

의료급여 수급권자의 범위는 다음과 같다(법 제3조 제1항).

1. 「국민기초생활보장법」에 따른 의료급여 수급자
2. 「재해구호법」에 따른 이재민으로서 보건복지부장관이 의료급여가 필요하다고 인정한 사람
3. 「의사상자 등 예우 및 지원에 관한 법률」에 따라 의료급여를 받는 사람
4. 「국내입양에 관한 특례법」에 따라 입양된 18세 미만의 아동
5. 「독립유공자예우에 관한 법률」, 「국가유공자 등 예우 및 지원에 관한 법률」 및 「보훈보상대상자 지원에 관한 법률」의 적용을 받고 있는 사람과 그 가족으로서 국가보훈부장관이 의료급여가 필요하다고 추천한 사람 중에서 보건복지부장관이 의료급여가 필요하다고 인정한 사람
6. 「무형문화재 보전 및 진흥에 관한 법률」에 따라 지정된 국가무형문화재의 보유자(명예보유자를 포함)와 그 가족으로서 문화재청장이 의료급여가 필요하다고 추천한 사람 중에서 보건복지부장관이 의료급여가 필요하다고 인정한 사람
7. 「북한이탈주민의 보호 및 정착지원에 관한 법률」의 적용을 받고 있는 사람과 그 가족으로서 보건복지부장관이 의료급여가 필요하다고 인정한 사람
8. 「5 · 18민주화운동 관련자 보상 등에 관한 법률」에 따라 보상금 등을 받은 사람과 그 가족으로서 보건복지부장관이 의료급여가 필요하다고 인정한 사람
9. 「노숙인 등의 복지 및 자립지원에 관한 법률」에 따른 노숙인 등으로서 보건복지부장관이 의료급여가 필요하다고 인정한 사람
10. 그 밖에 생활유지능력이 없거나 생활이 어려운 사람으로서 대통령령으로 정하는 사람

(2) 수급권자의 구분

① 1종 수급권자

1종 수급권자는 다음 각 호의 어느 하나에 해당하는 자로 한다(시행령 제3조 제2항).

1. 법 제3조 제1항 제1호 및 제3호부터 제8호까지의 규정에 해당하는 사람 중 다음 각 목의 어느 하나에 해당하는 사람
   가. 다음의 어느 하나에 해당하는 사람만으로 구성된 세대의 구성원
      (1) 18세 미만인 자
      (2) 65세 이상인 자

(3) 「장애인고용촉진 및 직업재활법」에 해당하는 중증장애인
(4) 질병, 부상 또는 그 후유증으로 치료나 요양이 필요한 사람 중에서 근로능력 평가를 통하여 시장 · 군수 · 구청장이 근로능력이 없다고 판정한 사람
(5) 임신 중에 있거나 분만 후 6개월 미만의 여자
(6) 「병역법」에 의한 병역의무를 이행 중인 자
나. 「국민기초생활보장법」에 따른 보장시설에서 급여를 받고 있는 자
다. 보건복지부장관이 정하여 고시하는 결핵질환, 희귀난치성질환 또는 중증질환을 가진 사람
2. 법 제3조 제1항 제2호 및 제9호에 해당하는 사람
3. 일정한 거소가 없는 사람으로서 경찰관서에서 무연고자로 확인된 사람
4. 그 밖에 보건복지부장관이 1종 의료급여가 필요하다고 인정하는 자

② 2종 수급권자

2종 수급권자는 다음 각 호의 어느 하나에 해당하는 자로 한다(시행령 제3조 제3항).

1. 법 제3조 제1항 제1호 및 제3호부터 제8호까지의 규정에 해당하는 사람 중 18세 미만이거나 65세 이상에 해당하지 않는 사람
2. 보건복지부장관이 2종 의료급여가 필요하다고 인정하는 자

3) 급여내용

(1) 의료급여의 내용

이 법에 따른 수급권자의 질병 · 부상 · 출산 등에 대한 의료급여의 내용은 다음 각 호와 같다(법 제7조 제1항).

1. 진찰 · 검사
2. 약제(藥劑) · 치료재료의 지급
3. 처치 · 수술과 그 밖의 치료
4. 예방 · 재활
5. 입원
6. 간호
7. 이송과 그 밖의 의료목적 달성을 위한 조치

(2) 의료급여기관

① 의료급여 실시기관

의료급여는 다음의 의료급여기관에서 실시한다(법 제9조 제1항).

> 1. 「의료법」에 따라 개설된 의료기관
> 2. 「지역보건법」에 따라 설치된 보건소 · 보건의료원 및 보건지소
> 3. 「농어촌 등 보건의료를 위한 특별조치법」에 따라 설치된 보건진료소
> 4. 「약사법」에 따라 개설 등록된 약국 및 한국희귀의약품센터

② 의료급여기관의 구분

의료급여는 의료급여기관에서 실시하여야 하며, 의료급여기관의 종류는 다음과 같이 1차 의료급여기관, 2차 의료급여기관, 3차 의료급여기관으로 구분된다(법 제9조 제2항).

> 1. 제1차 의료급여기관
>   가. 「의료법」에 따라 시 · 군 · 구청장에게 개설신고를 한 의료급여기관(의원, 치과의원, 한의원, 조산원)
>   나. 「지역보건법」에 따라 설치된 보건소 · 보건의료원 및 보건지소, 「농어촌 등 보건 의료를 위한 특별조치법」에 따라 설치된 보건진료소, 「약사법」에 따라 개설 등록된 약국 및 한국희귀의약품센터
> 2. 제2차 의료급여기관 : 「의료법」에 따라 시 · 도지사가 개설허가를 한 의료기관(병원, 치과병원, 한방병원, 요양병원, 종합병원)
> 3. 제3차 의료급여기관 : 제2차 의료급여기관 중에서 보건복지부장관이 지정하는 의료기관(상급종합병원)

③ 의료급여기관 이용절차

의료급여 수급권자는 원칙적으로 1차 의료급여기관에서 진료를 받을 수 있으며, 2차 또는 3차 의료급여기관의 진료가 필요한 경우 의료급여의뢰서를 발급받아 단계적으로 의료기관을 이용할 수 있다. 의료급여의뢰서를 발급받은 수급권자는 발급받은 날부터 7일(공휴일을 제외) 이내에 제2차 의료급여기관 또는 제3차 의료급여기관

에 이를 제출하여야 한다. 의료급여의뢰서를 발급받은 날부터 7일 이내에 진료를 예약하고 이후 진료를 받는 때에 의료급여의뢰서를 제출하는 경우에는 예약접수일을 의료급여의뢰서 제출일로 본다(시행규칙 제3조 제4항).

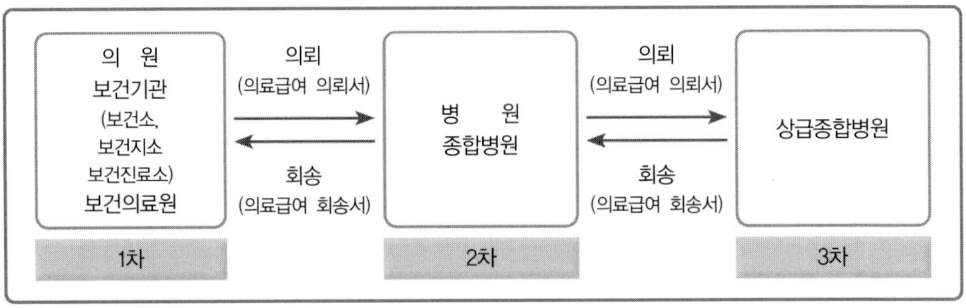

|그림 13-1| 의료급여기관 이용절차(3단계)

④ 의료급여일수의 상한

수급권자가 의료급여기금의 부담으로 의료급여를 받을 수 있는 일수(상한일수)는 다음 각 호에 정하는 바에 따른다. 다만, 인체면역결핍증 바이러스 질환자에 대하여는 상한일수를 제한하지 아니한다(시행규칙 제8조의3 제1항).

1. 결핵질환, 희귀난치성질환 및 중증질환 : 각 질환별로 연간 365일
2. 정신 및 행동장애(뇌전증을 포함) 등 질환 : 각 질환별로 연간 365일
3. 제1호 및 제2호 외의 질환 : 모든 질환의 의료급여 일수를 합하여 연간 365일

⑤ 의료급여일수의 산정방법

의료급여일수는 매년 1월 1일부터 12월 31일까지의 입원일수, 투약일수, 투약 없이 외래로 의료급여를 받는 경우의 급여일수 및 경구약제만을 투여받는 경우의 급여일수를 합하여 산정한다. 다만, 다음 각 호의 일수를 제외한다(법 제8조의4 제1항).

1. 입원 중 입원한 의료급여기관에서 투약 받는 경우 그 입원기간 중의 투약일수
2. 동일 처방에 의하여 원내투약과 원외투약이 동시에 이루어지는 경우 중복되는 투약일수
3. 혈액투석 또는 복막투석을 받고 있는 만성신부전증환자와 장기이식을 받은 환자가 필수적인 경구약제를 투여 받는 경우 그 투약일수

4) 재정(비용)

(1) 급여비용의 부담

급여비용은 그 전부 또는 일부를 의료급여기금에서 부담하되, 의료급여기금에서 일부를 부담하는 경우 그 나머지 비용은 본인이 부담한다(법 제10조).

〈표 13-2〉 종별 의료급여 본인부담금 및 상한액

구 분		1차 (의원)	2차 (병원, 종합병원)	3차 (상급병원)	약 국	PET 등	본인부담 상한액
1종	입원	없음	없음	없음	–	없음	매월(30일) 5만 원
	외래	1,000원	1,500원	2,000원	500원	5%	
2종	입원	10%	10%	10%	–	10%	연간 80만 원*
	외래	1,000원	15%	15%	500원	15%	

주*) 2종 수급자의 요양병원 240일 초과 입원의 경우 본인부담상한액은 연간 120만 원으로 함
출처 : 시행령 제13조 관련 [별표 1].

(2) 급여비용의 청구와 지급

급여비용의 청구와 지급절차는 다음과 같다(법 제11조 제1~4항).

① 의료급여기관은 의료급여기금에서 부담하는 급여비용의 지급을 시장 · 군수 · 구청장에게 청구할 수 있다. 이 경우 제2항에 따른 심사청구는 시장 · 군수 · 구청장에 대한 급여비용의 청구로 본다.

② 제1항에 따라 급여비용을 청구하려는 의료급여기관은 급여비용심사기관에 급여비용의 심사청구를 하여야 하며, 심사청구를 받은 급여비용 심사기관은 이를 심사한 후 지체 없이 그 내용을 시장 · 군수 · 구청장 및 의료급여기관에 알려야 한다.

③ 제2항에 따라 심사의 내용을 통보받은 시장 · 군수 · 구청장은 지체 없이 그 내용에 따라 급여비용을 의료급여기관에 지급하여야 한다. 이 경우 수급권자가 이미 납부한 본인부담금이 과다한 경우에는 의료급여기관에 지급할 금액에서 그 과다하게 납부된 금액을 공제하여 수급권자에게 반환하여야 한다.

④ 시장 · 군수 · 구청장은 의료급여의 적정성 여부를 평가할 수 있고, 그 평가결과에 따라 급여비용을 가산 또는 감액 조정하여 지급한다. 이 경우 평가결과에 따른 급여비용의 가감지급의 기준은 보건복지부령으로 정한다.

(3) 의료급여기금의 설치 및 조성

이 법에 따른 급여비용의 재원에 충당하기 위하여 시·도에 의료급여기금을 설치한다. 기금은 다음 각 호의 재원으로 조성한다(법 제25조 제2항).

1. 국고보조금
2. 지방자치단체의 출연금
3. 상환의무자로부터 상환받은 대지급금
4. 부당한 방법으로 의료급여를 받은 자 또는 급여비용을 받은 의료급여기관에게 징수한 부당이득금
5. 의료급여기관으로부터 징수한 과징금
6. 기금의 결산상 잉여금 및 그 밖의 수입금

5) 운영체계

(1) 보장기관

의료급여에 관한 업무는 수급권자의 거주지를 관할하는 특별시장·광역시장·도지사와 시장·군수·구청장이 한다. 주거가 일정하지 아니한 수급권자에 대한 의료급여 업무는 그가 실제 거주하는 지역을 관할하는 시장·군수·구청장이 한다(법 제5조 제1~2항).

(2) 의료급여심의위원회

의료급여사업의 실시에 관한 사항을 심의하기 위하여 보건복지부, 시·도 및 시·군·구에 각각 의료급여심의위원회를 둔다. 다만, 시·도 및 시·군·구에 두는 의료급여심의위원회의 경우에는 그 기능을 담당하기에 적합한 다른 위원회가 있고 그 위원회의 위원이 규정된 자격을 갖춘 경우 시·도 또는 시·군·구의 조례로 각각 정하는 바에 따라 그 위원회로 하여금 의료급여심의위원회의 기능을 수행하게 할 수 있다(법 제6조 제1항). 보건복지부에 두는 중앙의료급여심의위원회는 다음의 사항을 심의한다(법 제6조 제2항).

> 1. 의료급여사업의 기본방향 및 대책 수립에 관한 사항
> 2. 의료급여의 기준 및 수가에 관한 사항
> 3. 그 밖에 보건복지부장관 또는 위원장이 부의하는 사항

6) 권리구제

(1) 이의신청

수급권자의 자격, 의료급여 및 급여비용에 대한 시장 · 군수 · 구청장의 처분에 이의가 있는 자는 시장 · 군수 · 구청장에게 이의신청을 할 수 있다. 급여비용의 심사 · 조정, 의료급여의 적정성 평가 및 급여 대상 여부의 확인에 관한 급여비용 심사기관의 처분에 이의가 있는 보장기관, 의료급여기관 또는 수급권자는 급여비용 심사기관에 이의신청을 할 수 있다.

이의신청은 처분이 있음을 안 날부터 90일 이내에 문서(전자문서를 포함)로 하여야 하며, 처분이 있은 날부터 180일이 지나면 제기하지 못한다. 다만, 정당한 사유에 따라 그 기간에 이의신청을 할 수 없었음을 소명한 경우에는 그러하지 아니하다(법 제30조 제1~3항).

(2) 심판청구

급여비용 심사기관의 이의신청에 대한 결정에 불복이 있는 자는 「국민건강보험법」에 따른 건강보험분쟁조정위원회에 심판청구를 할 수 있다.

2. 긴급복지지원법

1) 긴급복지지원법의 개관

(1) 법의 목적 및 의의

「긴급복지지원법」은 생계곤란 등의 위기상황에 처하여 도움이 필요한 사람을 신

속하게 지원함으로써 이들이 위기상황에서 벗어나 건강하고 인간다운 생활을 하게 함을 목적으로 한다(법 제1조). 긴급복지지원제도는 가구의 주 소득자가 사망, 행방불명, 구금시설 수용 등으로 소득을 상실하였거나, 가구구성원이 중한 질병 또는 부상을 당하는 등의 사유로 생계유지가 어렵게 된 저소득층을 적극 발굴하여 생계, 의료, 주거비 등을 우선적으로 지원하고 사후에 지원의 적정성 여부를 조사하는 제도이다.

(2) 입법배경 및 경과

2004년 12월 대구광역시 동구 불로동에서 5세 남자아이가 사망한 채 장롱 속에서 발견된 사건이 발생하였다. 이 사건은 생활고와 질병으로 인해 어려운 가정환경 속에서도 주위의 도움을 받지 못해 발생한 사건이었다. 이후 주 소득자가 소득을 상실하였거나 가족 중 누군가 중한 질병 또는 부상을 당하여 치료비가 많이 드는 예기치 못한 위기에 처한 가구를 신속히 구조할 수 있는 체계의 구축과, 긴급상황이 확인될 경우 복잡한 절차 없이 최대한 빨리 필요한 자원을 지원할 수 있는 제도가 마련되어야 한다는 사회적 인식이 형성되었다. 이에 따라 신속한 현장조사를 통해 지원의 필요성이 인정되면 우선적으로 지원을 실시하고 차후에 그 지원의 적정 여부를 판단하는 선지원제도의 필요성이 제기되었고, 2005년 3월부터 공청회, 관계부처 협의, 입법예고, 국무회의 의결 등의 절차를 거쳐 2005년 12월 23일 긴급복지지원법을 제정하였고, 2006년 3월 24일부터 본격적으로 시행되었다(보건복지부, 2017 : 110).

(3) 법률용어의 정의

이 법에서 사용하는 '위기사항'이란 본인 또는 본인과 생계 및 주거를 같이 하고 있는 가구구성원이 다음 각 호의 어느 하나에 해당하는 사유로 인하여 생계유지 등이 어렵게 된 것을 말한다(법 제2조).

1. 주 소득자(主所得者)가 사망, 가출, 행방불명, 구금시설에 수용되는 등의 사유로 소득을 상실한 경우
2. 중한 질병 또는 부상을 당한 경우
3. 가구구성원으로부터 방임(放任) 또는 유기(遺棄)되거나 학대 등을 당한 경우
4. 가정폭력을 당하여 가구구성원과 함께 원만한 가정생활을 하기 곤란하거나 가구구성원으로부터 성폭력을 당한 경우

5. 화재 또는 자연재해 등으로 인하여 거주하는 주택 또는 건물에서 생활하기 곤란하게 된 경우
6. 주소득자 또는 부소득자의 휴업, 폐업 또는 사업장의 화재 등으로 인하여 실질적인 영업이 곤란하게 된 경우
7. 주소득자 또는 부소득자의 실직으로 소득을 상실한 경우
8. 보건복지부령으로 정하는 기준에 따라 지방자치단체의 조례로 정한 사유가 발생한 경우
9. 그 밖에 보건복지부장관이 정하여 고시하는 사유가 발생한 경우

2) 긴급지원대상자 및 지원기관

(1) 긴급지원대상자

이 법에 따른 지원대상자는 위기상황에 처한 사람으로서 이 법에 따른 지원이 긴급하게 필요한 사람으로 한다(법 제5조). 그럼에도 불구하고 「재해구호법」, 「국민기초생활보장법」, 「의료급여법」, 「사회복지사업법」, 「가정폭력방지 및 피해자보호 등에 관한 법률」, 「성폭력방지 및 피해자보호 등에 관한 법률」 등 다른 법률에 따라 이 법에 따른 지원내용과 동일한 내용의 구호·보호 또는 지원을 받고 있는 경우에는 이 법에 따른 지원을 하지 아니한다(법 제3조 제2항).

또한 국내에 체류하고 있는 외국인 중 대통령령으로 정하는 사람이 긴급지원에 해당하는 경우에는 긴급지원대상자가 된다. 이 경우 대통령령으로 정하는 경우는 다음과 같다(시행령 제1조의2).

1. 대한민국 국민과 혼인 중인 사람
2. 대한민국 국민인 배우자와 이혼하거나 그 배우자가 사망한 사람으로서 대한민국 국적을 가진 직계존비속(直系尊卑屬)을 돌보고 있는 사람
3. 「난민법」에 따른 난민(難民)으로 인정된 사람
4. 본인의 귀책사유 없이 화재, 범죄, 천재지변으로 피해를 입은 사람
5. 그 밖에 보건복지부장관이 긴급한 지원이 필요하다고 인정하는 사람

(2) 긴급지원기관

이 법에 따른 지원은 긴급지원대상자의 거주지를 관할하는 시장·군수·구청장이 한다. 다만, 긴급지원대상자의 거주지가 분명하지 아니한 경우에는 지원요청

또는 신고를 받은 시장 · 군수 · 구청장이 한다. 거주지가 분명하지 아니한 사람에게 지원요청 또는 신고가 특정 지역에 집중되는 경우에는 보건복지부령으로 정하는 바에 따라 긴급지원기관을 달리 정할 수 있다. 시장 · 군수 · 구청장은 이 법에 따른 긴급지원사업을 수행할 담당공무원을 지정하여야 한다. 이 경우 긴급지원담당공무원은 긴급지원사업을 포함한 복지 관련 교육훈련을 받은 사람으로 한다(법 제6조 제1~제3항).

(3) 긴급지원 절차

① 긴급지원 요청 및 신고

긴급지원대상자와 친족, 그 밖의 관계인은 구술 또는 서면 등으로 관할 시장 · 군수 · 구청장에게 이 법에 따른 지원을 요청할 수 있으며, 누구든지 긴급지원대상자를 발견한 경우에는 관할 시장 · 군수 · 구청장에게 신고하여야 한다(법 제7조 제1~2항).

다음 각 호의 어느 하나에 해당하는 사람은 진료 · 상담 등 직무수행 과정에서 긴급지원대상자가 있음을 알게 된 경우에는 관할 시장 · 군수 · 구청장에게 이를 신고하고, 긴급지원대상자가 신속하게 지원을 받을 수 있도록 노력하여야 한다(법 제7조 제3항).

1. 「의료법」에 따른 의료기관의 종사자
2. 「유아교육법」, 「초 · 중등교육법」 및 「고등교육법」에 따른 교원, 직원, 산학겸임교사, 강사
3. 「사회복지사업법」에 따른 사회복지시설의 종사자
4. 「국가공무원법」 및 「지방공무원법」에 따른 공무원
5. 「장애인활동 지원에 관한 법률」에 따른 활동지원기관의 장 및 그 종사자와 활동 지원인력
6. 「학원의 설립운영 및 과외교습에 관한 법률」에 따른 학원의 운영자 강사직원 및 교습소의 교습자 직원
7. 「건강가정기본법」에 따른 건강가정지원센터의 장과 그 종사자
8. 「청소년기본법」에 따른 청소년시설 및 청소년단체의 장과 그 종사자
9. 「청소년보호법」에 따른 청소년보호 · 재활센터의 장과 그 종사자
10. 「평생교육법」에 따른 평생교육기관의 장과 그 종사자
11. 그 밖에 긴급지원대상자를 발견할 수 있는 자로서 보건복지부령으로 정하는 자

② 현장 확인 및 지원/위기상황의 발굴

시장·군수·구청장은 지원요청 또는 신고를 받거나 위기상황에 처한 사람을 찾아낸 경우에는 지체 없이 긴급지원담당공무원으로 하여금 긴급지원대상자의 거주지 등을 방문하여 위기상황을 확인하여야 한다. 시장·군수·구청장은 위기상황을 확인하기 위하여 필요한 경우에는 관할 경찰관서, 소방관서 등 관계 행정기관의 장에게 협조를 요청할 수 있다. 이 경우 관계 행정기관의 장은 정당한 사유가 없으면 그 요청에 따라야 한다(법 제8조 제1~2항).

시장·군수·구청장은 현장 확인 결과 위기상황의 발생이 확인된 사람에 대하여는 지체 없이 지원의 종류 및 내용을 결정하여 지원을 하여야 한다. 이 경우 긴급지원대상자에게 신속히 지원할 필요가 있다고 판단되는 경우 긴급지원담당공무원으로 하여금 우선 필요한 지원을 하도록 할 수 있다(법 제8조 제3항).

국가 및 지방자치단체는 위기상황에 처한 사람에 대한 발굴조사를 연 1회 이상 정기적으로 실시하여야 한다(법 제7조의2 제1항).

③ 금융정보 등의 제공동의 제출

지원을 요청할 때 또는 긴급지원담당공무원이 위기상황을 확인할 때에 그 긴급지원대상자 및 가구구성원은 다음 각 호의 자료 또는 정보의 제공에 대하여 동의한다는 서면을 제출하여야 한다(법 제8조의2).

1. 「금융실명거래 및 비밀보장에 관한 법률」에 따른 금융자산 및 금융거래의 내용에 대한 자료 또는 정보 중 예금의 평균잔액과 그 밖에 대통령령으로 정하는 자료 또는 금융정보
2. 「신용정보의 이용 및 보호에 관한 법률」에 따른 신용정보 중 채무액과 그 밖에 대통령령으로 정하는 자료 또는 신용정보
3. 「보험업법」에 따른 보험에 가입하여 납부한 보험료와 그 밖에 대통령령으로 정하는 자료 또는 보험정보

3) 급여내용

(1) 긴급지원의 종류 및 내용

이 법에 따른 지원의 종류 및 내용은 다음과 같으며, 지원 중 생계지원과 주거지

원은 「국민기초생활보장법」에 따른 기준 중위소득의 100분의 40을 각각 한도로 한다(법 제9조 제1~2항).

> 1. 금전 또는 현물(現物) 등의 직접지원
>   가. 생계지원 : 식료품비 · 의복비 등 생계유지에 필요한 비용 또는 현물 지원
>   나. 의료지원 : 각종 검사 및 치료 등 의료서비스 지원
>   다. 주거지원 : 임시거소(臨時居所) 제공 또는 이에 해당하는 비용 지원
>   라. 사회복지시설 이용 지원 : 「사회복지사업법」에 따른 사회복지시설 입소 또는 이용 서비스 제공이나 이에 필요한 비용 지원
>   마. 교육지원 : 초 · 중 · 고등학생의 수업료, 입학금, 학교운영지원비 및 학용품비 등 필요한 비용 지원
>   바. 그 밖의 지원 : 연료비나 그 밖에 위기상황의 극복에 필요한 비용 또는 현물 지원
> 2. 민간기관 · 단체와의 연계 등의 지원
>   가. 「대한적십자사 조직법」에 따른 대한적십자사, 「사회복지공동모금회법」에 따른 사회복지공동모금회 등의 사회복지기관 · 단체와의 연계 지원
>   나. 상담 · 정보제공, 그 밖의 지원

(2) 긴급지원의 기간

생계에 따른 긴급지원은 3개월간 지원하고, 주거, 사회복지시설 이용, 그 밖의 지원에 따른 긴급지원은 1개월간의 생계유지 등에 필요한 지원으로 한다. 다만 주거, 사회복지시설 이용, 그 밖의 지원에 따른 긴급지원은 시장 · 군수 · 구청장이 긴급지원대상자의 위기상황이 계속된다고 판단하는 경우에는 1개월씩 두 번의 범위에서 기간을 연장할 수 있다. 의료에 대한 지원은 위기상황의 원인이 되는 질병 또는 부상을 검사 · 치료하기 위한 범위에서 한 번 실시하며, 교육지원도 한 번 실시한다(법 제10조 제1~2항).

시장 · 군수 · 구청장은 긴급지원에도 불구하고 위기상황이 계속되는 경우에는 긴급지원심의위원회의 심의를 거쳐 지원을 연장할 수 있다. 이 경우 생계, 사회복지시설, 그 밖의 지원에 따른 긴급지원은 지원기간을 합하여 총 6개월을 초과하여서는 아니 되고, 주거지원은 지원기간을 합하여 총 12개월을 초과하여서는 아니 되며, 의료지원은 지원횟수를 합하여 총 두 번, 교육지원은 지원횟수를 합하여 총 네 번을 초과하여서는 아니 된다(법 제10조 제3항).

〈표 13-3〉 긴급지원의 종류별 지급기간

<table>
<tr><th rowspan="2">긴급지원의 종류</th><th rowspan="2">원칙</th><th colspan="2">지원연장</th><th rowspan="2">최대지원 기간</th></tr>
<tr><th>시장 · 군수 · 구청장</th><th>긴급지원심의위원회</th></tr>
<tr><td>생계지원</td><td>3개월</td><td>–</td><td>추가 3개월</td><td>총 6개월</td></tr>
<tr><td>시설이용, 연료비</td><td>1개월</td><td>추가 2개월</td><td>추가 3개월</td><td>총 6개월</td></tr>
<tr><td>주거지원</td><td>1개월</td><td>추가 2개월</td><td>추가 9개월</td><td>총 12개월</td></tr>
<tr><td>의료지원</td><td>1회</td><td>–</td><td>추가 1회</td><td>총 2회</td></tr>
<tr><td>교육지원</td><td>1회(분기)</td><td>–</td><td>추가 3회(분기)</td><td>총 4회</td></tr>
</table>

출처 : 보건복지부(2025). 2025년 긴급복지지원사업안내.

〈표 13-4〉 긴급지원 내역

<table>
<tr><th colspan="2">종 류</th><th>지원내용</th><th>지원금액</th><th>최대횟수</th></tr>
<tr><td rowspan="4">위기
상황
주지원</td><td>생계</td><td>식표품비, 의복비, 냉방비 등
생계유지비</td><td>730,500원/월(1인 기준)
1,872,700원/월(4인 기준)</td><td>6회</td></tr>
<tr><td>의료</td><td>각종 검사, 치료 등
의료서비스</td><td>3,000,000원 이내</td><td>2회</td></tr>
<tr><td>주거</td><td>국가 및 지자체 소유 또는
타인 소유의 임시거소 제공</td><td>398,900원/월 이내(대도시 1인 기준)
662,500원/월 이내(대도시 4인 기준)</td><td>12회</td></tr>
<tr><td>복지
시설
이용</td><td>사회복지시설 입소 또는
이용서비스</td><td>552,000원/월 이내(1인 기준)
1,494,100원/월 이내(4인 기준)</td><td>6회</td></tr>
<tr><td rowspan="2">부가
급여</td><td>교육</td><td>가구원 내 초 · 중 · 고등학생의
학용품비 등</td><td>– 초 : 127,900원/분기
– 중 : 180,000원/분기
– 고 : 214,000원/분기 및 수업료,
입학금</td><td>4회</td></tr>
<tr><td>그
밖의
지원</td><td colspan="2">• 위기사유 발생으로 생계유지가 곤란한 자에게 지원
– 동절기(10~3월) 연료비 : 150,000원/월
– 해산비(70만 원), 장제비(80만 원), 전기요금(50만 원 이내) : 각 1회</td><td>1회
(연료비
6회)</td></tr>
<tr><td colspan="2">민간기관, 단체
연계지원 등</td><td colspan="2">• 사회복지공동모금회, 대한적십자 등 민간 긴급지원프로그램으로 연계
• 상담 등 기타 지원</td><td>제한
없음</td></tr>
</table>

출처 : 보건복지부(2025). 2025년 긴급복지지원사업안내.

4) 긴급지원심의위원회

(1) 역할

다음 각 호의 사항을 심의 · 의결하기 위하여 시 · 군 · 구에 긴급지원심의위원회를 둔다(법 제12조 제1항).

> 1. 긴급지원연장 결정
> 2. 긴급지원의 적정성 심사
> 3. 긴급지원의 중단 또는 지원비용의 환수 결정
> 4. 그 밖에 긴급지원심의위원회의 위원장이 회의에 부치는 사항

(2) 구성

긴급지원심의위원회는 위원장 1명을 포함한 15명 이내의 위원으로 구성한다. 위원장은 시장 · 군수 · 구청장이 되고, 위원은 다음 각 호의 어느 하나에 해당하는 사람 중에서 시장 · 군수 · 구청장이 임명하거나 위촉한다. 이 경우 제1호 및 제2호에 해당하는 사람이 2분의 1 이상 되도록 구성하여야 한다. 다만, 시 · 군 · 구에 「국민기초생활보장법」에 따른 생활보장위원회가 있는 경우 그 위원회는 조례로 정하는 바에 따라 긴급지원심의위원회의 기능을 대신할 수 있다(법 제12조 제2~4항).

> 1. 사회보장에 관한 학식과 경험이 있는 사람
> 2. 「비영리민간단체 지원법」 제2조에 따른 비영리민간단체에서 추천한 사람
> 3. 해당 시 · 군 · 구 또는 관계 행정기관 소속의 공무원
> 4. 해당 시 · 군 · 구 지방의회가 추천하는 사람

5) 사후조사 및 적정성 심사

(1) 사후조사

시장 · 군수 · 구청장은 지원을 받았거나 받고 있는 긴급지원대상자에 대하여 소득 또는 재산 등 대통령령으로 정하는 기준에 따라 긴급지원이 적정한지를 조사하여야

한다. 시장 · 군수 · 구청장은 사후조사를 위하여 금융 · 국세 · 지방세 · 건강보험 · 국민연금 및 고용보험 등 관련 전산망을 이용하려는 경우에는 해당 법률에서 정하는 바에 따라 관계기관의 장에게 협조를 요청할 수 있다. 이 경우 관계 기관의 장은 정당한 사유가 없으면 그 요청에 따라야 한다(법 제13조 제1~2항).

(2) 적정성 심사

긴급지원심의위원회는 시장 · 군수 · 구청장이 한 사후조사 결과를 참고하여 긴급지원의 적정성을 심사한다. 긴급지원심의위원회는 긴급지원대상자가 「국민기초생활보장법」 또는 「의료급여법」에 따른 수급권자로 결정된 경우에는 심사를 하지 아니할 수 있다. 시장 · 군수 · 구청장은 제1항에 따른 심사결과 긴급지원대상자에 대한 지원이 적정하지 아니한 것으로 결정된 경우에도 긴급지원담당공무원의 고의 또는 중대한 과실이 없으면 이를 이유로 긴급지원담당공무원에 대하여 불리한 처분이나 대우를 하여서는 아니 된다(법 제14조 제1~3항).

6) 이의신청(1회)

긴급지원에 따른 결정이나 거짓이나 부정한 방법에 따른 반환명령에 이의가 있는 사람은 그 처분을 고지받은 날부터 30일 이내에 해당 시장 · 군수 · 구청장을 거쳐 시 · 도지사에게 서면으로 이의신청할 수 있다. 이 경우 시장 · 군수 · 구청장은 이의신청을 받은 날부터 10일 이내에 의견서와 관련 서류를 첨부하여 시 · 도지사에게 송부하여야 한다. 시 · 도지사는 송부를 받은 날부터 15일 이내에 이를 검토하고 처분이 위법 · 부당하다고 인정되는 때는 시정, 그 밖에 필요한 조치를 하여야 한다(법 제16조 제1~2항).

3. 기초연금법

1) 기초연급법의 개관

(1) 법의 목적 및 의의

「기초연금법」은 노인에게 기초연금을 지급하여 안정적인 소득기반을 제공함으로써 노인의 생활안정을 지원하고 복지를 증진함을 목적으로 한다(법 제1조). 그러므로 기초연금제도는 국민연금에 가입하지 못했거나, 가입기간이 짧아 충분한 연금을 받지 못하는 생활이 어려운 노인에게 정기적 · 안정적인 소득기반을 제공하여 생활안정을 지원하는 노후소득보장제도이다. 과거 「기초노령연금법」에서는 생활이 어려운 노인을 대상으로 한 선별적 공공부조로 명시하였으나, 2014년 7월 1일부터 시행되고 있는 「기초연금법」에서는 '생활이 어려운'이란 용어가 생략됨으로써 향후 보편적 사회보장제도로서의 발전 가능성이 크다고 할 수 있다.

(2) 입법배경 및 경과[1)]

기초연금의 도입배경을 이해하기 위해서 우선 국민연금 개혁과정과 기초연금의 모체인 기초노령연금에 대해서 살펴볼 필요가 있다. 1988년 1월부터 도입된 국민연금은 급격한 고령화에 따른 기금안정화를 위한 목적으로 급여수준 축소를 내용으로 하는 두 차례의 제도개혁이 이루어졌다. 1998년 12월의 1차 개혁에서는 소득대체율을 70%에서 60%로 낮췄고, 2007년 7월의 2차 개혁에서는 다시 60%에서 50%로 축소하고, 2028년까지 단계적으로 인하하여 최종적으로 40%가 되도록 하였다. 이 과정에서 현세대 노령층 빈곤완화에 기여하고, 국민연금의 사각지대 해소에 기여하는 목적으로 기초노령연금제도가 도입되어 2008년 7월부터 실시되었다. 이로써 노후보장체제가 국민연금과 기초노령연금의 이원체제가 되었다. 기초노령연금의 급여수준은 제도도입 당시 국민연금 A값의 5%(약 9만 원)를 지급하고, 국민연금의 소득대체율이 40%가 되는 2028년까지 단계적으로 A값의 10%가 되도록 하였다.

2012년 18대 대선이 치러지는 과정에서 여당의 박근혜 후보는 모든 노인에게 기

1) 박진화(2018). 사회보장론. 공동체, pp. 282-283 인용.

초연금 20만 원 지급이라는 공약을 내걸었다. 당선 후 세대 이해를 대변하는 대표자와 노동 및 사용자 이해를 대표하는 위원들로 구성된 국민행복연금위원회가 구성(2013년 3~7월)되어 2013년 9월 25일 기초연금법 정부안이 발표되고, 국회와 정부로 구성된 여·야·정 협의체는 수차례 논의를 거쳐 2014년 4월 30일 절충안이 마련되었고, 2014년 5월 2일 기초연금법이 국회에서 통과되어 제정되었다(2014년 7월 1일 시행). 기존의 기초노령연금이 폐지되고 새로이 제정된 기초연금은 보편적으로 모든 노인에게 20만 원을 지급하겠다는 당초 공약과 달리 소득중하위 70% 이하의 65세 이상 노인을 대상으로 국민연금 A급여에 따라 차등지급하되, 국민연금이 30만 원 이하[2]인 노인에게는 A급여와 관계없이 기초연금 20만 원을 지급하도록 했다.

제도 도입 시 기준연금액은 20만 원으로 설정하고 매년 물가상승률을 반영하여 인상하도록 하였다. 하지만 우리나라의 노인빈곤율과 노인자살률은 모두 OECD 국가 중 1위이며, 노인의 생활실태는 여전히 어려운 것으로 나타났다. 이에 정부는 현세대 어르신들의 빈곤을 완화하고 안정적인 노후 소득 보장을 강화하고자 계획하고 2018년 9월부터 25만 원으로 올린 후 2021년까지 소득수준에 따라 단계적으로 30만 원으로 확대하기로 하였다.

〈표 13-5〉 기초연금법의 주요 연혁

연월일	주요 내용
2012	• 제18대 대통령 공약으로 기초연금 도입을 발표함
2013. 03~07	• 국민행복연금위원회 구성
2013. 09. 25.	• 정부의 기초연금법 제정안 발표(2013. 11. 25. 국회제출)
2014. 04. 30.	• 여야 절충안 마련(국회와 정부로 구성된 여·야·정 협의체)
2014. 05. 02.	• 「기초연금법」 제정(기초노령연금법 폐지)
2014. 07. 01.	• 「기초연금법」 시행(소득 중하위 70%, 기본연금액 20만 원)

2) 2013년 기준 국민연금 수급자의 평균 연금액이 32만 원인 점을 감안한 것임(석재은, 2015a : 84).

(3) 법률용어의 정의

이 법에서 사용하는 용어의 뜻은 다음과 같다(법 제2조).

기초연금 수급권	이 법에 따른 기초연금을 받을 권리를 말한다.
기초연금 수급권자	기초연금 수급권을 가진 사람을 말한다.
기초연금 수급자	이 법에 따라 기초연금을 지급받고 있는 사람을 말한다.
소득인정액	본인 및 배우자의 소득평가액과 재산의 소득환산액을 합산한 금액을 말한다.

2) 수급권자

(1) 수급권자의 범위

기초연금은 65세 이상인 사람으로서 소득인정액이 보건복지부장관이 정하여 고시하는 금액(선정기준액) 이하인 사람에게 지급한다. 보건복지부장관은 선정기준액을 정하는 경우 65세 이상인 사람 중 기초연금 수급자가 100분의 70 수준이 되도록 한다(법 제3조 제1~2항).

2025년 기준 선정기준액은 단독가구 월 228만 원, 부부가구 월 364.8만 원이며 수급권자가 되기 위해서는 소득인정액이 선정기준액 이하여야 한다. 소득인정액 산정방식은 다음과 같다.

소득인정액 산정방식 = ① 월소득평가액 + ② 재산의 월소득환산액
① 월소득평가액 = {0.7 × (근로소득 − 112만 원)} + 기타 소득 • 근로소득 공제 : 상시근로소득에서 112만 원 공제 후 30% 추가 공제 • 기타 소득 : 사업소득, 재산소득, 공적이전소득, 사적이전소득(무료임차소득)
② 재산의 월소득환산액 = [{(일반재산−기본재산액)+(금융재산−2,000만 원)−부채}×재산의 소득환산율]+P • 기본재산 공제액 : 대도시 1억 3,500만 원, 중소도시 8,500만 원, 농어촌 7,250만 원 • 재산의 소득환산율 : 연 4%÷12개월 • P : 고급자동차 및 회원권의 가액으로 월 100%의 재산소득환산율 적용 ※ 고급자동차 : 차량가액 4,000만 원 이상으로 차령 10년 미만

출처 : 보건복지부(2025). 2025년 기초연금사업안내.

(2) 수급권자 적용제외

65세인 사람으로 소득인정액이 선정기준액 이하임에도 불구하고 다음 각 호의 어느 하나에 해당하는 연금의 수급권자와 그 배우자나 다음 각 호의 어느 하나에 해당하는 연금을 받은 사람 중 대통령령으로 정하는 사람과 그 배우자에게는 기초연금을 지급하지 아니한다(법 제3조 제3항).

1. 「공무원연금법」 제28조, 「공무원 재해보상법」 제8조 또는 「사립학교교직원 연금법」 제42조 제1항에 따른 퇴직연금, 퇴직연금일시금, 퇴직연금공제일시금, 장해연금, 비공무상 장해연금, 비직무상 장해연금, 장해일시금, 비공무상 장해일시금, 비직무상 장해일시금, 퇴직유족연금, 장해유족연금, 순직유족연금, 직무상유족연금, 위험직무 순직유족연금, 퇴직유족연금일시금 또는 퇴직유족일시금
2. 「군인연금법」 제6조에 따른 퇴역연금, 퇴역연금일시금, 퇴역연금공제일시금, 상이 연금, 유족연금 또는 유족연금일시금
3. 「별정우체국법」 제24조 제2항에 따른 퇴직연금, 퇴직연금일시금, 퇴직연금공제일시금, 유족연금 또는 유족연금일시금
4. 「국민연금과 직역연금의 연계에 관한 법률」 제10조 또는 제13조에 따른 연계퇴직 연금 또는 연계퇴직유족연금 중 직역재직기간이 10년 이상인 경우의 연계퇴직연금 또는 연계퇴직유족연금

3) 급여내용

(1) 기초연금액 산정

기초연금 수급권자에 대한 기초연금의 금액은 기준연금액과 국민연금 급여액 등을 고려하여 산정한다. 기준연금액은 보건복지부장관이 그 전년도의 기준연금액에 대통령령으로 정하는 바에 따라 전국소비자물가변동률을 반영하여 매년 고시한다. 이 경우 그 고시한 기준연금액의 적용기간은 해당 조정연도 1월부터 12월까지로 한다. 2021년의 기준연금액은 30만 원으로 한다(법 제5조 제1~3항).

① 국민연금 수급권자에게 지급하는 경우(A급여액 적용)

「국민연금법」에 따른 노령연금 수급권자 또는 분할연금 수급권자와, 「북한이탈주민의 보호 및 정착지원에 관한 법률」에 따른 국민연금 수급권자에게 지급하는 기초

연금액은 다음의 제1호의 금액에서 제2호의 금액을 뺀 금액(그 뺀 후의 금액이 0보다 작은 경우에는 0으로 함)에 제3호의 금액을 더한 금액으로 한다(법 제5조 제4~5항).

1. 기준연금
2. 국민연금 수급권자가 받을 수 있는 연금의 금액 중 "소득재분배급여금액(A급여)"에 3분의 2를 곱한 금액
3. 부가연금액 : 기준연금액의 2분의 1에 해당하는 금액

기초연금액 산정방식 = {기준연금액 − (2/3 × 국민연금 A급여)} + 부가연금액
• 2025년 기준연금액은 342,510원 • { } 안의 금액이 음의 값일 경우 0으로 처리하여 부가연금액만 지급함 • 국민연금 A급여(소득재분배급여금액)란 국민연금 급여액 중 기초연금적 성격을 가진 부분으로, 개인별 기초연금액을 결정하는 급여임('행복e음'을 통해 조회 가능)

다만 「국민연금과 직역연금의 연계에 관한 법률」에 따른 연계노령연금 수급권자[3]에게는 국민연금 A급여액에 연계퇴직연금액의 1/2을 합산한 금액에 2/3를 곱한 금액을 기준연금액에서 뺀 금액(0보다 작은 경우에는 0으로 함)에 부가연금액을 더한 금액으로 한다(법 제5조 제6항).

② 기준연금액으로 산정하는 경우

기초연금 수급권자 중 다음 각 호의 어느 하나에 해당하는 사람에게 지급하는 기초연금액은 기준연금액으로 한다(법 제5조 제7항).

1. 「국민연금법」에 따른 노령연금 수급권자 및 분할연금 수급권자와 「국민연금과 직역연금의 연계에 관한 법률」에 따른 연계노령연금 수급권자에 해당되지 않는 사람(무연금자)
2. 「국민연금법」의 중복급여 조정에 따라 국민연금 지급이 정지된 노령연금 수급권자 및 분할연금 수급권자
3. 「장애인연금법」 제4조에 따른 수급권자
4. 「국민기초생활보장법」 제2조에 따른 수급권자
5. 「국민연금과 직역연금의 연계에 관한 법률」에 따른 연계노령유족연금 수급권자

3) 연계노령연금 수급권자 중 기초연금을 받을 수 있는 사람은 직역재직기간 10년 미만의 연계퇴직연금수급권자이다.

③ 국민연금 급여액에 따른 기초연금액 산정의 특례

「국민연금법」 및 「국민연금과 직역연금의 연계에 관한 법률」에 의한 수급권에 따라 매월 지급받을 수 있는 급여액(부양가족연금액을 제외한 금액)이 기준연금액의 100분의 150 이하인 사람에게 지급하는 기초연금액은 기준연금액으로 한다. 또한 국민연금 급여액 등이 기준연금액의 100분의 150 초과 100분의 200 이하인 사람에게 지급하는 기초연금액은 기준연금액의 범위에서 대통령령으로 정하는 바에 따라 산정된 금액 이상으로 달리 정할 수 있다(법 제6조 제1~2항).

※ 기초연금액 산정 특례
1. 매월 지급받는 급여액이 기준연금액의 150% 이하 : 기준연금액 2. 매월 지급받는 급여액이 기준연금액의 200% 초과 : 국민연금 A급여액 적용방식으로 산정 3. 매월 지급받는 급여액이 기준연금액의 150% 초과 200% 이하 : 국민연금 A급여액 적용 산정방식과 기준연금액의 250%에서 급여액을 뺀 금액 중 큰 금액으로 산정

(2) 기초연금액 감액

① 부부감액

본인과 그 배우자가 모두 기초연금 수급권자인 경우에는 각각의 기초연금액에서 기초연금액의 100분의 20에 해당하는 금액을 감액한다(법 제8조 제1항).

② 소득역전방지 감액

소득인정액과 기초연금액을 합산한 금액이 선정기준액 이상인 경우에는 선정기준액을 초과하는 금액의 범위에서 기초연금액의 일부를 감액할 수 있다(법 제8조 제2항).

(3) 기초연금액 적정성 평가

보건복지부장관은 5년마다 기초연금 수급권자의 생활수준, 「국민연금법」에 따른 A값의 변동률, 전국소비자물가변동률 등을 종합적으로 고려하여 기초연금액의 적정성을 평가하고 그 결과를 반영하여 기준연금액을 조정하여야 한다. 적정성 평가를 할 때에는 노인 빈곤에 대한 실태 조사와 기초연금의 장기적인 재정소요에 대한 전망을 함께 실시하여야 한다(법 제9조 제1~2항).

4) 재정(비용)

국가는 지방자치단체의 노인인구 비율 및 재정 여건 등을 고려하여 기초연금의 지급에 드는 비용 중 100분의 40 이상 100분의 90 이하의 범위에서 대통령령으로 정하는 비율에 해당하는 비용을 부담한다. 국가가 부담하는 비용을 뺀 비용은 시·도와 시·군·구가 상호 분담한다. 이 경우 그 부담비율은 노인인구 비율 및 재정여건 등을 고려하여 보건복지부장관과 협의하여 시·도의 조례 및 시·군·구의 조례로 정한다(법 제25조 제1~2항).

〈표 13-6〉 기초연금비용에 대한 국가의 부담비율

구 분		지방자치단체의 노인인구 비율		
		14% 미만	14~20% 미만	20% 이상
지방자치단체의 재정자주도	90% 이상	40%	50%	60%
	80~90% 미만	50%	60%	70%
	80% 미만	70%	80%	90%

출처 : 시행령 제23조 제1항 관련, 별표 2.

5) 이의신청(1회)

기초연금의 지급결정이나 그 밖에 이 법에 따른 처분에 이의가 있는 사람은 특별자치시장·특별자치도지사·시장·군수·구청장에게 이의신청을 할 수 있다. 이의신청은 그 처분이 있음을 안 날부터 90일 이내에 서면으로 하여야 한다. 다만, 정당한 사유로 인하여 그 기간 이내에 이의신청을 할 수 없었음을 증명한 때에는 그 사유가 소멸한 때부터 60일 이내에 이의신청을 할 수 있다(법 제22조 제1~2항).

4. 장애인연금법

1) 장애인연금법의 개관

(1) 법의 목적 및 의의

「장애인연금법」은 장애로 인하여 생활이 어려운 중증장애인에게 장애인연금을 지급함으로써 중증장애인의 생활안정 지원과 복지증진 및 사회통합을 도모하는 데 이바지함을 목적으로 한다(법 제1조). 장애인연금제도는 중증장애인에게 근로능력의 상실 또는 현저한 감소로 인하여 줄어드는 소득과 장애로 인하여 추가로 드는 비용을 보전하기 위하여 매월 일정액의 연금을 지급하는 제도이다. 장애로 인하여 생활이 어려운 중증장애인에게 장애인연금을 지급함으로써 생활안정 지원과 복지증진 및 사회통합을 도모하는 데 이바지함을 목적으로 2010년 4월 제정되어 그해 7월부터 시행되었다. 장애인 연금은 무기여 연금으로 재원은 국가의 일반재정으로 조달하며 자산조사를 실시함으로써 공공부조제도로서의 성격이 크다. 장애수당과 달리 물가상승률을 반영하여 매년 인상된 연금을 받을 수 있다(박진화, 2018 : 287).

(2) 법률용어의 정의

이 법에서 사용하는 용어의 뜻은 다음과 같다(법 제2조).

중증장애인	「장애인복지법」에 따라 등록한 장애인 중 근로능력이 상실되거나 현저하게 감소되는 등 장애정도가 중증인 사람으로서 대통령령으로 정하는 사람을 말한다.
수급권	이 법에 따라 장애인연금을 받을 수 있는 자격을 말한다.
수급권자	수급권을 가진 사람을 말한다.
수급자	이 법에 따라 장애인연금을 받는 사람을 말한다.
소득인정액	수급권자와 그 배우자의 소득평가액과 재산의 소득환산액을 합산한 금액을 말한다.
수급권자와 그 배우자의 소득평가액	수급권자와 그 배우자의 실제 소득에도 불구하고 장애인연금의 지급결정 및 실시 등에 사용하기 위하여 산출한 금액을 말한다.
재산의 소득환산액	수급권자와 그 배우자의 재산가액에 재산의 소득환산율을 곱하여 산출한 금액을 말한다.

2) 수급권자

(1) 수급권자의 범위

수급권자는 18세 이상의 중증장애인으로서 소득인정액이 그 중증장애인의 소득·재산·생활수준과 물가상승률 등을 고려하여 보건복지부장관이 정하여 고시하는 금액(선정기준액) 이하인 사람으로 한다. 보건복지부장관은 선정기준액을 정하는 경우에 18세 이상의 중증장애인 중 수급자가 100분의 70 수준이 되도록 한다(법 제4조 제1~2항). 2025년 기준 선정기준액은 단독가구 월 138만 원, 부부가구 월 220.8만 원이며 수급권자가 되기 위해서는 소득인정액이 선정기준액 이하여야 한다. 소득인정액 산정방식은 다음과 같다.

소득인정액 산정방식 = 소득평가액 + 재산의 월소득환산액
① 소득평가액 = {0.7 x (상시근로소득 - 92만 원)} + 기타 소득 - 근로소득 공제 : 상시근로소득에서 92만 원 공제 후 30% 추가 공제 - 기타 소득 : 사업소득, 재산소득, 공적이전소득, 사적이전소득(무료임차소득)
② 재산의 월소득환산액 = [{(일반재산−기본재산액)+(금융재산−2,000만 원)−부채}]×재산의 소득환산율 + P - 기본재산 공제액 : 대도시 1억 3,500만 원, 중소도시 8,500만 원, 농어촌 7,250만 원 - 재산의 소득환산율 : 연 4% ÷ 12개월 - P : 고급자동차 및 회원권의 가액으로 월 100%의 재산소득환산율 적용 ※ 고급자동차 : 차량가액 4,000만 원 이상으로 차령 10년 미만

출처 : 보건복지부(2025). 2025년 장애인연금사업안내.

(2) 수급권자 적용제외

다음 각 호의 어느 하나에 해당하는 연금을 받을 자격이 있는 사람과 그 배우자나 다음 각 호의 어느 하나에 해당하는 연금을 받은 사람 중 대통령령으로 정하는 사람과 그 배우자에게는 장애인연금을 지급하지 아니한다.

1. 「공무원연금법」 제28조, 「공무원 재해보상법」 제8조 또는 「사립학교교직원 연금법」 제42조 제1항에 따른 퇴직연금, 퇴직연금일시금, 퇴직연금공제일시금, 장해연금, 비공무상 장해연금, 비직무상 장해연금, 장해일시금, 비공무상 장해일시금, 비직무상 장해일시금, 퇴직유족

> 연금, 장해유족연금, 순직유족연금, 직무상유족연금, 위험직무 순직유족연금, 퇴직유족연금 일시금 또는 퇴직유족일시금
> 2. 「군인연금법」 제6조에 따른 퇴역연금, 퇴역연금일시금, 퇴역연금공제일시금, 상이연금, 유족연금 또는 유족연금일시금
> 3. 「별정우체국법」 제24조 제2항에 따른 퇴직연금, 퇴직연금일시금, 퇴직연금공제일시금, 유족연금 또는 유족연금일시금
> 4. 「국민연금과 직역연금의 연계에 관한 법률」 제10조 또는 제13조에 따른 연계퇴직연금 또는 연계퇴직유족연금 중 직역재직기간이 10년 이상인 경우의 연계퇴직연금 또는 연계퇴직유족연금

3) 급여내용

장애인연금은 기초연급여와 부가급여로 구성된다.

(1) 기초급여

기초급여는 근로능력의 상실 또는 현저한 감소로 인하여 줄어드는 소득을 보전해 주기 위하여 지급하는 급여이다. 기초급여액은 보건복지부장관이 그 전년도 기초급여액에 대통령령으로 정하는 바에 따라 전국소비자물가변동률을 반영하여 매년 고시한다. 다만, 2018년의 기초급여액은 25만 원으로 하고, 기초수급자와 의료급여 수급자에 대한 2021년의 기초급여액은 30만 원으로 한다.

기초급여액을 매년 고시해야 함에도 불구하고 「기초연금법」에 따라 기준연금액을 고시한 경우 그 기준연금액을 기초급여액으로 한다. 수급권자와 그 배우자가 모두 기초급여를 받는 경우에는 각각의 기초급여액에서 기초급여액의 100분의 20에 해당하는 금액을 감액한다. 소득인정액과 기초급여액을 합한 금액이 선정기준액 이상인 경우에는 대통령령으로 정하는 바에 따라 기초급여액의 일부를 감액하여 지급할 수 있다(법 제6조 제1~4항).

수급권자 중 「기초연금법」에 따른 기초연금 수급권자에게는 기초급여를 지급하지 아니한다(법 제6조 제5항). 즉, 18~64세까지는 기초급여(기초연금법에서의 기준연금액)를 지급하고, 65세 이상이 되면 동일한 성격의 급여인 기초연금으로 전환하여 기초연금 수급자가 된다. 기초급여액의 적용기간은 「국민연금법」을 적용한다(법 제6조 제6항).

〈표 13-7〉 기초급여액(2025년)

구 분	18~64세	65세 이상
기초생활보장수급자(일반재가/생계, 의료급여수급)	342,510원	기초연금으로 전환
보장시설수급자(일반/생계 · 의료급여수급)		
차상위계층[4](일반/주거, 교육급여수급)		
차상위 초과[5](일반)		

출처 : 보건복지부(2025). 2025년 장애인연금사업안내.

(2) 부가급여

부가급여는 장애로 인하여 추가로 드는 비용의 전부 또는 일부를 보전해 주기 위하여 지급하는 급여이다. 부가급여액은 월정액으로 하며, 수급권자와 그 배우자의 소득 수준 및 장애로 인한 추가비용 등을 고려하여 대통령령으로 정한다(법 제7조). 장애인연금 수급자가 65세 이상이 되어 기초급여가 기초연금으로 전환되어서 기초연금을 받더라도 장애인 부가연금은 계속 받을 수 있다.

〈표 13-8〉 부가급여액(2025년)

구 분	18~64세	65세 이상
기초생활보장수급자(일반재가/생계, 의료급여수급)	90,000원	432,510원[6]
보장시설수급자(일반/생계 · 의료급여수급)	–	–
보장시설수급자(급여특례/생계, 의료급여수급)	–	80,000원
차상위계층(일반/주거, 교육급여수급)	80,000원	80,000원
차상위계층(급여특례/주거, 교육급여수급)	–	150,000원
차상위 초과(일반)	30,000원	50,000원

출처 : 보건복지부(2025). 2025년 장애인연금사업안내.

4) 차상위계층 : 주거 또는 교육급여 수급자, 기준중위소득 50% 이하 해당자

5) 차상위 초과 : 기초생활수급자와 차상위계층에 해당되지 않으면서 장애인연금 선정기준액 이하에 해당하는 자

6) 기초생활보장 수급자가 65세 이상이 되어 기초급여가 기초연금으로 전환이 되면 소득으로 인정되어 기초연금액만큼 생계급여에서 차감된다. 따라서 전체 수급액 감소분 보전을 위해 기초연금 수급액에 해당하는 금액을 부가급여로 추가 지급한다.

4) 재정(비용)

장애인연금의 비용부담은 지방자치단체의 재정 여건 등을 고려하여 대통령령으로 정하는 바에 따라 국가, 특별시·광역시·도 또는 특별자치시·특별자치도·시·군·구가 부담한다(법 제21조). 이 경우 대통령령으로 정하는 국가의 부담비율은 특별시에는 100분의 50을, 광역시·도·특별자치시·특별자치도에는 100분의 70으로 한다. 국가가 부담한 금액을 뺀 금액에 대해서는 특별시·광역시·도·특별자치시·특별자치도 및 시·군·구가 상호 분담하되, 그 부담비율은 특별시·광역시·도의 조례로 정한다(시행령 제14조 제1~2항).

5) 이의신청(1회)

장애인연금의 지급결정이나 그 밖에 이 법에 따른 처분에 이의가 있는 사람은 특별자치시장·특별자치도지사·시장·군수·구청장에게 이의신청을 할 수 있다. 이의신청은 그 처분이 있음을 안 날부터 90일 이내에 서면으로 하여야 한다. 다만, 정당한 사유로 인하여 그 기간 이내에 이의신청을 할 수 없었음을 증명한 때에는 그 사유가 소멸한 때부터 60일 이내에 이의신청을 할 수 있다(법 제18조 제1~2항).

제14장 : 사회서비스법(1)

1. 아동복지법

1) 아동복지법의 개관

(1) 법의 목적

「아동복지법」은 아동이 건강하게 출생하여 행복하고 안전하게 자랄 수 있도록 아동의 복지를 보장하는 것을 목적으로 한다(법 제1조).

(2) 기본이념

첫째, 아동은 자신 또는 부모의 성별, 연령, 종교, 사회적 신분, 재산, 장애유무, 출생지역, 인종 등에 따른 어떠한 종류의 차별도 받지 아니하고 자라나야 한다. 둘째, 아동은 완전하고 조화로운 인격발달을 위하여 안정된 가정환경에서 행복하게 자라나야 한다. 셋째, 아동에 관한 모든 활동에 있어서 아동의 이익이 최우선적으로 고려되어야 한다. 넷째, 아동은 아동의 권리보장과 복지증진을 위하여 이 법에 따른 보호와 지원을 받을 권리를 가진다(법 제2조).

(3) 주요 연혁

한국전쟁 이후 수많은 전쟁고아들을 위해 국가적인 차원의 복지대책을 수립하지 못하고 외국의 원조에 의존하던 중 1957년에 어린이헌장이 선포되고, 제3공화국이 들어서면서 1961년 12월 30일에 사회복지사업의 최초의 법인 「아동복리법」이 제정되었다. 「아동복리법」은 요보호아동에 대한 구호적 성격의 복지제공에 중점을 두었으나, 일반아동을 포함한 전체 아동의 복지를 보장하고, 특히 유아기에 있어서의 기본적 인격 · 특성과 능력개발을 조장하기 위한 여건을 조성할 수 있도록 1981년 4월 13일 기존의 명칭을 「아동복지법」으로 바꾸고 전문을 개정하였다.

〈표 14-1〉 아동복지법의 주요 연혁

연월일	주요 내용
1961. 12. 30.	• 「아동복리법」 제정
1981. 04. 13.	• 「아동복지법」으로 개칭
2000. 01. 12.	• 아동복지지도원을 별정직공무원에서 사회복지전담공무원으로 변경 – 학대아동에 대한 보호 및 아동안전에 제도적 지원의 공고화 – 아동학대에 대한 신고의무화
2004. 01. 29.	• 아동정책조정위원회 설치(국무총리 소속하) – 상습적 아동학대자 가중 처벌규정 마련
2005. 07. 13.	• 가정위탁지원센터 설치규정 마련
2008. 06. 13.	• 실종 · 유괴교육 실시규정 마련(아동복지시설, 보육시설, 초 · 중 · 고 학교장)
2011. 08. 04.	• 아동정책기본계획의 수립 · 시행을 위해 5년마다 아동종합실태조사 시행
2012. 10. 22.	• 모든 아동보호구역에 영상정보처리기기(CCTV) 설치 의무화
2019. 01. 15.	• 아동권리보장원 설립 · 운영
2020. 04. 07.	• 아동학대전담공무원 신설 • 아동학대사례전문위원회 설치(보건복지부)
2020. 12. 29.	• 가정 내에서 아동을 보호 · 양육할 수 있는 사람을 친족으로 명확히 함
2021. 12. 21.	• 아동종합실태조사 주기 변경(5년 → 3년) • 보호대상 아동의 보호기간 연장(본인의 의사에 따라 최대 24세까지)

(4) 법률용어의 정의

이 법에서 사용하는 용어의 뜻은 다음과 같다(법 제3조).

아동	18세 미만인 사람을 말한다.
아동복지	아동이 행복한 삶을 누릴 수 있는 기본적인 여건을 조성하고 조화롭게 성장 · 발달할 수 있도록 하기 위한 경제적 · 사회적 · 정서적 지원을 말한다.
보호자	친권자, 후견인, 아동을 보호 · 양육 · 교육하거나 그러한 의무가 있는 자 또는 업무 · 고용 등의 관계로 사실상 아동을 보호 · 감독하는 자를 말한다.
보호대상 아동	보호자가 없거나 보호자로부터 이탈된 아동 또는 보호자가 아동을 학대하는 경우 등 그 보호자가 아동을 양육하기에 적당하지 아니하거나 양육할 능력이 없는 경우의 아동을 말한다.

지원대상 아동	아동이 조화롭고 건강하게 성장하는 데에 필요한 기초적인 조건이 갖추어지지 아니하여 사회적 · 경제적 · 정서적 지원이 필요한 아동을 말한다.
가정위탁	보호대상아동의 보호를 위하여 성범죄, 가정폭력, 아동학대, 정신질환 등의 전력이 없는 보건복지부령으로 정하는 기준에 적합한 가정에 보호대상 아동을 일정 기간 위탁하는 것을 말한다.
아동학대	보호자를 포함한 성인이 아동의 건강 또는 복지를 해치거나 정상적 발달을 저해할 수 있는 신체적 · 정신적 · 성적 폭력이나 가혹행위를 하는 것과 아동의 보호자가 아동을 유기하거나 방임하는 것을 말한다.
아동복지 시설	아동복지시설 규정에 따라 설치된 시설을 말한다.
아동복지시설 종사자	아동복지시설에서 아동의 상담 · 지도 · 치료 · 양육, 그 밖에 아동의 복지에 관한 업무를 담당하는 사람을 말한다.

(5) 아동복지의 책임

① 국가와 지방자치단체의 책무

국가와 지방자치단체의 책무는 다음과 같다(법 제4조 제1~7항).

① 국가와 지방자치단체는 아동의 안전 · 건강 및 복지 증진을 위하여 아동과 그 보호자 및 가정을 지원하기 위한 정책을 수립 · 시행하여야 한다.

② 국가와 지방자치단체는 보호대상아동 및 지원대상아동의 권익을 증진하기 위한 정책을 수립 · 시행하여야 한다.

③ 국가와 지방자치단체는 아동이 태어난 가정에서 성장할 수 있도록 지원하고, 아동이 태어난 가정에서 성장할 수 없을 때에는 가정과 유사한 환경에서 성장할 수 있도록 조치하며, 아동을 가정에서 분리하여 보호할 경우에는 신속히 가정으로 복귀할 수 있도록 지원하여야 한다.

④ 국가와 지방자치단체는 장애아동의 권익을 보호하기 위하여 필요한 시책을 강구하여야 한다.

⑤ 국가와 지방자치단체는 아동이 자신 또는 부모의 성별, 연령, 종교, 사회적 신분, 재산, 장애유무, 출생지역 또는 인종 등에 따른 어떠한 종류의 차별도 받지 아니하도록 필요한 시책을 강구하여야 한다.

⑥ 국가와 지방자치단체는 「아동의 권리에 관한 협약」에서 규정한 아동의 권리 및 복지 증진 등을 위하여 필요한 시책을 수립 · 시행하고, 이에 필요한 교육과 홍보를 하여야 한다.

⑦ 국가와 지방자치단체는 아동의 보호자가 아동을 행복하고 안전하게 양육하기 위하여 필요한 교육을 지원하여야 한다.

② 보호자의 책무

아동의 보호자는 아동을 가정에서 그의 성장시기에 맞추어 건강하고 안전하게 양육하여야 한다. 아동의 보호자는 아동에게 신체적 고통이나 폭언 등의 정신적 고통을 가하여서는 아니 된다. 모든 국민은 아동의 권익과 안전을 존중하여야 하며, 아동을 건강하게 양육하여야 한다(법 제5조 제1~3항).

③ 아동정책 기본계획의 수립

보건복지부장관은 아동정책의 효율적인 추진을 위하여 5년마다 아동정책 기본계획을 수립하여야 하며, 기본계획은 다음의 사항을 포함하여야 한다(법 제7조 제1~2항).

1. 이전의 기본계획에 관한 분석 · 평가
2. 아동정책에 관한 기본방향 및 추진목표
3. 주요 추진과제 및 추진방법
4. 재원조달 방안
5. 그 밖에 아동정책을 시행하기 위하여 특히 필요하다고 인정되는 사항

보건복지부장관은 기본계획을 수립할 때에는 미리 관계 중앙행정기관의 장과 협의하여야 하며, 아동정책조정위원회의 심의를 거쳐 확정한다. 이 경우 보건복지부장관은 확정된 기본계획을 관계 중앙행정기관의 장 및 시 · 도지사에게 알려야 한다(법 제7조 제3~4항).

④ 연도별 시행계획의 수립 · 시행

보건복지부장관, 관계 중앙행정기관의 장 및 시 · 도지사는 매년 기본계획에 따라 연도별 아동정책시행계획을 수립 · 시행하여야 한다. 관계 중앙행정기관의 장 및 시 · 도지사는 다음 연도의 시행계획 및 전년도의 시행계획에 따른 추진실적을 대통령령으로 정하는 바에 따라 매년 보건복지부장관에게 제출하고, 보건복지부장관은 매년 시행계획에 따른 추진실적을 평가하여야 한다(법 제8조 제1~2항).

⑤ 아동종합실태조사

보건복지부장관은 3년마다 아동의 양육 및 생활환경, 언어 및 인지 발달, 정서적·신체적 건강, 아동안전, 아동학대 등 아동의 종합실태를 조사하여 그 결과를 공표하고, 이를 기본계획과 시행계획에 반영하여야 한다. 다만, 보건복지부장관은 필요한 경우 보건복지부령으로 정하는 바에 따라 분야별 실태조사를 할 수 있다(법 제11조 제1항).

보건복지부장관은 제1항에 따른 실태조사를 위하여 관계 기관·법인·단체·시설의 장에게 필요한 자료의 제출 또는 의견의 진술을 요청할 수 있다. 이 경우 요청을 받은 자는 정당한 사유가 없으면 이에 협조하여야 한다(법 제11조 제1~2항).

⑥ 아동통합정보시스템의 구축·운영

보건복지부장관은 아동복지 관련 자료 또는 정보의 효율적 처리 및 통합관리를 위하여 「사회보장기본법」에 따라 설치된 사회보장정보시스템 및 「사회보장급여의 이용·제공 및 수급권자 발굴에 관한 법률」에 따라 설치된 사회서비스정보시스템을 연계·활용하여 아동통합정보시스템을 구축·운영하여야 한다. 보건복지부장관은 아동통합정보시스템을 구축·운영하는 데 필요한 정보로서 다음의 어느 하나에 해당하는 정보를 수집·관리·보유할 수 있으며 중앙행정기관의 장, 지방자치단체의 장, 관계 기관 및 단체의 장 등에게 필요한 정보의 제공을 요청할 수 있다. 이 경우 요청을 받은 기관의 장은 정당한 사유가 없으면 요청에 따라야 한다(법 제15조의2 제1~2항).

1. 아동복지시설이 보유한 정보
2. 보호대상아동의 보호조치, 퇴소조치 및 사후관리에 관한 정보
3. 아동학대 관련 정보
4. 취약계층 아동에 대한 통합서비스지원에 관한 정보
5. 자립지원에 관한 정보
6. 함께돌봄센터가 보유한 정보
7. 아동보호전문기관이 보유한 정보
8. 가정위탁지원센터가 보유한 정보
9. 「국내입양에 관한 특별법」 및 「국제입양에 관한 법률」에 따른 입양아동에 관한 정보
10. 「사회보장급여의 이용·제공 및 수급권자 발굴에 관한 법률」의 사회보장급여 중 아동 관련 정보

11. 「주민등록법」에 따른 주민등록 자료 또는 정보
12. 「가족관계의 등록 등에 관한 법률」에 따른 가족관계등록 자료 또는 정보
13. 아동학대행위자의 「형의 집행 및 수용자의 처우에 관한 법률」, 「치료감호 등에 관한 법률」에 따른 시설 입소 및 퇴소에 관한 자료 또는 정보(아동학대관련범죄로 인한 시설 입소 및 퇴소에 관한 자료 또는 정보로 한정한다)
14. 그 밖에 대통령령으로 정하는 아동복지 관련 업무 수행에 필요한 정보

2) 아동보호서비스

(1) 보호조치

시·도지사 또는 시장·군수·구청장은 그 관할 구역에서 보호대상아동을 발견하거나 보호자의 의뢰를 받은 때에는 아동의 최상의 이익을 위하여 대통령령으로 정하는 바에 따라 다음에 해당하는 보호조치를 하여야 한다(법 제15조 제1항).

1. 전담공무원 또는 아동위원에게 보호대상아동 또는 그 보호자에 대한 상담·지도를 수행하게 하는 것
2. 보호자 또는 대리양육을 원하는 연고자에 대하여 그 가정에서 아동을 보호·양육할 수 있도록 필요한 조치를 하는 것
3. 아동의 보호를 희망하는 사람에게 가정 위탁하는 것
4. 보호대상아동을 그 보호조치에 적합한 아동복지시설에 입소시키는 것
5. 약물 및 알코올 중독, 정서·행동·발달 장애, 성폭력·아동학대 피해 등으로 특수한 치료나 요양 등의 보호를 필요로 하는 아동을 전문치료기관 또는 요양소에 입원 또는 입소시키는 것
6. 「국내입양에 관한 특별법」 및 「국제입양에 관한 법률」에 따른 입양과 관련하여 필요한 조치를 하는 것

시·도지사 또는 시장·군수·구청장 이외의 자가 보호대상아동을 발견하거나 보호자의 의뢰를 받은 때에는 지체 없이 시·도지사 또는 시장·군수·구청장에게 보호조치를 의뢰하여야 한다. 이 경우 보호조치를 하기 전에 보호대상아동에 대한 상담, 건강검진, 심리검사 및 가정환경에 대한 조사를 실시하여야 한다(법 제15조 제2항).

시 · 도지사 또는 시장 · 군수 · 구청장은 제1항 제1호 및 제2호의 보호조치가 적합하지 아니한 보호대상아동에 대하여 제1항 제3호부터 제6호까지의 보호조치를 할 수 있다. 이 경우 제1항 제3호부터 제6호까지의 보호조치를 하기 전에 보호대상아동에 대한 상담, 건강검진, 심리검사 및 가정환경에 대한 조사를 실시하여야 한다. 시 · 도지사 또는 시장 · 군수 · 구청장은 제1항에 따른 보호조치를 하려는 경우 보호대상아동에 대하여 다음의 사항이 포함된 개별 보호 · 관리 계획을 세워 보호하여야 하며, 그 계획을 수립할 때 해당 보호대상아동의 보호자를 참여시킬 수 있다(법 제15조 제3~4항).

1. 제1항에 따른 보호조치 계획
2. 아동 및 보호자에 대한 지원 계획
3. 그 밖에 보건복지부령으로 정하는 사항

시 · 도지사 또는 시장 · 군수 · 구청장은 다음의 어느 하나에 해당하는 경우 제1항 제3호부터 제6호까지의 보호조치를 할 때까지 필요하면 아동일시보호시설 또는 학대피해아동쉼터에 보호대상아동을 입소시켜 보호하거나, 적합한 위탁가정 또는 적당하다고 인정하는 자에게 일시 위탁하여 보호하게 할 수 있다. 이 경우 보호기간 동안 보호대상아동에 대한 상담, 건강검진, 심리검사 및 가정환경에 대한 조사를 실시하고 그 결과를 보호조치 시에 고려하여야 한다(법 제15조 제6항).

1. 1년 이내에 2회 이상 아동학대 신고가 접수된 아동에 대하여 현장조사 과정에서 학대피해가 강하게 의심되고 재학대가 발생할 우려가 있는 경우
2. 제1항에 따른 보호조치 결정이 있을 때까지 아동에 대하여 「아동학대범죄의 처벌 등에 관한 특례법」 제12조에 따른 응급조치 또는 같은 법 제13조에 따른 긴급임시조치가 종료되었으나 같은 법 제15조에 따른 임시조치가 청구되지 아니한 경우
3. 현장조사 과정에서 아동의 보호자가 아동에게 답변을 거부 · 기피 또는 거짓 답변을 하게 하거나 그 답변을 방해한 경우
4. 그 밖에 제1항 제3호부터 제6호까지의 보호조치를 할 때까지 아동을 일시적으로 보호할 필요가 있다고 시 · 도지사 또는 시장 · 군수 · 구청장이 인정하는 경우

(2) 보호대상아동의 양육상황 점검 및 퇴소조치

시 · 도지사 또는 시장 · 군수 · 구청장은 보호조치 중인 보호대상아동의 양육상황을 보건복지부령으로 정하는 바에 따라 매년 점검하여야 한다(법 제15조의3 제1항).

보호조치 중인 보호대상아동의 연령이 18세에 달하였거나, 보호목적이 달성되었다고 인정되면 해당 시 · 도지사, 시장 · 군수 · 구청장은 대통령령으로 정하는 절차와 방법에 따라 그 보호 중인 아동의 보호조치를 종료하거나 해당 시설에서 퇴소시켜야 한다(법 제16조 제1항).

보호조치 중인 보호대상아동의 친권자, 후견인 등 보건복지부령으로 정하는 자는 관할 시 · 도지사 또는 시장 · 군수 · 구청장에게 해당 보호대상아동의 가정 복귀를 신청할 수 있으며, 복귀 신청을 받은 경우에는 아동복지시설의 장의 의견을 들은 후 보호조치의 종료 또는 퇴소조치가 보호대상아동의 복리에 반하지 아니한다고 인정되면 해당 보호대상아동을 가정으로 복귀시킬 수 있다(법 제16조 제2~3항).

(3) 보호기간의 연장

시 · 도지사 또는 시장 · 군수 · 구청장은 연령이 18세에 달한 보호대상아동이 보호조치를 연장할 의사가 있는 경우에는 보호조치 종료 및 퇴소 규정에도 불구하고 그 보호기간을 해당 아동이 25세에 달할 때까지로 연장하여야 한다. 보호기간이 연장된 사람이 다음의 어느 하나에 해당하면 시 · 도지사 또는 시장 · 군수 · 구청장은 그 보호기간을 추가로 연장할 수 있다.

1. 「고등교육법」에 따른 대학 이하의 학교(대학원은 제외)에 재학 중인 경우
2. 아동양육시설 또는 직업능력개발훈련시설에서 직업 관련 교육 · 훈련을 받고 있는 경우
3. 그 밖에 위탁가정 및 각종 아동복지시설에서 해당 아동을 계속하여 보호 · 양육할 필요가 있다고 대통령령으로 정하는 경우

(4) 금지행위

누구든지 다음의 어느 하나에 해당하는 행위를 하여서는 아니 된다(법 제17조).

1. 아동을 매매하는 행위
2. 아동에게 음란한 행위를 시키거나 이를 매개하는 행위 또는 아동에게 성적 수치심을 주는 성희롱 등의 성적 학대행위
3. 아동의 신체에 손상을 주거나 신체의 건강 및 발달을 해치는 신체적 학대행위
4. 아동의 정신건강 및 발달에 해를 끼치는 정서적 학대행위
5. 자신의 보호 · 감독을 받는 아동을 유기하거나 의식주를 포함한 기본적 보호 · 양육 · 치료 및 교육을 소홀히 하는 방임행위
6. 장애를 가진 아동을 공중에 관람시키는 행위
7. 아동에게 구걸을 시키거나 아동을 이용하여 구걸하는 행위
8. 공중의 오락 또는 흥행을 목적으로 아동의 건강 또는 안전에 유해한 곡예를 시키는 행위 또는 이를 위하여 아동을 제3자에게 인도하는 행위
9. 정당한 권한을 가진 알선기관 외의 자가 아동의 양육을 알선하고 금품을 취득하거나 금품을 요구 또는 약속하는 행위
10. 아동을 위하여 증여 또는 급여된 금품을 그 목적 외의 용도로 사용하는 행위

(5) 친권상실 선고

시 · 도지사, 시장 · 군수 · 구청장 또는 검사는 아동의 친권자가 그 친권을 남용하거나 현저한 비행이나 아동학대, 그 밖에 친권을 행사할 수 없는 중대한 사유가 있는 것을 발견한 경우 아동의 복지를 위하여 필요하다고 인정할 때에는 법원에 친권행사의 제한 또는 친권상실의 선고를 청구하여야 한다(법 제18조 제1항).

아동복지시설의 장 및 「초 · 중등교육법」에 따른 학교의 장은 친권상실의 사유에 해당하는 경우 시 · 도지사, 시장 · 군수 · 구청장 또는 검사에게 법원에 친권행사의 제한 또는 친권상실의 선고를 청구하도록 요청할 수 있다. 시 · 도지사, 시장 · 군수 · 구청장 또는 검사는 제1항 및 제2항에 따라 친권행사의 제한 또는 친권상실의 선고 청구를 할 경우 보장원 또는 아동보호전문기관 등 아동복지시설의 장, 아동을 상담 · 치료한 의사 및 해당 아동의 의견을 존중하여야 한다(법 제18조 제2~3항).

시 · 도지사, 시장 · 군수 · 구청장 또는 검사는 친권행사의 제한 또는 친권상실의 선고 청구를 요청받은 경우에는 요청받은 날부터 30일 내에 청구 여부를 결정한 후 해당 요청기관에 청구 또는 미청구 요지 및 이유를 서면으로 알려야 한다. 처리결과

를 통보받은 아동복지시설의 장 및 학교의 장은 그 처리결과에 대하여 이의가 있을 경우 통보받은 날부터 30일 내에 직접 법원에 친권행사의 제한 또는 친권상실의 선고를 청구할 수 있다(법 제18조 제4~5항).

(6) 후견인 선임 청구 및 선임

시 · 도지사, 시장 · 군수 · 구청장, 아동복지시설의 장 및 학교의 장은 친권자 또는 후견인이 없는 아동을 발견한 경우 그 복지를 위하여 필요하다고 인정할 때에는 법원에 후견인의 선임을 청구하여야 한다. 시 · 도지사, 시장 · 군수 · 구청장, 아동복지시설의 장, 학교의 장 또는 검사는 후견인이 해당 아동을 학대하는 등 현저한 비행을 저지른 경우에는 후견인 변경을 법원에 청구하여야 한다. 후견인의 선임 및 변경 청구를 할 때에는 해당 아동의 의견을 존중하여야 한다. 아동복지시설에 입소 중인 보호대상아동에 대하여는 「보호시설에 있는 미성년자의 후견직무에 관한 법률」을 적용한다(법 제19조 제1~4항).

법원은 청구에 따라 후견인을 선임하거나 변경할 경우 해당 아동의 후견에 적합한 사람을 후견인으로 선임할 수 있으며, 후견인이 없는 아동에 대하여 후견인을 선임하기 전까지는 시 · 도지사, 시장 · 군수 · 구청장, 아동보호전문기관의 장, 가정위탁지원센터의 장 및 아동권리보장원의 장으로 임시로 그 아동의 후견인 역할을 하게 할 수 있다. 이 경우 해당 아동의 의견을 존중하여야 한다(법 제20조 제1~2항).

3) 아동복지시설 설치

(1) 아동복지시설의 종류

국가 또는 지방자치단체는 아동복지시설을 설치할 수 있다. 국가 또는 지방자치단체 외의 자는 관할 시장 · 군수 · 구청장에게 신고하고 아동복지시설을 설치할 수 있다(법 제50조 제1~2항). 아동복지시설의 종류는 다음과 같다(법 제52조).

아동양육시설	보호대상아동을 입소시켜 보호, 양육 및 취업훈련, 자립지원 서비스 등을 제공하는 것을 목적으로 하는 시설
아동일시보호시설	보호대상아동을 일시보호하고 아동에 대한 향후의 양육대책 수립 및 보호조치를 행하는 것을 목적으로 하는 시설
아동보호치료시설	아동에게 보호 및 치료 서비스를 제공하는 다음의 시설 가. 불량행위를 하거나 불량행위를 할 우려가 있는 아동으로서 보호자가 없거나 친권자나 후견인이 입소를 신청한 아동 또는 가정법원, 지방법원 소년부 지원에서 보호위탁된 19세 미만인 사람을 입소시켜 치료와 선도를 통하여 건전한 사회인으로 육성하는 것을 목적으로 하는 시설 나. 정서적 · 행동적 장애로 인하여 어려움을 겪고 있는 아동 또는 학대로 인하여 부모로부터 일시 격리되어 치료받을 필요가 있는 아동을 보호 · 치료하는 시설
공동생활가정	보호대상아동에게 가정과 같은 주거여건과 보호, 양육, 자립지원 서비스를 제공하는 것을 목적으로 하는 시설
자립지원시설	아동복지시설에서 퇴소한 사람에게 취업준비 기간 또는 취업 후 일정 기간 동안 보호함으로써 자립을 지원하는 것을 목적으로 하는 시설
아동상담소	아동과 그 가족의 문제에 관한 상담, 치료, 예방 및 연구 등을 목적으로 하는 시설
아동전용시설	어린이공원, 어린이놀이터, 아동회관, 체육 · 연극 · 영화 · 과학실험전시시설, 아동휴게숙박시설, 야영장 등 아동에게 건전한 놀이 · 오락, 그 밖의 각종 편의를 제공하여 심신의 건강유지와 복지증진에 필요한 서비스를 제공하는 것을 목적으로 하는 시설
지역아동센터	지역사회 아동의 보호 · 교육, 건전한 놀이와 오락의 제공, 보호자와 지역사회의 연계 등 아동의 건전육성을 위하여 종합적인 아동복지서비스를 제공하는 시설
아동보호전문기관	아동학대예방사업 전문기관
가정위탁지원센터	보호대상아동에 대한 가정위탁사업 지원기관
아동권리보장원	아동정책에 대한 종합적인 수행과 아동복지 관련 사업에 필요한 정책수립 지원과 사업평가 등의 업무 수행기관
자립지원전담기관	보호대상아동의 위탁보호 종료 또는 아동복지시설 퇴소 이후의 자립 지원기관
학대피해아동쉼터	피해아동에 대한 보호, 치료, 양육 서비스 등을 제공하는 시설

(2) 아동복지시설의 추가사업

아동복지시설은 각 시설 고유의 목적 사업을 해치지 아니하고 각 시설별 설치기준 및 운영기준을 충족하는 경우 다음의 사업을 추가로 실시할 수 있다(법 제52조 제3항).

아동가정지원사업	지역사회아동의 건전한 발달을 위하여 아동, 가정, 지역주민에게 상담, 조언 및 정보를 제공하여 주는 사업
아동주간보호사업	부득이한 사유로 가정에서 낮 동안 보호를 받을 수 없는 아동을 대상으로 개별적인 보호와 교육을 통하여 아동의 건전한 성장을 도모하는 사업
아동전문상담사업	학교부적응 아동 등을 대상으로 올바른 인격형성을 위한 상담, 치료 및 학교폭력예방을 실시하는 사업
학대아동보호사업	학대아동의 발견, 보호, 치료 및 아동학대의 예방 등을 전문적으로 실시하는 사업
공동생활가정사업	보호대상아동에게 가정과 같은 주거여건과 보호를 제공하는 것을 목적으로 하는 사업
방과 후 아동지도사업	저소득층 아동을 대상으로 방과 후 개별적인 보호와 교육을 통하여 건전한 인격형성을 목적으로 하는 사업

4) 가정위탁지원센터 설치와 업무

(1) 가정위탁지원센터 설치

지방자치단체는 보호대상아동에 대한 가정위탁사업을 활성화하기 위하여 시·도 및 시·군·구에 가정위탁지원센터를 둔다. 다만, 시·도지사는 조례로 정하는 바에 따라 둘 이상의 시·군·구를 통합하여 하나의 가정위탁지원센터를 설치·운영할 수 있다. 가정위탁지원센터를 통합하여 설치·운영하는 경우 시·도지사는 가정위탁지원센터의 설치·운영에 필요한 비용을 관할 구역의 아동의 수 등을 고려하여 시장·군수·구청장에게 공동으로 부담하게 할 수 있다. 시·도지사 및 시장·군수·구청장은 가정위탁지원을 목적으로 하는 비영리법인을 지정하여 가정위탁지원센터의 운영을 위탁할 수 있다(법 제48조 제2~4항).

아동권리보장원은 가정위탁사업의 활성화 등을 위하여 다음의 업무를 수행한다(법 제48조 제6항).

1. 가정위탁지원센터에 대한 지원 2. 효과적인 가정위탁사업을 위한 지역 간 연계체계 구축 3. 가정위탁사업과 관련된 연구 및 자료발간 4. 가정위탁사업을 위한 프로그램의 개발 및 평가 5. 상담원에 대한 교육 등 가정위탁에 관한 교육 및 홍보 6. 가정위탁사업을 위한 정보기반 구축 및 정보 제공 7. 그 밖에 대통령령으로 정하는 가정위탁사업과 관련된 업무

(2) 가정위탁지원센터의 업무

가정위탁지원센터는 다음의 업무를 수행한다(법 제49조 제2항).

1. 가정위탁사업의 홍보 및 가정위탁을 하고자 하는 가정의 발굴 2. 가정위탁을 하고자 하는 가정에 대한 조사 및 가정위탁 대상 아동에 대한 상담 3. 가정위탁을 하고자 하는 사람과 위탁가정 부모에 대한 교육 4. 위탁가정의 사례관리 5. 친부모 가정으로의 복귀 지원 6. 가정위탁아동의 자립계획 및 사례관리 7. 관할 구역 내 가정위탁 관련 정보 제공 8. 그 밖에 대통령령으로 정하는 가정위탁과 관련된 업무

(3) 위탁가정의 기준

위탁가정의 기준은 다음과 같다(시행규칙 제2조, 별표 1).

전문가정 위탁	가. 위탁아동을 양육하기에 적합한 수준의 소득이 있을 것 나. 위탁아동에 대하여 종교의 자유를 인정하고 건전한 사회구성원으로 자랄 수 있도록 양육과 교육을 할 수 있을 것 다. 가정위탁보호를 하려는 사람은 각각 25세 이상으로서 위탁아동과의 나이 차이가 60세 미만일 것. 다만, 시·도지사 또는 시장·군수·구청장이 위탁아동을 건전하게 양육하기에 위탁가정의 환경이 적합하다고 인정하는 경우에는 그러하지 아니한다.

	라. 자녀가 없거나 18세 미만의 수가 위탁아동을 포함하여 4명 이내일 것 마. 가정에 성범죄, 가정폭력, 아동학대, 정신질환 등의 전력이 있는 사람이 없을 것 바. 다음의 어느 하나에 해당하는 요건을 갖출 것 1) 가정위탁보호자의 경험이 3년 이상일 것 2) 다음의 어느 하나에 해당하는 자격을 갖출 것 가)「사회복지사업법 시행령」 제2조 제1항에 따른 사회복지사 나)「영유아보육법」 제21조 제2항에 따른 보육교사 다)「유아교육법」 제22조 제2항에 따른 교사 라)「초 · 중등교육법」 제21조 제2항에 따른 교사 마)「의료법」 제2조 제1항에 따른 의료인 바)「청소년 기본법」 제22조 제1항에 따른 청소년상담사 사)「고등교육법」 제2조에 따른 학교 또는「평생교육법」 제32조 제1항 · 제33조 제3항에 따라 교육부장관의 인가를 받아 전문대학 · 대학졸업자와 동등한 학력 · 학위가 인정되는 평생교육시설에서 심리 관련 학과를 졸업한 사람으로서 해당 분야의 경력이 3년 이상인 사람 3) 그 밖에 보건복지부장관이 1) 또는 2)와 유사하다고 인정하는 경력이나 자격을 갖출 것 사. 가정위탁보호자 중 1명 이상이 전문가정위탁 교육을 이수했을 것 아. 그 밖에 보건복지부장관이 필요하다고 인정하는 기준
일반가정 위탁 · 일시가정 위탁	다음 각 목의 기준을 모두 충족할 것 가. 제1호가목부터 마목까지의 규정에 따른 기준을 모두 충족할 것 나. 가정위탁보호자 중 1명 이상이 일반가정위탁 교육을 이수했을 것 다. 그 밖에 보건복지부장관이 필요하다고 인정하는 기준

5) 아동학대의 예방 및 방지

국가와 지방자치단체는 아동학대의 예방과 방지를 위하여 다음의 조치를 취하여야 한다(법 제22조 제1항).

1. 아동학대의 예방과 방지를 위한 각종 정책의 수립 및 시행
2. 아동학대의 예방과 방지를 위한 연구 · 교육 · 홍보 및 아동학대 실태조사
3. 아동학대에 관한 신고체제의 구축 · 운영
4. 피해아동의 보호와 치료 및 피해아동의 가정에 대한 지원
5. 그 밖에 대통령령으로 정하는 아동학대의 예방과 방지를 위한 사항

(1) 아동학대전담공무원 배치

시 · 도지사 또는 시장 · 군수 · 구청장은 피해아동의 발견 및 보호 등의 업무를 수행하기 위하여 아동학대전담공무원을 두어야 한다. 아동학대전담공무원은 「사회복지사업법」 제11조에 따른 사회복지사의 자격을 가진 사람으로 하고 그 임용 등에 필요한 사항은 해당 시 · 도 또는 시 · 군 · 구의 조례로 정한다(법 제22조 제4항).

(2) 아동보호전문기관의 설치

지방자치단체는 학대받은 아동의 발견, 보호, 치료에 대한 신속처리 및 아동학대 예방을 담당하는 아동보호전문기관을 시 · 도 및 시 · 군 · 구에 1개소 이상 두어야 한다. 다만, 시 · 도지사는 관할 구역의 아동 수 및 지리적 요건을 고려하여 조례로 정하는 바에 따라 둘 이상의 시 · 군 · 구를 통합하여 하나의 아동보호전문기관을 설치 · 운영할 수 있다. 아동보호전문기관을 통합하여 설치 · 운영하는 경우 시 · 도지사는 아동보호전문기관의 설치 · 운영에 필요한 비용을 관할 구역의 아동의 수 등을 고려하여 시장 · 군수 · 구청장에게 공동으로 부담하게 할 수 있다(법 제45조 제2~3항).

시 · 도지사 및 시장 · 군수 · 구청장은 아동학대예방사업을 목적으로 하는 비영리법인을 지정하여 아동보호전문기관의 운영을 위탁할 수 있다(법 제45조 제4항). 아동보호전문기관은 다음의 업무를 수행한다(법 제46조 제2항).

1. 피해아동, 피해아동의 가족 및 아동학대행위자를 위한 상담 · 치료 및 교육
2. 아동학대예방 교육 및 홍보
3. 피해아동 가정의 사후관리
4. 그 밖에 대통령령으로 정하는 아동학대예방사업과 관련된 업무

(3) 아동권리보장원의 운영

아동권리보장원은 아동학대예방사업의 활성화 등을 위하여 다음의 업무를 수행한다(법 제22조 제6항).

1. 아동보호전문기관에 대한 지원
2. 아동학대예방사업과 관련된 연구 및 자료 발간
3. 효율적인 아동학대예방사업을 위한 연계체계 구축
4. 아동학대예방사업을 위한 프로그램 개발 및 평가
5. 아동보호전문기관 및 학대피해아동쉼터 직원 직무교육, 아동학대예방 관련 교육 및 홍보
6. 아동보호전문기관 전산시스템 구축 및 운영
7. 그 밖에 대통령령으로 정하는 아동학대예방사업과 관련된 업무

(4) 긴급전화 설치 · 운영

시 · 도지사 또는 시장 · 군수 · 구청장은 아동학대를 예방하고 수시로 신고를 받을 수 있도록 아동학대전담공무원이 근무하는 기관에 긴급전화(국번 없이 112)를 설치해야 한다. 이 경우 긴급전화는 전용회선으로 설치 · 운영해야 한다. 긴급전화는 전국적으로 통일된 번호로 매일 24시간 동안 운영하여야 한다(시행령 제24조 제1~2항).

(5) 피해아동보호계획의 수립

시 · 도지사 또는 시장 · 군수 · 구청장은 피해아동에 대한 조사를 한 후 다음의 사항이 포함된 피해아동보호계획을 수립하고 그 계획을 아동보호전문기관의 장에게 통보하여야 한다(법 제22조의4 제1항).

1. 피해아동에 대한 보호조치 여부
2. 아동학대행위에 대한 고발 여부 등 아동학대행위에 대한 개입 방향 및 절차
3. 피해아동 및 그 가족에 대한 지원 여부
4. 그 밖에 대통령령으로 정하는 사항

(6) 홍보영상의 제작 · 배포 · 송출

보건복지부장관은 아동학대의 예방과 방지, 위반행위자의 계도를 위한 교육 등에 관한 홍보영상을 제작하여 「방송법」 제2조 제23호의 방송편성책임자에게 배포하여야 한다. 보건복지부장관은 「방송법」 제2조 제3호 가목의 지상파방송사업자에게 대통령령으로 정하는 비상업적 공익광고 편성비율의 범위에서 홍보영상을 채널별로

송출하도록 요청할 수 있다. 지상파방송사업자는 홍보영상 외에 독자적인 홍보영상을 제작하여 송출할 수 있다. 이 경우 보건복지부장관에게 필요한 협조 및 지원을 요청할 수 있다(법 제24조 제1~제3항).

(7) 아동학대 신고의무자에 대한 교육

관계 중앙행정기관의 장은 「아동학대범죄의 처벌 등에 관한 특례법」에 의한 아동학대 신고의무자의 자격 취득 과정이나 보수교육 과정에 아동학대 예방 및 신고의무와 관련된 교육 내용을 포함하도록 하며 그 결과를 보건복지부장관에게 제출하여야 한다. 관계 중앙행정기관의 장 및 시·도지사는 아동학대 신고의무자에게 본인이 아동학대 신고의무자라는 사실을 고지할 수 있고, 아동학대 예방 및 신고의무와 관련한 교육을 실시할 수 있다. 아동학대 신고의무자가 소속된 기관·시설 등의 장은 소속 아동학대 신고의무자에게 신고의무 교육을 실시하고, 그 결과를 관계 중앙행정기관의 장에게 제출하여야한다(법 제26조 제1~제3항).

(8) 피해아동 및 그 가족 등에 대한 지원

아동권리보장원의 장 또는 아동보호전문기관의 장은 아동의 안전 확보와 재학대 방지, 건전한 가정기능의 유지 등을 위하여 피해아동 및 보호자를 포함한 피해아동의 가족에게 상담, 교육 및 의료적·심리적 치료 등의 필요한 지원을 제공하여야 한다. 보장원의 장 또는 아동보호전문기관의 장은 지원을 위하여 관계 기관에 협조를 요청할 수 있다. 보호자를 포함한 피해아동의 가족은 보장원 또는 아동보호전문기관이 제1항에 따라 제공하는 지원에 성실하게 참여하여야 한다. 보장원의 장 또는 아동보호전문기관의 장은 지원 여부의 결정 및 지원의 제공 등 모든 과정에서 피해아동의 이익을 최우선으로 고려하여야 한다(법 제29조 제1~4항).

국가와 지방자치단체는 보건복지부령으로 정하는 일정 소득 이하의 피해아동 및 보호자를 포함한 피해아동의 가족이 제1항의 상담 및 교육 또는 의료적·심리적 치료 등을 받은 경우에는 예산의 범위에서 여비 등 실비(實費)를 지급할 수 있다. 국가와 지방자치단체는 「초·중등교육법」 제2조 각 호의 학교에 재학 중인 피해아동 및 피해아동의 가족이 주소지 외의 지역에서 취학(입학·재입학·전학·편입학을 포함)할 필요가 있을 때는 그 취학이 원활하게 이루어질 수 있도록 지원하여야 한다(법 제29조 제5~6항).

(9) 아동학대행위자에 대한 상담 및 교육

시 · 도지사, 시장 · 군수 · 구청장, 아동권리보장원의 장 또는 아동보호전문기관의 장은 아동학대행위자에 대하여 상담 · 교육 및 심리적 치료 등 필요한 지원을 받을 것을 권고할 수 있다. 이 경우 아동학대행위자는 정당한 사유가 없으면 상담 · 교육 및 심리적 치료 등에 성실히 참여하여야 한다(법 제29조의2 제1~2항).

(10) 아동학대 행위자의 취업제한

법원은 아동학대관련범죄로 형 또는 치료감호를 선고하는 경우에는 판결로 그 형 또는 치료감호의 전부 또는 일부의 집행을 종료하거나 집행이 유예 · 면제된 날부터 일정기간 아동관련기관을 운영하거나 아동관련기관에 취업 또는 사실상 노무를 제공할 수 없도록 하는 명령을 아동학대관련범죄 사건의 판결과 동시에 선고하여야 한다. 다만, 재범의 위험성이 현저히 낮은 경우나 그 밖에 취업을 제한하여서는 아니 되는 특별한 사정이 있다고 판단하는 경우에는 그러하지 아니하다(법 제29조의3 제1항).

6) 위원회 및 전문인력

(1) 아동정책조정위원회

아동의 권리 증진과 건강한 출생 및 성장을 위하여 종합적인 아동정책을 수립하고 관계 부처의 의견을 조정하며 그 정책의 이행을 감독하고 평가하기 위하여 국무총리 소속으로 아동정책조정위원회를 두고, 다음의 내용을 심의 · 조정한다(법 제10조 제2항).

1. 기본계획의 수립에 관한 사항
2. 아동의 권익 및 복지 증진을 위한 기본방향에 관한 사항
3. 아동정책의 개선과 예산지원에 관한 사항
4. 아동 관련 국제조약의 이행 및 평가 · 조정에 관한 사항
5. 아동정책에 관한 관련 부처 간 협조에 관한 사항
6. 그 밖에 위원장이 부의하는 사항

(2) 아동권리보장원

보건복지부장관은 아동정책에 대한 종합적인 수행과 아동복지 관련 사업의 효과적인 추진을 위하여 필요한 정책의 수립을 지원하고 사업평가 등의 업무를 수행할 수 있도록 아동권리보장원을 설립한다. 보장원은 다음의 업무를 수행한다(법 제10조의2 제1~2항).

> 1. 아동정책 수립을 위한 자료 개발 및 정책 분석
> 2. 아동정책기본계획의 수립 및 연도별 시행계획 평가 지원
> 3. 아동정책조정위원회의 운영 지원
> 4. 아동정책영향평가 지원
> 5. 아동보호서비스에 대한 기술지원
> 6. 아동학대의 예방과 방지를 위한 제22조 제3항 각 호의 업무
> 7. 가정위탁사업 활성화 등을 위한 제48조 제6항 각 호의 업무
> 8. 지역 아동복지사업 및 아동복지시설의 원활한 운영을 위한 지원
> 9. 「국내입양에 관한 특별법」 및 「국제입양에 관한 법률」에 따른 입양 체계의 구축 및 운영을 위한 다음 각 목의 업무
>   가. 국내외 입양정책 및 서비스에 관한 조사 · 연구
>   나. 양부모 및 예비양부모에 대한 교육 운영
>   다. 「국내입양에 관한 특별법」에 따른 입양정책위원회 운영 지원
>   라. 입양정보 공개 청구 관련 업무
>   마. 입양 관련 국제협력 업무
>   바. 「국내입양에 관한 특별법」 및 「국제입양에 관한 법률」에 따라 보건복지부장관으로부터 위탁받은 업무
>   사. 그 밖에 「국내입양에 관한 특별법」 및 「국제입양에 관한 법률」에 따른 입양 체계 구축 및 운영과 관련하여 보건복지부장관이 필요하다고 인정하는 업무
> 10. 아동 관련 조사 및 통계 구축
> 11. 아동 관련 교육 및 홍보
> 12. 아동 관련 해외정책 조사 및 사례분석
> 13. 그 밖에 이 법 또는 다른 법령에 따라 보건복지부장관, 국가 또는 지방자치단체로부터 위탁받은 업무

(3) 아동복지심의위원회

시 · 도지사, 시장 · 군수 · 구청장은 다음의 사항을 심의하기 위하여 그 소속으로 아동복지심의위원회를 각각 둔다. 이 경우 심의 업무를 효율적으로 수행하기 위하여 대통령령으로 정하는 바에 따라 심의위원회 소속으로 사례결정위원회를 두고, 사례결정위원회의 심의를 거친 사항은 심의위원회의 심의를 거친 사항으로 본다(법 제12조 제1~2항).

1. 연도별 시행계획 수립 및 시행에 관한 사항
2. 아동보호서비스 조치에 따른 보호조치에 관한 사항
3. 퇴소조치에 관한 사항
4. 보호기간의 연장 및 보호조치의 종료에 관한 사항
5. 친권행사의 제한이나 친권상실 선고 청구에 관한 사항
6. 아동의 후견인의 선임이나 변경 청구에 관한 사항
7. 지원대상아동의 선정과 그 지원에 관한 사항
8. 그 밖에 아동의 보호 및 지원서비스를 위하여 시 · 도지사 또는 시장 · 군수 · 구청장이 필요하다고 인정하는 사항

(4) 아동복지전담공무원

아동복지에 관한 업무를 담당하기 위하여 시 · 도 및 시 · 군 · 구에 각각 아동복지전담공무원을 둘 수 있다. 전담공무원은 사회복지사의 자격을 가진 사람으로 하고 그 임용 등에 필요한 사항은 해당 시 · 도 및 시 · 군 · 구의 조례로 정한다. 전담공무원은 아동에 대한 상담 및 보호조치, 가정환경에 대한 조사, 아동복지시설에 대한 지도 · 감독, 아동범죄 예방을 위한 현장확인 및 지도 · 감독 등 지역 단위에서 아동의 복지증진을 위한 업무를 수행한다. 시 · 도지사 또는 시장 · 군수 · 구청장은 전담공무원의 업무를 지원하기 위하여 보건복지부령으로 정하는 바에 따라 민간전문인력을 둘 수 있다. 관계 행정기관, 아동복지시설 및 아동복지단체를 설치 · 운영하는 자는 전담공무원 또는 민간전문인력이 협조를 요청하는 경우 정당한 사유가 없는 한 이에 따라야 한다(법 제13조 제1~5항).

(5) 아동위원

시 · 군 · 구에 아동위원을 둔다. 아동위원은 그 관할 구역의 아동에 대하여 항상

그 생활상태 및 가정환경을 상세히 파악하고 아동복지에 필요한 원조와 지도를 행하며 전담공무원, 민간전문인력 및 관계 행정기관과 협력하여야 한다. 아동위원은 그 업무의 원활한 수행을 위하여 적절한 교육을 받을 수 있다. 아동위원은 명예직으로 하되, 아동위원에 대하여는 수당을 지급할 수 있다. 그 밖에 아동위원에 관한 사항은 해당 시 · 군 · 구의 조례로 정한다(법 제14조 제1~5항).

2. 노인복지법

1) 노인복지법의 개관

(1) 법의 목적

「노인복지법」은 노인의 질환을 사전예방 또는 조기발견하고 질환상태에 따른 적절한 치료 · 요양으로 심신의 건강을 유지하고, 노후의 생활안정을 위하여 필요한 조치를 강구함으로써 노인의 보건복지 증진에 기여함을 목적으로 한다(법 제1조).

(2) 기본 이념

첫째, 노인은 후손의 양육과 국가 및 사회의 발전에 기여하여 온 자로서 존경받으며 건전하고 안정된 생활을 보장받는다. 둘째, 노인은 그 능력에 따라 적당한 일에 종사하고 사회적 활동에 참여할 기회를 보장받는다. 셋째, 노인은 노령에 따르는 심신의 변화를 자각하여 항상 심신의 건강을 유지하고 그 지식과 경험을 활용하여 사회의 발전에 기여하도록 노력하여야 한다(법 제2조 제1~3항).

(3) 입법배경 및 연혁

「노인복지법」은 노인복지 문제에 종합적으로 대처하기 위해 제정되었다. 이 법이 제정되기 이전 노인에 대한 국가적인 정책은 「생활보호법」에 근거한 빈곤노인에 한정된 선별적인 급부와 서비스가 전부였다. 하지만 노인부양에 대한 가치관의 변화, 산업화와 핵가족화에 따른 가족구조의 변화, 그리고 맞벌이가정의 증가 등으로 노인부양에 대한 문제들이 사회적으로 부각되자 노인복지에 대한 책임을 가족에서 일부 국가로 전환하기 위해 1981년 6월 5일에 「노인복지법」이 제정되었다.

법 제정 후 1982년에는 「노인복지법」의 이념을 바탕으로 경로헌장이 선포되었으며, 1900년대 초반부터는 시설수용 위주의 복지사업에서 탈피하여 재가복지서비스에 대한 관심이 높아지면서 주간 및 단기보호사업과 가정봉사원 양성사업 등이 시행되면서 노인복지에 대한 서비스 기반이 확충되기 시작했다. 이 후에도 사회 · 경제적 변화에 따라 발생하는 노인의 복지욕구를 해결하기 위해 여러 차례의 개정이 이루어졌다. 「노인복지법」의 제정 및 주요 개정내용을 정리하면 다음과 같다.

〈표 14-2〉 노인복지법의 주요 연혁

연월일	주요 내용
1981. 06. 05.	• 「노인복지법」 제정
1989. 12. 30.	• 노인복지대책위원회 설치 • 가정봉사원제도 도입 및 노령수당 지급(65세 이상 노인)
1997. 08. 22.	• 경로연금 지급(노령수당 폐지) • 노인전문요양시설, 유료노인전문요양시설 및 노인전문병원 설치 등의 법적 근거 규정
2004. 01. 29.	• 긴급전화 및 노인전문기관 설치 • 노인학대의 신고의무와 조치사항 규정
2007. 01. 03.	• '치매'의 정의를 규정하고, 9월 21일을 치매극복의 날로 지정 • 시 · 군 · 구의 관할 보건소에 치매상담센터 설치 • 노인학대 정의 규정에 '정서적 폭력' 추가
2007. 04. 25.	• 「기초노령연금법」 제정(경로연금 폐지)
2007. 08. 03.	• 노인장기요양보험에 대비하여 노인복지시설의 무료 · 실비 및 유료 구분 폐지 • 요양보호사 자격제도 도입
2010. 01. 25.	• 요양보호사 자격시험제도 도입
2011. 06. 07.	• 노인전문병원을 노인시설에서 제외하여 「의료법」상의 요양병원으로 일원화
2012. 10. 22.	• 노인학대 신고의무를 위반하는 경우 이를 처벌할 수 있는 근거 마련
2015. 01. 28.	• 노인복지주택 입소자의 범위 확대 – 노인이 부양을 책임지고 있는 19세 미만의 자녀 · 손자녀 포함
2017. 10. 24.	• 독거노인종합원센터 설치 · 운영
2018. 12. 11.	• 노인안전사고 예방 시책 수립 · 시행
2021. 12. 21.	• 노인학대신고 의무자에 사회복지시설에서 복무하는 사회복무요원 추가

(4) 법률용어의 정의

이 법에서 사용하는 용어의 뜻은 다음과 같다(법 제1조의2).

부양의무자	배우자(사실상의 혼인관계에 있는 자를 포함한다)와 직계비속 및 그 배우자(사실상의 혼인관계에 있는 자를 포함)를 말한다.
보호자	부양의무자 또는 업무 · 고용 등의 관계로 사실상 노인을 보호하는 자를 말한다.
치매	퇴행성 뇌질환 또는 뇌혈관계 질환 등으로 인하여 기억력, 언어능력, 지남력(指南力), 판단력 및 수행능력 등의 기능이 저하됨으로써 일상생활에서 지장을 초래하는 후천적인 다발성 장애를 말한다(치매관리법 제2조 제1호).
노인학대	노인에 대하여 신체적 · 정신적 · 정서적 · 성적 폭력 및 경제적 착취 또는 가혹행위를 하거나 유기 또는 방임을 하는 것을 말한다.

(5) 국가 및 지방자치단체의 책임

① 보건복지 증진의 책임

국가와 지방자치단체는 노인의 보건 및 복지 증진에 책임이 있으며, 이를 위한 시책을 강구하여 추진하여야 한다. 국가와 지방자치단체는 제1항의 규정에 의한 시책을 강구함에 있어 기본 이념이 구현되도록 노력하여야 한다. 노인의 일상생활에 관련되는 사업을 경영하는 자는 그 사업을 경영함에 있어 노인의 보건복지가 증진되도록 노력하여야 한다(법 제4조 제1~3항).

② 노인실태 조사

보건복지부장관은 노인의 보건 및 복지에 관한 실태조사를 3년마다 실시하고 그 결과를 공표하여야 한다. 실태조사를 위하여 관계 기관 · 법인 · 단체 · 시설의 장에게 필요한 자료의 제출 또는 의견의 진술을 요청할 수 있다. 이 경우 관계 기관 · 법인 · 단체 · 시설의 장은 정당한 사유가 없으면 그 요청에 따라야 한다(법 제5조 제1~2항).

③ 노인의 날 등 제정

노인에 대한 사회적 관심과 공경의식을 높이기 위하여 매년 10월 2일을 노인의 날로, 매년 10월을 경로의 달로 하며, 부모에 대한 효사상을 앙양하기 위하여 매년 5월 8일을 어버이날로 한다. 또한 범국민적으로 노인학대에 대한 인식을 높이고 관심을 유도하기 위하여 매년 6월 15일을 노인학대예방의 날로 지정하고, 국가와 지방자치단체는 노인학대예방의 날의 취지에 맞는 행사와 홍보를 실시하도록 노력하여야 한다(법 제6조 제1~4항).

2) 보건 · 복지조치

(1) 노인 사회참여 지원

국가 또는 지방자치단체는 노인의 사회참여 확대를 위하여 노인의 지역봉사활동 기회를 넓히고 노인에게 적합한 직종의 개발과 그 보급을 위한 시책을 강구하며 근로능력 있는 노인에게 일할 기회를 우선적으로 제공하도록 노력하여야 한다. 국가 또는 지방자치단체는 노인의 지역봉사활동 및 취업의 활성화를 기하기 위하여 노인지역봉사기관, 노인취업알선기관 등 노인복지 관계기관에 대하여 필요한 지원을 할 수 있다(법 제23조 제1~2항).

(2) 지역봉사지도원 위촉

국가 또는 지방자치단체는 사회적 신망과 경험이 있는 노인으로서 지역봉사를 희망하는 경우에는 이를 지역봉사지도원으로 위촉할 수 있다(법 제24조 제1항). 지역봉사지도원의 업무는 다음 각 호와 같다(법 제24조 제2항).

1. 국가 또는 지방자치단체가 행하는 업무 중 민원인에 대한 상담 및 조언
2. 도로의 교통정리, 주 · 정차단속의 보조, 자연보호 및 환경침해 행위단속의 보조와 청소년 선도
3. 충효사상, 전통의례 등 전통문화의 전수교육
4. 문화재의 보호 및 안내
5. 노인에 대한 교통안전 및 교통사고 예방 교육
6. 기타 대통령령이 정하는 업무

※ 기타 대통령령이 정하는 업무라 함은 다음의 업무를 말한다(시행령 제18조 제3항).
① 국가 또는 지방자치단체가 시행하는 노인복지정책의 홍보 및 안내

② 노인복지시설에 입소한 노인에 대한 생활지도
③ 자원봉사활동, 기타 시장 · 군수 · 구청장이 필요하다고 인정하는 업무

(3) 생업지원

국가, 지방자치단체, 그 밖의 공공단체 중 대통령령으로 정하는 기관은 소관 공공시설에 식료품 · 사무용품 · 신문 등 일상생활 용품의 판매를 위한 매점이나 자동판매기의 설치를 허가 또는 위탁할 때에는 65세 이상 노인의 신청이 있는 경우 이를 우선적으로 반영하여야 한다. 국가, 지방자치단체, 그 밖의 공공단체 중 대통령령으로 정하는 기관은 소관 공공시설에 청소, 주차관리, 매표 등의 사업을 위탁하는 경우에는 65세 이상 노인을 100분의 20 이상 채용한 사업체를 우선적으로 고려할 수 있다(법 제25조 제1~2항).

(4) 경로우대

국가 또는 지방자치단체는 65세 이상의 자에 대하여 대통령령이 정하는 바에 의하여 국가 또는 지방자치단체의 수송시설 및 고궁 · 능원 · 박물관 · 공원 등의 공공시설을 무료로 또는 그 이용요금을 할인하여 이용하게 할 수 있다(법 제26조 제1항).

국가 또는 지방자치단체는 노인의 일상생활에 관련된 사업을 경영하는 자에게 65세 이상의 자에 대하여 그 이용요금을 할인하여 주도록 권유할 수 있으며, 노인에게 이용요금을 할인하여 주는 자에 대하여 적절한 지원을 할 수 있다(법 제26조 제2~3항).

(5) 정당한 편의제공 의무

재화 · 용역 등의 제공자는 무인정보단말기(터치스크린 등 전자적 방식으로 정보를 화면에 표시하여 제공하거나 서류발급, 주문 · 결제 등을 처리하는 기기)를 설치 · 운영하는 경우 노인이 노인 아닌 사람과 동등하게 접근 · 이용할 수 있도록 하는 데 필요한 정당한 편의를 제공하여야 한다. 또한 정보통신망을 통하여 정보나 서비스를 제공하는 자는 이동통신단말장치(「전파법」에 따라 할당받은 주파수를 사용하는 기간통신역무를 이용하기 위하여 필요한 단말장치)에 설치되는 응용 소프트웨어 등 대통령령으로 정하는

유선·무선 정보통신을 노인이 노인 아닌 사람과 동등하게 접근·이용할 수 있도록 하는 데 필요한 정당한 편의를 제공하여야 한다(법 제26조의2).[1]

(6) 건강진단 등

국가 또는 지방자치단체는 대통령령이 정하는 바에 의하여 65세 이상의 자에 대하여 건강진단과 보건교육을 실시할 수 있다. 이 경우 보건복지부령으로 정하는 바에 따라 성별 다빈도질환 등을 반영하여야 한다. 건강진단 결과 필요하다고 인정한 때에는 그 건강진단을 받은 자에 대하여 필요한 지도를 하여야 한다(법 제27조 제1~2항).

(7) 홀로 사는 노인에 대한 지원

국가 또는 지방자치단체는 홀로 사는 노인에 대하여 방문요양과 돌봄 등의 서비스와 안전 확인 등의 보호조치를 취하여야 한다. 이 경우 국가 또는 지방자치단체는 사업을 노인 관련 기관·단체에 위탁할 수 있으며, 예산의 범위에서 그 사업 및 운영에 필요한 비용을 지원할 수 있다(법 제27조의2 제1~2항).

보건복지부장관은 홀로 사는 노인에 대한 돌봄과 관련된 다음의 사업을 수행하기 위하여 독거노인종합지원센터를 설치·운영할 수 있다. 보건복지부장관은 독거노인종합지원센터의 운영을 전문 인력과 시설을 갖춘 법인 또는 단체에 위탁할 수 있다(법 제27조의3 제1~2항).

1. 홀로 사는 노인에 대한 정책 연구 및 프로그램의 개발
2. 홀로 사는 노인에 대한 현황조사 및 관리
3. 홀로 사는 노인 돌봄사업 종사자에 대한 교육
4. 홀로 사는 노인에 대한 돌봄사업의 홍보, 교육교재 개발 및 보급
5. 홀로 사는 노인에 대한 돌봄사업의 수행기관 지원 및 평가
6. 관련 기관 협력체계의 구축 및 교류
7. 홀로 사는 노인에 대한 기부문화 조성을 위한 기부금품의 모집, 접수 및 배부
8. 그 밖에 홀로 사는 노인의 돌봄을 위하여 보건복지부장관이 위탁하는 업무

1) 본조 신설 : 2024년 10월 22일, 시행일 : 2025년 10월 23일.

(8) 상담 · 입소 등의 조치

보건복지부장관, 시 · 도지사, 시장 · 군수 · 구청장은 노인에 대한 복지를 도모하기 위하여 필요하다고 인정한 때에는 다음 각 호의 조치를 하여야 한다(법 제28조 제1항).

1. 65세 이상의 자 또는 그를 보호하고 있는 자를 관계 공무원 또는 노인복지상담원으로 하여금 상담 · 지도하게 하는 것
2. 65세 이상의 자로서 신체적 · 정신적 · 경제적 이유 또는 환경상의 이유로 거택에서 보호받기가 곤란한 자를 노인주거복지시설 또는 재가노인복지시설에 입소시키거나 입소를 위탁하는 것
3. 65세 이상의 자로서 신체 또는 정신상의 현저한 결함으로 인하여 항상 보호를 필요로 하고 경제적 이유로 거택에서 보호받기가 곤란한 자를 노인의료복지시설에 입소시키거나 입소를 위탁하는 것

3) 노인복지시설의 설치 · 운영

국가 또는 지방자치단체는 노인복지시설을 설치할 수 있다. 국가 또는 지방자치단체 외의 자가 노인복지시설을 설치하고자 하는 경우에는 시장 · 군수 · 구청장에게 신고하여야 한다. 시장 · 군수 · 구청장은 설치신고를 받은 경우 그 내용을 검토하여 이 법에 적합하면 신고를 수리하여야 한다. 노인복지시설의 종류는 다음과 같다(법 제31조).

1. 노인주거복지시설
2. 노인의료복지시설
3. 노인여가복지시설
4. 재가노인복지시설
5. 노인보호전문기관
6. 「노인 일자리 및 사회활동 지원에 관한 법률」에 따른 노인일자리지원기관
7. 학대피해노인 전용쉼터

(1) 노인주거복지시설

노인주거복지시설은 다음의 시설로 한다(법 제32조 제1항).

양로시설	노인들에게 가정과 같은 주거여건과 급식, 그 밖에 일상생활에 필요한 편의를 제공함을 목적으로 하는 시설
노인공동생활가정	노인을 입소시켜 급식과 그 밖에 일상생활에 필요한 편의를 제공함을 목적으로 하는 시설
노인복지주택	노인에게 주거시설을 임대하여 주거의 편의 · 생활지도 · 상담 및 안전관리 등 일상생활에 필요한 편의를 제공함을 목적으로 하는 시설

노인복지주택에 입소할 수 있는 자는 60세 이상의 노인으로 한다. 다만, 입소자격자의 배우자와 입소자격자가 부양을 책임지고 있는 24세 미만의 자녀 · 손자녀와 보건복지부령으로 정하는 장애로 인하여 입소자격자가 부양을 책임지고 있는 24세 이상의 자녀 · 손자녀는 입소자격자와 함께 입소할 수 있다. 노인복지주택을 설치하거나 설치하려는 자는 노인복지주택을 입소자격자에게 임대하여야 한다(법 제33조의2 제1~2항).

(2) 노인의료복지시설

노인의료복지시설은 다음 각 호의 시설로 한다(법 제34조 제1항).

노인요양시설[2)]	치매 · 중풍 등 노인성 질환 등으로 심신에 상당한 장애가 발생하여 도움을 필요로 하는 노인을 입소시켜 급식 · 요양과 그 밖에 일상생활에 필요한 편의를 제공함을 목적으로 하는 시설
노인요양공동생활가정[3)]	치매 · 중풍 등 노인성 질환 등으로 심신에 상당한 장애가 발생하여 도움을 필요로 하는 노인에게 가정과 같은 주거여건과 급식 · 요양, 그 밖에 일상생활에 필요한 편의를 제공함을 목적으로 하는 시설

2) 입소정원 10명 이상, 입소정원 1명당 연면적 23.6㎡ 이상의 공간을 확보해야 한다. 다만, 노인요양시설 안에 치매전담실을 두는 경우에는 치매전담실 1실당 정원을 16명 이하로 한다(노인복지법 시행규칙 제22조 제1항 관련 별표 4).

3) 입소정원 5명 이상 9명 이하, 입소정원 1명당 연면적 20.5㎡ 이상의 공간을 확보해야 한다(노인복지법 시행규칙 제22조 제1항 관련 별표 4).

(3) 노인여가복지시설

노인여가복지시설은 다음의 시설로 한다(법 제36조 제1항).

노인복지관	노인의 교양 · 취미생활 및 사회참여활동 등에 대한 각종 정보와 서비스를 제공하고, 건강증진 및 질병예방과 소득보장 · 재가복지, 그 밖에 노인의 복지증진에 필요한 서비스를 제공함을 목적으로 하는 시설
경로당	지역노인들이 자율적으로 친목도모 · 취미활동 · 공동작업장 운영 및 각종 정보교환과 기타 여가활동을 할 수 있도록 하는 장소를 제공함을 목적으로 하는 시설
노인교실	노인들에 대하여 사회활동 참여욕구를 충족시키기 위하여 건전한 취미생활 · 노인건강유지 · 소득보장, 기타 일상생활과 관련한 학습 프로그램을 제공함을 목적으로 하는 시설

(4) 재가노인복지시설

재가노인복지시설은 다음의 어느 하나 이상의 서비스를 제공함을 목적으로 하는 시설을 말한다(법 제38조 제1항).

방문요양 서비스	가정에서 일상생활을 영위하고 있는 재가노인으로서 신체적 · 정신적 장애로 어려움을 겪고 있는 노인에게 필요한 각종 편의를 제공하여 지역사회 안에서 건전하고 안정된 노후를 영위하도록 하는 서비스
주 · 야간보호 서비스	부득이한 사유로 가족의 보호를 받을 수 없는 심신이 허약한 노인과 장애노인을 주간 또는 야간 동안 보호시설에 입소시켜 필요한 각종 편의를 제공하여 이들의 생활안정과 심신기능의 유지 · 향상을 도모하고, 그 가족의 신체적 · 정신적 부담을 덜어주기 위한 서비스
단기보호 서비스	부득이한 사유로 가족의 보호를 받을 수 없어 일시적으로 보호가 필요한 심신이 허약한 노인과 장애노인을 보호시설에 단기간 입소시켜 보호함으로써 노인 및 노인가정의 복지 증진을 도모하기 위한 서비스
방문목욕 서비스	목욕장비를 갖추고 재가노인을 방문하여 목욕을 제공하는 서비스
그 밖의 서비스	그 밖에 재가노인에게 제공하는 서비스로서 보건복지부령이 정하는 서비스

(5) 노인보호전문기관

① 중앙노인보호전문기관

국가는 지역 간의 연계체계를 구축하고 노인학대를 예방하기 위하여 다음의 업무를 담당하는 중앙노인보호전문기관을 설치 · 운영하여야 한다(법 제39조의5 제1항).

1. 노인인권보호 관련 정책제안
2. 노인인권보호를 위한 연구 및 프로그램의 개발
3. 노인학대 예방의 홍보, 교육자료의 제작 및 보급
4. 노인보호전문사업 관련 실적 취합, 관리 및 대외자료 제공
5. 지역노인보호전문기관의 관리 및 업무 지원
6. 지역노인보호전문기관 상담원의 심화교육
7. 관련 기관 협력체계의 구축 및 교류
8. 노인학대 분쟁사례 조정을 위한 중앙노인학대사례판정위원회 운영
9. 그 밖에 노인의 보호를 위하여 대통령령으로 정하는 사항

② 지역노인보호전문기관

학대받는 노인의 발견 · 보호 · 치료 등을 신속히 처리하고 노인학대를 예방하기 위하여 다음의 업무를 담당하는 지역노인보호전문기관을 시 · 도에 둔다(법 제39조의5 제2항).

1. 노인학대신고전화의 운영 및 사례접수
2. 노인학대 의심사례에 대한 현장조사
3. 피해노인 및 노인학대자에 대한 상담
4. 피해노인가족 관련자와 관련 기관에 대한 상담
5. 상담 및 서비스 제공에 따른 기록과 보관
6. 일반인을 대상으로 한 노인학대 예방교육
7. 노인학대행위자를 대상으로 한 재발방지교육
8. 노인학대사례 판정을 위한 지역노인학대사례판정위원회 운영 및 자체 사례회의 운영
9. 그 밖에 노인의 보호를 위하여 보건복지부령으로 정하는 사항

(6) 노인일자리지원기관

노인일자리지원기관이란 지역사회 등에서 노인일자리의 개발 · 지원, 창업 · 육성 및 노인에 의한 재화의 생산 · 판매 등을 직접 담당하는 기관을 말한다(법 제23조의2 제1항 제2호).

(7) 학대피해노인전용쉼터

국가와 지방자치단체는 노인학대로 인하여 피해를 입은 노인을 일정 기간 보호하고 심신치유 프로그램을 제공하기 위하여 학대피해노인전용쉼터를 설치 · 운영할 수 있다. 국가와 지방자치단체는 쉼터의 운영업무를 노인보호전문기관에 위탁할 수 있으며, 이 경우 국가와 지방자치단체는 위탁에 소요되는 비용을 지원할 수 있다. 전용쉼터의 업무는 다음 각 호와 같다(법 제39조의19).

> 1. 학대피해노인의 보호와 숙식제공 등의 쉼터생활 지원
> 2. 학대피해노인의 심리적 안정을 위한 전문심리상담 등 치유 프로그램 제공
> 3. 학대피해노인에게 학대로 인한 신체적 · 정신적 치료를 위한 기본적인 의료비 지원
> 4. 학대 재발 방지와 원가정 회복을 위하여 노인학대행위자 등에게 전문상담서비스 제공
> 5. 그 밖에 쉼터에 입소하거나 쉼터를 이용하는 학대피해노인을 위하여 보건복지부령으로 정하는 사항

4) 노인학대의 예방 및 방지

노인학대는 노인에 대하여 신체적 · 정신적 · 정서적 · 성적 폭력 및 경제적 착취 또는 가혹행위를 하거나 유기 또는 방임을 하는 것을 말한다(법 제1조의2 제4호).

(1) 금지행위

누구든지 65세 이상의 사람에 대하여 다음의 어느 하나에 해당하는 행위를 하여서는 아니 된다(법 제39조의9).

> 1. 노인의 신체에 폭행을 가하거나 상해를 입히는 행위
> 2. 노인에게 성적 수치심을 주는 성폭행 · 성희롱 등의 행위
> 3. 자신의 보호 · 감독을 받는 노인을 유기하거나 의식주를 포함한 기본적 보호 및 치료를 소홀히 하는 방임행위
> 4. 노인에게 구걸을 하게 하거나 노인을 이용하여 구걸하는 행위
> 5. 노인을 위하여 증여 또는 급여된 금품을 그 목적 외의 용도에 사용하는 행위
> 6. 폭언, 협박, 위협 등으로 노인의 정신건강에 해를 끼치는 정서적 학대행위

(2) 노인학대 신고의무

누구든지 노인학대를 알게 된 때에는 노인보호전문기관 또는 수사기관에 신고할 수 있다. 다음의 어느 하나에 해당하는 자는 그 직무상 65세 이상의 사람에 대한 노인학대를 알게 된 때에는 즉시 노인보호전문기관 또는 수사기관에 신고하여야 한다. 이 경우 신고인의 신분은 보장되어야 하며 그 의사에 반하여 신분이 노출되어서는 아니 된다(법 제39조의6 제2~3항).

1. 「의료법」 제3조 제1항의 의료기관에서 의료업을 행하는 의료인 및 의료기관의 장
2. 제27조의2에 따른 방문요양과 돌봄이나 안전확인 등의 서비스 종사자, 제31조에 따른 노인복지시설의 장과 그 종사자 및 제7조에 따른 노인복지상담원
3. 「장애인복지법」 제58조의 규정에 의한 장애인복지시설에서 장애노인에 대한 상담 · 치료 · 훈련 또는 요양업무를 수행하는 사람
4. 「가정폭력방지 및 피해자보호 등에 관한 법률」 제5조 및 제7조에 따른 가정폭력 관련 상담소 및 가정폭력피해자 보호시설의 장과 그 종사자
5. 「사회복지사업법」 제14조에 따른 사회복지전담공무원 및 같은 법 제34조에 따른 사회복지관, 부랑인 및 노숙인보호를 위한 시설의 장과 그 종사자
6. 「노인장기요양보험법」 제31조에 따른 장기요양기관 및 제31조에 따른 장기요양기관의 장과 그 종사자
7. 「119구조 · 구급에 관한 법률」 제10조에 따른 119구급대의 구급대원
8. 「건강가정기본법」 제35조에 따른 건강가정지원센터의 장과 그 종사자
9. 「다문화가족지원법」 제12조에 따른 다문화가족지원센터의 장과 그 종사자
10. 「성폭력방지 및 피해자보호 등에 관한 법률」 제10조에 따른 성폭력피해상담소 및 같은 법 제12조에 따른 성폭력피해자보호시설의 장과 그 종사자
11. 「응급의료에 관한 법률」 제36조에 따른 응급구조사
12. 「의료기사 등에 관한 법률」 제1조의2 제1호에 따른 의료기사
13. 「국민건강보험법」에 따른 국민건강보험공단 소속 요양직 직원
14. 「지역보건법」 제2조에 따른 지역보건의료기관의 장과 종사자
15. 제31조에 따른 노인복지시설 설치 및 관리 업무 담당 공무원
16. 「병역법」에 따른 사회복지시설에서 복무하는 사회복무요원(노인을 직접 대면하는 업무에 복무하는 사람으로 한정한다)

(3) 신고의무자 교육

관계 중앙행정기관의 장은 신고의무자에 해당하는 사람의 자격취득 교육과정이나 보수교육 과정에 노인학대 예방 및 신고의무와 관련된 교육내용을 포함하도록 하여야 하며, 그 결과를 보건복지부장관에게 제출하여야 한다. 또한 노인학대 신고의무자가 소속된 다음의 기관의 장은 소속 노인학대 신고의무자에게 노인학대예방 및 신고의무에 관한 교육을 실시하고 그 결과를 보건복지부장관에게 제출하여야 한다(법 제39조의6 제4~5항).

1. 제31조에 따른 노인복지시설
2. 「의료법」 제3조 제2항 제3호 라목 및 마목에 따른 요양병원 및 종합병원
3. 「노인장기요양보험법」 제2조 제4호에 따른 장기요양기관

(4) 긴급전화의 설치

국가 및 지방자치단체는 노인학대를 예방하고 수시로 신고를 받을 수 있도록 노인보호전문기관에 전국적으로 통일된 번호로 매일 24시간 동안 운영되는 긴급전화(1577-1389, 110)를 설치하여야 한다(법 제39조의4 제1항, 시행령 제20조의4 제1항).

(5) 노인학대행위자에 대한 상담 및 교육

노인보호전문기관의 장은 노인학대행위자에 대하여 상담·교육 및 심리적 치료 등 필요한 지원을 받을 것을 권고할 수 있다. 노인학대행위자는 노인보호전문기관의 장이 상담·교육 및 심리적 치료 등을 권고하는 경우에는 이에 협조하여 상담·교육 및 심리적 치료 등을 성실히 받아야 한다(법 제39조의16 제1~2항).

(6) 노인학대행위자 취업제한

법원은 노인학대관련범죄로 형 또는 치료감호를 선고하는 경우에는 판결로 그 형 또는 치료감호의 전부 또는 일부의 집행을 종료하거나 집행이 유예·면제된 날로부터 일정 기간 노인관련기관을 운영하거나 노인관련기관에 취업 또는 사실상 노무를 제공할 수 없도록 하는 명령을 판결과 동시에 선고하여야 한다. 다만, 재범의 위험

성이 현저히 낮은 경우, 그 밖에 취업을 제한하여서는 아니 되는 특별한 사정이 있다고 판단하는 경우에는 그러하지 아니하다(법 제39조의17 제1항).

(7) 홍보영상의 제작 · 배포 · 송출

보건복지부장관은 노인학대의 예방과 방지, 노인학대의 위해성, 신고방법 등에 관한 홍보영상을 제작하여 「방송법」 제2조 제23호의 방송편성책임자에게 배포하여야 한다. 보건복지부장관은 지상파방송사업자에게 대통령령으로 정하는 비상업적 공익광고 편성비율의 범위에서 홍보영상을 채널별로 송출하도록 요청할 수 있다. 보건복지부장관은 「방송법」 제2조 제12호의 전광판방송사업자에게 대통령령으로 정하는 비상업적 공익광고 편성비율의 범위에서 홍보영상을 전광판으로 송출하도록 요청할 수 있다. 지상파방송사업자와 전광판방송사업자는 홍보영상 외에 독자적인 홍보영상을 제작하여 송출할 수 있다. 이 경우 보건복지부장관에게 필요한 협조 및 지원을 요청할 수 있다(법 제6조의2 제1~4항).

5) 노인복지 전문인력

(1) 요양보호사

① 요양보호사 직무와 자격증 교부

노인복지시설의 설치 · 운영자는 보건복지부령으로 정하는 바에 따라 노인 등의 신체활동 또는 가사활동 지원 등의 업무를 전문적으로 수행하는 요양보호사를 두어야 한다. 요양보호사가 되려는 사람은 요양보호사교육기관에서 교육과정을 마치고 시 · 도지사가 실시하는 요양보호사 자격시험에 합격하여야 한다. 시 · 도지사는 요양보호사 자격시험에 합격한 사람에게 요양보호사 자격증을 교부하여야 한다(법 제39조의2 제1~3항).

② 요양보호사 교육기관의 지정

시 · 도지사는 요양보호사의 양성을 위하여 보건복지부령으로 정하는 지정기준에 적합한 시설을 요양보호사교육기관으로 지정 · 운영하여야 한다(법 제39조의3 제1항).

③ 요양보호사 결격자유

다음 각 호의 어느 하나에 해당하는 사람은 요양보호사가 될 수 없다(법 제39조의13).

1. 「정신건강증진 및 정신질환자 복지서비스 지원에 관한 법률」에 따른 정신질환자. 다만, 전문의가 요양보호사로서 적합하다고 인정하는 사람은 그러하지 아니하다.
2. 마약 · 대마 또는 향정신성의약품 중독자
3. 피성년후견인
4. 금고 이상의 형을 선고받고 그 형의 집행이 종료되지 아니하였거나 그 집행을 받지 아니하기로 확정되지 아니한 사람
5. 법원의 판결에 따라 자격이 정지 또는 상실된 사람
6. 요양보호사의 자격이 취소된 날부터 1년이 경과되지 아니한 사람

④ 요양보호사 자격취소

시 · 도지사는 요양보호사가 다음의 어느 하나에 해당하는 경우 그 자격을 취소할 수 있다. 다만, 제1호부터 제3호까지의 경우 자격을 취소하여야 한다. 시 · 도지사는 제1항에 따라 요양보호사의 자격을 취소하는 경우 청문을 실시하여야 한다(법 제39조의14 제1~2항).

1. 요양보호사의 결격사유 중 어느 하나에 해당하게 된 경우
2. 노인에 대한 금지행위를 위반하여 벌칙규정에 따른 처벌을 받은 경우
3. 거짓이나 그 밖의 부정한 방법으로 자격증을 취득한 경우
4. 영리를 목적으로 노인 등에게 불필요한 요양서비스를 알선 · 유인하거나 이를 조장한 경우
5. 자격증을 대여 · 양도 또는 위조 · 변조한 경우

(2) 노인복지상담원

노인의 복지를 담당하게 하기 위하여 특별자치도와 시 · 군 · 구에 노인복지상담원을 둔다. 노인복지상담원의 임용 또는 위촉, 직무 및 보수 등에 관하여 필요한 사항은 대통령령으로 정한다(법 제7조 제1~2항).

(3) 노인복지명예지도원

복지실시기관은 양로시설, 노인공동생활가정, 노인복지주택, 노인요양시설 및 노인요양공동생활가정의 입소노인의 보호를 위하여 노인복지명예지도원을 둘 수 있

다. 노인복지명예지도원의 위촉방법 · 업무범위 등 기타 필요한 사항은 대통령령으로 정한다(법 제51조 제1~2항).

3. 장애인복지법

1) 장애인복지법의 개관

(1) 법의 목적

「장애인복지법」은 장애인의 인간다운 삶과 권리보장을 위한 국가와 지방자치단체 등의 책임을 명백히 하고, 장애발생 예방과 장애인의 의료 · 교육 · 직업재활 · 생활환경 개선 등에 관한 사업을 정하여 장애인복지대책을 종합적으로 추진하며, 장애인의 자립생활 · 보호 및 수당 지급 등에 관하여 필요한 사항을 정하여 장애인의 생활안정에 기여하는 등 장애인의 복지와 사회활동 참여증진을 통하여 사회통합에 이바지함을 목적으로 한다(법 제1조).

(2) 기본이념과 권리

장애인복지의 기본이념은 장애인의 완전한 사회참여와 평등을 통하여 사회통합을 이루는 데에 있다(법 제3조). 장애인은 인간으로서 존엄과 가치를 존중받으며, 그에 걸맞은 대우를 받으며, 국가 · 사회의 구성원으로서 정치 · 경제 · 사회 · 문화, 그 밖의 모든 분야의 활동에 참여할 권리를 가진다. 또한 장애인은 장애인 관련 정책결정 과정에 우선적으로 참여할 권리가 있다(법 제4조 제2~4항).

(3) 입법배경 및 연혁

「장애인복지법」은 1981년 6월 5일에 제정된 「심신장애자복지법」이 개정된 법이다. UN이 1981년을 세계장애인의 해로 정하고 모든 국가에 대해 심신장애인을 위한 복지사업과 기념행사를 추진하도록 권고함에 따라 제5공화국은 복지사회 건설을 국정지표로 정하여 복지대상자 중 가장 취약계층인 장애인복지에 큰 관심을 가지고 「심신장애자복지법」을 제정하였다. 그 후 1988년 서울에서 개최된 제8회 장애인올

림픽을 계기로 장애인들에 대한 새로운 인식과 관심이 제고되면서 「장애인복지법」으로 변경하면서 그 내용을 전면적으로 개정하였다.

〈표 14-3〉 장애인복지법의 주요 연혁

연월일	주요 내용
1981. 06. 05.	• 「심신장애자복지법」 제정
1989. 12. 30.	• 「장애인복지법」으로 변경(내용에 대한 전면적인 개정)
1999. 02. 08.	• 장애인 인정범위 확대(신장 · 심장 · 정신질환 등 내부 장애까지 확대)
2003. 09. 29.	• 장애수당 지급대상 확대 – 「국민기초생활보장법」에 의한 생계급여 수급자에 해당하는 장애인
2012. 01. 26.	• 5년마다 장애인 정책종합계획의 수립 · 시행하도록 함
2012. 10. 22.	• 장애인학대의 정의규정 신설 • 장애인학대 사실 수사기관에 신고 의무화 – 장애인복지시설의 운영자 및 종사자가 직무상 알게 된 장애인학대 사실
2016. 05. 29.	• 장애수당과 장애아동수당 및 자녀교육비의 수급계좌 지정 – 압류방지 및 장애인의 생계보호 강화
2018. 06. 12.	• 한국장애인개발원 설립
2020. 12. 29.	• 장애인학대관련범죄의 정의규정 신설
2021. 12. 21.	• 홍보영상의 제작 · 배포 · 송출법 신설(장애인에 대한 차별 · 편견 및 학대 예방과 방지 등)

(4) 법률용어의 정의

이 법에서 사용하는 용어의 뜻은 다음과 같다(법 제2조).

장애인	신체적 · 정신적 장애로 오랫동안 일상생활이나 사회생활에서 상당한 제약을 받는 자를 말한다.
신체적 장애	주요 외부 신체 기능의 장애와 내부기관의 장애 등을 말한다.
정신적 장애	발달장애 또는 정신질환으로 발생하는 장애를 말한다.
장애인학대	장애인에 대하여 신체적 · 정신적 · 성서석 · 언어적 · 성적 폭력이나 가혹행위, 경제적 착취, 유기 또는 방임하는 것을 말한다.

(5) 장애인복지의 책임

① 국가 및 지방자치단체의 책임

국가와 지방자치단체는 장애 발생을 예방하고, 장애의 조기 발견에 대한 국민의 관심을 높이며, 장애인의 자립을 지원하고, 보호가 필요한 장애인을 보호하여 장애인의 복지를 향상시킬 책임을 진다. 국가와 지방자치단체는 여성 장애인의 권익을 보호하기 위하여 정책을 강구하여야 한다. 국가와 지방자치단체는 장애인복지정책을 장애인과 그 보호자에게 적극적으로 홍보하여야 하며, 국민이 장애인을 올바르게 이해하도록 하는 데에 필요한 정책을 강구하여야 한다(법 제9조 제1~3항).

② 국민의 책임

모든 국민은 장애 발생의 예방과 장애의 조기 발견을 위하여 노력하여야 하며, 장애인의 인격을 존중하고 사회통합의 이념에 기초하여 장애인의 복지 향상에 협력하여야 한다(법 제10조).

③ 장애인정책종합계획의 수립 · 시행 · 평가

보건복지부장관은 장애인의 권익과 복지 증진을 위하여 관계 중앙행정기관의 장과 협의하여 5년마다 장애인정책종합계획을 수립 · 시행하여야 하며, 종합계획에는 다음의 사항이 포함되어야 한다(법 제10조의2 제2항).

1. 장애인의 복지에 관한 사항
2. 장애인의 교육문화에 관한 사항
3. 장애인의 경제활동에 관한 사항
4. 장애인의 사회참여에 관한 사항
5. 장애인의 안전관리에 관한 사항
6. 그 밖에 장애인의 권익과 복지증진을 위하여 필요한 사항

관계 중앙행정기관의 장은 장애인의 권익과 복지 증진을 위하여 관련 업무에 대한 사업계획을 매년 수립 · 시행하여야 하고, 그 사업계획과 전년도의 사업계획 추진 실적을 매년 보건복지부장관에게 제출하여야 한다(법 제10조의2 제3항).

보건복지부장관은 제3항에 따라 제출된 사업계획과 추진실적을 종합하여 종합계획을 수립하되, 장애인정책조정위원회의 심의를 미리 거쳐야 한다. 종합계획을 변경하는 경우에도 또한 같다(법 제10조의2 제4항).

보건복지부장관은 종합계획의 추진성과를 매년 평가하고, 그 결과를 종합계획에 반영할 필요가 있는 경우에는 제4항 후단에 따라 종합계획을 변경하거나 다음 종합계획을 수립할 때에 반영하여야 한다(법 제10조의2 제5항).

④ 장애인실태조사

보건복지부장관은 장애인 복지정책의 수립에 필요한 기초자료로 활용하기 위하여 3년마다 장애인실태조사를 실시하여야 한다(법 제31조 제1항).

2) 장애인기본정책과 복지서비스 조치

(1) 기본정책의 강구

① 장애발생 예방

국가와 지방자치단체는 장애의 발생원인과 예방에 관한 조사 연구를 촉진하여야 하며, 모자보건사업의 강화, 장애의 원인이 되는 질병의 조기 발견과 조기 치료, 그 밖에 필요한 정책을 강구하여야 한다. 또한 국가와 지방자치단체는 교통사고 · 산업재해 · 약물중독 및 환경오염 등에 의한 장애발생을 예방하기 위하여 필요한 조치를 강구하여야 한다(법 제17조 제1~2항).

② 의료와 재활치료 및 사회적응훈련

국가와 지방자치단체는 장애인이 생활기능을 익히거나 되찾을 수 있도록 필요한 기능치료와 심리치료 등 재활의료를 제공하고 장애인의 장애를 보완할 수 있는 장애인보조기구를 제공하는 등 필요한 정책을 강구하여야 한다(법 제18조). 국가와 지방자치단체는 장애인이 재활치료를 마치고 일상생활이나 사회생활을 원활히 할 수 있도록 사회적응훈련을 실시하여야 한다(법 제19조).

③ 교육

국가와 지방자치단체는 사회통합의 이념에 따라 장애인이 연령 · 능력 · 장애의 종류 및 정도에 따라 충분히 교육받을 수 있도록 교육 내용과 방법을 개선하는 등 필요한 정책을 강구하여야 한다. 국가와 지방자치단체는 장애인의 교육에 관한 조사 · 연구를 촉진하여야 한다. 국가와 지방자치단체는 장애인에게 전문 진로교육을 실시하는 제도를 강구하여야 한다(법 제20조 제1~3항).

각급 학교의 장은 교육을 필요로 하는 장애인이 그 학교에 입학하려는 경우 장애를 이유로 입학 지원을 거부하거나 입학시험 합격자의 입학을 거부하는 등의 불리한 조치를 하여서는 아니 된다. 모든 교육기관은 교육대상인 장애인의 입학과 수학(修學) 등에 편리하도록 장애의 종류와 정도에 맞추어 시설을 정비하거나 그 밖에 필요한 조치를 강구하여야 한다(법 제20조 제4~5항).

④ 직업

국가와 지방자치단체는 장애인이 적성과 능력에 맞는 직업에 종사할 수 있도록 직업지도, 직업능력 평가, 직업적응훈련, 직업훈련, 취업알선, 고용 및 취업 후 지도 등 필요한 정책을 강구하여야 하며, 장애인 직업재활훈련이 원활히 이루어질 수 있도록 장애인에게 적합한 직종과 재활사업에 관한 조사 · 연구를 촉진하여야 한다(법 제21조 제1~2항).

⑤ 정보에의 접근

국가와 지방자치단체는 장애인이 정보에 원활하게 접근하고 자신의 의사를 표시할 수 있도록 전기통신 · 방송시설 등을 개선하기 위하여 노력하여야 하며, 방송국의 장 등 민간 사업자에게 뉴스와 국가적 주요 사항의 중계 등 대통령령으로 정하는 방송 프로그램에 청각장애인을 위한 한국 수어 또는 폐쇄자막과 시각장애인을 위한 화면해설 또는 자막해설 등을 방영하도록 요청하여야 한다. 그리고 국가적인 행사, 그 밖의 교육 · 집회 등 대통령령으로 정하는 행사를 개최하는 경우에는 청각장애인을 위한 한국 수어 통역 및 시각장애인을 위한 점자 및 인쇄물 접근성 바코드가 삽입된 자료 등을 제공하여야 하며, 민간이 주최하는 행사의 경우에는 한국 수어 통역과 점자 및 인쇄물 접근성 바코드가 삽입된 자료 등을 제공하도록 요청할 수 있다.

요청을 받은 방송국의 장 등 민간 사업자와 민간 행사 주최자는 정당한 사유가 없으면 그 요청에 따라야 한다(법 제22조 제1~4항).

⑥ 편의시설

국가와 지방자치단체는 장애인이 공공시설과 교통수단 등을 안전하고 편리하게 이용할 수 있도록 편의시설의 설치와 운영에 필요한 정책을 강구하여야 한다. 그리고 공공시설 등 이용편의를 위하여 한국 수어 통역 · 안내보조 등 인적서비스 제공에 관하여 필요한 시책을 강구하여야 한다(법 제23조 제1~2항).

⑦ 안전대책 강구

국가와 지방자치단체는 추락사고 등 장애로 인하여 일어날 수 있는 안전사고와 비상재해 등에 대비하여 시각 · 청각 장애인과 이동이 불편한 장애인을 위하여 피난용 통로를 확보하고, 점자 · 음성 · 문자 안내판을 설치하며, 긴급 통보체계를 마련하는 등 장애인의 특성을 배려한 안전대책 등 필요한 조치를 강구하여야 한다(법 제24조).

⑧ 사회적 인식 개선

국가와 지방자치단체는 학생, 공무원, 근로자, 그 밖의 일반국민 등을 대상으로 장애인에 대한 인식개선을 위한 교육 및 공익광고 등 홍보사업을 실시하여야 한다. 국가기관 및 지방자치단체의 장, 「영유아보육법」에 따른 어린이집, 「유아교육법」 · 「초 · 중등교육법」 · 「고등교육법」에 따른 각급 학교의 장, 그 밖에 대통령령으로 정하는 교육기관 및 공공단체의 장은 소속 직원 · 학생을 대상으로 장애인에 대한 인식개선을 위한 교육을 실시하고, 그 결과를 보건복지부장관에게 제출하여야 한다. 보건복지부장관은 인식개선교육의 실시 결과에 대한 점검을 대통령령으로 정하는 바에 따라 매년 실시하여야 한다(법 제25조 제1~3항).

보건복지부장관은 인식개선교육을 효과적으로 실시하기 위하여 전문강사를 양성하고 교육프로그램을 개발 · 보급하여야 한다. 보건복지부장관은 인식개선교육의 효율적 지원 및 실시 결과의 관리 등을 위하여 인식개선교육 정보시스템을 구축 · 운영할 수 있다. 국가는 「초 · 중등교육법」에 따른 학교에서 사용하는 교과용 도서에 장애인에 대한 인식개선을 위한 내용이 포함되도록 하여야 한다(법 제25조 제7~9항).

⑨ 선거권 행사를 위한 편의 제공

국가와 지방자치단체는 장애인이 선거권을 행사하는 데에 불편함이 없도록 편의시설·설비를 설치하고, 선거권 행사에 관하여 홍보하며, 선거용 보조기구를 개발·보급하는 등 필요한 조치를 강구하여야 한다(법 제26조).

⑩ 주택보급 및 문화환경 정비

국가와 지방자치단체는 공공주택 등 주택을 건설할 경우에는 장애인에게 장애 정도를 고려하여 우선 분양 또는 임대할 수 있도록 노력하여야 하며, 주택의 구입자금·임차자금 또는 개·보수비용의 지원 등 장애인의 일상생활에 적합한 주택의 보급·개선에 필요한 시책을 강구하여야 한다(법 제27조 제1~2항).

국가와 지방자치단체는 장애인의 문화생활, 체육활동 및 관광활동에 대한 장애인의 접근을 보장하기 위하여 관련 시설 및 설비, 그 밖의 환경을 정비하고 문화생활, 체육활동 및 관광활동 등을 지원하도록 노력하여야 한다(법 제28조).

⑪ 복지연구 진흥 및 한국장애인개발원의 설립

국가와 지방자치단체는 장애인복지의 종합적이고 체계적인 조사·연구·평가 및 장애인 체육활동 등 장애인정책개발 등을 위하여 필요한 정책을 강구하여야 한다(법 제29조). 또한 장애인 관련 조사·연구 및 정책개발·복지진흥 등을 위하여 한국장애인개발원을 설립하며, 개발원은 법인으로 한다(법 제29조의2 제1~2항). 개발원은 다음 각 호의 사업을 수행한다(법 제29조의2 제3항).

1. 장애인복지에 관한 정보의 수집·분석·관리, 조사·연구·정책개발 및 국제개발 등의 국제협력사업
2. 장애인에 대한 사회적 인식 개선 등 장애인복지 관련 교육, 홍보, 컨설팅
3. 중증장애인 직업재활지원 및 재정지원 장애인일자리 개발·지원
4. 중증장애인생산품에 대한 공공기관의 우선구매 촉진 지원
5. 편의시설 설치 기술지원, 장애물 없는 생활환경 조성 등 장애인 편의증진사업 지원
6. 장애인 재난안전 대응 지침 개발·보급 등 장애인 안전대책 강화를 위한 사업
7. 그 밖에 장애인복지와 관련하여 국가 또는 지방자치단체로부터 위탁받은 사업

⑫ 경제적 부담의 경감

국가와 지방자치단체, 「공공기관의 운영에 관한 법률」 제4조에 따른 공공기관, 「지방공기업법」에 따른 지방공사 또는 지방공단은 장애인과 장애인을 부양하는 자의 경제적 부담을 줄이고 장애인의 자립을 촉진하기 위하여 세제상의 조치, 공공시설 이용료 감면, 그 밖에 필요한 정책을 강구하여야 한다(법 제30조 제1항).

국가와 지방자치단체, 「공공기관의 운영에 관한 법률」 제4조에 따른 공공기관, 「지방공기업법」에 따른 지방공사 또는 지방공단이 운영하는 운송사업자는 장애인과 장애인을 부양하는 자의 경제적 부담을 줄이고 장애인의 자립을 돕기 위하여 장애인과 장애인을 보호하기 위하여 동행하는 자의 운임 등을 감면하는 정책을 강구하여야 한다(법 제30조 제2항).

⑬ 장애인가족 지원

국가와 지방자치단체는 장애인 가족의 삶의 질 향상 및 안정적인 가정생활 영위를 위하여 다음 각 호의 필요한 시책을 수립·시행하여야 한다.

1. 장애인가족에 대한 인식개선사업
2. 장애인가족 돌봄 지원
3. 장애인가족 휴식 지원
4. 장애인가족 사례관리 지원
5. 장애인가족 역량강화 지원
6. 장애인가족 상담 지원
7. 그 밖에 보건복지부장관이 장애인 가족을 위하여 필요하다고 인정하는 지원

(2) 복지서비스 조치

① 장애인 등록

장애인, 그 법정대리인 또는 대통령령으로 정하는 보호자(법정대리인)는 장애상태와 그 밖에 보건복지부령이 정하는 사항을 특별자치시장·특별자치도지사·시장·군수 또는 구청장에게 등록하여야 하며, 특별자치시장·특별자치도지사·시장·군수·구청장은 등록을 신청한 장애인이 기준에 맞으면 장애인등록증을 내주어야 한다(법 제32조 제1항).

특별자치시장 · 특별자치도지사 · 시장 · 군수 · 구청장은 등록증을 받은 장애인의 장애상태의 변화에 따른 장애정도 조정을 위하여 장애 진단을 받게 하는 등 장애인이나 법정대리인 등에게 필요한 조치를 할 수 있다. 등록증은 양도하거나 대여하지 못하며, 등록증과 비슷한 명칭이나 표시를 사용하여서는 아니 된다. 보건복지부장관 또는 특별자치시장 · 특별자치도지사 · 시장 · 군수 · 구청장은 「사회보장기본법」 제37조에 따른 사회보장정보시스템을 이용하여 등록증의 진위 또는 유효 여부 확인이 필요한 경우에 이를 확인하여 줄 수 있다(법 제32조 제3항, 제5항, 제8항).

② 복지서비스에 관한 장애인 지원 사업

국가와 지방자치단체는 등록된 장애인에게 필요한 복지서비스가 적시에 제공될 수 있도록 다음의 장애인 지원 사업을 실시한다(법 제32조의6 제1항).

1. 복지서비스에 관한 상담 및 정보 제공
2. 장애인학대 등 안전문제 또는 생계곤란 등 위기상황에 놓여있을 가능성이 높은 장애인에 대한 방문 상담
3. 복지서비스 신청의 대행
4. 장애인 개인별로 필요한 욕구의 조사 및 복지서비스 제공 계획의 수립 지원
5. 장애인과 복지서비스 제공 기관 · 법인 · 단체 · 시설과의 연계
6. 복지서비스 등 복지자원의 발굴 및 데이터베이스 구축
7. 그 밖에 복지서비스의 제공에 필요한 사업

국가와 지방자치단체는 제1항에 따른 장애인 지원 사업을 대통령령으로 정하는 바에 따라 「공공기관의 운영에 관한 법률」 제4조에 따른 공공기관에 위탁할 수 있다. 이 경우 국가와 지방자치단체는 예산의 범위에서 사업 수행에 필요한 비용의 전부 또는 일부를 지원할 수 있다(법 제32조의6 제3항).

③ 재활상담

보건복지부장관, 특별시장 · 광역시장 · 특별자치시장 · 도지사 · 특별자치도지사 또는 시장 · 군수 · 구청장은 장애인에 대한 검진 및 재활상담을 하고, 필요하다고 인정되면 다음의 조치를 하여야 한다(법 제34조 제1항).

1. 국 · 공립병원, 보건소, 보건지소, 그 밖의 의료기관에 의뢰하여 의료와 보건지도를 받게 하는 것
2. 국가 또는 지방자치단체가 설치한 장애인복지시설에서 주거편의 · 상담 · 치료 · 훈련 등의 필요한 서비스를 받도록 하는 것
3. 장애인복지시설에 위탁하여 그 시설에서 주거편의 · 상담 · 치료 · 훈련 등의 필요한 서비스를 받도록 하는 것
4. 공공직업능력개발훈련시설이나 사업장 내 직업훈련시설에서 하는 직업훈련 또는 취업 알선을 필요로 하는 자를 관련 시설이나 직업안정업무기관에 소개하는 것

④ 산후조리도우미 지원, 교육비 지원, 자동차 지원

국가 및 지방자치단체는 임산부인 여성장애인과 신생아의 건강관리를 위하여 경제적 부담능력 등을 감안하여 여성장애인의 가정을 방문하여 산전 · 산후조리를 돕는 도우미(산후조리도우미)를 지원할 수 있다(법 제37조 제1항).

장애인복지실시기관은 경제적 부담능력 등을 고려하여 장애인이 부양하는 자녀 또는 장애인인 자녀의 교육비를 지급할 수 있다(법 제38조 제1항).

국가와 지방자치단체, 그 밖의 공공단체는 장애인이 이동수단인 자동차 등을 편리하게 사용할 수 있도록 하고 경제적 부담을 줄여 주기 위하여 조세감면 등 필요한 지원정책을 강구하여야 한다. 시장 · 군수 · 구청장은 장애인이 이용하는 자동차 등을 지원하는 데에 편리하도록 장애인이 사용하는 자동차 등임을 알아볼 수 있는 표지(장애인사용자동차등표지)를 발급하여야 한다(법 제39조 제1~2항).

⑤ 장애인 보조견의 훈련 · 보급 지원

국가와 지방자치단체는 장애인의 복지 향상을 위하여 장애인을 보조할 장애인 보조견(補助犬)의 훈련 · 보급을 지원하는 방안을 강구하여야 한다. 보건복지부장관은 장애인 보조견에 대하여 장애인 보조견 표지를 발급할 수 있다. 누구든지 보조견 표지를 붙인 장애인 보조견을 동반한 장애인이 대중교통수단을 이용하거나 공공장소, 숙박시설 및 식품접객업소 등 여러 사람이 다니거나 모이는 곳에 출입하려는 때에는 정당한 사유 없이 거부하여서는 아니 된다. 또한 전문훈련기관에 종사하는 장애

인 보조견 훈련자 또는 장애인 보조견 훈련 관련 자원봉사자가 보조견표지를 붙인 장애인 보조견을 동반한 경우에도 같다(법 제40조 제1~3항).

이러한 장애인 보조견 동반출입에 대한 인식개선을 위하여 국가와 지방자치단체는 공익광고 등 홍보사업을 실시하여야 한다(법 제40조의2 제1항).

⑥ 생업지원

국가와 지방자치단체, 그 밖의 공공단체는 소관 공공시설 안에 식료품 · 사무용품 · 신문 등 일상생활 용품을 판매하는 매점이나 자동판매기의 설치를 허가하거나 위탁할 때에는 장애인이 신청하면 우선적으로 반영하도록 노력하여야 한다. 시장 · 군수 또는 구청장은 장애인이 「담배사업법」에 따라 담배소매인으로 지정받기 위하여 신청하면 그 장애인을 우선적으로 지정하도록 노력하여야 한다. 장애인이 우편법령에 따라 국내 우표류 판매업 계약 신청을 하면 우편관서는 그 장애인이 우선적으로 계약할 수 있도록 노력하여야 한다(법 제42조 제1~3항).

⑦ 장애수당과 장애아동수당 및 보호수당

<table>
<tr><td rowspan="2">장애수당</td><td>장애수당(법 제49조 제1~4항)
① 국가와 지방자치단체는 장애인의 장애 정도와 경제적 수준을 고려하여 장애로 인한 추가적 비용을 보전하게 하기 위하여 장애수당을 지급할 수 있다. 다만, 「국민기초생활보장법」에 따른 생계급여 또는 의료급여를 받는 장애인에게는 장애수당을 반드시 지급하여야 한다.
② 「장애인연금법」에 따른 중증장애인에게는 장애수당을 지급하지 아니한다.
③ 국가와 지방자치단체는 장애수당을 지급하려는 경우에는 장애수당을 받으려는 사람의 장애 정도에 대하여 심사할 수 있다.
④ 심사를 거부 · 방해 또는 기피하는 경우에는 장애수당을 지급하지 아니할 수 있다.</td></tr>
<tr><td>장애수당 지급대상(시행령 제30조 제1항)
– 장애수당을 지급받을 수 있는 자는 18세 이상으로서 장애인으로 등록한 자 중 「국민기초생활보장법」에 따른 수급자 또는 차상위계층으로서 장애로 인한 추가적 비용 보전이 필요한 자로 한다.</td></tr>
</table>

장애아동 수당 및 보호수당	장애아동수당 및 보호수당(법 제50조) ① 국가와 지방자치단체는 장애아동에게 보호자의 경제적 생활수준 및 장애 아동의 장애 정도를 고려하여 장애로 인한 추가적 비용을 보전하게 하기 위하여 장애아동수당을 지급할 수 있다. ② 국가와 지방자치단체는 장애인을 보호하는 보호자에게 그의 경제적 수준과 장애인의 장애 정도를 고려하여 장애로 인한 추가적 비용을 보전하게 하기 위하여 보호수당을 지급할 수 있다.
	장애아동수당 지급대상(시행령 제30조 제2항) 1. 18세 미만(해당 장애인이 「초·중등교육법」에 따른 고등학교와 이에 준하는 특수학교 또는 각종 학교에 재학 중인 경우에는 20세 이하의 경우를 포함)일 것 2. 장애인으로 등록하였을 것 3. 「국민기초생활보장법」에 따른 수급자 또는 차상위계층으로서 장애로 인한 추가적 비용 보전이 필요할 것
	보호수당 지급대상(시행령 제30조 제3항) 1. 「국민기초생활보장법」에 따른 수급자일 것 2. 중증장애로 다른 사람의 도움이 없이는 일상생활을 영위하기 어려운 18세 이상(해당 장애인이 20세 이하로서 「초·중등교육법」에 따른 고등학교와 이에 준하는 특수학교 또는 각종 학교에 재학 중인 경우는 제외)의 장애인을 보호하거나 부양할 것
지급신청 절차	장애수당 등의 지급신청(시행규칙 제38조) – 장애수당·장애아동수당 및 보호수당을 지급받으려는 자는 지급신청서에 소득·재산 신고서 및 금융정보 등의 제공 동의서를 첨부하여 관할 읍·면·동 장을 거쳐 시장·군수·구청장에게 제출하여야 한다.

(3) 자립생활 지원 조치

① 자립생활지원

국가와 지방자치단체는 장애인의 자기결정에 의한 자립생활을 위하여 활동보조인의 파견 등 활동보조서비스 또는 장애인보조기구의 제공, 그 밖의 각종 편의 및 정보제공 등 필요한 시책을 강구하여야 한다(법 제53조). 국가와 지방자치단체는 장애인의 자립생활을 실현하기 위하여 장애인자립생활지원센터를 통하여 필요한 각종 지원서비스를 제공한다(법 제54조).

② 활동급여의 지원

국가와 지방자치단체는 중증장애인이 일상생활 또는 사회생활을 원활히 할 수 있도록 활동지원급여를 지원할 수 있다. 국가 및 지방자치단체는 임신 등으로 인하여 이동이 불편한 여성장애인에게 임신 및 출산과 관련한 진료 등을 위하여 경제적 부담능력 등을 감안하여 활동지원사의 파견 등 활동보조서비스를 지원할 수 있다(법 제55조 제1~2항).

3) 장애인복지시설

(1) 장애인복지시설의 종류

장애인거주시설	거주공간을 활용하여 일반가정에서 생활하기 어려운 장애인에게 일정 기간 동안 거주 · 요양 · 지원 등의 서비스를 제공하는 동시에 지역사회 생활을 지원하는 시설
장애인 지역사회재활시설	장애인을 전문적으로 상담 · 치료 · 훈련하거나 장애인의 일상생활, 여가활동 및 사회참여활동 등을 지원하는 시설
장애인 직업재활시설	일반 작업환경에서는 일하기 어려운 장애인이 특별히 준비된 작업환경에서 직업훈련을 받거나 직업생활을 할 수 있도록 하는 시설
장애인 의료재활시설	장애인을 입원 또는 통원하게 하여 상담, 진단 · 판정, 치료 등 의료재활서비스를 제공하는 시설
그 밖에 대통령령으로 정하는 시설	그 밖에 대통령령으로 정하는 시설이란 장애인 생산품판매시설을 말한다(시행령 제36조).

(2) 장애인복지시설의 설치

국가와 지방자치단체는 장애인복지시설을 설치할 수 있다. 국가와 지방자치단체 외의 자가 장애인복지시설을 설치 · 운영하려면 해당 시설 소재지 관할 시장 · 군수 · 구청장에게 신고하여야 하며, 신고한 사항 중 보건복지부령으로 정하는 중요한 사항을 변경할 때에도 신고하여야 한다. 다만, 폐쇄명령을 받고 1년이 지나지 아니한 자는 시설의 설치 · 운영 신고를 할 수 없다(법 제59조 제1~2항).

장애인 거주시설의 정원은 30명을 초과할 수 없다. 다만, 특수한 서비스를 위하여 일정 규모 이상이 필요한 시설 등 대통령령으로 정하는 경우에는 그러하지 아니한다. 의료재활시설의 설치는 「의료법」에 따른다(법 제59조 제3~4항).

4) 장애인학대의 예방 및 방지

(1) 금지행위

누구든지 다음 각 호의 어느 하나에 해당하는 행위를 하여서는 아니 된다(법 제59조의9).

1. 장애인에게 성적 수치심을 주는 성희롱 · 성폭력 등의 행위
2. 장애인의 신체에 폭행을 가하거나 상해를 입히는 행위
3. 장애인을 폭행, 협박, 감금, 그 밖에 정신상 또는 신체상의 자유를 부당하게 구속하는 수단으로써 장애인의 자유의사에 어긋나는 노동을 강요하는 행위
4. 자신의 보호 · 감독을 받는 장애인을 유기하거나 의식주를 포함한 기본적 보호 및 치료를 소홀히 하는 방임행위
5. 장애인에게 구걸을 하게 하거나 장애인을 이용하여 구걸하는 행위
6. 장애인을 체포 또는 감금하는 행위
7. 장애인의 정신건강 및 발달에 해를 끼치는 정서적 학대행위
8. 장애인을 위하여 증여 또는 급여된 금품을 그 목적 외의 용도에 사용하는 행위
9. 공중의 오락 또는 흥행을 목적으로 장애인의 건강 또는 안전에 유해한 곡예를 시키는 행위

(2) 장애인학대 및 장애인 대상 성범죄 신고의무와 절차

누구든지 장애인학대 및 장애인 대상 성범죄를 알게 된 때에는 중앙장애인권익옹호기관 또는 지역장애인권익옹호기관이나 수사기관에 신고할 수 있다. 다음의 어느 하나에 해당하는 사람은 그 직무상 장애인학대 및 장애인 대상 성범죄를 알게 된 경우에는 지체 없이 장애인권익옹호기관 또는 수사기관에 신고하여야 한다(법 제59조의4 제2항).

1. 「사회복지사업법」에 따른 사회복지 전담공무원 및 사회복지시설의 장과 그 종사자
2. 「장애인활동 지원에 관한 법률」에 따른 활동지원인력 및 활동지원기관의 장과 그 종사자
3. 「의료법」의 의료인 및 의료기관의 장
4. 「의료기사 등에 관한 법률」의 의료기사
5. 「응급의료에 관한 법률」의 응급구조사
6. 「소방기본법」에 따른 구급대의 대원
7. 「정신건강증진 및 정신질환자 복지서비스 지원에 관한 법률」에 따른 정신건강복지 센터의 장과 그 종사자
8. 「영유아보육법」에 따른 어린이집의 원장 등 보육교직원
9. 「유아교육법」에 따른 교직원 및 강사 등
10. 「초 · 중등교육법」에 따른 교직원, 전문상담교사 등 산학겸임교사 등
11. 「학원의 설립 · 운영 및 과외교습에 관한 법률」에 따른 학원의 운영자 · 강사 · 직원 및 교습소의 교습자 · 직원
12. 「성폭력방지 및 피해자보호 등에 관한 법률」에 따른 성폭력피해상담소의 장과 그 종사자 및 성폭력피해자보호시설의 장과 그 종사자
13. 「성매매방지 및 피해자보호 등에 관한 법률」에 따른 지원시설의 장과 그 종사자 및 성매매피해상담소의 장과 그 종사자
14. 「가정폭력방지 및 피해자보호 등에 관한 법률」에 따른 가정폭력 관련 상담소의 장과 그 종사자 및 가정폭력피해자 보호시설의 장과 그 종사자
15. 「건강가정기본법」에 따른 건강가정지원센터의 장과 그 종사자
16. 「다문화가족지원법」에 따른 다문화가족지원센터의 장과 그 종사자
17. 「아동복지법」에 따른 가정위탁지원센터의 장과 그 종사자
18. 「한부모가족지원법」의 한부모가족복지시설의 장과 그 종사자
19. 「청소년기본법」의 청소년시설의 장과 그 종사자 및 같은 조 제8호의 청소년단체의 장과 그 종사자
20. 「청소년보호법」에 따른 청소년 보호 · 재활센터의 장과 그 종사자
21. 「노인장기요양보험법」의 장기요양요원 및 장기요양인정 신청의 조사를 하는 자
22. 「평생교육법」에 따른 장애인평생교육시설의 장과 그 종사자

(3) 응급조치 의무

장애인학대 신고를 접수한 장애인권익옹호기관의 직원이나 사법경찰관리는 지체 없이 장애인학대 현장에 출동하여야 한다. 이 경우 장애인권익옹호기관의 장이나

수사기관의 장은 서로 동행하여 줄 것을 요청할 수 있으며, 그 요청을 받은 장애인권익옹호기관의 장이나 수사기관의 장은 정당한 사유가 없으면 소속 직원이나 사법경찰관리가 현장에 동행하도록 하여야 한다(법 제59조의7 제1항).

장애인학대 현장에 출동한 자는 학대받은 장애인을 학대행위자로부터 분리하거나 치료가 필요하다고 인정할 때에는 즉시 피해장애인을 다음의 어느 하나에 해당하는 기관 또는 시설에 인도하여야 한다. 이 경우 해당 기관 또는 시설의 장은 정당한 사유 없이 이를 거부하여서는 아니 된다(법 제59조의7 제2항).

1. 장애인권익옹호기관
2. 피해장애인 쉼터 및 피해장애아동 쉼터
3. 의료기관
4. 「발달장애인 권리보장 및 지원에 관한 법률」에 따른 위기발달장애인쉼터
5. 「가정폭력방지 및 피해자보호 등에 관한 법률」에 따른 가정폭력피해자 보호시설
6. 「노숙인 등의 복지 및 자립지원에 관한 법률」에 따른 노숙인일시보호시설
7. 「노인복지법」에 따른 학대피해노인 전용쉼터
8. 「성매매방지 및 피해자보호 등에 관한 법률」에 따른 성매매피해자등을 위한 지원시설
9. 「성폭력방지 및 피해자보호 등에 관한 법률」에 따른 성폭력피해자보호시설
10. 「아동복지법」에 따른 학대피해아동쉼터
11. 그 밖에 학대받은 장애인을 보호할 수 있는 시설로서 대통령령으로 정하는 시설

장애인학대 현장에 출동한 자는 학대받은 장애인을 보호하기 위하여 신고된 현장에 출입하여 관계인에 대하여 조사를 하거나 질문을 할 수 있다. 이 경우 장애인권익옹호기관의 직원은 학대받은 장애인의 보호를 위한 범위에서만 조사 또는 질문을 할 수 있다(법 제59조의7 제3항).

(4) 장애인학대의 예방과 방지 의무

국가와 지방자치단체는 장애인학대의 예방과 방지를 위하여 다음 각 호의 조치를 취하여야 한다(법 제59조의10).

> 1. 장애인학대의 예방과 방지를 위한 각종 정책의 수립 및 시행
> 2. 장애인학대의 예방과 방지를 위한 연구 · 교육 · 홍보와 장애인학대 현황 조사
> 3. 장애인학대에 관한 신고체계의 구축 · 운영
> 4. 장애인학대로 인하여 피해를 입은 장애인의 보호 및 치료와 피해장애인의 가정에 대한 지원
> 5. 장애인학대 예방 관계 기관 · 법인 · 단체 · 시설 등에 대한 지원
> 6. 그 밖에 대통령령으로 정하는 장애인학대의 예방과 방지를 위한 사항

(5) 장애인권익옹호기관의 설치

① 중앙장애인권익옹호기관

국가는 지역 간의 연계체계를 구축하고 장애인학대를 예방하기 위하여 다음의 업무를 담당하는 중앙장애인권익옹호기관을 설치 · 운영하여야 한다(법 제59조의11 제1항).

> 1. 제2항에 따른 지역장애인권익옹호기관에 대한 지원
> 2. 장애인학대 예방 관련 연구 및 실태조사
> 3. 장애인학대 예방 관련 프로그램의 개발 · 보급
> 4. 장애인학대 예방 관련 교육 및 홍보
> 5. 장애인학대 예방 관련 전문인력의 양성 및 능력개발
> 6. 관계 기관 · 법인 · 단체 · 시설 간 협력체계의 구축 및 교류
> 7. 장애인학대 신고접수와 그 밖에 보건복지부령으로 정하는 장애인학대 예방과 관련된 업무

② 지역장애인권익옹호기관

학대받은 장애인을 신속히 발견 · 보호 · 치료하고 장애인학대를 예방하기 위하여 다음의 업무를 담당하는 지역장애인권익옹호기관을 특별시 · 광역시 · 특별자치시 · 도 · 특별자치도에 둔다(법 제59조의11 제2항).

> 1. 장애인학대의 신고접수, 현장조사 및 응급보호
> 2. 피해장애인과 그 가족, 장애인학대행위자에 대한 상담 및 사후관리
> 3. 장애인학대 예방 관련 교육 및 홍보
> 4. 장애인학대사례판정위원회 설치 · 운영
> 5. 관계 기관 · 법인 · 단체 · 시설 간 협력체계의 구축 및 교류
> 6. 그 밖에 보건복지부령으로 정하는 장애인학대 예방과 관련된 업무

(6) 사후관리

장애인권익옹호기관의 장은 장애인학대가 종료된 후에도 가정방문, 시설방문, 전화상담 등을 통하여 장애인학대의 재발 여부를 확인하여야 한다. 장애인권익옹호기관의 장은 장애인학대가 종료된 후에도 피해장애인의 안전 확보, 장애인학대의 재발 방지, 건전한 가정기능의 유지 등을 위하여 피해장애인, 피해장애인의 보호자, 가족 및 장애인학대행위자에게 상담, 교육 및 의료적 · 심리적 치료 등의 지원을 하여야 한다. 장애인권익옹호기관의 장은 지원을 하기 위하여 관계 기관 · 법인 · 단체 · 시설에 협조를 요청할 수 있다. 지원을 할 때에는 피해장애인의 이익을 최우선으로 고려하여야 한다. 피해장애인의 보호자 · 가족 및 장애인학대행위자는 장애인권익옹호기관의 지원에 참여하여야 하고, 장애인권익옹호기관의 업무 수행을 정당한 사유 없이 거부하거나 방해하여서는 아니 된다(법 제59조의12 제1~5항).

5) 위원회 및 전문인력

(1) 장애인정책조정위원회

장애인종합정책을 수립하고 관계 부처 간의 의견을 조정하며 그 정책의 이행을 감독 · 평가하기 위하여 국무총리 소속하에 장애인정책조정위원회를 둔다. 위원회는 다음의 사항을 심의 · 조정한다(법 제11조 제2항).

1. 장애인복지정책의 기본방향에 관한 사항
2. 장애인복지 향상을 위한 제도개선과 예산지원에 관한 사항
3. 중요한 특수교육정책의 조정에 관한 사항
4. 장애인 고용촉진정책의 중요한 조정에 관한 사항
5. 장애인 이동보장정책 조정에 관한 사항
6. 장애인정책 추진과 관련한 재원조달에 관한 사항
7. 장애인복지에 관한 관련 부처의 협조에 관한 사항
8. 그 밖에 장애인복지와 관련하여 대통령령으로 정하는 사항

(2) 장애인정책책임관

중앙행정기관의 장은 해당 기관의 장애인정책을 효율적으로 수립 · 시행하기 위하여 소속공무원 중에서 장애인정책책임관을 지정할 수 있다. 장애인정책책임관의 지정 및 임무 등에 관하여 필요한 사항은 대통령령으로 정한다(법 제12조 제1~2항).

(3) 지방장애인복지위원회

장애인복지 관련 사업의 기획 · 조사 · 실시 등을 하는 데에 필요한 사항을 심의하기 위하여 지방자치단체에 지방장애인복지위원회를 둔다. 지방장애인복지위원회를 조직 · 운영하는 데에 필요한 사항은 대통령령으로 정하는 기준에 따라 지방자치단체의 조례로 정한다(법 제13조 제1~2항).

(4) 장애인복지상담원

장애인 복지 향상을 위한 상담 및 지원 업무를 맡기기 위하여 시 · 군 · 구에 장애인복지상담원을 둔다. 장애인복지상담원은 그 업무를 할 때 개인의 인격을 존중하여야 한다. 장애인복지상담원의 임용 · 직무 · 보수와 그 밖에 필요한 사항은 대통령령으로 정한다(법 제33조 제1~3항).

(5) 장애인복지 전문인력

국가와 지방자치단체 그 밖의 공공단체는 의지 · 보조기 기사, 언어재활사, 장애인재활상담사, 한국수어 통역사, 점역(點譯) · 교정사 등 장애인복지 전문인력, 그 밖에 장애인복지에 관한 업무에 종사하는 자를 양성 · 훈련하는 데에 노력해야 한다(법 제71조 제1항).

① 의지 · 보조기 기사

의지 · 보조기 기사가 되기 위해서는 다음의 어느 하나에 해당하는 사람으로서 국가시험에 합격하여 보건복지부장관으로부터 자격증을 교부받아야 한다(법 제72조).

> 1. 「고등교육법」에 따른 전문대학이나 교육부장관이 이와 같은 수준 이상의 학력이 있다고 인정하는 학교에서 보건복지부령으로 정하는 의지 · 보조기 관련 교과목을 이수하고 졸업한 자
> 2. 보건복지부장관이 인정하는 외국에서 제1호에 해당하는 학교와 같은 수준 이상의 교육과정을 마치고 외국의 해당 의지 · 보조기 기사자격증을 받은 자

② 언어재활사

언어재활사가 되기 위해서는 다음의 자격요건을 갖춘 사람으로서 국가시험에 합격하여 보건복지부장관으로부터 자격증을 교부받아야 한다. 언어재활사의 종류 및 국가시험 응시자격 요건은 다음의 구분과 같다. 이 경우 외국의 대학원 · 대학 · 전문대학에서 언어재활 분야의 학위를 취득한 사람으로서 등급별 자격기준과 동등한 학력이 있다고 보건복지부장관이 인정하는 경우에는 해당 등급의 응시자격을 갖춘 것으로 본다(법 제72조의2 제1~2항).

구분	응시자격
1급 언어재활사	1. 2급 언어재활사 자격증을 가진 사람으로서 다음의 어느 하나에 해당하는 사람 가. 「고등교육법」에 따른 대학원에서 언어재활 분야의 박사학위 또는 석사학위를 취득한 사람으로서 언어재활기관에 1년 이상 재직한 사람 나. 「고등교육법」에 따른 대학에서 언어재활 관련 학과의 학사학위를 취득한 사람으로서 언어재활기관에 3년 이상 재직한 사람
2급 언어재활사	2. 「고등교육법」에 따른 대학원 · 대학 · 전문대학의 언어재활 관련 교과목을 이수하고 관련 학과의 석사학위 · 학사학위 · 전문학사학위를 취득한 사람

③ 장애인재활상담사

장애인재활상담사가 되기 위해서는 다음의 자격요건을 갖춘 사람으로서 국가시험에 합격하여 보건복지부장관으로부터 자격증을 교부받아야 한다. 장애인재활상담사의 종류 및 국가시험 응시자격 요건은 다음의 구분과 같다. 이 경우 외국의 대학원 · 대학 · 전문대학에서 장애인재활 분야의 학위를 취득한 사람으로서 등급별 자격기준과 동등한 학력이 있다고 보건복지부장관이 인정하는 경우에는 해당 등급의 응시자격을 갖춘 것으로 본다(법 제72조의3 제1~2항).

1급 장애인재활 상담사	1. 다음의 어느 하나에 해당하는 사람 가. 「고등교육법」에 따른 대학원에서 장애인재활 분야의 박사학위를 취득한 사람 나. 2급 장애인재활상담사 자격증을 가진 사람으로서 「고등교육법」에 따른 대학원에서 장애인재활 분야의 석사학위를 취득한 사람 다. 2급 장애인재활상담사 자격증을 가진 사람으로서 장애인재활 관련 기관에서 3년 이상 재직한 사람 라. 사회복지사 2급 자격증을 가진 사람으로서 장애인재활 관련 기관에서 5년 이상 재직한 사람
2급 장애인재활 상담사	2. 다음의 어느 하나에 해당하는 사람 가. 「고등교육법」에 따른 대학에서 보건복지부령으로 정하는 장애인재활 관련 교과목을 이수한 사람 나. 사회복지사 자격증을 가진 사람으로서 장애인재활 관련 기관에서 3년 이상 재직한 사람

제15장 ∶ 사회서비스법(2)

1. 한부모가족지원법

1) 한부모가족지원법의 개관

(1) 법의 목적

「한부모가족지원법」은 한부모가족이 안정적인 가족기능을 유지하고 자립할 수 있도록 지원함으로써 한부모가족의 생활 안정과 복지 증진에 이바지함을 목적으로 한다(법 제1조).

(2) 법률용어의 정의

이 법에서 사용하는 용어의 뜻은 다음과 같다(법 제4조).

모 또는 부	다음 각 목의 어느 하나에 해당하는 자로서 아동인 자녀를 양육하는 자를 말한다. 가. 배우자와 사별 또는 이혼하거나 배우자로부터 유기(遺棄)된 자 나. 정신이나 신체의 장애로 장기간 노동능력을 상실한 배우자를 가진 자 다. 교정시설 · 치료감호시설에 입소한 배우자 또는 병역복무 중인 배우자를 가진 사람 라. 미혼자(사실혼 관계에 있는 자는 제외) 마. 가목부터 라목까지에 규정된 자에 준하는 자로서 여성가족부령으로 정하는 자
청소년한부모	24세 이하의 모 또는 부를 말한다.
한부모가족	모자가족 또는 부자가족을 말한다.
모자가족	모가 세대주{세대주가 아니더라도 세대원을 사실상 부양하는 자를 포함한다}인 가족을 말한다.

부자가족	부가 세대주{세대주가 아니더라도 세대원을 사실상 부양하는 자를 포함한다}인 가족을 말한다.
아동	18세 미만(취학 중인 경우에는 22세 미만을 말하되, 「병역법」에 따른 병역의무를 이행하고 취학 중인 경우에는 병역의무를 이행한 기간을 가산한 연령 미만을 말한다)의 자를 말한다.
지원기관	이 법에 따른 지원을 행하는 국가나 지방자치단체를 말한다.
한부모가족복지단체	한부모가족의 복지 증진을 목적으로 설립된 기관이나 단체를 말한다.

(3) 국가 등의 책임

국가와 지방자치단체는 한부모가족의 복지를 증진할 책임을 지며, 한부모가족의 권익과 자립을 지원하기 위한 여건을 조성하고 이를 위한 시책을 수립 · 시행하여야 한다. 또한 국가와 지방자치단체는 한부모가족에 대한 사회적 편견과 차별을 예방하고, 사회구성원이 한부모가족을 이해하고 존중할 수 있도록 교육 및 홍보 등 필요한 조치를 하여야 한다(법 제2조 제1~3항).

한편 교육부장관과 특별시 · 광역시 · 특별자치시 · 도 · 특별자치도의 교육감은 「유아교육법」 제2조 제2호의 유치원, 「초 · 중등교육법」 제2조 및 「고등교육법」 제2조의 학교에서 한부모가족에 대한 이해를 돕는 교육을 실시하기 위한 시책을 수립 · 시행하여야 하며, 청소년 한부모가족의 자립을 위하여 노력하여야 한다. 또한 모든 국민은 한부모가족의 복지 증진에 협력하여야 한다(법 제2조 제4~6항).

2) 적용대상

(1) 지원대상자의 범위

다음의 규정에 해당하는 "모 또는 부"가 18세 미만(취학 중인 경우에는 22세 미만)의 아동인 자녀를 양육하는 한부모가족으로서 여성가족부령으로 정하는 자는 「한부모가족지원법」에 따른 지원대상자가 된다. 지원대상자 중 아동의 연령을 초과하는 자녀가 있는 한부모가족의 경우 그 자녀를 제외한 나머지 가족구성원을 지원대상자로 한다(법 제5조 제1~2항).

> 1. 배우자와 사별 또는 이혼하거나 배우자로부터 유기(遺棄)된 자
> 2. 정신이나 신체의 장애로 장기간 노동능력을 상실한 배우자를 가진 자
> 3. 교정시설 · 치료감호시설에 입소한 배우자 또는 병역복무 중인 배우자를 가진 사람
> 4. 미혼자(사실혼 관계에 있는 자는 제외)
> 5. 가목부터 라목까지에 규정된 자에 준하는 자로서 여성가족부령으로 정하는 자

(2) 지원대상자의 범위에 대한 특례

다음 각 호의 어느 하나에 해당하는 아동과 그 아동을 양육하는 조부 또는 조모로서 여성가족부령으로 정하는 자는 이 법에 따른 지원대상자가 된다(법 제5조의2 제2항).

> 1. 부모가 사망하거나 생사가 분명하지 아니한 아동
> 2. 부모가 정신 또는 신체의 장애 · 질병으로 장기간 노동능력을 상실한 아동
> 3. 부모의 장기복역 등으로 부양을 받을 수 없는 아동
> 4. 부모가 이혼하거나 유기하여 부양을 받을 수 없는 아동
> 5. 제1호부터 제4호까지에 규정된 자에 준하는 자로서 여성가족부령으로 정하는 아동

또한 국내에 체류하고 있는 외국인 중 대한민국 국민과 혼인하여 대한민국 국적의 아동을 양육하고 있는 모 또는 부로서 대통령령으로 정하는 사람이 한부모가족 지원대상자의 범위에 해당하면 이 법에 따른 지원대상자가 된다(법 제5조의2 제3항).

3) 복지의 내용과 실시

(1) 지원대상자의 조사 및 급여신청

특별자치시장 · 특별자치도지사 · 시장 · 군수 · 구청장은 매년 1회 이상 관할구역 지원대상자의 가족상황, 생활실태 등을 조사하여야 하며, 조사 결과를 대장(臺帳)으로 작성 · 비치하여야 한다. 다만, 「사회복지사업법」 제6조의2 제2항에 따른 정보시스템을 활용할 때에는 전자적으로 작성하여 관리할 수 있다(법 제10조 제1~2항).

지원대상자 또는 그 친족이나 그 밖의 이해관계인은 복지 급여를 관할 특별자치시장 · 특별자치도지사 · 시장 · 군수 · 구청장에게 신청할 수 있다. 복지 급여 신청을

할 때에는 금융정보, 신용정보, 보험정보 등 자료 또는 정보의 제공에 대한 지원대상자의 동의 서면을 제출하여야 한다(법 제11조 제1~2항).

(2) 복지급여의 내용

국가나 지방자치단체는 복지급여의 신청이 있으면 다음의 복지급여를 실시하여야 한다(법 제12조 제1항).

> 1. 생계비
> 2. 아동교육지원비
> 3. 아동양육비
> 4. 그 밖에 대통령령으로 정하는 비용

이 법에 따른 지원대상자가 「국민기초생활보장법」 등 다른 법령에 따라 지원을 받고 있는 경우에는 그 범위에서 이 법에 따른 급여를 하지 아니한다. 다만 아동양육비는 지급할 수 있다. 아동양육비를 지급할 때에 미혼모나 미혼부가 5세 이하의 아동을 양육하는 경우나(모 또는 부의 직계존속이 5세 이하의 아동을 양육하는 경우에도 같음), 34세 이하의 모 또는 부가 아동을 양육하는 경우에는 예산의 범위에서 추가적인 복지 급여를 실시하여야 한다(법 제12조 제2~3항).

(3) 복지자금의 대여

국가나 지방자치단체는 한부모가족의 생활안정과 자립을 촉진하기 위하여 다음 각 호의 어느 하나의 자금을 대여할 수 있다(법 제13조 제1항).

> 1. 사업에 필요한 자금
> 2. 아동교육비
> 3. 의료비
> 4. 주택자금
> 5. 그 밖에 대통령령으로 정하는 한부모가족의 복지를 위하여 필요한 자금

(4) 가족지원서비스

국가나 지방자치단체는 한부모가족에게 다음 각 호의 가족지원서비스를 제공하도록 노력하여야 한다(법 제17조).

> 1. 아동의 양육 및 교육 서비스
> 2. 장애인, 노인, 만성질환자 등의 부양서비스
> 3. 취사, 청소, 세탁 등 가사서비스
> 4. 교육 · 상담 등 가족관계 증진서비스
> 5. 인지청구 및 자녀양육비 청구 등을 위한 법률상담, 소송대리 등 법률구조서비스
>
> 5의2. 출생확인신청을 위한 유전자검사비용 지원
>
> 6. 그 밖에 대통령령으로 정하는 한부모가족에 대한 가족지원서비스

(5) 청소년 한부모에 대한 교육 지원

국가나 지방자치단체는 청소년 한부모가 학업을 할 수 있도록 다음 각 호의 어느 하나에 해당하는 지원을 할 수 있다(법 제17조의2 제1항).

> 1. 「초 · 중등교육법」 제2조에 따른 학교에서의 학적 유지를 위한 지원 및 교육비 지원 또는 검정고시 지원
> 2. 「평생교육법」 제31조 제2항에 따른 학력인정 평생교육시설에 대한 교육비 지원
> 3. 「초 · 중등교육법」 제28조에 따른 교육 지원
> 4. 그 밖에 청소년 한부모의 교육 지원을 위하여 여성가족부령으로 정하는 사항

청소년 한부모의 교육 지원을 위하여 특별시 · 광역시 · 특별자치시 · 도 · 특별자치도의 교육감은 한부모가족복지시설에 순회교육 실시를 위한 지원을 할 수 있다. 또한 국가와 지방자치단체는 청소년 한부모의 학업과 양육의 병행을 위하여 그 자녀가 청소년 한부모가 속한 「고등교육법」 제2조에 따른 학교에 설치된 직장어린이집을 이용할 수 있도록 지원할 수 있다. 그리고 여성가족부장관은 청소년 한부모가 학업을 계속할 수 있도록 교육부장관에게 협조를 요청하여야 한다(법 제17조의2 제2~4항).

(6) 자녀양육비 이행지원

여성가족부장관은 자녀양육비 산정을 위한 자녀양육비 가이드라인을 마련하여 법원이 이혼 판결 시 적극 활용할 수 있도록 노력하여야 한다(법 제17조의3).

4) 한부모가족복지시설

한부모가족복지시설은 출산지원시설, 양육지원시설, 생활지원시설, 일시지원시설, 한부모가족복지상담소로 구분하고, 시설의 입소기간 및 그 기간의 연장 등에 필요한 사항은 여성가족부령으로 정한다(법 제19조 제1~2항).

(1) 출산지원시설

출산지원시설이란 다음의 어느 하나에 해당하는 자의 임신·출산 및 그 출산 아동(3세 미만에 한정)의 양육을 위하여 주거 등을 지원하는 시설을 말한다.

가. 제4조 제1호[1)]의 모
나. 혼인 관계에 있지 아니한 자로서 출산 전 임신부
다. 혼인 관계에 있지 아니한 자로서 출산 후 해당 아동을 양육하지 아니하는 모

(2) 양육지원시설

6세 미만 자녀를 동반한 한부모가족에게 자녀를 양육할 수 있도록 주거 등을 지원하는 시설을 말한다.

(3) 생활지원시설

18세 미만(취학 중인 경우에는 22세 미만을 말하되, 「병역법」에 따른 병역의무를 이행하고

---

1) 법 제4조 제1호. "모" 또는 "부"란 다음 각 목의 어느 하나에 해당하는 자로서 아동인 자녀를 양육하는 자를 말한다.
가. 배우자와 사별 또는 이혼하거나 배우자로부터 유기(遺棄)된 자
나. 정신이나 신체의 장애로 장기간 노동능력을 상실한 배우자를 가진 자
다. 교정시설·치료감호시설에 입소한 배우자 또는 병역복무 중인 배우자를 가진 사람
라. 미혼자(사실혼 관계에 있는 자는 제외)
마. 가목부터 라목까지에 규정된 자에 준하는 자로서 여성가족부령으로 정하는 자

취학 중인 경우에는 병역의무를 이행한 기간을 가산한 연령 미만을 말함) 자녀를 동반한 한부모가족에게 자립을 준비할 수 있도록 주거 등을 지원하는 시설을 말한다.

(4) 일시지원시설

배우자(사실혼 관계에 있는 사람 포함)가 있으나 배우자의 물리적 · 정신적 학대로 아동의 건전한 양육이나 모 또는 부의 건강에 지장을 초래할 우려가 있을 경우 일시적 또는 일정 기간 동안 모와 아동, 부와 아동, 모 또는 부에게 주거 등을 지원하는 시설을 말한다.

(5) 한부모가족복지상담소

한부모가족에 대한 위기 · 자립 상담 또는 문제해결 지원 등을 목적으로 하는 시설을 말한다.

2. 다문화가족지원법

1) 다문화가족지원법의 개관

(1) 법의 목적

「다문화가족지원법」은 다문화가족 구성원이 안정적인 가족생활을 영위하고 사회구성원으로서의 역할과 책임을 다할 수 있도록 함으로써 이들의 삶의 질 향상과 사회통합에 이바지함을 목적으로 한다.

(2) 법률용어의 정의

이 법에서 사용하는 용어의 뜻은 다음과 같다(법 제2조).

다문화가족	가. 「재한외국인 처우 기본법」 제2조 제3호의 결혼이민자와 「국적법」 제2조부터 제4조까지의 규정에 따라 대한민국 국적을 취득한 자로 이루어진 가족이거나 나. 「국적법」 제3조 및 제4조에 따라 대한민국 국적을 취득한 자와 같은 법 제2조부터 제4조까지의 규정에 따라 대한민국 국적을 취득한 자로 이루어진 가족
결혼이민자등	가. 「재한외국인 처우 기본법」 제2조 제3호의 결혼이민자이거나 나. 「국적법」 제4조에 따라 귀화허가를 받은 자
아동 · 청소년	24세 이하인 사람을 말한다.

(3) 국가와 지방자치단체의 책무

국가와 지방자치단체는 다문화가족 구성원이 안정적인 가족생활을 영위하고 경제 · 사회 · 문화 등 각 분야에서 사회구성원으로서의 역할과 책임을 다할 수 있도록 필요한 제도와 여건을 조성하고 이를 위한 시책을 수립 · 시행하여야 한다. 또한 특별시 · 광역시 · 특별자치시 · 도 · 특별자치도 및 시 · 군 · 구에는 다문화가족 지원을 담당할 기구와 공무원을 두어야 한다. 그리고 국가와 지방자치단체는 이 법에 따른 시책 중 외국인정책 관련 사항에 대하여는 「재한외국인 처우 기본법」 제5조부터 제9조까지의 규정에 따른다(법 제3조 제1~3항).

(4) 기본계획의 수립 및 시행

여성가족부장관은 다문화가족 지원을 위하여 5년마다 다문화가족정책에 관한 기본계획을 수립하여야 한다(법 제3조의2 제1항). 그리고 여성가족부장관, 관계 중앙행정기관의 장과 시 · 도지사는 매년 기본계획에 따라 다문화가족정책에 관한 시행계획을 수립 · 시행하여야 한다. 관계 중앙행정기관의 장과 시 · 도지사는 전년도의 시행계획에 따른 추진실적 및 다음 연도의 시행계획을 대통령령으로 정하는 바에 따라 매년 여성가족부장관에게 제출하여야 한다(법 제3조의3 제1~2항).

(5) 실태조사 등

여성가족부장관은 다문화가족의 현황 및 실태를 파악하고 다문화가족 지원을 위한 정책수립에 활용하기 위하여 3년마다 다문화가족에 대한 실태조사를 실시하고 그 결과를 공표하여야 한다. 여성가족부장관은 실태조사를 위하여 관계 공공기관 또는 관련 법인 · 단체에 대하여 필요한 자료의 제출 등 협조를 요청할 수 있다. 이 경우 자료의 제출 등 협조를 요청받은 관계 공공기관 또는 관련법인 · 단체 등은 특별한 사유가 없는 한 이에 협조하여야 한다(법 제4조 제1~2항).

여성가족부장관은 실태조사를 실시함에 있어서 외국인정책 관련 사항에 대하여는 법무부장관과, 다문화가족 구성원인 아동 · 청소년의 교육현황 및 아동 · 청소년의 다문화가족에 대한 인식 등에 관한 사항에 대하여는 교육부장관과 협의를 거쳐 실시한다(법 제4조 제3~4항).

(6) 다문화가족정책위원회의 설치

다문화가족의 삶의 질 향상과 사회통합에 관한 중요 사항을 심의 · 조정하기 위하여 국무총리 소속으로 다문화가족정책위원회를 두고, 다음 각 호의 사항을 심의 · 조정한다(법 제3조의4 제1~2항).

1. 다문화가족정책에 관한 기본계획의 수립 및 추진에 관한 사항
2. 다문화가족정책의 시행계획의 수립, 추진실적 점검 및 평가에 관한 사항
3. 다문화가족과 관련된 각종 조사, 연구 및 정책의 분석 · 평가에 관한 사항
4. 각종 다문화가족 지원 관련 사업의 조정 및 협력에 관한 사항
5. 다문화가족정책과 관련된 국가 간 협력에 관한 사항
6. 그 밖에 다문화가족의 사회통합에 관한 중요 사항으로 위원장이 필요하다고 인정하는 사항

2) 복지지원

(1) 다문화가족에 대한 이해증진

국가와 지방자치단체는 다문화가족에 대한 사회적 차별 및 편견을 예방하고 사회구성원이 문화적 다양성을 인정하고 존중할 수 있도록 다문화 이해교육을 실시하고 홍보 등 필요한 조치를 하여야 한다. 여성가족부장관은 제1항에 따른 조치를 함에 있어 홍보영상을 제작하여 「방송법」 제2조 제3호에 따른 방송사업자에게 배포하여야 한다. 여성가족부장관은 방송사업자에게 대통령령으로 정하는 비상업적 공익광고 편성비율의 범위에서 홍보영상을 채널별로 송출하도록 요청할 수 있다. 방송사

업자는 제2항의 홍보영상 외에 독자적으로 홍보영상을 제작하여 송출할 수 있다. 이 경우 여성가족부장관에게 필요한 협조 및 지원을 요청할 수 있다(법 제5조 제1~4항).

교육부장관과 특별시·광역시·특별자치시·도·특별자치도의 교육감은 「유아교육법」 제2조, 「초·중등교육법」 제2조 또는 「고등교육법」 제2조에 따른 학교에서 다문화가족에 대한 이해를 돕는 교육을 실시하기 위한 시책을 수립·시행하여야 한다. 이 경우 제4조에 따른 실태조사의 결과 중 다문화가족 구성원인 아동·청소년의 교육 현황 및 아동·청소년의 다문화가족에 대한 인식 등에 관한 사항을 반영하여야 한다. 또한 교육부장관과 특별시·광역시·특별자치시·도·특별자치도의 교육감은 「유아교육법」 제2조 및 「초·중등교육법」 제2조에 따른 학교의 교원에 대하여 대통령령으로 정하는 바에 따라 다문화 이해교육 관련 연수를 실시하여야 한다(법 제5조 제5~6항).

(2) 생활정보 제공 및 교육 지원

국가와 지방자치단체는 결혼이민자 등이 대한민국에서 생활하는 데 필요한 기본적 정보(아동·청소년에 대한 학습 및 생활지도 관련 정보를 포함한다)를 제공하고, 사회적응교육과 직업교육·훈련 및 언어소통 능력 향상을 위한 한국어교육 등을 받을 수 있도록 필요한 지원을 할 수 있다. 또한 국가와 지방자치단체는 결혼이민자 등의 배우자 및 가족구성원이 결혼이민자 등의 출신 국가 및 문화 등을 이해하는 데 필요한 기본적 정보를 제공하고 관련 교육을 지원할 수 있다(법 제6조 제1~2항).

국가와 지방자치단체는 교육을 실시함에 있어 거주지 및 가정환경 등으로 인하여 서비스에서 소외되는 결혼이민자 등과 배우자 및 그 가족구성원이 없도록 방문교육이나 원격교육 등 다양한 방법으로 교육을 지원하고, 교재와 강사 등의 전문성을 강화하기 위한 시책을 수립·시행하여야 한다. 이 경우 방문교육의 비용을 결혼이민자등의 가구 소득수준, 교육의 종류 등 여성가족부장관이 정하여 고시하는 기준에 따라 차등 지원할 수 있다. 국가와 지방자치단체가 제4항에 따른 비용을 지원함에 있어 비용 지원의 신청, 금융정보 등의 제공, 조사·질문 등은 「아이돌봄 지원법」 제22조부터 제25조까지의 규정을 준용한다. 결혼이민자 등의 배우자 등 다문화가족 구성원은 결혼이민자 등이 한국어교육 등 사회적응에 필요한 다양한 교육을 받을 수 있도록 노력하여야 한다(법 제6조 제3~6항).

(3) 가정폭력 피해자에 대한 보호 · 지원

국가와 지방자치단체는 「가정폭력방지 및 피해자보호 등에 관한 법률」에 따라 다문화가족 내 가정폭력을 예방하기 위하여 노력하여야 하고, 가정폭력으로 피해를 입은 결혼이민자 등을 보호 · 지원할 수 있다. 또한 국가와 지방자치단체는 가정폭력의 피해를 입은 결혼이민자 등에 대한 보호 및 지원을 위하여 외국어 통역 서비스를 갖춘 가정폭력상담소 및 보호시설의 설치를 확대하도록 노력하여야 하며, 결혼이민자 등이 가정폭력으로 혼인관계를 종료하는 경우 의사소통의 어려움과 법률체계 등에 관한 정보의 부족 등으로 불리한 입장에 놓이지 아니하도록 의견진술 및 사실확인 등에 있어서 언어통역, 법률상담 및 행정지원 등 필요한 서비스를 제공할 수 있다(법 제8조 제1~4항).

(4) 의료 및 건강관리를 위한 지원

국가와 지방자치단체는 결혼이민자 등이 건강하게 생활할 수 있도록 영양 · 건강에 대한 교육, 산전 · 산후도우미 파견, 건강검진 등의 의료서비스를 지원할 수 있다. 의료서비스를 제공받을 경우 외국어 통역 서비스를 제공할 수 있다(법 제9조 제1~2항).

(5) 아동청소년 보육 · 교육

국가와 지방자치단체는 아동 · 청소년 보육 · 교육을 실시함에 있어서 다문화가족 구성원인 아동 · 청소년을 차별하여서는 아니 된다. 국가와 지방자치단체는 다문화가족 구성원인 아동 · 청소년이 학교생활에 신속히 적응할 수 있도록 교육지원대책을 마련하여야 하고, 특별시 · 광역시 · 특별자치시 · 도 · 특별자치도의 교육감은 다문화가족 구성원인 아동 · 청소년에 대하여 학과 외 또는 방과 후 교육 프로그램 등을 지원할 수 있다(법 제10조 제1~2항).

그리고 국가와 지방자치단체는 다문화가족 구성원인 18세 미만인 사람의 초등학교 취학 전 보육 및 교육 지원을 위하여 노력하고, 그 구성원의 언어 발달을 위하여 한국어 및 결혼이민자 등인 부 또는 모의 모국어 교육을 위한 교재지원 및 학습지원 등 언어능력 제고를 위하여 필요한 지원을 할 수 있다(법 제10조 제3항).

(6) 다국어에 의한 서비스 제공

국가와 지방자치단체는 다문화가족에 대한 지원정책을 추진함에 있어서 결혼이민자등의 의사소통의 어려움을 해소하고 서비스 접근성을 제고하기 위하여 다국어에 의한 서비스 제공이 이루어지도록 노력하여야 한다(법 제11조).

(7) 다문화가족지원센터의 설치운영

국가와 지방자치단체는 다문화가족지원센터를 설치 · 운영할 수 있다. 국가 또는 지방자치단체는 지원센터의 설치 · 운영을 대통령령으로 정하는 법인이나 단체에 위탁할 수 있다. 국가 또는 지방자치단체 아닌 자가 지원센터를 설치 · 운영하고자 할 때에는 미리 시 · 도지사 또는 시장 · 군수 · 구청장의 지정을 받아야 한다. 지원센터에는 다문화가족에 대한 교육 · 상담 등의 업무를 수행하기 위하여 관련 분야에 대한 학식과 경험을 가진 전문인력을 두어야 하며, 다음의 업무를 수행한다(법 제12조 제1~5항).

1. 다문화가족을 위한 교육 · 상담 등 지원사업의 실시
2. 결혼이민자 등에 대한 한국어교육
3. 다문화가족 지원서비스 정보제공 및 홍보
4. 다문화가족 지원 관련 기관 · 단체와의 서비스 연계
5. 일자리에 관한 정보제공 및 일자리의 알선
6. 다문화가족을 위한 통역 · 번역 지원사업
7. 다문화가족 내 가정폭력 방지 및 피해자 연계 지원
8. 그 밖에 다문화가족 지원을 위하여 필요한 사업

3. 정신건강증진 및 정신질환자 복지서비스 지원에 관한 법률(약칭 : 정신건강복지법)

1) 정신건강복지법의 개관

(1) 법의 목적

「정신건강증진 및 정신질환자 복지서비스 지원에 관한 법률」은 정신질환의 예방·치료, 정신질환자의 재활·복지·권리보장과 정신건강 친화적인 환경 조성에 필요한 사항을 규정함으로써 국민의 정신건강 증진 및 정신질환자의 인간다운 삶을 영위하는 데 이바지함을 목적으로 한다(법 제1조).

(2) 기본 이념(법 제2조 제1~9항)

① 모든 국민은 정신질환으로부터 보호받을 권리를 가진다.
② 모든 정신질환자는 인간으로서의 존엄과 가치를 보장받고, 최적의 치료를 받을 권리를 가진다.
③ 모든 정신질환자는 정신질환이 있다는 이유로 부당한 차별대우를 받지 아니한다.
④ 미성년자인 정신질환자는 특별히 치료, 보호 및 교육을 받을 권리를 가진다.
⑤ 정신질환자에 대해서는 입원 또는 입소가 최소화되도록 지역사회 중심의 치료가 우선적으로 고려되어야 하며, 정신건강증진시설에 자신의 의지에 따른 입원 또는 입소가 권장되어야 한다.
⑥ 정신건강증진시설에 입원 등을 하고 있는 모든 사람은 가능한 한 자유로운 환경을 누릴 권리와 다른 사람들과 자유로이 의견교환을 할 수 있는 권리를 가진다.
⑦ 정신질환자는 원칙적으로 자신의 신체와 재산에 관한 사항에 대하여 스스로 판단하고 결정할 권리를 가진다. 특히 주거지, 의료행위에 대한 동의나 거부, 타인과의 교류, 복지서비스의 이용 여부와 복지서비스 종류의 선택 등을 스스로 결정할 수 있도록 자기결정권을 존중받는다.
⑧ 정신질환자는 자신에게 법률적·사실적 영향을 미치는 사안에 대하여 스스로 이해하여 자신의 자유로운 의사를 표현할 수 있도록 필요한 도움을 받을 권리를 가진다.
⑨ 정신질환자는 자신과 관련된 정책의 결정과정에 참여할 권리를 가진다.

(3) 법률용어의 정의

이 법에서 사용하는 용어의 뜻은 다음과 같다(법 제3조).

정신질환자	망상, 환각, 사고(思考)나 기분의 장애 등으로 인하여 독립적으로 일상생활을 영위하는 데 중대한 제약이 있는 사람을 말한다.
정신건강증진 사업	정신건강 관련 교육 · 상담, 정신질환의 예방 · 치료, 정신질환자의 재활, 정신건강에 영향을 미치는 사회복지 · 교육 · 주거 · 근로환경의 개선 등을 통하여 국민의 정신건강을 증진시키는 사업을 말한다.
정신건강복지 센터	정신건강증진시설, 「사회복지사업법」에 따른 사회복지시설, 학교 및 사업장과 연계체계를 구축하여 지역사회에서의 정신건강증진사업 및 제33조부터 제38조까지의 규정에 따른 정신질환자 복지서비스 지원 사업을 하는 다음 각 목의 기관 또는 단체를 말한다. 가. 법 제15조 제1항부터 제3항까지의 규정에 따라 국가 또는 지방자치단체가 설치 · 운영하는 기관 나. 법 제15조 제6항에 따라 국가 또는 지방자치단체로부터 위탁받아 정신건강증진사업 등을 수행하는 기관 또는 단체
정신건강증진시설	정신의료기관, 정신요양시설 및 정신재활시설을 말한다.
정신의료기관	주로 정신질환자를 치료할 목적으로 설치된 다음의 어느 하나에 해당하는 기관을 말한다. 가. 「의료법」에 따른 정신병원 나. 「의료법」에 따른 의료기관 중 제19조 제1항 후단에 따른 기준에 적합하게 설치된 의원 다. 「의료법」에 따른 병원급 의료기관에 설치된 정신건강의학과로서 제19조 제1항 후단에 따른 기준에 적합한 기관
정신요양시설	법 제22조에 따라 설치된 시설로서 정신질환자를 입소시켜 요양서비스를 제공하는 시설을 말한다.
정신재활시설	법 제26조에 따라 설치된 시설로서 정신질환자 또는 정신건강상 문제가 있는 사람 중 대통령령으로 정하는 사람의 사회적응을 위한 각종 훈련과 생활지도를 하는 시설을 말한다.

(4) 국가와 지방자치단체의 책무

국가와 지방자치단체는 국민의 정신건강을 증진시키고, 정신질환을 예방 · 치료하며, 정신질환자의 재활 및 장애극복과 사회적응 촉진을 위한 연구 · 조사와 지도 · 상담 등 필요한 조치를 하여야 하며, 정신질환의 예방 · 치료와 정신질환자의 재활을 위하여 정신건강복지센터와 정신건강증진시설, 사회복지시설, 학교 및 사업장 등을 연계하는 정신건강서비스 전달체계를 확립하여야 한다(법 제4조 제1~2항).

국가와 지방자치단체는 정신질환자 등과 그 가족에 대한 권익향상, 인권보호 및 지원 서비스 등에 관한 종합적인 시책을 수립하고 그 추진을 위하여 노력하여야 하며, 정신질환자 등과 그 가족에 대한 모든 차별 및 편견을 해소하고 차별받은 정신질환자 등과 그 가족의 권리를 구제할 책임이 있으며, 정신질환자 등과 그 가족에 대한 차별 및 편견을 해소하기 위하여 적극적인 조치를 하여야 한다(법 제4조 제3~4항).

국가와 지방자치단체는 정신질환자등의 적절한 치료 및 재활과 자립을 지원하기 위하여 정신질환자등과 그 가족에 대하여 정신건강증진사업등에 관한 정보를 제공하는 등 필요한 시책을 강구하여야 하며, 국민에게 영 · 유아, 아동, 청소년, 중 · 장년, 노인 등 생애주기에 따른 정신건강서비스를 제공하고, 우울 · 불안 · 고독 등의 정신건강상 문제와 관련하여 상담을 제공하는 등 국민의 정신건강 증진을 위하여 필요한 시책을 강구하여야 한다(법 제4조 제5~6항).

2) 정신건강증진정책 추진

(1) 국가계획 및 시행계획 수립 및 시행

보건복지부장관은 관계 행정기관의 장과 협의하여 5년마다 정신건강증진 및 정신질환자 복지서비스 지원에 관한 국가의 기본계획을 수립하여야 한다. 시 · 도지사는 국가계획에 따라 각각 시 · 도 단위의 정신건강 증진 및 정신질환자 복지서비스 지원에 관한 계획(지역계획)을 수립하여야 한다. 이 경우 해당 지역계획은 「지역보건법」 제7조에 따른 지역보건의료계획과 연계되도록 하여야 한다(법 제7조 제1~2항).

보건복지부장관과 시 · 도지사는 각각 국가의 기본계획과 지역계획에 따라 매년 시행계획을 수립 · 시행하여야 하고, 시장 · 군수 · 구청장은 매년 관할 시 · 도의 지역계획에 따라 시행계획을 수립 · 시행하여야 한다(법 제8조 제1항).

(2) 실태조사

보건복지부장관은 5년마다 다음의 사항에 관한 실태조사를 하여야 한다. 다만, 정신건강증진 정책을 수립하는 데 필요한 경우 수시로 실태조사를 할 수 있다(법 제10조 제1항).

1. 정신질환의 인구학적 분포, 유병률(有病率) 및 유병요인
2. 성별, 연령 등 인구학적 특성에 따른 정신질환의 치료 이력, 정신건강증진시설 이용 현황
3. 정신질환으로 인한 사회적 · 경제적 손실
4. 정신질환자의 취업 · 직업훈련 · 소득 · 주거 · 경제상태 및 정신질환자에 대한 복지서비스
5. 정신질환자 가족의 사회 · 경제적 상황
6. 정신질환자 및 그 가족에 대한 차별 실태
7. 그 밖에 정신건강 증진에 필요한 사항으로서 보건복지부령으로 정하는 사항

(3) 국가와 지방자치단체의 정신건강증진사업 추진

보건복지부장관은 전국 단위의 정신건강증진사업 등을 수행하고, 지방자치단체의 지역별 정신건강증진사업 등을 총괄 · 지원한다. 시 · 도지사는 관할 구역에서의 정신건강증진사업 등, 시 · 군 · 구 간 연계체계 구축 및 응급정신의료서비스 제공 등 광역 단위의 정신건강증진사업 등을 수행하며, 시장 · 군수 · 구청장의 지역계획의 시행계획이나 지역보건의료계획의 시행계획에 따른 정신건강증진사업 등을 총괄 · 지원한다. 시장 · 군수 · 구청장은 관할 구역에서의 정신건강증진사업 등을 수행한다. 보건복지부장관, 시 · 도지사 및 시장 · 군수 · 구청장은 정신건강증진사업 등을 시행하는 경우에 정신건강복지센터, 정신건강증진시설, 사회복지시설, 학교 및 사업장의 관련 활동이 서로 연계되도록 하여야 한다(법 제12조 제1~4항).

3) 복지서비스의 제공

(1) 복지서비스의 개발

국가와 지방자치단체는 정신질환자가 정신질환에도 불구하고 잠재적인 능력을 최대한 계발할 수 있도록 정신질환자에게 적합한 서비스를 적극적으로 개발하기 위한 연구지원체계를 구축하기 위하여 노력하여야 한다(법 제33조).

(2) 고용 및 직업재활 지원

국가와 지방자치단체는 정신질환자가 자신의 능력을 최대한 활용하여 직업생활

을 영위할 수 있도록 일자리 창출, 창업지원 등 고용촉진에 필요한 조치를 강구하여야 한다. 그리고 보건복지부장관은 정신질환자의 능력과 특성에 적합한 직업훈련, 직업지도 등을 지원하기 위하여 필요한 조치를 강구하여야 한다(법 제34조 제1~2항).

(3) 평생교육 지원

국가와 지방자치단체는 정신질환자에게 「교육기본법」 제3조 및 제4조에 따른 평생교육의 기회가 충분히 부여될 수 있도록 특별자치시장 · 특별자치도지사 · 시장 · 군수 · 구청장별로 「평생교육법」 제2조 제2호의 평생교육기관을 지정하여 정신질환자를 위한 교육과정을 적절하게 운영하도록 조치하여야 한다. 평생교육기관의 지정기준과 절차, 정신질환자를 위한 교육과정의 기준, 교육제공인력의 요건 등은 교육부장관이 보건복지부장관과 협의하여 정한다(법 제35조 제1항, 제3항).

(4) 문화 · 예술 · 여가 · 체육활동 지원

국가와 지방자치단체는 이 법에서 정한 지원 외에 문화 · 예술 · 여가 · 체육활동 등의 영역에서 정신질환자에게 필요한 서비스가 지원되도록 최대한 노력하여야 한다(법 제36조).

(5) 지역사회 거주 · 치료 · 재활 등 통합지원

국가와 지방자치단체는 정신질환자의 지역사회 거주 및 치료를 위하여 필요한 시책을 강구하여야 한다. 국가와 지방자치단체는 정신건강증진시설에서의 퇴원 및 퇴소가 필요한 정신질환자에 대한 지역사회 재활 지원 등 지역사회 통합 지원을 위하여 노력하여야 한다(법 제37조 제1~2항).

(6) 가족에 대한 정보제공과 교육

국가와 지방자치단체는 정신질환자의 가족이 정신질환자의 적절한 회복과 자립을 지원하는 데 필요한 정보를 제공하거나 관련 교육을 실시할 수 있다(법 제38조).

(7) 절차 조력

국가 및 지방자치단체는 정신질환자 등이 정신건강증진시설에 입원 등을 하거나 정신건강증진시설에서 퇴원 등을 할 때 정신질환자 등의 의사가 충실히 전달되고 반영될 수 있도록 도와주는 절차 조력 서비스를 제공할 수 있다. 절차 조력인은 정신질환자 등의 입원 등 및 퇴원 등의 과정에서 정신질환자 등의 동의를 받아 다음의 행위를 할 수 있다(법 제38조의2 제1~2항).

1. 입원 등 또는 퇴원 등 절차와 관련한 서류작성 및 정신질환자 등의 의견개진 보조
2. 입원적합성 심사, 퇴원 등 또는 처우개선 심사 등 입원 등 · 퇴원 등 관련 심사에 참여하여 정신질환자 등의 의사소통 조력 및 의견개진 보조
3. 퇴원 등 또는 처우개선 심사의 청구, 「인신보호법」에 따른 구제청구 등 각종 신청행위의 보조
4. 정신질환자 등의 통신 및 면회 보조
5. 정신질환자 등의 의료나 그 밖의 신상에 관한 자료 열람 및 수령. 이 경우 의료에 관한 자료를 열람하거나 수령할 때에는 「의료법」 제21조 제3항 제2호에 따른 요건에 해당하는 경우로 한정하며, 그 밖의 신상에 관한 자료를 열람하거나 수령할 때에는 명시적인 위임을 받은 경우로 한정한다.
6. 그 밖에 정신질환자 등의 의사결정지원과 권리보장을 위하여 보건복지부령으로 정하는 행위

(8) 성년후견제 이용지원

지방자치단체의 장은 성년인 정신질환자 등이 다음의 어느 하나에 해당하여 후견인을 선임할 필요가 있음에도 불구하고 자력으로 후견인을 선임하기 어렵다고 판단되는 경우에는 그를 위하여 「민법」에 따라 가정법원에 성년후견개시, 한정후견개시 또는 특정후견의 심판을 청구할 수 있다.

1. 일상생활에서 의사를 결정할 능력이 충분하지 아니하거나 매우 부족하여 의사결정의 대리 또는 지원이 필요하다고 볼 만한 상당한 이유가 있는 경우
2. 정신질환자 등의 권리를 적절하게 대변하여 줄 가족이 없는 경우
3. 별도의 조치가 없으면 권리침해의 위험이 상당한 경우

4) 보호의무자 및 보호의무자의 의무

(1) 보호의무자

「민법」에 따른 후견인 또는 부양의무자는 정신질환자의 보호의무자가 된다. 다만, 다음 각 호의 어느 하나에 해당하는 사람은 보호의무자가 될 수 없다(법 제39조 제1항).

> 1. 피성년후견인 및 피한정후견인
> 2. 파산선고를 받고 복권되지 아니한 사람
> 3. 해당 정신질환자를 상대로 한 소송이 계속 중인 사람 또는 소송한 사실이 있었던 사람과 그 배우자
> 4. 미성년자
> 5. 행방불명자
> 6. 그 밖에 보건복지부령으로 정하는 부득이한 사유로 보호의무자로서의 의무를 이행할 수 없는 사람

(2) 보호의무자의 의무

보호의무자는 보호하고 있는 정신질환자가 적절한 치료 및 요양과 사회적응훈련을 받을 수 있도록 노력하여야 한다. 또한 보호의무자는 보호하고 있는 정신질환자가 정신의료기관 또는 정신요양시설에 입원 등을 할 필요가 있는 경우에는 정신질환자 본인의 의사를 최대한 존중하여야 하며, 정신건강의학과전문의가 정신의료기관 등에서 정신질환자의 퇴원 등이 가능하다고 진단할 경우에는 퇴원 등에 적극 협조하여야 한다. 그리고 보호의무자는 보호하고 있는 정신질환자가 자신이나 다른 사람을 해치지 아니하도록 유의하여야 하며, 정신질환자의 재산상의 이익 등 권리보호를 위하여 노력하여야 하고, 보호하고 있는 정신질환자를 유기하여서는 아니 된다(법 제40조 제1~4항).

5) 정신질환자의 입원 · 퇴원 및 심사

(1) 입원

① 자의입원(법 제41조)

> ① 정신질환자나 그 밖에 정신건강상 문제가 있는 사람은 보건복지부령으로 정하는 입원 신청서를 정신의료기관 등의 장에게 제출함으로써 그 정신의료기관 등에 자의입원을 할 수 있다.
> ② 정신의료기관 등의 장은 자의입원을 한 사람이 퇴원을 신청한 경우에는 지체 없이 퇴원을 시켜야 한다.
> ③ 정신의료기관 등의 장은 자의입원을 한 사람에 대하여 입원을 한 날부터 2개월마다 퇴원을 할 의사가 있는지를 확인하여야 한다.

② 동의입원(법 제42조)

> ① 정신질환자는 보호의무자의 동의를 받아 보건복지부령으로 정하는 입원신청서를 정신의료기관 등의 장에게 제출함으로써 그 정신의료기관 등에 입원을 할 수 있다.
> ② 정신의료기관 등의 장은 입원을 한 정신질환자가 퇴원을 신청한 경우에는 지체 없이 퇴원을 시켜야 한다. 다만, 정신질환자가 보호의무자의 동의를 받지 아니하고 퇴원을 신청한 경우에는 정신건강의학과전문의 진단 결과 환자의 치료와 보호 필요성이 있다고 인정되는 경우에 한정하여 정신의료기관 등의 장은 퇴원의 신청을 받은 때부터 72시간까지 퇴원을 거부할 수 있고, 퇴원을 거부하는 기간 동안 제43조 또는 제44조에 따른 입원으로 전환할 수 있다.
> ③ 정신의료기관 등의 장은 제2항 단서에 따라 퇴원을 거부하는 경우에는 지체 없이 환자 및 보호의무자에게 그 거부 사유 및 제55조에 따라 퇴원의 심사를 청구할 수 있음을 서면 또는 전자문서로 통지하여야 한다.
> ④ 정신의료기관 등의 장은 제1항에 따라 입원을 한 정신질환자에 대하여 입원을 한 날부터 2개월마다 퇴원을 할 의사가 있는지를 확인하여야 한다.

③ 보호의무자에 의한 입원(법 제43조)

① 정신의료기관 등의 장은 정신질환자의 보호의무자 2명 이상이 신청한 경우로서 정신건강의학과전문의가 입원이 필요하다고 진단한 경우에만 해당 정신질환자를 입원시킬 수 있다.

② 정신건강의학과전문의의 입원 필요성에 관한 진단은 해당 정신질환자가 다음 각 호의 모두에 해당하는 경우 그 각각에 관한 진단을 적은 입원 권고서를 제1항에 따른 입원신청서에 첨부하는 방법으로 하여야 한다.

1. 정신질환자가 정신의료기관 등에서 입원치료 또는 요양을 받을 만한 정도 또는 성질의 정신질환을 앓고 있는 경우
2. 정신질환자 자신의 건강 또는 안전이나 다른 사람에게 해를 끼칠 위험이 있어 입원을 할 필요가 있는 경우

③ 정신의료기관 등의 장은 정신건강의학과전문의 진단 결과 정신질환자가 입원이 필요하다고 진단한 경우 그 증상의 정확한 진단을 위하여 2주의 범위에서 기간을 정하여 입원하게 할 수 있다.

④ 정신의료기관 등의 장은 제3항에 따른 진단 결과 해당 정신질환자에 대하여 계속 입원이 필요하다는 서로 다른 정신의료기관 등에 소속된 2명 이상의 정신건강의학과 전문의의 일치된 소견이 있는 경우에만 해당 정신질환자에 대하여 치료를 위한 입원을 하게 할 수 있다.

⑤ 제4항에 따른 입원의 기간은 최초로 입원을 한 날부터 3개월 이내로 한다. 다만, 다음 각 호의 구분에 따라 입원의 기간을 연장할 수 있다.

1. 3개월 이후의 1차 입원기간 연장 : 3개월 이내
2. 1차 입원기간 연장 이후의 입원기간 연장 : 매 입원기간 연장 시마다 6개월 이내

⑥ 정신의료기관 등의 장은 다음 각 호의 모두에 해당하는 경우에만 제5항 각 호에 따른 입원기간의 연장을 할 수 있다. 이 경우 정신의료기관 등의 장은 입원기간을 연장할 때마다 관할 특별자치시장 · 특별자치도지사 · 시장 · 군수 · 구청장에게 대통령령으로 정하는 기간 이내에 그 연장에 대한 심사를 청구하여야 한다.

1. 서로 다른 정신의료기관 등에 소속된 2명 이상의 정신건강의학과전문의(국립 · 공립의 정신의료기관 등 또는 보건복지부장관이 지정하는 정신의료기관 등에 소속된 정신건강의학과전문의가 1명 이상 포함되어야 함)가 입원기간을 연장하여 치료할 필요가 있다고 일치된 진단을 하는 경우
2. 제1항에 따른 보호의무자 2명 이상이 제5항에 따른 입원의 기간 연장에 대한 동의서를 제출한 경우

④ 특별자치시장 · 특별자치도지사 · 시장 · 군수 · 구청장에 의한 입원(법 제44조)

① 정신건강의학과전문의 또는 정신건강전문요원은 정신질환으로 자신의 건강 또는 안전이나 다른 사람에게 해를 끼칠 위험이 있다고 의심되는 사람을 발견하였을 때에는 특별자치시장 · 특별자치도지사 · 시장 · 군수 · 구청장에게 대통령령으로 정하는 바에 따라 그 사람에 대한 진단과 보호를 신청할 수 있다.

② 경찰관은 정신질환으로 자신의 건강 또는 안전이나 다른 사람에게 해를 끼칠 위험이 있다고 의심되는 사람을 발견한 경우 정신건강의학과전문의 또는 정신건강전문요원에게 그 사람에 대한 진단과 보호의 신청을 요청할 수 있다.

③ 제1항에 따라 신청을 받은 특별자치시장 · 특별자치도지사 · 시장 · 군수 · 구청장은 즉시 그 정신질환자로 의심되는 사람에 대한 진단을 정신건강의학과전문의에게 의뢰하여야 한다.

④ 정신건강의학과전문의가 제3항의 정신질환자로 의심되는 사람에 대하여 자신의 건강 또는 안전이나 다른 사람에게 해를 끼칠 위험이 있어 그 증상의 정확한 진단이 필요하다고 인정한 경우에 특별자치시장 · 특별자치도지사 · 시장 · 군수 · 구청장은 그 사람을 보건복지부장관이나 지방자치단체의 장이 지정한 정신의료기관에 2주의 범위에서 기간을 정하여 입원하게 할 수 있다.

⑤ 특별자치시장 · 특별자치도지사 · 시장 · 군수 · 구청장은 제4항에 따른 입원시켰을 때에는 그 사람의 보호의무자 또는 보호를 하고 있는 사람에게 지체 없이 입원 사유 · 기간 및 장소를 서면으로 통지하여야 한다.

⑥ 제4항에 따라 정신질환자로 의심되는 사람을 입원시킨 정신의료기관의 장은 지체 없이 2명 이상의 정신건강의학과전문의에게 그 사람의 증상을 진단하게 하고 그 결과를 특별자치시장 · 특별자치도지사 · 시장 · 군수 · 구청장에게 서면으로 통지하여야 한다.

⑦ 특별자치시장 · 특별자치도지사 · 시장 · 군수 · 구청장은 제6항에 따른 진단 결과 그 정신질환자가 계속 입원할 필요가 있다는 2명 이상의 정신건강의학과전문의의 일치된 소견이 있는 경우에만 그 정신질환자에 대하여 지정정신의료기관에 치료를 위한 입원을 의뢰할 수 있다.

⑧ 특별자치시장 · 특별자치도지사 · 시장 · 군수 · 구청장은 제7항에 따른 입원 의뢰를 한 때에는 보건복지부령으로 정하는 바에 따라 그 정신질환자와 보호의무자 또는 보호를 하고 있는 사람에게 계속하여 입원이 필요한 사유 및 기간, 제55조에 따라 퇴원 등 또는 처우개선의 심사를 청구할 수 있다는 사실 및 그 청구 절차를 지체 없이 서면으로 통지하여야 한다.

⑤ **응급입원**(법 제50조)

> ① 정신질환자로 추정되는 사람으로서 자신의 건강 또는 안전이나 다른 사람에게 해를 끼칠 위험이 큰 사람을 발견한 사람은 그 상황이 매우 급박하여 제41조부터 제44조까지의 규정에 따른 입원을 시킬 시간적 여유가 없을 때에는 의사와 경찰관의 동의를 받아 정신의료기관에 그 사람에 대한 응급입원을 의뢰할 수 있다.
> ② 제1항에 따라 입원을 의뢰할 때에는 이에 동의한 경찰관 또는 구급대원은 정신의료기관까지 그 사람을 호송한다.
> ③ 정신의료기관의 장은 제1항에 따라 응급입원이 의뢰된 사람을 3일(공휴일은 제외) 이내의 기간 동안 응급입원을 시킬 수 있다.
> ④ 제3항에 따라 응급입원을 시킨 정신의료기관의 장은 지체 없이 정신건강의학과전문의에게 그 응급입원한 사람의 증상을 진단하게 하여야 한다.
> ⑤ 정신의료기관의 장은 제4항에 따른 정신건강의학과전문의의 진단 결과 그 사람이 자신의 건강 또는 안전이나 다른 사람에게 해를 끼칠 위험이 있는 정신질환자로서 계속하여 입원할 필요가 있다고 인정된 경우에는 제41조부터 제44조까지의 규정에 따라 입원을 할 수 있도록 필요한 조치를 하고, 계속하여 입원할 필요가 없다고 인정된 경우에는 즉시 퇴원시켜야 한다.
> ⑥ 정신의료기관의 장은 제3항에 따른 응급입원을 시켰을 때에는 그 사람의 보호의무자 또는 보호를 하고 있는 사람에게 입원이 필요한 사유 · 기간 및 장소를 지체 없이 서면으로 통지하여야 한다.

(입원적합성 심사) 제43조(보호의무자에 의한 입원) 또는 제44조(시장 · 군수 · 구청장에 의한 입원)에 따라 입원을 시키고 있는 정신의료기관 등의 장은 입원을 시킨 즉시 입원을 한 사람에게 입위의 사유 및 입원적합성심사위원회에 의하여 입원적합성 심사를 받을 수 있다는 사실을 구두 및 서면으로 알리고, 입원을 한 사람의 대면조사 신청 의사를 구두 및 서면으로 확인하여야 한다. 정신의료기관 등의 장은 입원을 한 날부터 3일 이내에 입원적합성심사위원회에 입원을 한 사람의 주민등록번호를 포함한 인적사항, 입원일자, 진단명, 입원 필요성, 대면조사 신청 여부 및 그 밖에 대통령령으로 정하는 사항을 신고하여야 한다(법 제45조 제1~2항).

입원적합성심사위원회는 위원장을 포함하여 10명 이상 30명 이내의 위원으로 구성하고, 위원장은 각 국립정신병원 등의 장으로 하며, 위원은 위원장의 추천으로 보건복지부장관이 임명 또는 위촉하되 다음에 해당하는 사람 중 각각 1명 이상을 포함하여야 한다.

1. 정신건강의학과전문의
2. 판사 · 검사 또는 변호사의 자격이 있는 사람
3. 정신건강복지센터 소속 정신건강전문요원
4. 정신질환자의 보호와 재활을 위하여 노력한 정신질환자의 가족
5. 다음 각 목의 어느 하나에 해당하는 사람으로서 정신건강에 관한 전문지식과 경험을 가진 사람
   가. 정신건강증진시설의 설치 · 운영자
   나. 「고등교육법」 제2조에 따른 학교에서 심리학 · 간호학 · 사회복지학 또는 사회사업학을 가르치는 전임강사 이상의 직에 있는 사람
   다. 정신질환을 치료하고 회복한 사람
   라. 그 밖에 정신건강 관계 공무원, 인권전문가 등 정신건강과 인권에 관한 전문지식과 경험이 있다고 인정되는 사람

(2) 퇴원

정신의료기관 등의 장은 제41조부터 제44조까지 또는 제50조에 따라 정신의료기관 등에 입원 등을 한 사람이 퇴원 등을 할 때에는 보건복지부령으로 정하는 바에 따라 본인의 동의를 받아 그 퇴원 등의 사실을 관할 정신건강복지센터의 장(관할 지역에 정신건강복지센터가 없는 경우에는 보건소의 장)에게 통보하여야 한다. 다만, 정신건강의학과전문의가 퇴원 등을 할 사람 본인의 의사능력이 미흡하다고 판단하는 경우에는 보호의무자의 동의로 본인의 동의를 갈음할 수 있다(법 제52조 제1항).

제1항에도 불구하고 정신의료기관 등의 장은 정신병적 증상으로 인하여 자신 또는 다른 사람의 생명이나 신체에 해를 끼치는 행동으로 입원 등을 한 사람이 퇴원 등을 할 때 정신건강의학과전문의가 퇴원 등 후 치료가 중단되면 증상이 급격히 악화될 우려가 있다고 진단하는 경우에는 그 퇴원 등의 사실을 관할 정신건강복지센터의 장에게 통보하여야 한다(법 제52조 제2항).

또한 정신의료기관 등의 장은 퇴원 등의 사실을 관할 정신건강복지센터의 장에게 통보하기 전에 미리 그 사실을 본인 또는 보호의무자(정신건강의학과전문의가 퇴원 등

을 할 사람 본인의 의사능력이 미흡하다고 판단하는 경우만 해당)에게 알려야 한다. 정신의료기관 등의 장은 본인 또는 보호의무자가 제3항에 따라 고지받은 퇴원 등의 사실 통보를 거부하는 경우에는 제2항에 따른 통보를 할 수 없다. 다만, 제54조 제2항에 따른 정신건강심사위원회의 심사를 거친 경우에는 그러하지 아니하다(법 제52조 제3~4항). 제1항 · 제2항 또는 제4항에 따라 퇴원 등의 사실을 통보받은 정신건강복지센터의 장은 해당 퇴원 등을 할 사람 또는 보호의무자와 상담하여 그 사람의 재활과 사회적응을 위한 지원방안을 마련하여야 한다(법 제52조 제6항).

(퇴원 및 처우개선 심사) 정신의료기관 등에 입원 등을 하고 있는 사람 또는 그 보호의무자는 관할 특별자치시장 · 특별자치도지사 · 시장 · 군수 · 구청장에게 입원 등을 하고 있는 사람의 퇴원 등 또는 처우개선(작업치료 적정성 여부 포함)에 대한 심사를 청구할 수 있다. 특별자치시장 · 특별자치도지사 · 시장 · 군수 · 구청장은 심사 청구를 받았을 때에는 지체 없이 그 청구 내용을 소관 정신건강심의위원회 회의에 회부하여야 한다. 정신건강심의위원회가 회부를 받았을 때에는 지체 없이 이를 정신건강심사위원회에서 심사하여 그 결과를 특별자치시장 · 특별자치도지사 · 시장 · 군수 · 구청장에게 보고하여야 한다. 정신건강심사위원회가 심사를 할 때에는 심사 대상자 및 심사 대상자가 입원 등을 하고 있는 정신의료기관 등의 장의 의견을 들어야 한다. 다만, 처우개선에 관한 사항의 심사를 할 때에는 그 의견을 듣지 아니할 수 있다(법 제54~56조).

6) 권익보호 및 제한 · 금지, 지원

(1) 권익보호

누구든지 정신질환자이거나 정신질환자였다는 이유로 그 사람에 대하여 교육, 고용, 시설이용의 기회를 제한 또는 박탈하거나 그 밖의 불공평한 대우를 하여서는 아니 되고, 누구든지 정신질환자, 그 보호의무자 또는 보호를 하고 있는 사람의 동의를 받지 아니하고 정신질환자에 대하여 녹음 · 녹화 또는 촬영하여서는 아니 된다. 또한 정신건강증진시설의 장은 입원 등을 하거나 정신건강증진시설을 이용하는 정신질환자에게 정신건강의학과전문의의 지시에 따른 치료 또는 재활의 목적이 아닌 노동을 강요하여서는 아니 된다(법 제69조 제1~3항).

(2) 제한 · 금지

① 입원 등의 금지

누구든지 제50조에 따른 응급입원의 경우를 제외하고는 정신건강의학과전문의의 대면 진단에 의하지 아니하고 정신질환자를 정신의료기관 등에 입원을 시키거나 입원기간을 연장할 수 없다. 이 경우 진단의 유효기간은 진단서 발급일로부터 30일까지로 한다(법 제68조 제1~2항).

② 수용 및 가혹행위 금지

누구든지 이 법 또는 다른 법령에 따라 정신질환자를 보호할 수 있는 시설 외의 장소에 정신질환자를 수용하여서는 아니 된다. 또한 정신건강증진시설의 장이나 그 종사자는 정신건강증진시설에 입원을 하거나 시설을 이용하는 사람에게 폭행을 하거나 가혹행위를 하여서는 아니 된다(법 제72조 제1~2항).

③ 특수치료의 제한

정신의료기관에 입원을 한 사람에 대한 전기충격요법 · 인슐린혼수요법 · 마취하최면요법 · 정신외과요법, 그 밖에 대통령령으로 정하는 치료는 그 정신의료기관이 구성하는 협의체에서 결정하되, 본인 또는 보호의무자에게 특수치료에 관하여 필요한 정보를 제공하고, 본인의 동의를 받아야 한다. 다만, 본인의 의사능력이 미흡한 경우에는 보호의무자의 동의를 받아야 한다. 정신의료기관이 구성하는 협의체는 2명 이상의 정신건강의학과 전문의와 대통령령으로 정하는 정신건강 증진에 관한 전문지식과 경험을 가진 사람으로 구성하며, 그 운영 등에 필요한 사항은 대통령령으로 정한다(법 제73조 제1~2항).

④ 격리 등 제한의 금지

정신의료기관 등의 장은 입원을 한 사람에 대하여 치료 또는 보호의 목적으로 정신건강의학과전문의의 지시에 따라 하는 경우가 아니면 격리시키거나 묶는 등의 신체적 제한을 할 수 없다. 치료 또는 보호의 목적으로 정신건강의학과 전문의의 지시에 따라 입원을 한 사람을 격리시키거나 묶는 등의 신체적 제한을 하는 경우에도 자신이나 다른 사람을 위험에 이르게 할 가능성이 뚜렷하게 높고 신체적 제한 외의 방법으로 그 위험을 회피하는 것이 뚜렷하게 곤란하다고 판단되는 경우에만 신체적 제한을 할 수 있다. 이 경우 격리는 해당 시설 안에서 하여야 한다(법 제75제 제1~2항).

(3) 지원

① 작업치료 지원

정신의료기관 등의 장은 입원 등을 한 사람의 치료, 재활 및 사회적응에 도움이 된다고 인정되는 경우에는 그 사람의 건강상태와 위험성을 고려하여 보건복지부령으로 정하는 작업을 시킬 수 있다. 작업은 입원 등을 한 사람 본인이 신청하거나 동의한 경우에만 정신건강의학과전문의가 지시하는 방법에 따라 시켜야 한다. 다만, 정신요양시설의 경우에는 정신건강의학과전문의의 지도를 받아 정신건강전문요원이 작업의 구체적인 방법을 지시할 수 있다(법 제76조 제1~2항).

② 직업훈련 지원

국가 또는 지방자치단체는 정신질환으로부터 회복된 사람이 그 능력에 따라 적당한 직업훈련을 받을 수 있도록 노력하고, 이들에게 적절한 직종을 개발·보급하기 위하여 노력하여야 한다(법 제77조).

③ 단체 및 시설의 보호·육성

국가 또는 지방자치단체는 정신질환자의 사회적응 촉진과 권익보호를 목적으로 하는 단체 또는 시설을 보호·육성하고, 이에 필요한 비용을 보조할 수 있다(법 제78조).

④ 경제적 부담의 경감

국가 또는 지방자치단체는 정신질환자와 그 보호의무자의 경제적 부담을 줄이고 정신질환자의 사회적응을 촉진하기 위하여 의료비의 경감·보조나 그 밖에 필요한 지원을 할 수 있다. 또한 국가 또는 지방자치단체는 제44조 및 제50조에 따른 진단과 치료에 드는 비용의 전부 또는 일부를 부담할 수 있다(법 제79조, 제80조).

7) 운영체계

(1) 정신건강복지센터

보건복지부장관은 필요한 지역에서의 정신건강증진사업 등의 제공 및 연계사업을 전문적으로 수행하게 하기 위하여 정신건강복지센터를 설치·운영할 수 있다. 시·도지사는 관할 구역에서의 정신건강증진사업 등의 제공 및 연계 사업을 전문적으로 수행하게 하기 위하여 광역정신건강복지센터를 설치·운영할 수 있다. 시장·군수·구청장은 관할 구역에서의 정신건강증진사업 등의 제공 및 연계 사업을 전문적으로 수행하게 하기 위하여 「지역보건법」에 따른 보건소에 기초정신건강복지센터를 설치·운영할 수 있다. 정신건강복지센터의 장은 정신건강증진사업 등의 제공 및 연계사업을 수행하기 위하여 정신질환자를 관리하는 경우에 정신질환자 본인이나 보호의무자의 동의를 받아야 한다(법 제15조 제1~4항).

(2) 국가트라우마센터

보건복지부장관은 재난이나 그 밖의 사고로 정신적 피해를 입은 사람과 그 가족, 그리고 재난이나 사고 상황에서 구조, 복구, 치료 등 현장 대응업무에 참여한 사람으로서 정신적 피해를 입은 사람의 심리적 안정과 사회적응을 지원하기 위하여 국가트라우마센터를 설치·운영할 수 있다. 국가트라우마센터는 다음의 업무를 수행한다(법 제15조의2 제2항).

1. 심리지원을 위한 지침의 개발·보급
2. 정신적 피해를 입은 사람과 그 가족에 대한 심리평가, 심리상담, 심리치료
3. 트라우마에 관한 조사·연구
4. 심리지원 관련 기관 간 협력 및 연계 체계의 구축
5. 트라우마 극복에 관한 대국민 교육 및 홍보
6. 심리지원 전문인력에 대한 교육 및 훈련
7. 재난이나 사고 이후 정신건강상태에 대한 측정도구 개발
8. 그 밖에 심리지원을 위하여 보건복지부장관이 정하는 업무

(3) 중독관리통합지원센터

보건복지부장관 또는 지방자치단체의 장은 알코올, 마약, 도박, 인터넷 등의 중독 문제와 관련한 종합적인 지원사업을 수행하기 위하여 중독관리통합지원센터를 설치 · 운영할 수 있다. 중독관리통합지원센터는 다음의 사업을 수행한다(법 제15조의3 제1~2항).

> 1. 지역사회 내 중독자의 조기발견 체계 구축
> 2. 중독자 대상 상담, 치료, 재활 및 사회복귀 지원사업
> 3. 중독폐해 예방 및 교육사업
> 4. 중독자 가족에 대한 지원사업
> 5. 그 밖에 중독 문제의 해소를 위하여 필요한 사업

(4) 정신건강증진시설

① 정신의료기관

정신의료기관의 개설은 「의료법」에 따른다. 이 경우 「의료법」 제36조에도 불구하고 정신의료기관의 시설 · 장비의 기준과 의료인 등 종사자의 수 · 자격에 관하여 필요한 사항은 정신의료기관의 규모 등을 고려하여 보건복지부령으로 따로 정한다(법 제19조 제1항).

다음 각 호의 어느 하나에 해당하는 행위로 금고 이상의 형을 선고받고 그 형의 집행이 끝나거나 집행을 받지 아니하기로 확정된 후 5년이 지나지 아니한 사람 또는 그 사람이 대표자로 있는 법인은 정신의료기관을 개설하거나 설치할 수 없다(법 제19조 제2항).

> 1. 제41조 제2항, 제42조 제2항 본문, 제43조 제7항 · 제9항 본문, 제47조 제4항 또는 제62조 제1항 후단을 위반하여 정신질환자를 퇴원이나 임시 퇴원을 시키지 아니한 행위
> 2. 제68조 제1항을 위반하여 정신건강의학과전문의의 대면(對面) 진단에 의하지 아니하고 정신질환자를 정신의료기관에 입원을 시키거나 입원의 기간을 연장한 행위

한편 국가와 지방자치단체는 국립 또는 공립의 정신의료기관으로서 정신병원을 설치 · 유영하여야 한다. 국가와 지방자치단체가 정신병원을 설치하는 경우 그 병원

이 지역적으로 균형 있게 분포되도록 하여야 하며, 정신질환자가 지역사회 중심으로 관리되도록 하여야 한다. 국·공립 정신병원은 정신건강증진사업을 수행하고 정신건강증진사업 인력에 대한 교육·훈련을 담당한다(법 제21조 제1~3항).

② 정신요양시설

국가와 지방자치단체는 정신요양시설을 설치·운영할 수 있다. 「사회복지사업법」에 따른 사회복지법인과 그 밖의 비영리법인이 정신요양시설을 설치·운영하려는 경우에는 해당 정신요양시설 소재지 관할 특별자치시장·특별자치도지사·시장·군수·구청장의 허가를 받아야 한다(법 제22조 제1~2항).

다음 각 호의 어느 하나에 해당하는 행위로 금고 이상의 형을 선고받고 그 형의 집행이 끝나거나 집행을 받지 아니하기로 확정된 후 5년이 지나지 아니한 사람 또는 그 사람이 대표자로 있는 법인은 정신요양시설을 설치할 수 없다(법 제22조 제3항).

1. 제41조 제2항, 제42조 제2항 본문, 제43조 제7항·제9항 본문, 제47조 제4항을 위반하여 정신질환자를 퇴소나 임시 퇴소를 시키지 아니한 행위
2. 제68조 제1항을 위반하여 정신건강의학과전문의의 대면(對面) 진단에 의하지 아니하고 정신질환자를 정신의료기관에 입원을 시키거나 입원의 기간을 연장한 행위

③ 정신재활시설

국가 또는 지방자치단체는 정신재활시설을 설치·운영할 수 있다. 국가나 지방자치단체 외의 자가 정신재활시설을 설치·운영하려면 해당 정신재활시설 소재지 관할 특별자치시장·특별자치도지사·시장·군수·구청장에게 신고하여야 한다. 신고한 사항 중 보건복지부령으로 정하는 중요한 사항을 변경할 때에도 신고하여야 한다. 정신재활시설의 시설기준, 수용인원, 종사자 수·자격, 설치·운영신고, 변경신고 및 정신재활시설의 이용·운영에 필요한 사항은 보건복지부령으로 정한다. 국가 또는 지방자치단체는 필요한 경우 정신재활시설을 사회복지법인 또는 비영리법인에 위탁하여 운영할 수 있다(법 제26조 제1~4항).

정신재활시설의 종류는 다음 각 호와 같다(법 제27조 제1항).

> 1. 생활시설 : 정신질환자 등이 생활할 수 있도록 주로 의식주 서비스를 제공하는 시설
> 2. 재활훈련시설 : 정신질환자 등이 지역사회에서 직업활동과 사회생활을 할 수 있도록 주로 상담 · 교육 · 취업 · 여가 · 문화 · 사회참여 등 각종 재활활동을 지원하는 시설
> 3. 그 밖에 대통령령으로 정하는 시설

(정신건강증진시설장의 의무) 정신건강증진시설의 장은 정신질환자 등이 입원 등을 하거나 사회적응을 위한 훈련을 받으려고 하는 때에는 지체 없이 정신질환자 등과 그 보호의무자에게 이 법 및 다른 법률에 따른 권리 및 권리행사 방법을 알리고, 그 권리행사에 필요한 각종 서류를 정신건강증진시설에 갖추어 두어야 한다. 이 경우 정신질환자 등과 그 보호의무자에게 알릴 권리 및 권리행사 방법과 권리행사에 필요한 서류는 정신질환자 등이 이해하기 쉬운 형태로 작성되거나 고지되어야 한다(법 제6조 제1항).

정신건강증진시설의 장은 정신질환자 등이 퇴원 및 퇴소를 하려는 때에는 정신질환자 등과 그 보호의무자에게 정신건강복지센터의 기능 · 역할 및 이용 절차 등을 알리고, 지역사회 거주 및 치료에 필요한 정보를 제공하는 정신보건수첩 등 각종 서류를 정신건강증진시설에 갖추어 두어야 한다. 정신질환자 등의 치료, 보호 및 재활과정에서 정신질환자 등의 의견을 존중하여야 하며, 입원 등 또는 거주 중인 정신질환자 등이 인간으로서의 존엄과 가치를 보장받으며 자유롭게 생활할 수 있도록 노력하여야 한다(법 제6조 제2~4항).

(5) 정신건강연구기관

보건복지부장관은 다음 각 호의 업무 수행을 위하여 국립정신건강연구기관을 둘 수 있다(법 제16조).

> 1. 뇌(腦)신경 과학에 관한 연구
> 2. 정신질환 치료 및 재활을 위한 중개(仲介) · 임상 연구
> 3. 정신건강증진서비스 전달체계 개선에 관한 연구
> 4. 정신질환과 관련된 정보 · 통계의 수집 · 분석 및 제공
> 5. 정신건강증진 전문가 양성 및 정신건강증진시설 종사자 훈련

6. 국가계획의 수립 및 실태조사의 지원
7. 국가정신건강정책의 수행을 위한 국립정신병원의 지원
8. 그 밖에 대통령령으로 정하는 업무

(6) 정신건강전문요원

보건복지부장관은 정신건강 분야에 관한 전문지식과 기술을 갖추고 보건복지부령으로 정하는 수련기관에서 수련을 받은 사람에게 정신건강전문요원의 자격을 줄 수 있다. 정신건강전문요원은 그 전문분야에 따라 정신건강임상심리사, 정신건강간호사, 정신건강사회복지사 및 정신건강작업치료사로 구분한다(법 제17조 제1~2항).

4. 사회복지공동모금회법

1) 사회복지공동모금회법의 개관

(1) 법의 목적

이 법은 사회복지공동모금회의 공동모금을 통하여 국민이 사회복지를 이해하고 참여하도록 함과 아울러 국민의 자발적인 성금으로 조성된 재원(財源)을 효율적이고 공정하게 관리 · 운용함으로써 사회복지증진에 이바지함을 목적으로 한다(법 제1조).

(2) 법률용어의 정의

이 법에서 사용하는 용어의 정의는 다음과 같다(법 제2조).

용어	정의
사회복지사업	「사회복지사업법」 제2조 제1호의 사회복지사업을 말한다.
사회복지공동모금	사회복지사업이나 그 밖의 사회복지활동 지원에 필요한 재원을 조성하기 위하여 이 법에 따라 기부금품을 모집하는 것을 말한다.

(3) 기본원칙

기부하는 자의 의사에 반하여 기부금품을 모집하여서는 아니 되고, 조성된 공동

모금재원은 지역 · 단체 · 대상자 및 사업별로 복지수요가 공정하게 충족되도록 배분하여야 하며, 목적 및 용도에 맞도록 공정하게 관리 · 운용하여야 한다. 또한 공동모금재원의 배분은 객관적인 기준에 따라 효율적으로 이루어지도록 하고, 그 결과를 공개하여야 한다(법 제3조 제1~3항).

2) 사회복지공동모금회의 설립과 사업

(1) 설립

사회복지공동모금사업을 관장하도록 하기 위하여 사회복지공동모금회를 둔다. 모금회는 「사회복지사업법」 제2조 제3호의 사회복지법인으로 하고, 모금회는 정관을 작성하여 보건복지부장관의 인가를 받아 등기함으로써 설립된다(법 제4조 제1~3항).

(2) 사업

모금회는 다음 각 호의 사업을 수행한다(법 제5조).

1. 사회복지공동모금사업
2. 공동모금재원의 배분
3. 공동모금재원의 운용 및 관리
4. 사회복지공동모금에 관한 조사 · 연구 · 홍보 및 교육 · 훈련
5. 사회복지공동모금지회의 운영
6. 사회복지공동모금과 관련된 국제교류 및 협력증진사업
7. 다른 기부금품 모집자와의 협력사업
8. 그 밖에 모금회의 목적 달성에 필요한 사업

3) 임원과 조직

(1) 임원

모금회에는 회장 1명, 부회장 3명, 이사(회장 · 부회장 및 사무총장을 포함한다) 15명 이상 20명 이하, 감사 2명의 임원을 둔다. 임원의 임기는 3년으로 하며, 한 차례만 연임할 수 있다. 부득이한 사유로 후임임원이 선임되지 못하여 모금회의 업무수행

에 지장이 있는 경우에는 후임임원이 선임될 때까지 임기가 만료된 임원이 그 업무를 수행한다(법 제7조 제1~3항).

회장은 모금회를 대표하고, 소관 업무를 총괄하며, 소속 직원을 지휘·감독한다. 감사는 모금회의 업무집행 상황, 재산 상황, 회계 등 업무 전반을 감사하며, 실시하는 감사의 종류·방법·시기 등에 필요한 사항은 정관으로 정한다(법 제10조 제1~3항).

(2) 사무 조직

① 분과실행위원회

모금회의 업무를 처리하기 위하여 사무총장 1명과 필요한 직원 및 기구를 둔다. 모금회의 기획·홍보·모금·배분 업무에 관한 사항을 심의하기 위하여 해당 분야의 전문가와 시민대표 등으로 구성되는 기획분과실행위원회, 홍보분과실행위원회, 모금분과실행위원회 및 배분분과실행위원회 등 분과실행위원회를 둔다(법 제13조 제1항).

② 지회

모금회에 지역단위의 사회복지공동모금사업을 관장하기 위하여 시·도 단위 사회복지공동모금지회를 둔다. 지회에는 지회장을 두고 모금회에 준하는 필요한 조직을 둘 수 있다(법 제14조 제1~2항).

모금회의 회장은 지회의 운영 개선을 위하여 지회를 지도·감독하며, 지회가 지역의 특성에 맞게 자율적으로 운영될 수 있도록 노력하여야 하며, 지회의 운영이 현저히 부당하다고 인정할 때에는 그 시정을 명할 수 있다. 지회에서 조성한 공동모금재원은 해당 시·도의 배분대상자에게 배분하는 것을 원칙으로 한다. 모금회의 회장은 회계연도가 시작되기 2개월 전에 각 지회로부터 사업계획서를 제출받아 이를 종합·조정하여 보건복지부장관에게 보고하여야 한다(법 제15조 제1~4항).

4) 재원의 조성

모금회의 사업에 필요한 경비는 다음 각 호의 재원으로 조성한다(법 제17조).

1. 사회복지공동모금에 의한 기부금품
2. 법인이나 단체가 출연하는 현금 · 물품 또는 그 밖의 재산
3. 「복권 및 복권기금법」에 따라 배분받은 복권수익금
4. 그 밖의 수입금

국가나 지방자치단체는 모금회에 기부금품 모집에 필요한 비용과 모금회의 관리 · 운영에 필요한 비용을 보조할 수 있으며, 보조금은 그 목적 외의 용도에 사용할 수 없다(법 제33조 제1~2항).

(1) 기부금품

① 기부금품의 모집

모금회는 사회복지사업이나 그 밖의 사회복지활동을 지원하기 위하여 연중 기부금품을 모집 · 접수할 수 있으며, 기부금품을 모집 · 접수한 경우 기부금품 접수 사실을 장부에 기록하고, 그 기부자에게 영수증을 내주어야 한다. 다만, 기부자가 성명을 밝히지 아니한 경우 등 기부자를 알 수 없는 경우에는 모금회에 영수증을 보관하여야 한다. 모금회는 기부자의 영수증에 기부금품의 금액과 그 금액에 대하여 세금 혜택이 있다는 문구를 적고 일련번호를 표시하여야 한다. 모금회는 효율적인 모금을 위하여 기간을 정하여 집중모금을 할 수 있으며, 집중모금을 하려면 그 모집일부터 15일 전에 그 내용을 보건복지부장관에게 보고하여야 하며, 그 모집을 종료하였을 때에는 모집종료일부터 1개월 이내에 그 결과를 보건복지부장관에게 보고하여야 한다(법 제18조 제1~5항).

② 기부금품의 지정 사용

기부금품의 기부자는 배분지역, 배분대상자 또는 사용 용도를 지정할 수 있다. 모금회는 지정 취지가 이 법의 목적 · 취지나 「공직선거법」을 위반하는 경우 그 사실

을 기부자에게 설명하고 이 법의 목적 · 취지와 「공직선거법」을 위반하지 아니하도록 지정할 것을 요구하거나 그 지정을 철회할 것을 요구하여야 한다. 기부자가 이에 따르지 아니하는 경우에는 기부금품을 접수하지 아니하여야 한다. 모금회는 지정이 있는 경우 그 지정 취지에 따라 기부금품을 사용하여야 하며, 이사회의 의결을 거쳐 지정 및 그 사용방법에 필요한 사항을 정할 수 있다(법 제27조 제1~4항).

③ 모금창구의 지정

모금회는 기부금품의 접수를 효율적이고 공정하게 하기 위하여 언론기관을 모금창구로 지정하고, 지정된 언론기관의 명의로 모금계좌를 개설할 수 있다(법 제19조).

(2) 복권의 발행

모금회는 사회복지사업이나 그 밖의 사회복지활동 등을 지원하기 위한 재원을 조성하기 위하여 복권을 발행할 수 있다. 복권을 발행하려면 그 종류 · 조건 · 금액 및 방법 등에 관하여 미리 보건복지부장관의 승인을 받아야 한다. 복권의 당첨금을 받을 권리는 그 지급일부터 3개월간 행사하지 아니하면 소멸시효가 완성되며, 소멸시효가 완성된 당첨금은 공동모금재원에 귀속된다. 모금회의 복권 발행에 관하여는 「사행행위 등 규제 및 처벌 특례법」을 적용하지 아니한다(법 제18조의2 제1~4항).

5) 재원의 사용

공동모금재원은 사회복지사업이나 그 밖의 사회복지활동에 사용한다. 매 회계연도에 조성된 공동모금재원은 해당 회계연도에 지출하는 것을 원칙으로 한다. 다만, 재난구호 및 긴급구호 등 긴급히 지원할 필요가 있을 때를 대비하여 매 회계연도의 공동모금재원 일부를 적립하는 경우에는 그러하지 아니하다(법 제25조 제1~2항).

매 회계연도에 조성된 공동모금재원은 해당 회계연도에 지출하는 것을 원칙임에도 불구하고 다음 각 호의 어느 하나에 해당하는 경우에는 매 회계연도에 조성된 공동모금재원의 일부를 이사회 의결을 거쳐 다음 회계연도에 이월(移越)하여 지출할 수 있다(법 제25조 제3항).

1. 사용 용도 등이 지정되어 기부된 공동모금재원으로서 모금목적사업의 특성상 해당 회계연도에 지출을 완료하기 어려운 경우
2. 공동모금재원의 배분에 대한 계획이 2회의 회계연도 이상에 걸쳐 있는 경우로서 사업의 성격상 다음 회계연도에 이월하여 지출하는 것이 필요하다고 인정되는 경우
3. 해당 회계연도 말에 집중 조성된 공동모금재원으로서 부득이한 사유로 그 회계연도에 지출하기 어려운 경우

기부금품 모집과 모금회의 관리 · 운영에 필요한 비용은 바로 앞 회계연도 모금총액의 100분의 10의 범위에서 이사회의 의결을 거쳐 사용할 수 있다. 공동모금재원의 관리 · 운용 방법 및 예산 · 회계 등에 필요한 사항은 정관으로 정한다(법 제25조 제4~5항).

6) 재원의 배분

(1) 배분기준

모금회는 매년 8월 31일까지 다음 각 호의 사항이 포함된 다음 회계연도의 공동모금재원 배분기준을 정하여 공고하여야 한다(법 제20조 제1항).

1. 공동모금재원의 배분대상
2. 배분한도액
3. 배분신청기간 및 배분신청서 제출 장소
4. 배분심사기준
5. 배분재원의 과부족(過不足) 시 조정방법
6. 배분신청 시 제출할 서류
7. 그 밖에 공동모금재원의 배분에 필요한 사항

모금회는 재난구호 및 긴급구호 등 긴급히 지원하여야 할 필요가 있는 경우에는 별도의 배분기준에 따라 지원할 수 있다(법 제20조 제2항).

(2) 배분신청과 심사

모금회에 배분신청을 하려는 자는 모금회의 공고에 따라 배분신청서를 제출하여야 한다. 제출된 배분신청서는 해당 회계연도에만 효력이 있다(법 제21조 제1항, 제3항).

모금회는 접수한 배분신청서를 배분분과실행위원회에 회부하여 배분금액, 배분순위 및 배분시기 등을 심의하도록 하여야 하며, 심의결과에 기초하여 배분계획을 수립하여야 한다. 배분계획은 공동모금재원이 분기별로 균형 있게 배분되도록 하여야 한다. 다만, 사업의 성격상 한꺼번에 지원할 필요가 있는 경우에는 그러하지 아니하다(법 제22조 제1~3항).

(3) 배분사업 평가와 배분결과 공고

모금회(지회 포함)는 매년 공동모금재원의 배분결과를 평가하고 그 평가결과를 이사회에 보고하여야 한다(법 제23조의2 제1항).

모금회는 각 회계연도의 공동모금재원 배분을 종료한 날부터 3개월 이내에 전국적으로 배포되는 1개 이상의 일간신문에 그 배분결과를 공고하여야 하며, 공고 외에 다양한 방법과 매체를 통하여 그 배분결과를 알려야 한다(법 제24조 제1~2항).

7) 사업계획 및 예산안 제출

모금회의 회계연도는 1월 1일부터 12월 31일까지로 한다(법 제28조). 모금회는 매 회계연도의 사업계획 및 예산안을 회계연도가 시작되기 1개월 전에 보건복지부장관에게 제출하여야 한다. 모금회가 예산안을 작성할 때에는 배분계획과 모금경비 및 모금회의 운영비 등을 포함하여야 한다. 모금회는 매 회계연도 종료 후 3개월 이내에 세입·세출 결산서를 작성하여 보건복지부장관에게 제출하여야 한다. 이 경우 「공인회계사법」에 따른 회계법인의 감사보고서를 붙여야 한다(법 제26조 제1~3항).

참고문헌

강희갑 · 전대성 · 이상주 · 오현숙 · 정왕용(2016). 사회복지법제론. 경기 : 양성원.

고수현(2018). 사회복지법제론. 경기 : 정민사.

관계부처합동(2014). 제1차 사회보장기본계획(2014~2018).

김기원(2016). 사회보장론. 경기 : 정민사.

김기태 외(2022). 문재인 정부와 복지국가. 한국보건사회연구원 기타보고서 2022-02.

김태성 · 성경륭(2014). 복지국가론. 경기 : 나남출판.

김혜선 · 신창식(2017). 사회복지법제론. 서울 : 신정.

남기민 · 홍성로(2017). 사회복지법제론. 경기 : 공동체.

______________(2024). 사회복지법제론. 경기 : 공동체.

박병현(2001). 정치적 민주화의 진척과 한국의 사회복지. 상황과 복지, 10, 11-52.

박진화(2018). 사회보장론. 경기 : 공동체.

______(2020). 사회복지역사. 경기 : 정민사.

법제처(2021). 국민과 함께 만든 '문재인 정부 5년의 입법 성과'. 보도자료 2021. 12. 14.

보건복지부(2022). 2022 보건복지백서.

__________(2025). 2025년 기초생활보장사업안내.

__________(2025). 2025년 기초연금사업안내.

__________(2025). 2025년 의료급여사업안내.

__________(2025). 2025년 장애인연금사업안내.

__________(2025). 2025년 주거급여사업안내.

석재은(2015). 기초연금 도입과 세대 간 이전의 공평성. 보건사회연구, 35(2), 64-99.

원석조(2018). 사회복지발달사. 경기 : 양서원.

이진숙 · 박진화(2015). 탈가족화 정책들의 역사적 변천과정. 공공사회연구, 5(3), 192-228.

장동일(2001). 한국사회복지법의 이해. 서울 : 학문사.

______(2006). 한국사회복지법의 이해. 서울 : 학문사.

현외성(2017). 사회복지법제론. 경기 : 양서원.

황경식 역(2010). 『정의론』, John Rawls(1971). "A theory of Justice", 서울 : 이학사.

Wilensky, H., & Lebeaux, C. N.(1965). *Industrial Society and Social and Social Welfare.* New York : The Free Press.

법령집

고용보험법, 시행령, 시행규칙.

국민건강보험법, 시행령, 시행규칙.

국민기초생활보장법, 시행령, 시행규칙.

국민연금법, 시행령, 시행규칙.

기초연금법, 시행령, 시행규칙.

긴급복지지원법, 시행령, 시행규칙.

노인복지법, 시행령, 시행규칙.

노인장기요양보험법, 시행령, 시행규칙.

다문화가족지원법, 시행령, 시행규칙.

사회복지공동모금회법, 시행령, 시행규칙

산업재해보상보험법, 시행령, 시행규칙.

아동복지법, 시행령, 시행규칙.

영유아보육법, 시행령, 시행규칙.

의료급여법, 시행령, 시행규칙.

장애인복지법, 시행령, 시행규칙.

장애인연금법, 시행령, 시행규칙.

정신건강증진 및 정신질환자 복지서비스 지원에 관한 법률, 시행령, 시행규칙.

한부모가족지원법, 시행령, 시행규칙.

홈페이지

고용노동부(www.moel.go.kr).

고용보험(www.ei.go.kr).

국민건강보험공단(www.nhis.or.kr).

국민연금공단(www.nps.or.kr).

근로복지공단(www.kcomwel.or.kr).

법제처 국가법령정보센터(www.law.go.kr).

보건복지부(www.mohw.go.kr).

사회서비스 전자바우처(www.socialservice.or.kr).

찾아보기

저/자/약/력

■ **박진화(朴眞和)**

대구대학교 사회복지학과 졸업(사회복지학사)
대구대학교 대학원 사회복지학과 졸업(사회복지학석사/철학박사)
현) 위덕대학교 사회복지학과 교수
전) 대구대학교 대학원 사회복지학과 전임연구교수
대구대학교 사회복지학과 초빙교수
대구외국어대학교, 성덕대학교 시간강사
한국군사회복지학과 편집분과 부위원장

〈주요 저서 및 논문〉
한국 · 일본 · 스웨덴의 돌봄정책(공저, 양서원, 2015)
사회보장론(공동체, 2018, 2020, 2022, 2024)
사회복지역사(정민사, 2020, 2022, 2024)
사회보장제도 및 사회복지정책 분야 논문 다수

[제2판]

사회복지법제와 실천

|**저자**| 박진화

|**1판 1쇄**| 발행 2023년 7월 10일
|**1판 2쇄**| 발행 2023년 9월 15일
|**1판 3쇄**| 발행 2025년 1월 15일
|**2판 1쇄**| 발행 2025년 5월 30일

|**발행인**| 김동훈
|**발행처**| **공 동 체**

|**주소**| 경기도 고양시 일산동구 호수로 358-39, 동문타워 I 905호(백석동)
|**전화**| 031) 814-3000(대표)
|**팩스**| 031) 814-3100
|**홈페이지**| www.compub.co.kr
|**전자우편**| compub@naver.com
|**출판등록**| 2005년 10월 6일
|**등록번호**| 제396-2005-36호

|ISBN| 979-11-6725-925-7
정가 24,000원